Gunter Haug

Die Töchter des Herrn Wiederkehr

Gunter Haug

DIE TÖCHTER DES HERRN WIEDERKEHR

Ein Frauenleben im 19. Jahrhundert

Roman

Landhege Verlag

© 2014 by Landhege-Verlag GbR, D-74193 Schwaigern
www.landhege-verlag.de

1. Auflage 2014

Das Werk einschließlich aller seiner Teile ist urheberrechtlich geschützt. Jede Verwertung außerhalb der engen Grenzen des Urheberrechtsgesetzes (auch Fotokopien, Mikroverfilmung und Übersetzung) ist ohne schriftliche Zustimmung des Verlages unzulässig und strafbar. Dies gilt auch ausdrücklich für die Einspeicherung und Verarbeitung in elektronischen Systemen jeder Art und von jedem Betreiber.

Gestaltung des Einbandes: Ilona Bucher, Berlin unter Verwendung eines Fotos © Everett Collection, www.shutterstock.com
Satz: Dörr und Schiller GmbH, Stuttgart
Druck und Binden: CPI books GmbH, Ulm

Druck ISBN: 978-3-943066-24-1
EPub ISBN: 978-3-943066-25-8

1

*Ein ärmliches Bauernhaus in Treschklingen
bei Rappenau im nördlichen Teil des Großherzogtums
Baden am Morgen des 3. November 1844*

»Schon wieder ein Mädchen!« murmelte Christoph Schober bitter, als ihm Barbara Stunz, die Nachbarin, endlich das Ergebnis des stundenlangen, qualvollen Ringens seiner Ehefrau präsentierte. Anstelle einer Hebamme hatte die Stunzin der Gebärenden schon seit dem frühen gestrigen Abend aufopferungsvoll beigestanden. Doch die messerscharfen Wehen, die ihr Stück für Stück den ganzen Unterleib zu zerschneiden schienen, hatten Christina Schober an den Rand des Zusammenbruchs gebracht. So schlimm war noch keine andere Geburt bei ihr verlaufen. Kurz vor Tagesanbruch, als das Kind endgültig hoffnungslos im Geburtskanal festzustecken schien, war die Nachbarin in ihrer verzweifelten Hilflosigkeit deshalb schon drauf und dran gewesen, den Vater so rasch wie möglich nach dem Pfarrer zu schicken. Nur ein neuerlicher Schmerzensschrei hatte sie davon abgehalten und ihre ganze Konzentration für die Leidende eingefordert, deren Körper sich auf der mit Stroh gepolsterten Bettstatt qualvoll krümmte. Nach diesen dramatischen Minuten, in denen sich die Mutter und das ungeborene Kind auf der Schwelle zwischen Leben und Tod befunden hatten, war es wie durch ein Wunder plötzlich doch weiter gegangen. Eine neuerliche heftige Wehe, so brutal sie als peinigende Sturzwelle auch den Körper der Frau durchflutete, hatte doch für die entscheidende Bewegung des Kindesleibs gesorgt. Der Kopf des Säuglings war jetzt erstmals zu erkennen. Es ging voran! In winzig kleinen Schritten zwar nur und in

Anbetracht der vielen Stunden, die diese Pein bereits währte, natürlich viel zu langsam, aber immerhin: die Geburt konnte womöglich doch noch zu einem guten Ende kommen. Hoffentlich war die Schoberin unter den fürchterlichen Schmerzattacken nicht verrückt geworden! Das war nicht ganz ausgeschlossen, so panisch, wie sie drein schaute: die eigentlich blauen Augen blutunterlaufen und weit aufgerissen, dazu ihr schweißüberströmter Kopf, den sie in kurzen Intervallen immerzu ruckartig hin- und herwarf, die fest zusammen gepressten, aufgebissenen Lippen, die kaum noch menschlich zu nennenden Laute, die aus der Tiefe ihrer Kehle durch den geschlossenen Mund nach draußen drangen. Es wäre nicht die erste im Dorf, deren Seele den höllischen Qualen einer viel zu lange dauernden Niederkunft zum Opfer gefallen wäre!
Am Ende freilich war alles gut ausgegangen. »Mutter und Kind wohlauf«. Wohlauf! Wie man das halt immer so einfach daher sagte. Die Mutter zwar auf den Tod erschöpft, aber am Leben und allem Anschein nach im Kopf auch klar geblieben. Das Kleine wirkte genauso müde und schwach, schien aber ebenfalls lebensfähig. Eine Tochter.

Karins Erinnerungen an die Großmutter

Sie war immer nur meine Großmutter. Nicht die Oma oder gar »die Schleyers Marie«, wie sie im Dorf genannt wurde. Alle in der Familie nannten sie immer nur die Großmutter. Sicher auch, weil sie alt war, solange ich denken konnte. Uralt.
Gesicht, Arme und Hände braungebrannt, in Jahrzehnten Arbeit auf dem Feld von der Sonne gegerbt. Die schlohweißen Haare, immer ordentlich zu einem Zopf geflochten und als »Nest« festgesteckt. Und unzählige Falten im Gesicht. Die Augen alterstrüb, aber wenn sie

einen ansah, dann meist mit einem unglaublich warmen Blick. Und: immer war sie schwarz gekleidet. Schwarze Bluse, vielleicht noch ein Tuch um die Schultern, ein schwarzer Rock, der immer dazugehörende Schurz konnte dann schon manchmal sogar ein Muster haben. Schwarze, gestrickte Strümpfe und Halbschuhe. Und wenn es zog, das Kopftuch. Anders habe ich sie nie gesehen. Eigentlich sah sie genauso aus, wie wir Kinder uns eine alte Indianerin vorstellten. Meine Großmutter Marie.

Vergessen habe ich sie nie. Vielleicht auch, weil sie uns Kinder quasi großgezogen hat. Wie auf dem Dorf üblich, war sie diejenige, die zur Kinderbetreuung abgestellt wurde. Mein Vater schaffte Schichten und meine Mutter hatte mit 5 Kindern, Garten, Haushalt und einem kleinen Vivo-Geschäft, das der Oma Emilie – ihrer Mutter – gehörte genug zu tun. Und so schob Großmutter Marie mich und meine um kein Jahr ältere Schwester Claudia die Vorstadtstraße hin und her. Meine Schwester war da etwas pflegeleichter als ich, wie ein Buddha blieb sie im »Sportwagen« – so hießen die offenen Kinderwägen – sitzen. Mich musste die Großmutter anschnallen, weil ich nie sitzen blieb, sondern mich immer unten heraus wand und fortsprang, sobald ich laufen konnte. Doch das Kapitel war schnell erledigt, da noch drei Geschwister nachkamen, die auch von Großmutter herumgeschoben wurden. Gekocht, gebastelt, vorgelesen oder ähnliches hat sie mit uns Kindern nie. Aber gesungen. Daran kann ich mich noch erinnern. Meistens waren es Kirchenlieder, denn sie war bis zum Schluss ein tiefgläubiger Mensch und lange Zeit eine Stütze des evangelischen Kirchenchors. »Deine Großmutter, die Marie – die hat so eine schöne Stimme. Würdescht Du net auch in den Kirchenchor wollen?« hat mich in der Schule einmal der Rektor gefragt, bei dem wir zum Erlangen der Musiknoten einzeln vor der Klasse vorsingen mussten – damals ein Horror. Und schon deswegen hab ich das kategorisch verneint. Was die Großmutter wohl dazu gesagt hätte? Aber sie hat das nie erfahren.

Einhundert Jahre ist sie geworden. Davon habe ich nur ihr hohes Alter miterleben dürfen. Denn ich bin das Kind ihres jüngsten Sohnes Otto, den sie erst mit 38 Jahren bekam. Und da sich mein Vater auch mit dem Kinderkriegen Zeit ließ – mich, sein zweites Kind, bekam er mit 33 Jahren – war meine Großmutter eben schon einundsiebzig Jahre alt, als ich das Licht der Welt erblickte.

»Ich sterb' doch eh bald«. Das ist der Satz, den sie wohl am häufigsten sagte. Und der zweithäufigste: »Der Herrgott hat mich wohl vergessen«. Aber der hat sich ihrer dann doch noch erinnert und sie am 3. März 1986 mit 100 Jahren und 30 Tagen zu sich gerufen. Vergessen haben wir sie nicht – meine Großmutter Marie. Die Marie wiederum ist die Tochter jenes Kindes, dessen Geburt in Treschklingen im Anfangskapitel beschrieben wird. Um das Leben dieses Mädchens und um das Schicksal ihrer Töchter geht es nun in diesem Buch.

Gunters Fragen

An dieser Stelle von Karins Erinnerungen komme ich dazu – als Autor dieses Buches, als Ehemann von Maries Enkelin Karin. Ich habe die Marie nie kennen gelernt, aber oft diese kleinen Episoden über sie gehört. Im Lauf der Zeit immer mehr. Denn die Marie ist Teil einer anrührenden Geschichte, die in Karins Familie seit Jahrzehnten wieder und wieder erzählt wird. Das hat mich irgendwann neugierig gemacht. Und wenn sie die alten Stories zum zwanzigstenmal erzählt haben, jedes Mal bis zum gleichen Punkt, habe ich ab und zu nachgefragt und wollte mehr wissen. Doch da war nichts mehr – außer einem meistens ziemlich ratlosen Schulterzucken. Deshalb habe ich begonnen, selbst ein bisschen in der

Familiengeschichte zu stöbern. Wie gesagt, zunächst nur so, halt aus Neugier. Bei diesem und jenem Verwandtenbesuch habe ich mich beiläufig erkundigt, wie das denn nun genau gewesen sei mit der Marie. Selten, aber manchmal eben doch, habe ich von den Tanten und den Onkeln eine Information einfangen können. So ist bei mir im Kopf ganz allmählich der Umriss eines Lebensbildes entstanden. Und ganz plötzlich war es so weit: plötzlich hat mich diese Lebensgeschichte der Marie nicht mehr losgelassen – und erst recht nicht die ihrer bitterarmen Mutter. Denn das Leben von Maries Mutter birgt den Schlüssel für die Antwort auf unsere Fragen. Hier musste ich also weiter suchen und hier bin ich fündig geworden.

Eigentlich ist es »nur« das typische Los einer Frau aus der bäuerlichen Unterschicht in der zweiten Hälfte des 19. Jahrhunderts. Ein Lebensweg, den es in diesen Jahren zigtausendfach gegeben hat. Man hat sie nicht gehört, diese Stummen im Lande. Um die hat man kein Aufhebens gemacht. Denn wen hat schon interessiert, wie es denen ging? Lauter Schicksale sind das, die uns Menschen, denen es vergönnt ist, in der heutigen Zeit leben zu dürfen (noch dazu in einem der reichsten Länder der Welt), berühren und erschüttern. Biografien, die einen schmerzhaften Stich in die Magengrube versetzen. Denn es handelt sich ja um unsere Vorfahren. Und für diese »Hungerleider« ging es tatsächlich noch ums nackte Überleben, um ihr sprichwörtliches »täglich Brot«. Bei allen Sorgen und Nöten, die es natürlich auch heute gibt: angesichts dieser unvorstellbar harten, oft genug brutalen Lebensumstände von damals, schrumpfen die meisten unserer Alltags-Wehwehchen halt doch ziemlich klein in sich zusammen. Und wenn man sich vor Augen hält, dass diese Schicksale ja noch vor drei, bis maximal vier Generationen genau so durchlebt und durchlitten worden sind, dann lässt sich erst begreifen, wie rasant und segensreich der soziale Fortschritt in unserem Land gekommen ist. Das alles ist ja noch gar nicht so lange her! Genau deshalb müssen wir darauf acht geben, dass wir nicht jene »gute alte Zeit« verklären, die es doch in Wahrheit niemals gegeben hat. Zumindest nicht für 99 Prozent der Menschen. Und schon gar nicht für die Frauen in den Dörfern. Auf dem Land. Das wird mir auch bei dieser Biographie wieder einmal ganz deutlich bewusst.

Und mit dieser Erkenntnis gelangen wir jetzt zur »Urgeschichte«, wie sie über Karins Großmutter, die Buchers Marie, geborene Schober, immer erzählt worden ist. Die Marie sei eine von drei »ledig« geborenen Töchtern einer armen Dienstmagd mit Namen Margarete Schober aus Treschklingen bei Bad Rappenau gewesen (das damals freilich nur Rappenau geheißen hat, den Titel »Bad« hat es erst im Jahr 1930 bekommen). Beim Vater dieser Kinder handele es sich um einen Apotheker mit Namen Wiederkehr, wohnhaft in Kork bei Kehl. Im Haushalt dieses Apothekers habe die Margarete eine Anstellung als Dienstmagd gehabt. Damit nahm das Schicksal seinen Lauf: im hochschwangeren Zustand sei die junge Frau mehrmals nach Hause gekommen und habe ihre beiden ersten unehelichen Kinder (zwei Mädchen) im Haus der Eltern in Treschklingen zur Welt gebracht. Das sei zur damaligen Zeit natürlich eine große Schande gewesen, die Margarete (wir nennen sie von nun an die Margret) über die Familie gebracht habe und man kann sich lebhaft vorstellen, wie sich die Nachbarn hinter vorgehaltener Hand das Maul zerrissen haben. Die Schobers seien nämlich zwar einfache, aber sehr ehrbare Leute gewesen und sie hätten sich deswegen für ihre missratene Tochter in Grund und Boden geschämt. Nach der Geburt des zweiten unehelichen Kindes, das genauso wie das erste in der Obhut der Schober-Großeltern geblieben sei (denn wer sonst hätte die Kinder aufziehen sollen?!), habe man gehofft, dass es jetzt aber endgültig vorbei sei. Bitte keine weitere Schwangerschaft mehr! Aber die Hoffnung der Eltern wurde enttäuscht.

Das dürfte wohl der Grund dafür gewesen sein, dass Margrets drittes, wiederum »lediges«, Kind dann nicht mehr in Treschklingen, sondern bei ihrer verheirateten Schwester Elisabeth Schley in Kirchardt geboren worden ist. Denn als die Margret schon wieder wie aus heiterem Himmel hochschwanger vor den schockierten Eltern aufgetaucht sei, habe es einen gewaltigen Krach gegeben und man habe ihr die Tür gewiesen. So hat sie sich in ihrer Not zur Schwester geflüchtet und dort ihr drittes Kind (Karins Großmutter Marie) geboren. Die Elisabeth Schley, die selbst keine Kinder bekommen konnte, hat es bei sich behalten und an Kindes statt großgezogen. So ist die Marie also in Kirchardt aufgewachsen – und das ist auch der Grund dafür, weshalb man sie immer die »Schleyer Marie« genannt hat, obwohl sie doch eine ledig geborene Schober war und von den Schleys nicht adoptiert worden ist.

Ihre Mutter Margret sei dann auch nach der dritten Geburt wieder in den Apothekerhaushalt nach Kork zurück gegangen. Bei den Geburtseinträgen der drei Mädchen ist übrigens nie der Name der Vaters vermerkt – jedes Mal steht da nur »unehelich«. Sie hat den Kindsvater offiziell also verschwiegen. Natürlich hat man sich in der Familie auch noch Jahrzehnte später immer gefragt, warum das alles so gekommen ist? Warum ist denn die Margret dreimal schwanger geworden – ohne verheiratet zu sein? Einmal, nun ja … Aber gleich dreimal hintereinander – vom selben Mann?! Die Antwort lautete, dass die Frau des Apothekers immerzu krank gewesen sei, meistens sogar bettlägerig und deshalb habe der Mann seine Triebe eben anderweitig ausgelebt und sich über sein Dienstmädchen hergemacht. Was hätte die Margret schon tun können? So eine kleine Hausangestellte habe sich nicht dagegen wehren können. Das hört sich heute nahezu unfassbar an, aber wenn man

sich die damaligen Lebensverhältnisse und Abhängigkeiten vor Augen führt, die Standesunterschiede, das hohe soziale Ansehen des Apothekers, im Gegensatz dazu das Dienstmädchen von irgendwoher vom Land, dann klingt diese Erklärung durchaus einleuchtend. Gegen den Dorfapotheker hätte Margret Schober nie eine Chance gehabt, wenn sie ihn der Vaterschaft oder gar der Vergewaltigung bezichtigt hätte. Rausgeworfen hätte er sie noch dazu. Und dann wäre sie mit den drei Bälgern völlig mittellos dagestanden.
Eine hoffnungslose Situation. Eine fürchterliche Zwickmühle. Genau darüber möchte ich jetzt mehr wissen.

Mehr als einhundert Jahre danach sitze ich also am Schreibtisch und puzzele die Legenden einer Familie ganz neu zusammen. So entsteht vor mir Stück für Stück das Lebensbild einer armen Frau aus einer bedrückend hoffnungslosen Zeit. Jetzt habe ich es endlich also doch noch aufschreiben können, das Leben von Maries Mutter. Für alle ihre Nachfahren und für die Leserinnen und Leser dieses Buches. Die wahre Geschichte der Margaretha Schober. Der »Margret« aus Treschklingen …

2

Gunters Ergebnisse
Die Lebensgeschichte der Margaretha (Margret) Schober
und ihrer drei unehelichen Töchter Christina,
Philippina und Maria

Die Geschichte beginnt am 3. November 1844 im Dorf Treschklingen in einem Doppelhaus in der Hauptstrasse 18. In einer Hälfte dieses Doppelhauses zwängen sich zwei Familien unter dasselbe Dach. Die Familie des Tagelöhners und herrschaftlichen Boten Christoph Schober und die von Georg Stunz, Weber und Straßenwart. Für alle zusammen gibt es eine gemeinsame Haustür, je drei kleine Zimmer, eine Küche, einen Keller unter dem Haus, einen zweiten Keller unter der Scheuer mit Stall und: nur einen gemeinsamen Abort (so nannte man das Plumpsklosett).

An diesem Tag kommt also bei der Familie Schober wieder einmal ein Kind zur Welt. Ein Mädchen, das den Namen Margaretha erhält. Im Dorf wird man Margaretha schon von klein auf immer nur die »Margret« nennen. Sie ist das insgesamt siebte Kind von Christoph Schober. Für dessen Ehefrau Christina, einer geborenen Friedrich ist es sogar schon die neunte Geburt: die mittlerweile 36 Jahre alte Frau hatte nämlich bereits zwei unehelichen Kindern das Leben geschenkt.

Die Gebärende hat eine schlimme Zeit hinter sich, denn dreieinhalb Monate vor Margrets Geburt ist wieder einmal der Tod ins Haus gekommen und hat ihre erst acht Monate alte Tochter mitgenommen.

Eine fürchterliche Tragödie – noch dazu mitten in der Schwangerschaft! Aber das Leben hat Christina Schober hart gemacht. Zwangsläufig. Kaum ist ein Kind geboren, stirbt ein anderes! Man kann sich lebhaft ausmalen, wel-

che Gedanken die frisch gebackene Mutter gequält haben, als sie den winzigen Säugling zum ersten Mal in ihren Händen gehalten hat. »Wie lange wird dieses neue Erdenbürgerlein wohl bei mir bleiben dürfen?«
Sein eigenes Kind begraben zu müssen, das ist brutal für eine Mutter. Egal zu welchen Zeiten und in welchen Lebensumständen.
Aber für Trauer ist weder Platz noch Zeit, viel zu sehr bestimmen harte Arbeit und der sprichwörtliche Kampf ums tägliche Brot den Alltag. Auch bei den Schobers in Treschklingen, einer Kleinbauernfamilie, wie es sie in diesen Jahren nicht nur hier im Dorf, sondern überall im Kraichgau gibt. Hungerleider eben. Mit einem Stall voller Kinder, deren hungrige Mäuler sie gar nicht richtig stopfen können!

3

»Du hast ein Mädchen bekommen, Schober«. Vorsichtig öffnete Barbara Stunz mit der linken Hand die Tür der winzigen Schlafkammer und betrat die Stube, während sie das in eine weiße Leinendecke gehüllte Neugeborene mit dem rechten Arm behutsam an ihre Brust drückte.
»Schon wieder ein Mädchen!«, murmelte Christoph Schober bitter, während er einen nur flüchtigen Blick auf das winzige Bündel am Oberkörper der Nachbarin warf, das in diesem Augenblick mit einem kraftlosen Stimmchen einen langgezogenen Wimmerlaut in die Stube schickte. »Wo soll das nur hinführen, wenn mir meine Frau immer bloß noch Mädchen in die Welt setzt!«
»Psst – sag doch so etwas nicht, zumindest nicht vor den Kindern!« herrschte sie den alles andere als glücklichen Kindsvater an und streifte dabei den fünfjährigen Martin, sowie dessen kleine Schwestern Christina und Katharina mit einem vielsagenden Blick. »Und wieso ist denn eigentlich die Johanna nicht da, die hätte ich bei der Geburt gut brauchen können?«
»Die Johanna! Wo wird sie schon sein? Bei ihrer Arbeit auf dem Gutshof natürlich«, schnaubte Schober. Schon vor drei Jahren war es ihm gelungen, seine damals erst zwölf Jahre alte Stieftochter als Kleinmagd auf dem großen landwirtschaftlichen Gutshof der Freiherren von Gemmingen in Treschklingen unterzubringen. Kost und Unterkunft im Gegenzug für die Arbeit dort als Magd. Kein zusätzlicher Lohn, aber das konnte man in diesem Alter ja auch nicht unbedingt erwarten. Immerhin fiel ihm die uneheliche Tochter, die seine Frau damals mit in die Ehe gebracht hatte, damit nicht mehr zur Last. Die Lebensverhältnisse für eine Kleinbauernfamilie vom Schlag der Schobers waren ohnehin schon angespannt

genug. Wenigstens diese Sorge musste er sich also nicht mehr machen.
»Und wieso ist sie nicht gekommen?«
»Weil sie nicht bei uns herumlungern soll. Sie muss dort schließlich ihre Arbeit machen.«
»Also wirklich! Du hast ihr noch nicht einmal Bescheid gesagt?!«
»Du brauchst jetzt gar nicht so ein vorwurfsvolles Gesicht zu machen, Stunzin. Du weißt doch selber, wie der junge Herr von Gemmingen sein kann. Seitdem der seinen Vater beerbt hat, herrscht dort ein ziemlich forscher Ton. Und bevor der Gemmingen sie rauswirft ...« Als langjähriger Bote der Gutsherrschaft und Tagelöhner kannte er die Verhältnisse in dem großen Schlossgut ganz genau. »Mit dem neuen Herrn ist nicht gut Kirschen essen.«
»... da hast du dann also lieber gleich gar nichts gesagt!« Vorwurfsvoll rümpfte die Frau ihre Nase und atmete tief durch, anschließend strich sie mit dem Handrücken sanft über das rötliche Gesicht des Säuglings. »Da, jetzt schau halt einmal hin, Schober. Das ist dein kleines Mädchen.«
»Das hast du schon einmal gesagt«, knurrte der Bauer und blieb weiter auf der Ofenbank sitzen, während er seine Hände vor der Brust verschränkte, als klares Zeichen, dass er gar nicht daran dachte, der Aufforderung Folge zu leisten.
»Aber Schober ...«, unternahm die Nachbarin einen neuerlichen Versuch, den Mann endlich für sein Kind zu interessieren.
»Nichts aber! Es ist doch wirklich so«, schnitt ihr der Bauer die Widerrede mitten im Satz einfach ab. »Jedes Jahr stirbt mir ein Kind – und ein anderes wird geboren. Aber diese ganzen Geburten, was ist das für eine elende Geschichte ... da werden dir Kinder geboren, die anscheinend nur auf die Welt kommen müssen, um das Erwachsenenalter nicht mehr erleben zu dürfen. Und wehe

uns, wenn der Martin, der mein einziger Sohn geblieben ist, den meine Frau mir bisher geschenkt hat, vor mir stirbt. Was wird dann aus uns werden? Wer soll uns eines Tages versorgen, wenn wir alt sind und nicht mehr arbeiten können? Die Mädchen hier etwa? Ha!«, schnaubte er bitter und nahm die Frau dabei düster in sein Visier. »So gesehen haben es meine anderen Kinder mit ihrem frühen Tod sogar noch gut erwischt. Sie brauchen so ein Leben erst gar nicht zu erleiden …«
»Schober! Versündige dich nicht!«
»Was heißt hier versündigen? Es ist doch schlicht und einfach genau so, wie ich das sage! Da kann unser Herr Pfarrer noch so selig von der Schöpfung und vom Paradies daher faseln. Für uns arme Leute gibt es kein Paradies. Für uns gibt es nur Arbeit, Arbeit und noch mal Arbeit. Und auf einen grünen Zweig kommen wir trotzdem nicht. Dabei können wir uns krumm und bucklig schaffen, so viel es nur geht, So ist das doch – du weißt ganz genau, dass es stimmt, was ich da sage. Und so ist es ja auch schon immer gewesen. Ob sie nun vor ein paar Jahren die Leibeigenschaft aufgehoben haben oder nicht … für uns Hungerleider ändert sich nichts – überhaupt nichts. So ist das!« Er ballte die Hände zu Fäusten, dann wandte er sich um und griff zur Türklinke. »Und jetzt muss ich danach schauen, dass ich vielleicht heute noch eine Arbeit drüben im Gutshof bekomme, das ist im November sowieso schwer genug. Aber wenigstens einen Botengang muss ich bekommen, denn wovon sonst soll ich denn demnächst das alles bezahlen? Den Geburtseintrag, dann den Pfarrer wegen der Taufe und das Dach ist auch undicht. Ich habe noch nicht einmal genug Geld für das Blech zum Ausbessern – an neue Dachziegel brauche ich gar nicht erst zu denken.« Kopfschüttelnd verharrte der Bauer einen Augenblick auf der Türschwelle, während er seine Nachbarin mit einem nachdenklichen Blick bedachte. »Es ist ja lieb von dir, dass wenigstens du für deine Hebammendienste nichts

verlangst. Aber ich hätte dir auch gar kein Geld geben können. Ich habe es ja noch nicht einmal geschafft, dem Julius Stein den Kredit …

»… etwa dem Stein aus Obergimpern?« fiel ihm die Nachbarin ins Wort, während sie bedenklich die Stirn in Falten legte.

»Ja, genau dem.«

»Oh je, ausgerechnet dieser Stein!«

»Was sollte ich machen? Irgendwoher musste das Geld ja kommen, um die letzten Begräbniskosten zahlen zu können. Und jetzt also habe ich es noch nicht einmal geschafft, ihm diesen Kredit ganz zurück zu zahlen, den ich bei ihm damals aufgenommen habe. Gerade war die eine Beerdigung fast bezahlt, da ist schon die nächste gekommen. Aber jetzt immer noch mehr und noch mehr Schulden machen, das kann ich mir einfach nicht mehr leisten. Mich fressen allmählich schon die Wucherzinsen auf, die der verlangt. Diese dreckigen Geldverleiher kennen keine Gnade – mit unsereinem schon gleich zweimal nicht. Es dauert sowieso nicht mehr lange, bis es daran gehen wird, den nächsten Acker zu verkaufen. Also, an die Arbeit und halte mich nicht länger auf, Stunzin.«

»Sage mir erst noch, wie das Kind heißen soll, damit ich die Geburt beim Bürgermeister anzeigen kann – wenn das schon sonst keiner tut«, schnappte die mit einem bewusst vorwurfsvollen Unterton in der Stimme zurück.

»Was weiß ich denn«, erwiderte Christoph Schober barsch. »Ich habe mir keine Gedanken drum gemacht

»Dann wirst du dir jetzt welche machen und zwar sofort«, ließ sich die resolute Nachbarin aber keinesfalls aus der Ruhe bringen. »Vorher lasse ich dich nicht aus der Stube gehen. Außerdem hättest du ja wenigstens einmal einen Blick zu deiner Frau in die Schlafkammer werfen können, anstatt hier mit mir herum zu händeln. Vielleicht hättest du von ihr auch einen Namen gesagt bekommen. Was du übrigens noch immer tun kannst …«

»Margret, sie soll Margret heißen!« mischte sich in diesem Moment unvermittelt der kleine Martin ein, der die eigenartige Auseinandersetzung zwischen den beiden Erwachsenen bislang nur stumm und mit großen Augen verfolgt hatte.

Um die Mundwinkel von Barbara Stunz zuckte ein überraschtes Lächeln. »Margret soll sie also heißen meinst du?«

»Ja, genau. Margret« nickte der Bub eifrig.

»Ja! Margret!« stimmten nun auch seine kleinen Schwestern fröhlich ein. »Margret, Margret..« trällerten sie jubilierend.

»Psst! Seid nicht so laut, euer Schwesterchen erschrickt doch sonst. Also Margaretha, ja? Wäre das so in Ordnung, Schober«, blickte sie dem frischgebackenen Vater direkt in die Augen.

Der zuckte nur kurz mit den Schultern. »Margaretha – meinetwegen, damit die arme Seele endlich Ruhe hat. Dann halt Margaretha. So, nun hast du also deinen Willen bekommen und kannst mich endlich gehen lassen. Ich muss mich jetzt wirklich beeilen, wenn ich heute noch einen Botengang bekommen will.« Damit stürmte er grußlos aus der Stube, ohne zuvor noch einen Blick in die Kammer seiner Frau geworfen zu haben.

Kopfschüttelnd blickte Barbara Stunz ihrem Nachbarn hinterher, dann wandte sie sich den Kindern zu, beugte sich langsam nieder und präsentierte den drei über das ganze Gesicht strahlenden Schobers das winzige weiße Bündel in ihren Armen. »So, Martin, Christina und auch du, Katharina, jetzt schaut mal ganz genau hin, das ist also eure liebe kleine Schwester Margret. Sagt mal schön Grüß Gott zu unserem neuen Erdenbürgerlein. Ihr dürft ihr auch mal über die Wange streicheln. Aber seid bitte dabei ganz vorsichtig, gell.«

4

Es dauerte vier Jahre bis zur nächsten Geburt im kleinen Doppelhaus in der Hauptstraße 18 Von eventuellen Fehlgeburten, die dazwischen liegen könnten, wissen wir natürlich nichts. Aber die hat es mit ziemlicher Wahrscheinlichkeit auch noch gegeben. Am 2. November 1848 brachte Christina Schober ihr zehntes Kind zur Welt. Wieder ein Mädchen! Wo der Mann doch auf einen Buben gehofft hatte. Zur Versorgungssicherheit im Alter, wie das halt in diesen Zeiten so der Fall war. Zwei Söhne sind besser als einer. Denn in diesen Zeiten musste man ja immer damit rechnen, dass einem ein Kind starb. Und der Schober hatte doch nur diesen einzigen Sohn, den Martin. Aber es ist halt wieder bloß ein Mädchen geworden. Die Begeisterung des Vaters hielt sich dementsprechend in engen Grenzen. Armut macht hart. Manchmal auch zur eigenen Familie.
Immerhin war die Geburt der Schwester Elisabeth für das bisherige Nesthäkchen Margret ein richtiger Freudentag: endlich hatte auch sie eine kleine Schwester bekommen und war nicht mehr die Jüngste, die sich von den anderen immer nur herum kommandieren lassen musste. Margret und Elisabeth: obwohl vier Jahre zwischen den beiden Mädchen lagen, fühlten sie sich im Laufe ihres Heranwachsens mehr und mehr beinahe wie Zwillinge, so seelenverwandt, wie die beiden Mädchen waren. Allein schon die Geburtstage: erst kam am 2. November der von Elisabeth und dann am nächsten Tag war Margrets Wiegenfest. Zwei Tage nacheinander voller Freude. Natürlich gab es an diesen Geburtstagen keine Geschenke. Woher sollte man die auch nehmen in einer so armen Familie? Aber dafür war etwas anderes da, das ihnen viel mehr bedeutete: dieses warme Lächeln, mit dem sich die beiden Mädchen bedachten. Und das war

ihnen mindestens genau so viel wert, wie irgendein seelenloses Geschenk. Es war das Geschenk!
Auch wenn sie ihre späteren Lebenswege dann über viele Jahre hinweg auseinander geführt haben, sind sie immer wieder zusammen gekommen. Und es war für sie dann jedes Mal grade so, als lägen keine Jahre der Trennung zwischen ihnen, sondern nur ein Tag. Sie haben sich auch ohne Worte verstanden. Wie eineiige Zwillinge eben. Gegen Ende ihres Lebens sind sie wieder dichter zusammen gerückt. In einem Dorf, das ein paar Kilometer von ihrem Geburtsort entfernt liegt. In Kirchardt. Hier waren sie sich wieder so nahe wie früher. Wie in ihrer Kindheit in Treschklingen. Wo sie gemeinsam füreinander da waren und Seite an Seite alle Tiefpunkte des Lebens tapfer durchgestanden haben. Wie zum Beispiel die Sache mit den drei Geburten und der Patenschaft. Das war ja ganz selbstverständlich, dass die Elisabeth das Patenamt für alle drei »ledig« geborenen Töchter ihrer Schwester Margret übernommen hat. Aber bis da hin dauert es in dieser Geschichte noch eine ganze Weile. Jetzt war die Elisabeth ja gerade erst auf die Welt gekommen. Und Margret war glücklich. Wenigstens eine in der Familie, die sich über das kleine Schwesterlein gefreut hat.

Am 5. Juli 1849, einem brütend heißen Donnerstag, brach ein neues Unglück über die Familie Schober herein: ihre Tochter Christiana starb. Nur einen Monat vor ihrem achten Geburtstag. Die viereinhalbjährige Margret wollte es zunächst gar nicht wahrhaben: ausgerechnet ihre ältere Schwester, der sie immer alles nachmachte und zu der sie bewundernd aufschaute. Denn die Christiana war ja schon groß genug gewesen, um in die Kleinkinderschule gehen zu dürfen, die es im Dorf eine Zeitlang gegeben hat, Dorthin hatte die Margret ihre große Schwester immer begleitet, war dann trotzig vor der Tür stehen geblieben und hatte geheult, weil man sie nicht in das Haus hinein gelassen hatte. Dabei wollte sie doch auch so groß sein, wie die Christiana und mit ihr gehen dürfen. Und jetzt?! Jetzt hatten sie gesagt, die Christiana sei tot und man müsse sie begraben. Was für eine schreckliche Erfahrung! Keine Christiana mehr. Nie mehr mit ihr spielen, lachen, sie in die Kinderschule begleiten. Wen hatte sie denn dann noch? Nur die zwei Jahre ältere Schwester Katharina, mit der sie sich aber irgendwie nie so richtig verstanden hat. Gut, da war auch noch die Elisabeth, über deren Geburt sie sich vor einem dreiviertel Jahr so gefreut hatte. Aber die war halt noch so klein und konnte noch nicht einmal laufen. Sicher, ab und zu kam schon auch mal die Johanna vorbei. Die Johanna war ja schon richtig groß. Fast erwachsen. Ihre älteste Schwester. Aber irgendwie nur zur Hälfte Margrets Schwester, sagte der Vater manchmal mit einem seltsamen Unterton in der Stimme. Dennoch hat sich die Margret immer gefreut, wenn die große Schwester da war. Wenn das nur öfter so wäre. Doch die Johanna musste viel arbeiten, sie war längst alt genug, um für ihr täglich Brot selber zu sorgen, hieß es, wenn sie den Vater fragte, warum die Johanna denn nie zu Hause sei. Und sowieso: wo hätte die denn schlafen sollen in dem beengten Haushalt der Schobers im Erdgeschoss des halben Doppelhauses?

Also schon wieder ein Kind, das die Schobers beerdigen mussten! Die Mutter war derart verzweifelt, dass sie tagelang die Bettstatt nicht verlassen konnte. Schon seit den beiden letzten, so überaus schwer verlaufenen Geburten war die früher einmal so robuste und zupackende Frau blass und kränklich gewesen. Auch seelisch schienen ihr die Qualen der viel zu langen Wehen damals doch wesentlich stärker zugesetzt zu haben, als die Nachbarin Barbara Stunz das zunächst gedacht und gehofft hatte. Eindeutig war die Schoberin schwer angeschlagen gewesen. An Leib und Seele gleichermaßen. Und jetzt auch noch das – wo man gerade hatte hoffen können, dass sie sich im beginnenden Sommer wieder erholen würde! Wenn man sich vor Augen hielt, dass es nun schon ihr fünftes Kind war, das sie verloren hatte. Ausgerechnet das Kind, das den Vornamen ihrer vor wenigen Jahren verstorbenen Christiana trug. Es war also kein Wunder, dass jeder Lebensmut von der armen Frau gewichen war.

Auch wenn die kleine Margret natürlich das ganze Ausmaß dieses Leids noch nicht begreifen konnte, so spürte sie doch, wie der neuerliche Todesfall ihrer Familie einen besonders schweren Schlag versetzt hatte. Selbst der Vater, der doch immer so enttäuscht gewesen war, wenn er wieder bloß eine Tochter bekommen hatte, starrte über Tage hinweg dumpf vor sich hin und redete nur das allernötigste mit seinen Kindern. Wenn er überhaupt zu Hause war. Denn in der Wohnstube sah man ihn in diesen Wochen nur selten. Es schien gerade so, als könne er das Elend nicht ertragen, das ihm zentnerschwer auf die Schultern fiel, kaum dass er über die Türschwelle trat. Und so musste Martin, der Älteste, für den Vater einspringen sich mit seinen grade einmal neun Jahren allein um die Hühner, die einzige Ziege und um das Unkraut auf den Feldern kümmern. Das war das Schlimmste: Unkraut hacken in dieser Gluthitze draußen! Sein Onkel Georg, der ältere Bruder des Vaters, der nur ein Haus weiter wohnte, half zwar mit seiner Frau Maria dem Jungen, wo es ging, aber andererseits hatte Georg Schober als Straßenwart und Gemeindediener ja selber mehr als genug zu schaffen und außerdem war seine Frau grade mit dem fünften Kind hochschwanger – die Niederkunft stand unmittelbar bevor, Dazu musste auch sie selbst sich noch um ihre eigene kleine Landwirtschaft kümmern. Das war zu viel! Viel zu viel! So konnte es nicht mehr lange weiter gehen. Recht bald war sich Georg Schober darüber im Klaren. Schon wegen der Kinder musste etwas geschehen! Und so ergriff er nach einigen

Tagen die Initiative. »Wenn du den Kindern, wie deiner Katharina und Margret mit noch nicht einmal sieben und mit viereinhalb Jahren jetzt schon die Sorge um ihre kleine Schwester überlässt, die noch kein Jahr alt ist und selber einfach verschwindest und sie allein lässt mit ihrer kranken Mutter: also, das kann einfach nicht sein und das darf nicht sein! Dein Martin weiß vor lauter Arbeit nicht mehr, wo ihm der Kopf steht. Und glaubst du denn nicht, dass nicht auch der Martin und die anderen um ihre tote Schwester trauern? Glaubst du etwa, denen fällt das leicht, eine Schwester verloren zu haben? Aber du, du haust einfach ab und lässt sie im Stich. Die Kinder können doch nichts dafür! Wie soll das denn weiter gehen mit deiner Familie, Christoph?« Mit entschlossenen Schritten war Georg Schober in die Stube gestürmt und rüttelte seinen apathisch am Esstisch vor sich hin stierenden Bruder mit beiden Händen an den Schultern. »Wach endlich auf und versinke nicht ganz in deinem Selbstmitleid!« hielt er ihm lautstark vor. »Wir können dir zwar helfen, aber du musst da schon auch mithelfen. Allein schaffen wir das nicht. Und begreife endlich, dass es nicht nur um dich geht. Du hast schließlich auch eine Verantwortung. Für deine Frau und für alle deine Kinder, die einen Vater brauchen. Und die am Leben bleiben wollen. Das ist ihr Recht! Und es ist deine verdammte Pflicht, für sie zu sorgen, damit sie es schaffen!«

Eine Zeitlang schien es, als seien die lauten Vorwürfe seines Bruders gar nicht bis ins Bewusstsein von Christoph Schober vorgedrungen. Regungslos saß der Mann weiterhin einfach nur da und starrte auf die schmutzige Tischplatte. Endlich hob er langsam den Kopf und bedachte Georg mit einem hoffnungslosen Blick.

»Was willst du mir denn für Ratschläge geben«, krächzte er rau. »Du weißt doch selber, wie es ist. Da kannst du dich jahrelang krumm und bucklig schaffen und stehst am Ende mit deiner Familie genauso armselig da, wie am Anfang. Es ist doch sowieso alles sinnlos.«

»Was ist sinnlos«, konterte Georg streng.
»Dieses ganze Elend da. Wenn dir ein Kind nach dem anderen wegstirbt und du noch nicht einmal den Totengräber bezahlen kannst. Wenn du ...«
Der Ältere unterbrach ihn barsch. »Anderen Familien geht es genau so!«
»Na und? Was ist denn das für eine Rechtfertigung?«
»Es ist so, wie es ist«, ließ Georg nicht locker und legte seine rechte Hand schwer auf die Schulter des verzweifelnden Mannes. »Christoph! Komm endlich zu dir und stelle dich der Verantwortung, die du für deine Familie hast. Oder willst du etwa, dass ihr alle in der Gosse landet?«
Christoph stieß ein kurzes, trockenes Lachen aus. »Was heißt hier wollen? Wer fragt schon, was ich will? Und außerdem: in der Gosse sind wir doch schon drin. Wie du es auch immer nennen willst: Tagelöhner, Hungerleider, Schuldenmacher ... es ist ein und dasselbe. Wir hängen alle längst am Bettelstab.«
»Aber das Leben muss doch weiter gehen, Christoph. Denke an deine Mädchen und an den Martin. Die haben ein Recht darauf, dass du sie jetzt nicht im Stich lässt, sondern sie ordentlich auf das Leben vorbereitest!«
»Pah! Welches Leben meinst du denn? So eines, wie wir hier leben. Und was faselst du da von den Kindern und ihrer Zukunft? Die Kinder ... Die sterben doch sowieso. Vier von meinen acht Kindern sind schon tot, da brauchst du nicht lange darauf warten, bis auch das nächste gehen muss ...«
Kaum hatte er dieses bittere Fazit ausgestoßen, da erfüllte ein bitteres Weinen die armselige Stube.
Überrascht horchte der Vater auf und blickte in die Richtung, aus der die Klagelaute an seine Ohren drangen. Es war Margret. Ihr Gesicht war tränenüberströmt.
»Margret! Was ist denn mit dir?« stammelte er verständnislos.
»Du hast ihr Angst gemacht, Vater«, übernahm Katha-

rina die Antwort für ihre schluchzende Schwester. »Sie glaubt, dass sie jetzt bald sterben muss – oder ich. Wir sind ja die beiden ältesten Mädchen ... und von da her ... was du da gerade gesagt hast, Vater ...« Ihre weiteren Worte erstickten in einem langgezogenen Klagelaut. Dann schüttelte ein Weinkrampf auch Katharinas schmächtigen Körper.

Verduzt starrte Schober auf seine beiden weinenden Töchter.

»Da siehst du, was du angerichtet hast«, kommentierte Georg zornig.

»Das ... das wollte ich nicht«, flüsterte der sichtlich betroffene Mann, in dessen Denken die lähmende Apathie erstmals seit vielen Tagen wieder zaghaften väterlichen Gefühlen zu weichen schien.

»Dann tu gefälligst auch was!«

Diese harsche, ziemlich lautstark ausgestoßene Aufforderung bewirkte eine gewaltige Veränderung bei Christoph Schober: Schlagartig strömte das Blut in dessen blasse Wangen zurück. Sein Blick gewann an Klarheit, wurde fest und entschlossen. Er nickte nachdrücklich und nahm dann seinen Bruder ernst ins Visier: »Danke Georg, danke dass du mich an meine Pflichten als Vater erinnert hast. Es geht in der Tat nicht um mich, sondern um die Kinder. Ich hoffe nur, dass auch meine Christina diesen Schicksalsschlag überwinden wird.«

»Wenn du ihr ein Beispiel gibst und selbst zeigst, wie du neuen Lebensmut gefunden hast. Dann wird es auch mit der Christina wieder aufwärts gehen, Schon im Interesse eurer Kinder. So«, vielsagend nickte er zur Ecke hinüber, in der die beiden weinenden Mädchen standen, um deren Schultern ihr Bruder Martin tröstend seine Arme gelegt hatte. »Jetzt kümmerst du dich aber gefälligst erst einmal um die zwei da und versprichst ihnen, dass sie nicht sterben müssen.«

»Wie soll ich das denn verspre ...«

Sofort fiel ihm Georg ins Wort. »Geh rüber zu ihnen

und nimm sie in die Arme. Und hör endlich auf, zu denken und zu hadern!«

»Du hast ja recht.« Schwerfällig erhob sich Christoph Schober, während ein verlegenes Lächeln über seine Miene huschte. »Und danke Georg, dass du mir die Meinung gesagt hast. Du hast es ja wirklich nur gut gemeint und mir die Augen geöffnet.« Dann wandte er sich seinen Kindern zu und drückte alle drei eng an sich.

»Vergiss auch die Elisabeth nicht«, flüsterte Georg und grinste dabei zufrieden.

»Richtig, meine Elisabeth!« Suchend sah sich der Mann in seiner Stube um, während er nach wie vor seine Arme fest um die drei anderen gebreitet hielt. Doch nirgendwo konnte er seine jüngste Tochter entdecken. »Aber ... Wo ist sie denn?«

»Die Maria hat sie heute morgen zu uns mit rüber genommen. Das hast du in deinem ganzen Elend gar nicht mitbekommen. Aber ich sage ihr gleich Bescheid, dass sie die Kleine zu euch rüber bringt. Ist dir das recht so?«

»Natürlich ist mir das recht«, beeilte sich sein Bruder mit der Antwort. »Vielleicht tut das auch der Christina gut, wenn wir uns dann alle an ihrer Bettstatt versammeln. Vielleicht bekommt sie dann sogar wieder neuen Lebensmut.«

»Das wäre schön. Ich würde es euch von Herzen gönnen«, gab Georg zurück. »Soll ich vielleicht noch den Pfarrer zu euch schicken? Ich weiß ja, dass du von den Pfaffen nicht so viel hältst, aber deine Christina schon ...«

Der Jüngere der beiden Schoberbrüder zögerte nur ganz kurz, dann nickte er nachdrücklich. »Um mich geht es jetzt ja nicht. Sondern um meine Familie und um die Christina. Sag also ruhig dem Pfarrer Bescheid, dass er bitte vorbei kommen möchte. Es kann jedenfalls nichts schaden, wenn er mit ihr betet. Solange er nichts dafür haben will ... Denn ich kann ihm bei besten Willen momentan nichts geben. Wir haben noch nicht einmal mehr ein paar verschrumpelte Kartoffeln im Keller.«

»Das ist schon in Ordnung so, ich werde das regeln«, versprach Georg und verließ die karge Wohnung seines Bruders mit dem guten Gefühl, im Jüngeren sein Pflichtgefühl als Familienvater geweckt zu haben. Hoffentlich war dieser Zustand von Dauer und es passierte nicht so schnell wieder etwas mit den Kindern. Und wenn dann seine Schwägerin hoffentlich auch noch zurück ins Leben fand, dann konnte der Alltag langsam wieder Einzug halten im Haushalt der Familie Schober. So schwer der tagtägliche Kampf für Leute wie sie auch sein mochte. Zumindest so lange sollten sie aber noch durchhalten, bis die Kinder für sich allein sorgen konnten. Hoffentlich würde es ihnen gelingen. Die Kinder aufziehen und sie zu anständigen Menschen machen. Eine Herausforderung, die für Taglöhnerfamilien wie die Schobers schwer genug zu bewältigen war. Aber das galt ja für nahezu alle Einwohner des Dorfes. Man musste halt hoffen. Hoffen und beten. Wobei: das mit dem Beten … Manchmal konnte man am Herrgott beinahe verzweifeln … Auch wenn der Pfarrer so etwas nicht gerne hörte. Aber es war trotzdem so: oft schien es ja wirklich, als habe der Herrgott sie alle vergessen.

5

Karins Erinnerungen an die Großmutter:
Der Schmalzbuckel.

Da hat sie gewohnt, die Großmutter. Direkt hinter der Hauptstraße. Laster, Autos dicht gedrängt, das ist diese Hauptstraße in Kirchardt, meinem Heimatdorf, heute. Die Nähe zur Autobahn hat die Dorfdurchgangsstraße zur Umfahrungsstrecke gemacht, wenn mal wieder Stau ist – und der ist oft auf dieser meistbefahrenen Ost-West-Route oder wenn Mautpreller darauf unterwegs sind. An solchen Tagen haben die Fußgänger Mühe, über die Straße zu kommen. Zwei enge Kurven sind an dieser Ortsdurchfahrt zu überwinden, regelmäßig kommt es hier zu Unfällen.
Und einmal, es muss in den Siebziger Jahren gewesen sein – hat es auch meine Großmutter Marie auf dieser Hauptstraße erwischt. Ein Laster hatte wohl Bretter geladen, die hinten rausstanden, und als er um die Kurve steuerte, traf ein solches Brett meine Großmutter Marie, die auf dem Bürgersteig, dem »Trottwar«, lief, am Kopf. Gottseidank war es nur eine kleine blutende Wunde, sie muss damals schon an die 90 Jahre gewesen sein. Wie das Brett auf Höhe des Kopfes dieser kleinen zierlichen Frau, die damals schon krumm und bucklig ging, kommen konnte, war uns allen ein Rätsel. Aber schlussendlich waren wir froh, dass es noch einmal gut ausgegangen ist.
Großmutter war damals wie jeden Tag auf dem Weg von ihrer Wohnung – auf dem Schmalzbuckel – zu uns in die Vorstadtstraße. Die Vorstadtstraße findet man auf jedem Stadtplan, den Schmalzbuckel auf keinem, der heißt nur umgangssprachlich so. Warum? Keine Ahnung. Jedenfalls wohnte die Großmutter dort. In einem – für die Augen von uns Kindern – ganz großen alten Fachwerk-

haus, dessen Besonderheit eine riesige, drei Meter breite und vier Meter hohe Eingangstreppe war, die man von beiden Seiten aus betreten konnte. Vielleicht war die Treppe ja so groß, weil es in der Mitte zum Keller runterging. Jedenfalls: Kein anderes Haus in Kirchardt war so gebaut.

Das Haus lag an einer kleinen Seitengasse, die von der Hauptstraße aus abzweigte, wobei die Gasse eher einem großen Hof ähnelte, um den drei Häuser und einige Scheunen gepaart waren. Das größte Haus dort gehörte reichen Bauern, den Hockenbergers. Die auch noch ein kleines Haus danebe besaßen, in das früher die Mutter von meiner Großmutter eingezogen war – aber das war lange vor meiner Zeit und deshalb hatte es mich auch nie interessiert. Leider. Andererseits: ob die Großmutter mir etwas über das Leben ihrer Mutter erzählt hätte, ist fraglich. Und wer ihr Vater war? Ich glaube, sie hätte nur still in sich hinein gelächelt und das Geheimnis für sich behalten. So, wie sie es dann ja auch mit ins Grab genommen hat.

In dem großen Fachwerkhaus wohnte die Großmutter natürlich nicht allein. Oben an der Treppe gab es zwei Eingänge. Der erste führte zur Wohnung vom Haberkerns Berthel, einem wunderlichen Kauz, der von keinem ernst genommen wurde und für uns Kinder immer etwas sonderbar war, da sind wir nie hinein gegangen. Zur Großmutter führte der zweite, gleich daneben liegende Eingang. Die steile dunkle Treppe hoch, die statt einem Treppengeländer lediglich ein dickes Seil hatte. Unten war nur noch eine Tür, die zum Saustall ging. Und oben teilte sich die Großmutter den Stock mit der Familie vom Schuhmacher Windisch, deren Tür ging links ab. Die Türe geradeaus führte zur Küche von der Großmutter: winzig klein, dunkel, ohne fließendes Wasser und nur mit einem schwarzen, gusseisernen Herd. Eine Küche, kaum vier Quadratmeter groß. Über dem Herd ein Regal für die wenigen Töpfe und Teller, die sie besaß und auf der gegenüber liegenden Seite stand ein

Eimer zum Geschirrspülen, wobei jeder Eimer mit Wasser drunten vom Hof herauf geholt werden musste. Und das Abwasser musste danach natürlich auch wieder hinuntergeschleppt werden. In den Hof, nach hinten zur Hausrückseite, wo auch das Klo war, das Aborthäusle. Die dritte Tür, die vom Gang abging, führte in die restliche Wohnung der Großmutter, die ebenfalls winzig klein war. Ein Raum, in dem eine alte Couch stand, über der ein Spiegel hing, ein Küchenbüffet zwischen den Fenstern, noch eine zweite Couch und ein kleiner Tisch dazu, in dessen Schublade die Großmutter für uns Kinder Anisschnitten parat hatte. Die hat sie extra immer beim Bäcker gekauft. Von diesem Raum nur durch einen klapprigen Holzverschlag abgeteilt, befand sich das Schlafzimmer, das mit einem Bett und einem Schrank vollständig ausgefüllt war. Jeder Einbauschrank in heutigen Wohnungen nimmt wahrscheinlich mehr Platz in Anspruch. Wie meine Großmutter mit Mann und vier Kinder darin Platz zum Leben fand, bringt mich nicht nur zum Staunen, sondern auch zum Nachdenken.

Früher hat man den Platz einfach für andere Dinge gebraucht: den großen Keller für Fässer und Vorräte, die Scheune für Arbeitswerkzeug und Feldgeräte, den Hof für den Hühner- und Ziegenstall. Dort, wo man geschlafen und gegessen hat, war Enge angesagt, denn das war nicht so wichtig. Schließlich hatte man auch nicht so viel Sachen, nur das bisschen, was man halt unbedingt brauchte. Ein Hemd für die Arbeit, eine Sonntagsmontur, wenige Möbel, wenig Geschirr, kaum Bücher oder anderen Kram. Die Habseligkeiten der ganzen Familie, aus der mein Vater stammt, hätten mit Leichtigkeit in den Kofferraum unseres heutigen Autos gepasst. Armer Leute Leben. Alltag damals. Für unser Leben heute: undenkbar. Trotzdem hat sich meine Großmutter nie als arm empfunden. Und wenn ich den ganzen Kruscht und Kram betrachte, der sich in unserer Familie angesammelt hat, frage ich mich, wer von uns beiden wohl die Reichere ist.

6

Das Leben im Dorf ging weiter seinen üblichen Gang. Ein hartes, kleinbäuerliches Leben, immer hart am Rand zum Überleben. Nur, wer »sein Sach'«, wie man das bisschen Grundbesitz halt so nannte, sorgfältig zusammen hielt und nie über die Stränge schlug, konnte die Familie durchbringen. Und auch dann nur, wenn einem nicht irgendwelche größere Heimsuchungen widerfuhren. Wenn die Kuh plötzlich starb (sofern man überhaupt eine besaß), wenn Schäden am Haus entstanden, wenn die Hausfrau oder gar der Mann ernsthaft erkrankten. Es war und blieb ein ständiges Balancieren auf des Messers Schneide, immer hart am Abgrund: ein ewiger Kampf mit der Natur, mit den Zinswucherern – schlichtweg mit den ganzen schwierigen Lebensumständen hier im nördlichen Großherzogtum Baden. Und die Blickrichtung ging ohnehin grundsätzlich nach unten. Nicht den Hauch eines Gedankens brauchte man daran zu verschwenden, dass es womöglich aufwärts gehen könnte in den kommenden Jahren. Dass womöglich gar ein bisschen Wohlstand Einzug halten würde in den bescheidenen Taglöhnerhäuschen. Vielleicht wäre es für das Dorf und für die Menschen ja wirklich besser, wenn solche Familien ohne Zukunft einfach wegziehen würden aus Treschklingen. Beispielsweise ins nahe Rappenau, einem Dorf, das in den zurückliegenden Jahren erstaunlich gewachsen war – oder gleich in die Stadt Sinsheim. »Stadtluft macht frei«, hatte es früher, in den Zeiten der Leibeigenschaft, schließlich geheißen. Ein neues, besseres Leben in der Stadt beginnen, das klang verlockend. Aber wie sollte sich ein Tagelöhner aus dem Kraichgau denn so einen Neuanfang leisten können? Ohne Geld. Ohne Dach über dem Kopf. »Hoffahrt – nichts als Hoffahrt«, sei es, diesen Gedanken auch nur zu erwägen, hatte der

Pfarrer wieder und wieder gewettert, wenn ihm solche Reden zu Ohren gekommen waren. Mit harschen Worten hatte er die Leute zur Räson gebracht. Also: was tun? Seitdem der Aufstand vom vergangenen Jahr endgültig gescheitert war, stellte sich die Situation für die kleinen Leute noch auswegsloser dar. Friedrich Hecker aus Eichtersheim, Franz Sigel aus Sinsheim und der Apotheker Gustav Mayer, der in Sinsheim im Jahr 1848 und sogar noch in diesem Jahr 1849 zeitweise das Kommando über die Stadt in seinen Händen gehalten hatte, sie hatten so viele Hoffnungen geweckt. Hoffnungen auf ein besseres Leben. Und jetzt, seitdem sich diese nach ihrer Niederlage vor den preußischen Truppen mit knapper Not in die Schweiz geflüchtet hatten, waren diese Hoffnungen zerstoben, wie ein Schneeball, der an die Scheunenwand geschleudert wird. Auswandern würden sie nun, die gescheiterten Revolutionäre, hörte man munkeln. In die Vereinigten Staaten von Amerika. Ins Land der Freiheit. Und viele, die mit Hecker, Herwegh, Mayer, Struve und Sigel sympathisiert hatten, würden ihnen folgen. Würden für immer fortziehen nach Amerika – ihre Heimat verlassen – und ihre Angehörigen in Baden wahrscheinlich nie mehr wieder sehen.

Nein, so eine Revolution war nichts für die kleinen Leute. Diese Überzeugung hatte sich auch in Treschklingen bald verfestigt. Man konnte ja sehen, wozu das führte. Für viele Familien, die sich dem Aufstand angeschlossen hatten, war es jetzt noch schlimmer, als vorher. Und zu allem Übel führte jetzt auch noch der Preuße das große Wort im Karlsruher Schloss.

Sein Schicksal annehmen, akzeptieren, an welche Stelle einen der Herrgott gesetzt hatte und die Kinder zu frommen Christenmenschen erziehen, das war das Gebot in diesen verwirrenden Jahren, in denen die alte Ordnung beinahe zerbrochen wäre. Man möge froh sein, keine solche Zeit mehr erleben zu müssen, wie 1816 und 1817, die schlimmen Hungerjahre, von denen die ganz Alten

im Dorf schaudernd erzählten. Als am Himmel wochenlang die Sonne von dunklen Wolken verschluckt geblieben war, wo es nicht aufgehört hatte zu regnen. Als in der kalten Feuchtigkeit dieses ausgefallenen Sommers das Getreide auf den Feldern ausgekeimt oder gleich ganz verschimmelt war und man für das bisschen minderwertiges Korn den vierfachen Preis hatte bezahlen müssen. Aber nur diejenigen, die etwas Geld im Sparstrumpf stecken hatten, die übrigen dagegen ... die hatten sich über das Gras von den Wiesen hermachen müssen. Kein Wunder, dass viele, vor allem die Kinder, diese Zeit nicht überlebt hatten.
Wenigstens eine solche Heimsuchung war ihnen in den vergangenen Jahren erspart geblieben.

Für die Schobers reichte es trotzdem kaum zum Leben. Und wären da nicht die regelmäßigen Botengänge für den Herrn von Gemmingen vom Schlossgut, für die es zwar nur eine karge, aber immerhin eben doch eine Entlohnung gab, dann wäre es für Christoph Schober als einzigem Ernährer der Familie ganz eng geworden. Trotz allem eisernen Willen, sich von jetzt an nicht mehr gehen zu lassen, sondern durchzuhalten. So, wie er es seinem Bruder ja versprochen hatte.
Bloß keine weitere Tragödie mehr innerhalb der Familie. Das war jetzt ganz wichtig. Denn es handelte sich um dünnes Eis, auf dem sie sich bewegten. Das war allen bewusst. Noch hielt das Eis – hoffentlich blieb das auch so. Arbeiten und nach vorne blicken – nur darauf kam es an. Die Kinder groß ziehen und ihnen eine Zukunft ermöglichen. Wenn schon die eigene Zukunft bereits Vergangenheit war ... Denn was hatten Leute vom Schlage eines Christoph Schober und seiner Frau Christina schon noch vom Leben zu erwarten. Viel war es ohnehin nie gewesen. Blieb ihnen lediglich die Hoffnung, dass es die Kinder eines Tages einmal besser hätten. Aber andererseits: wie sollte das denn gehen? Eine Tagelöhnerfami-

lie blieb eine Tagelöhnerfamilie. Knecht bleibt Knecht, Magd bleibt Magd. Und das Kind einer Magd wird wieder Magd. Schon seit Jahrhunderten war das so. Und blieb so. Für immer und ewig. Gut, vielleicht, wenn die Revolution erfolgreich verlaufen wäre … Sie war aber krachend gescheitert. Womit die alten Verhältnisse nun erst recht felsenfest verankert waren.

Also: wieso sollte sich später ausgerechnet für die Schoberkinder etwas zum Besseren ändern? Das grenzte beinahe an Hochmut – allein der Gedanke. Aber schön war es schon … wenigstens einmal davon zu träumen. Träumen durfte man ja schließlich. Und genau das tat Christina Schober in diesen Wochen, in denen sie zaghaft wieder neuen Lebensmut geschöpft hatte, immer öfter. Wie schön das war! Immer dann, wenn Christina während des Gottesdienstes, wo sie, wie es sich für eine Tagelöhnersfrau gehörte, in einer der hintersten Reihen Platz nahm, beim stummen Gebet ganz fest die Augen zusammen presste, erschienen diese Bilder wieder und wieder als herrliche Gedanken in ihrem Kopf: in einer wunderschönen Zukunft für ihre Kinder. Für den Martin, für Margret, Katharina und die kleine Elisabeth. Sie war beinahe mit den Händen zu greifen, diese bessere Zeit in einer besseren Welt mit einem besseren Leben für die Kinder.

Ein seliges Lächeln legte sich auf das von tiefen Falten zerfurchte Antlitz der vierzigjährigen, schwarz gekleideten Frau.

Doch es war nur ein kurzer Wimpernschlag, der ihr in dieser federleicht schwebenden Glückseligkeit vergönnt war. Eine Männerstimme.

»Schoberin, hörst du mich? Schoberin! Wieso antwortest du mir denn nicht?«

Wie aus weiter Entfernung drängte sich die dunkle Stimme in ihren Traum und ließ die herrlichen Gedanken in Windeseile zerplatzen. Harsch und unerbittlich meldete sich der Alltag zurück. Das schöne Bild war schlagartig verschwunden. Das war so schade! Christina

Schober blinzelte irritiert und blickte in das ärgerliche Gesicht des Pfarrers Johann Georg Schupp, der sich direkt vor ihr aufgebaut hatte, während die Stimme des Pfarrers weiterhin vorwurfsvoll an ihr Ohr dröhnte. Der Gottesdienst war offenbar zu Ende gegangen, ohne dass sie es bemerkt hatte. Und jetzt stand der zornbebende Pfarrer vor ihr, neugierig beobachtet von den anderen Kirchgängern, die absichtlich viel langsamer als sonst, das Gotteshaus verließen.

»Schoberin! Wo bist du nur mit deinen Gedanken?!«
Widerstrebend zwang sie sich zu einer Antwort, während sie gleichzeitig versuchte, die rasch verblassende Erinnerung an das schöne Bild doch noch irgendwie in ihren Gedanken festzuhalten. »Weit, weit weg, Herr Pfarrer
»Und wo genau, wenn ich fragen darf?« bohrte der Pfarrer unwirsch nach.

»Auf einer grünen Wiese mit einem schönen großen Haus darauf und vielen gut gepflegten Tieren im Stall. Und mittendrin waren meine Kinder, schon als Erwachsene …« Ja, immerhin diese Szenerie war ihr geblieben. »Es war so ein richtig herrschaftliches Haus – noch größer, als es der Gutshof vom Herrn von Gemmingen ist.«

»Und wem gehört das große Haus?«

»Meinen Kindern natürlich«, antwortete sie, verwundert über die seltsame Frage.

»Deinen Kindern! Der Gutshof! Schoberin, was sind das nur für gotteslästerliche Gedanken!« Der Pfarrer wurde lauter, kein Wunder, dass die Neugierigen nun erst recht die Ohren spitzten. »Versündige dich nicht!«

»Was heißt hier versündigen? Ich habe doch nur schön geträumt.«

»Das sind keine Träume! Das ist die pure Hoffahrt!«

»Aber Herr Pfarrer. Es war doch nur …«

»Bete!« donnerte der Pfarrer und hob die rechte Hand mit dem Gesangbuch drohend vor ihr in die Höhe. »Wer solche sündhaften Gedanken bewegt, sollte nicht trotzige Widerworte ausstoßen, sondern in sich gehen und beten!«

Christina Schober verstand die Welt nicht mehr. Was faselte der Mann denn da? Wie sollte sie sich denn versündigt haben. All der schon seit Jahren in ihr aufgestaute Schmerz, die Enttäuschung, Hoffnungslosigkeit und Wut brachen sich plötzlich Bahn. Und so sprudelte die Rechtfertigung nur so aus ihrem Mund. »Aber was soll ich denn mit diesem Traum verbrochen haben?! Dass ich gewagt habe, offen auszusprechen, wovon ich träumen durfte? Wenigstens träumen! Da, Herr Pfarrer, schauen sie meine Margret an«, aufgebracht deutete sie auf das kleine verschüchterte Mädchen an ihrer Seite, das sich gerade ängstlich in den weiten Falten ihres Rockes zu verstecken suchte. »Hat denn dieses Kind nicht auch das Recht auf eine gute Zukunft? Hat sie nicht auch dasselbe Recht, wie die herrschaftlichen Kinder?«
»Psst, Schoberin«, stieß ihre Banknachbarin sie in diesem Moment hart in die Seite. »Sei leise! Denk doch an das Kind!«
»Das tue ich ja eben«, fauchte sie zurück. »Um sie geht es: um das Kind. Um eine Zukunft für unsere Kinder!«
»Das sind ja schon wieder dieselben Reden, wie man sie von diesen Aufwieglern gehört hat«, ließ sich eine Männerstimme aus den vorderen Reihen unwirsch vernehmen. »Geht das denn jetzt schon wieder los?«
»Wehret den Anfängen!«
Das Gesicht von Pfarrer Schupp war mittlerweile dunkelrot angelaufen. »Da hast du es, Schoberin. Ich sagte dir ja: du sollst dich nicht versündigen. Jeder tut seine Pflicht dort, wo ihn der Herrgott hingestellt hat. Lasset uns also beten und den Herrn lobpreisen!«
»Aber … Herr Pfarrer … ich … ich habe doch wirklich nichts Böses …«
»Beten, Schoberin, beten!«
Nicht einmal einen Hauch von Verständnis mochte er ihr entgegen bringen. Es war … Ja: es war zu viel! Hastig griff sie mit der Linken zum Gesangbuch. »Lass mich durch, Stunzin! Ich halte es hier drinnen nicht mehr aus.

Und du Margret, komm mit mir!« Damit packte sie ihre Tochter mit der anderen Hand und stürmte aus der Kirche. Kopfschüttelnd blickte Barbara Stunz ihrer Nachbarin hinterher, dann wandte sie sich kopfschüttelnd um und murmelte ein sorgenvolles Gebet, das mit dem hoffnungsvollen Flehen endete: »Herr vergib ihr, Amen!«

7

Die Episode in der Kirche, die im Nachhinein selbst Christina Schober als peinlich erachtete, zog zum guten Glück kein Nachspiel hinter sich her. Es hätte in diesen unruhigen Zeiten nämlich durchaus auch anders enden können, das war ihr schon kurz danach bewusst geworden. Zunächst hatte sie in den ersten Tagen sorgsam darauf geachtet, sich möglichst nicht im Dorf blicken zu lassen, wenn gerade jemand auf der Straße war und wenige Tage später war bereits genügend Gras über die Angelegenheit gewachsen, um sich nicht mehr rechtfertigen zu müssen. Andere Themen beherrschen bald wieder die Gespräche in den Wirtshäusern und unter den Nachbarn. Weniger die große Politik, daran konnte man ja eh nichts ändern, als vielmehr die Frage, wie sich das Wetter wohl entwickeln würde, und ob es sich tatsächlich lohnen könnte, demnächst einmal eine andere Frucht auf dem Acker anzubauen, wie das der junge Herr von Gemmingen gerade in Erwägung zu ziehen schien und diese Absicht kräftig streute, in dem er mal hier, mal da einige Sätze fallen ließ. Zuckerrüben. Anstelle von Kartoffeln. »Aber Zuckerrüben können wir nicht essen. Die müssen wir verkaufen. Und machen uns damit schon wieder ein Stück mehr abhängig. Kartoffeln dagegen können wir selber essen.«
»Dafür bekommen wir aber einen höheren Preis, als für die Kartoffeln.«
»Sagt wer?«
»Ha, der Herr von Gemmingen natürlich.«
»Eben!«
»Was heißt hier eben?«
»Weil der dann auch dafür Sorge trägt, dass wir sie verkaufen, die Zuckerrüben. Denn selber verarbeiten können wir sie ja nicht.«

»Natürlich nicht. Dafür schaut er uns dann ja nach einem Abnehmer.«
»Und wie transportieren wir sie dorthin?«
»Der von Gemmingen hat doch große Fuhrwerke und genug Ochsen zum Ziehen.«
»Ja, genau. Das fügt sich ja wunderbar! Aber wer zahlt denn dann für den Transport: wieder wir! Und der Herr vom Gutshof macht gleich ein doppeltes Geschäft! Einmal als Zwischenhändler, das andere Mal als Transporteur. So geht das nämlich …«
Eine Zeitlang herrschte nachdenkliches Schweigen am Stammtisch. Schließlich hatte sich jeder der Bauern seine Meinung zurecht gelegt.
»Also ich bin auch dagegen.«
»Aber ich bin dafür!«
Somit hatte das Dorf seinen neuen Gesprächsstoff. Die merkwürdige Auseinandersetzung der Schoberin mit dem Herrn Pfarrer war bald aus der Erinnerung des Dorfes verschwunden. Dafür war die Frau auch viel zu unbedeutend, als dass man mehr daraus machen musste. Es war halt eine seltsame Entgleisung, die ihr da passiert war. Aber es war zum guten Glück bei diesem einen Mal geblieben. Welcher Teufel auch immer sie dabei geritten hatte. Nun ja …
Die kleine Margret freilich würde die Episode in der Kirche, die dem verschreckten Kind so schockierend unwirklich erschienen war, niemals im Leben vergessen. Im Laufe der Jahre würde sie sogar manches von dem, was ihre Mutter damals gesagt hatte, begreifen. Um sich dann genau dieselben bitteren Fragen zu stellen. Fragen ohne Aussicht auf eine Antwort.

Nicht nur der Dorfalltag hatte also sein neues Thema – auch im Haushalt der Familie Schober rückten andere Dinge in den Vordergrund. Besser gesagt: eine neue Sorge gesellte sich zu den bisherigen. Als wären es nicht ohnehin schon mehr als genug. Aber man befand sich eben in diesem ewig gleichen Kreislauf, aus dem es anscheinend kein Entrinnen gab.

Am 6. Februar 1851 brachte Margrets Halbschwester Johanna im Alter von 21 Jahren ein Kind zur Welt. Erst kurz davor hatte sich die hochschwangere junge Frau in höchster Not vom Gutshof zum Haus ihrer Mutter geschleppt, denn längst hatten die Wehen bei ihr eingesetzt. Fassungslos starrte Christina Schober in das schmerzverzerrte Gesicht ihrer Tochter, dann auf deren kugelrunden Bauch, den Johanna mit beiden Händen umklammert hielt. Niemand in der Familie hatte etwas von dieser Schwangerschaft geahnt und offenbar auch nicht das Gesinde im Gemmingschen Schlossgut, denn sonst hätte diese Neuigkeit wie ein Lauffeuer die Runde im Dorf gemacht. Johanna war es gelungen, ihren zunehmenden Leibesumfang unter den weiten Falten ihres Arbeitskleides zu verstecken. Das war dank ihres stämmigen Körperbaus gar keine besondere Kunst gewesen und vermutet hatte die Schwangerschaft ohnehin niemand, da man sie bislang ohnehin nie mit einem »besseren Bekannten« an der Seite gesehen hatte. So schien sie lediglich minimal an Gewicht zugelegt zu haben, bis sie dann wie aus heiterem Himmel vor ihrer Mutter auftauchte. Gottseidank war der Stiefvater gerade nicht anwesend, sondern mit einem Botengang beschäftigt. Gut möglich, dass der ihr sonst die Tür gewiesen hätte. Aber für Diskussionen und Vorwürfe war jetzt keine Zeit, das erkannte die Schoberin mit einem einzigen Blick. Jetzt galt es, rasch zu handeln. Sofort packte sie ihre Tochter an den Schultern und schob sie ins Schlafzimmer. »Aber Mutter«, keuchte Johanna zwischen zwei Wehenattacken, »… das … das ist doch eure Bettstatt. Ich … ich kann doch … kann doch hier nicht …«

»Was du kannst und was du nicht kannst, das steht jetzt nicht mehr in deiner Macht«, gab die Bäuerin knapp zurück und drückte die Gebärende mit einem entschiedenen Händedruck auf die mit Stroh gepolsterte Bettstatt.

Dann wandte sie sich suchend um. »Margret. Steh nicht einfach so herum und halte Maulaffen feil. Hilf mir lieber«, herrschte sie ihre Tochter an, die mit großen Augen auf die gewaltige Leibesfülle ihrer Schwester starrte. »Geh sofort zum Brunnen und hole einen großen Eimer mit Wasser. So viel du schleppen kannst. Das Wasser machst du dann gleich auf dem Herd ganz heiß – und halte auch Ausschau nach der Stunzin, vielleicht findest du sie unterwegs im Dorf. Sag ihr, dass sie schnell kommen und mir helfen soll.«

Margret nickte eifrig, dann eilte sie in die Küche, griff hastig nach einem der großen Blecheimer, die neben dem Schüttstein standen und rannte in Windeseile zum Dorfbrunnen.

Man konnte von Glück sagen, dass in den vergangenen Tagen Tauwetter eingesetzt hatte, so dass frisches, reines Wasser aus dem Brunnen sprudelte. Das war allemal besser, als wenn sie es aus dem Dorfteich hätte schöpfen müssen. Kaum hatte die aufgeregte Margret den viel zu vollen Eimer unter Mühen wieder zum Haus geschleppt, da hörte sie auch schon einen langgezogenen Schmerzensschrei aus dem Schlafzimmer dringen. Danach herrschte einen Moment lang Totenstille. Vor Schreck blieb ihr das Herz stehen. Dann war ein leises, klägliches Säuglingswimmern zu vernehmen. »Es lebt. Es ist ein Mädchen!« hörte sie ihre Mutter sagen. Aufatmend ließ sie den Wassereimer sinken und stürmte in das Zimmer.

»Es war eine regelrechte Sturzgeburt«, murmelte Christina Schober kopfschüttelnd. »Keine fünf Minuten später – und du hättest das Kind mitten auf der Straße geboren!«

»Darf ich es auch einmal sehen?«

»Hast du denn das Wasser aufgesetzt?«

Erschrocken hielt sich Margret die Hand vor den Mund.

»Das habe ich jetzt ganz vergessen …«

»Dann mach das jetzt – aber rasch. Ich brauche jetzt heißes Wasser. Und was ist mit der Stunzin?«

»Die habe ich nicht finden können«, rief Margret, während sie sich beeilte, in die Küche zu kommen und den Herd mit kleinen Holzscheiten zu befeuern.

»Dann ist es jetzt auch egal, jetzt haben wir das Schlimmste ja hinter uns. Also, sobald das Wasser einigermaßen warm ist, bringst du mir schon mal einen Topf. Verstanden?.«

»Ja, klar!« So energisch und entscheidungsfreudig hatte Margret ihre Mutter schon lange nicht mehr erlebt. Eigentlich noch gar nie. Als wäre eine Wandlung in ihr vorgegangen, sobald sie ihre Tochter erblickt hatte, die ihre Hilfe benötigte. Und in welchem Zustand sich eine Schwangere kurz vor der Niederkunft befand, das musste Christina Schober nun wirklich niemand erklären.

Wenig später kam Margret mit dem warmen Wasser in die Schlafstube.

»So, jetzt darfst du das Kind auch mal sehen. Du bist ja sozusagen die Tante von dem kleinen Mädchen«, lächelte ihre Mutter.

Margret stutzte. »Aber, ich bin doch erst sechs Jahre alt. Wie kann man denn da schon eine Tante sein? Tanten sind doch immer alt und runzlig.«

»Nicht immer, wie du siehst. Und immerhin bin ich damit ja auch schon Großmutter geworden. Das allerdings hätte nun wirklich nicht sein müssen«, fügte sie stirnrunzelnd noch hinzu.

»Tante … Großmutter …« murmelte Margret, während sie vergeblich versuchte, diese überraschenden Erkenntnisse zu begreifen. »Aber es ist ein schönes Mädchen. Sie hat so ein liebes Köpfchen«, strahlte sie dann zufrieden, nachdem sie das Kind in einen ersten kurzen Augenschein genommen hatte. »Und für mich ist sie jetzt meine ganz kleine Schwester. Kleiner noch als die Elisabeth.« Von wegen Tante! Dieses Wort brauchten sie bitte gar nicht mehr in den Mund zu nehmen!

»Ich möchte es Wilhelmina nennen«, flüsterte die Wöchnerin.

Ihre Mutter musterte sie überrascht. »Wilhelmina?«

»Ja, Wilhelmina.«
Ein wissendes Lächeln huschte nun über die Miene der Schoberin. »Soll das darauf hindeuten, dass der Kindsvater Wilhelm heißt? Ist es vielleicht der Wilhelm, den ich da im Verdacht habe …«
Ruckartig wandte Johanna den Kopf zur Seite und presste die Lippen fest aufeinander. Von ihr war in den nächsten Minuten kein Ton mehr zu hören. Margret und ihre Mutter wussten dennoch so gut wie Bescheid, denn schon bei der Erwähnung des Namens Wilhelm hatten sich ihre Augen mit Tränen gefüllt. Es war ganz sicher nicht das erste Mal, dass sie mit diesen widerstreitenden Gefühlen kämpfte. Vorsichtig legte Christina Schober den Zeigefinger an die Lippen. Margret nickte stumm. Jetzt war es wohl wirklich besser, die Johanna erst einmal ein bisschen zur Ruhe kommen zu lassen. In der Zwischenzeit würden sie das kleine Mädchen waschen und danach in ein paar große Leinentücher hüllen. Ganz weiß waren die Tücher zwar nicht mehr, aber dafür sauber gewaschen – und darauf kam es schließlich an. »Du hängst das große Tuch am besten über dem Herd auf, damit es schön warm wird.«
Es machte großen Spaß, sich um so ein winziges Neugeborenes kümmern zu dürfen. Margret fand das wunderbar und beobachtete die routinierten Handbewegungen ihrer Mutter ganz genau. Wie ein Schwamm sog sie das alles in sich auf. So bald wie möglich wollte sie sich ganz allein um das kleine Mädchen kümmern können. Um Wilhelmina Schober, das jüngste Mitglied ihrer Familie.
Schober?
»Ja, wird die Wilhelmina denn auch Schober heißen?« Die Frage war ihr einfach so aus dem Mund geschlüpft. Der strenge Blick ihrer Mutter kam zu spät. »Entschuldigung. Ich … ich wollte jetzt nicht …«
»Ist schon Recht, Margret. Jetzt ist es schon heraus. Außerdem stimmt es ja: irgendwann müssen auch diese Fragen beantwortet werden. Davonlaufen oder wegschie-

ben hilft da gar nichts. Auf alle Fälle ist aber jetzt schon klar, dass die Wilhelmina ganz sicher nicht Schober heißen wird.«

»Aber warum denn nicht?«

»Weil die Johanna mit Nachnamen ja auch nicht Schober heißt, sondern Friedrich. So habe ich geheißen, ehe ich euren Vater geheiratet habe. Und die Johanna habe ich als lediges Kind damals mit in die Ehe gebracht.«

»Schade …« murmelte Margret enttäuscht. »Dann heißt sie also auch Friedrich? Was für ein komischer Name für ein Mädchen …«

»Es ist doch nur der Nachname«, korrigierte Christina. »Es sei denn …« Wieder streifte sie Johanna, die nach wie vor stumm im Bett lag und den Anschein erweckte, als sei sie der Unterhaltung gar nicht gefolgt, mit einem prüfenden Blick.

»Es sei denn, was?« drängelte Margret.

»Es sei denn, der Wilhelm bekennt sich zu seiner Vaterschaft und er heiratet die Johanna …« »Was redest du denn da, Mutter?!« Augenblicklich hatte sich die scheinbar Schlafende umgedreht und blitzte ihrer Mutter zornig in die Augen. »Du tust ja gerade so, als wüsstest du Bescheid!«

»Das weiß ich ja auch.«

»Das weißt du nicht!«

»Dann hilf mir halt.«

»Darauf kannst du lange warten!«

»Und warum willst du uns nicht sagen, wer der Vater ist?« mischte sich Margret nun zaghaft in die Diskussion ein.

»Weil ich nicht will!«

»Das verstehe ich nicht«, schüttelte das Mädchen ratlos seinen Kopf. »Jeder Mensch hat doch einen Vater …«

»Dieses Kind hier nicht!«, kam es trotzig zurück.

»Jetzt gib ihr schon eine Antwort!«

Doch anstelle einer Antwort presste Johanna fest die Lippen aufeinander und blieb stumm.

»Den Namen des Vaters!« unternahm die ältere Frau einen letzten Versuch.
»Nein!«
»Aber warum denn nicht?«
»Weil ich ihn nicht preisgebe! Punkt!«
»Dann sag mir zumindest, wieso du das nicht tust.«
»Das ist ganz allein meine Sache!« Johanna versuchte, sich mit dem Oberkörper aufzurichten und verzog dabei schmerzvoll das Gesicht. Zweimal atmete sie tief und langsam durch, bevor sie den Faden wieder aufnahm. Aber dieses Mal hatte sie die Trumpfkarte gezogen. »Und überhaupt: Du warst damals genau so alt wie ich, als du mich als lediges Kind bekommen hast. Und bis heute hast du mir ja auch nicht gesagt, wer eigentlich mein Vater ist!« Dieses Argument verfehlte seine Wirkung nicht. Man konnte förmlich sehen, wie die Schoberin innerhalb von wenigen Augenblicken in sich zusammen fiel. Aschfahl war sie geworden. Und um Jahre gealtert. Ohne ein weiteres Wort wandte sie sich um und verliess die Schlafstube mit schleppenden, müden Schritten. Das Thema der Vaterschaft von Johannas Kind sollte nie wieder zur Sprache kommen.
Margret verstand die Welt nicht mehr. Nicht ahnend, welche Lawine in dieser Hinsicht schon in wenigen Jahren auf sie zukommen würde.
Aber so ein Kind brauchte doch einen Vater! Nun ja, dann würde halt ihr Vater diese Rolle mit übernehmen müssen. Auch wenn das Kind nicht Schober, sondern Friedrich hieß. Aber auf ein Kind mehr kam es bei ihnen doch wohl auch nicht an. So war es eben.
Doch ganz so reibungslos, ging es mit der Ankunft des neuen Erdenbürgerleins im Schoberschen Haushalt doch nicht vonstatten. Der nichtsahnende Christoph Schober war wie vom Donner gerührt gewesen, als er spät am Abend von seinem anstrengenden Botengang endlich heimkehrte und zu seiner maßlosen Überraschung plötzlich ein neugeborenes Kind in seiner Bettstatt liegen

sah. Mit harschen Worten stellte er seine Ehefrau und die Stieftochter zur Rede. »Noch ein Kind! Und ihr glaubt, dass es jetzt hier bleiben kann und dass wir es halt auch noch durchfüttern? Ihr scheint das ja für überhaupt kein Problem zu halten. Uns scheint es eurer Meinung nach offenbar ganz prächtig zu gehen! Das kommt ja gar nicht in Frage, dass ich jetzt auch noch den unehelichen Balg meiner Stieftochter durchfüttere! Als gäbe es in diesem Haus nicht ohnehin schon mehr als genug hungrige Mäuler, die gestopft werden wollen. Ich weiß manchmal wirklich nicht mehr aus noch ein. Wie soll das also gehen, wenn wir noch ein Kind im Haus haben?! Wovon sollen wir das satt bekommen, ohne dass die anderen hungern müssen? Wie stellst du dir das vor, Christina?«

Doch welchen Ausweg sollte seine Ehefrau parat haben? Es gab schlichtweg keine andere Lösung, als das Kind hier zu behalten. »Wir können es schließlich nicht einfach dem Herrgott zurück geben«, konstatierte Christina trocken. »Und der Johanna dürfen wir es auch nicht aufbürden, gerade jetzt, wo sie doch die Möglichkeit hat, diese gute Stellung in Frankfurt anzunehmen. Mit dem Kind auf dem Buckel kann sie da nicht erscheinen.«

»Aha, aber uns kann man es aufhalsen, das ist ganz einfach«, knurrte Schober, dem gleichwohl inzwischen bewusst war, dass es für ihn in dieser Diskussion nichts mehr zu gewinnen gab. »Und was ist mit dem Kindsvater? Wieso kann der das Kind nicht zu sich nehmen?« unternahm er einen letzten Versuch.

»Weil es keinen Kindsvater gibt«, kommentierte seine Ehefrau lakonisch. »Du weißt ja, wie die Männer so sind ...«

»Danke für die Belehrung«, knurrte der zähneknirschende Schober. »Und dass du alle Männer über einen Kamm scherst, das finde ich auch ganz wunderbar. Aber wer den Schaden hat ...« Damit hatte es sein Bewenden. Wilhelmina Friedrich war nun also ebenfalls im Haus

aufgenommen. Ein weiteres Mitglied der Schoberschen Kinderschar. Zur großen Freude ihrer Halbschwestern, bei denen es sich ja eigentlich um ihre Tanten handelte, aber dieses Wort war natürlich streng verboten.
Margret und später auch ihre jüngere Schwester Elisabeth kümmerten sich von Anfang an rührend um das kleine Mädchen. Vor allem Margret betonte wieder und wieder mit einigem Stolz, dass sie ja schließlich auch alt genug für diese Aufgabe sei – immerhin schon über sechs Jahre »groß«. Selbst der Vater, der ab und zu noch mit seiner Rolle bei dieser unfreiwilligen Familienvergrößerung haderte, hatte dabei ein Lächeln nicht vermeiden können.
Die »Schobers Wilhelmine«. Wie anders sollte man sie in Treschklingen schon nennen. Auch wenn sich anfangs manche im Dorf immer wieder wissende Blicke zuwarfen, wenn im Zusammenhang mit Johanna Friedrich die Rede auf einen ganz bestimmten jungen Mann kam. Aber andererseits: nichts Genaues wusste man nicht. Da war es dann am Ende doch besser, den Mund zu halten, bevor man sonst womöglich noch in etwas hinein geriet. Und sei es »nur« eine handgreifliche Auseinandersetzung.
Dank ihrer Mutter, die in der Diskussion mit Christoph Schober standhaft geblieben war, bekam Johanna also die Möglichkeit, Treschklingen zu verlassen, um nach Frankfurt zu gehen und dort das Angebot einer gut bürgerlichen Familie anzunehmen, in deren Haushalt als Dienstmädchen zu arbeiten. Eine Arbeit, die natürlich viel angenehmer war, als wenn man die Untermagd im Gutshof sein musste. Das Schlafzimmer in Frankfurt musste sie sich nur mit einem einzigen anderen Mädchen teilen. Die Matratzen der Betten waren nicht mit Stroh, sondern mit Seegras gefüllt. Das waren gewaltige Unterschiede. Und einen kleinen Lohn gab es auch noch. Das alles wäre ihr verwehrt geblieben, wenn sie das Kind mitgebracht hätte. Die Herrschaften hätten ihr sofort die Tür gewiesen und für Johanna wäre es wieder zurück

nach Treschklingen gegangen. Sie würde ihrer Mutter dafür ewig dankbar sein.

Mit ihrer Tochter Wilhelmina pflegte sie kaum Kontakt. Ab und zu einen kurzen Brief schreiben, das schon. Aber das Schreiben fiel ihr schwer genug, und diese wenigen Besuche, die sie sich überhaupt nur leisten konnte, trugen auch nicht zu einer engeren Bindung von Mutter und Tochter bei. Kein Wunder, dass Johanna für das Mädchen eine Art ferne Tante darstellte. Wilhelminas Familie waren die Schobers. Ihre Lieblingsgeschwister waren die Margret und die Elisabeth. Was brauchte sie also noch diese Frau in Frankfurt, von der sie sich kaum ein Bild machen konnte, wie die überhaupt ausschaute? Hier in Treschklingen war ihre Familie zuhause, ihre Freundinnen, ihr ganzes Lebensumfeld. So war es gut.

Und schließlich hieß sie sogar doch noch Schober. Denn zwanzig Jahre nach ihrer Geburt heiratete Wilhelmina den Straßenwart und Gemeindediener Leonhard Schober, den Sohn von Christophs älterem Bruder Georg, der in der anderen Hälfte des Doppelhauses in der Treschklinger Hauptstraße wohnte. Diese Heirat war freilich nur möglich gewesen, weil sie im Sprachgebrauch zwar die Schobers Wilhelmine hieß, aber eben doch einen anderen Vater hatte – wie immer der wohl heißen mochte. Jedenfalls nicht Schober. Ausnahmsweise konnte das auch einmal ein Glück sein. Wie in Wilhelminas Fall.

8

Der Dienstag nach Ostern 1851 war ein großer Tag für Margret. Ihr erster Schultag. Schon mitten in der Nacht war sie aufgewacht und konnte vor lauter Aufregung nicht mehr einschlafen. Unruhig hatte sie sich im Bett umhergewälzt und hätte dabei fast noch Elisabeth aufgeweckt, die am anderen Ende der Bettstatt friedlich schlief und nun unwirsche Grunzlaute von sich gab. Es hieß also leise sein und die Ungeduld zügeln. Leichter gedacht als getan. Dann endlich: der erste Hauch von Morgendämmerung war durch die beschlagene Fensterscheibe zu erahnen! Lange konnte es jetzt nicht mehr dauern mit diesem quälenden langen Ganz-ruhig-liegen-bleiben-müssen. Nur wenige Augenblicke später kam auch schon die Bestätigung. Das laute »Kikeriki«, mit dem der Hahn vom Misthaufen herunter seinen Morgengruß in alle Winkel des Dorfes schmetterte und augenblicklich seine dutzendfache Antwort erhielt, war das Signal zum Aufstehen. Juhu! Endlich!
»Es ist so weit, Elisabeth!«, rüttelte sie ihre Schwester an der Schulter. »Ich gehe heute in die Schule!«
»Was willst du denn von mir?«, schlaftrunken rieb sich die aus den schönsten Träumen gerissene Elisabeth ihre Augen. »Wieso weckst du mich denn schon auf? Es ist doch noch fast ganz dunkel draußen!«
»Weil ich heute in die Schule komme!«
Die zweieinhalbjährige gähnte und betrachtete ihre aufgeregte Schwester mit einem verständnislosen Blick: »Du schon – aber ich doch nicht! Was willst du also von mir?«
»Du sollst dich auch freuen – und du darfst sogar mit mir mitkommen, bis vor die Schultür.«
»Und deshalb weckst du mich jetzt schon auf? Mitten in der Nacht?«
Es hatte keinen Sinn. Die kleine Elisabeth war anschei-

nend noch viel zu müde, als dass sie sich zusammen mit der großen Schwester über diese neue Lebensphase freuen konnte, die für Margret nun beginnen würde. Schulbeginn morgens um sieben Uhr. Pünktlich! In dieser Hinsicht kannte der Herr Lehrer kein Pardon. Wer auch nur einen Wimpernschlag später durch die Tür des Klassenzimmers schlüpfte, wenn die Glocke mit ihrem ersten Schlag die volle Stunde ankündigte, der hatte ein Problem. Mädchen und Buben gleichermaßen. Das Ritual, das nun folgte, war immer dasselbe. Der ohnehin strenge Herr Braun runzelte erst verdrießlich die Stirn, dann rückte er den Zwicker auf seiner Nase penibel zurecht, kniff die Augen zusammen und fixierte seinen Delinquenten streng. »Schober! Nach vorne kommen! Sofort!«
Während sich der oder die Unglückliche mit tief gesenktem Kopf langsam aus der Schulbank quälte und mit schleppenden Schritten nach vorne kam, griff der Lehrer bereits zum Tatzenstock, der an der Wand bei der Schiefertafel lehnte. Dabei handelte es sich – sehr zum Leidwesen der Schüler – um eine sehr stabile, aber dennoch äußerst biegsame Haselnussrute. Sorgsam platzierte Braun seinen Zwicker auf dem Pult, dann konnte die Prozedur beginnen.
»Die linke Hand ausstrecken! Handfläche nach oben!«
Kaum war der Befehl erteilt, da schwirrte auch schon die Rute durch die Luft und landete klatschend auf den Schülerhänden.
»Aua!«
Ein solcher Aufschrei war der nächste Fehler. Denn im Lauf der Monate und Jahre, jedenfalls viele Tatzen später, waren sie zu der Erkenntnis gelangt, dass ein Schmerzenslaut den Lehrer nicht besänftigte, sondern eher zu noch kräftigere Hieben anstachelte. Nach dem fünften Stockstreich war dann üblicherweise das erste Etappenziel der pädagogischen Besserungsmaßnahme erreicht. Es folgte der zweite Teil.

»Du schreibst jetzt heute Mittag hundert mal in dein Schulheft: ›In die Schule muss ich pünktlich kommen.‹ Morgen will ich es unaufgefordert vorgezeigt bekommen.«
»Aber … Herr Lehrer. Mein Vater hat doch zu mir gesagt, heute Mittag muss ich ihm auf dem Acker helfen. Gleich nach der Schule, hat er gesagt.«
Doch der Herr Schulmeister ließ nicht mit sich handeln. »Morgen früh möchte ich den Satz lesen. Hundertmal. Und zwar in Schönschrift! Setzen, Schober!«
Wehe dem Schüler, der die Strafarbeit am nächsten Morgen nicht vorzeigen konnte. Die Folge waren neue Tatzenhiebe, jetzt gerne auch auf das blanke Hinterteil. Je nachdem, wie oft man sich bereits eines Vergehens schuldig gemacht hatte oder in welchem Ansehen man bei dem Lehrer stand. Diese Hiebe aufs Hinterteil vergaß man nicht so schnell, denn der Herr Braun war ein kräftiger Mann, der zudem in seinen besten Jahren stand.
Natürlich war es auch Margret nicht gelungen, die Bekanntschaft mit dem Tatzenstock zu vermeiden. Immerhin hatte sie nie das Hinterteil entblößen müssen. Zumindest diese demütigende Prozedur war ihr – im Gegensatz zu manch anderer Schulkameradin – erspart geblieben. In Margrets Fall war es auch gar nie das Zuspätkommen gewesen, das den Lehrer zum Tatzenstock hatte greifen lassen, sondern vielmehr ihr verzweifelter Kampf mit der Rechtschreibung, wenn sie wieder einmal nach vorne an die Schiefertafel hatte kommen müssen und mit der weißen Kreide diese Worte hatte an die Tafel schreiben müssen, die ihr der Lehrer in rascher Folge diktierte. »Nämlich« – schrieb man das jetzt mit »h« in der Mitte oder ohne »h«? Es blieb ihr keine Zeit zum Nachdenken, denn schon ging es mit dem nächsten Wort weiter: »Grundherrschaft« – mit einem »r« oder mit zweien? »Rappenau« – das schrieb man mit nur einem »p«, da war sie ganz sicher. Aber wie buchstabierte man »Kartoffelsack«? Wahrscheinlich mit einem »f« und mit zweimal »g« ganz hinten. So, wie man das halt aus-

sprach in Treschklingen. Oder doch mit einem »k«. Gedanken, Begriffe, Buchstaben – alles drehte sich in Margrets Kopf und die nächste Tatze war somit unvermeidlich geworden. Zum guten Glück ging es beim Rechnen wesentlich besser – das Zusammenzählen der Holzkugeln an der Rechenmaschine bereitete ihr nie Probleme. Wenigstens im Rechenunterricht hatte sie also kein Ungemach durch den Tatzenstock zu befürchten!

Wenn da nur nicht dieses ewige Auswendiglernen gewesen wäre, das ihr und den meisten anderen sogar noch den Religionsunterricht vergällte. Denn auch hier griff der Lehrer genauso freudig zum Tatzenstock, wie beim Rechnen. Selbst bei den zehn Geboten: wehe, man kam da beim Aufsagen irgendwie ins Stocken. So eifrig, wie der Herr Braun dann die Rute benutzte, hätte man beinahe vermuten können, er selbst habe den doch eigentlich versöhnlichen Inhalt dieser Gebote auch nicht so richtig im Gedächtnis …

Kein Wunder, dass Margrets anfängliche Schulbegeisterung im Laufe der Jahre etwas weniger wurde – und das sollte sich auch später nicht mehr ändern, als sie mit ihrem Jahrgang endlich vom unteren Klassenraum in die obere Abteilung wechseln konnte. Immerhin durfte sie jetzt zusammen mit den älteren Schülern im Unterricht sitzen, das verschaffte einem das Gefühl, fast schon ein bisschen erwachsen zu sein. Die kleinen, zappeligen Dreikäsehochs mussten unten zurück bleiben. Jetzt dauerte es also nur noch drei Jahre – dann endlich wäre, wie bei den Mädchen üblich – auch bei Margret Schober die Schulzeit vorbei. Aber selbst in diesen letzten Schuljahren galt nach wie vor die Erkenntnis: das Schönste an der Schule waren und blieben die Ferien. Selbst die Kartoffelferien, obwohl das eine harte, teilweise sogar richtig unangenehme Arbeit war. Gleich bei Anbruch der Morgendämmerung, mussten die Kinder den Marsch hinaus auf die Felder des Gutshofes antreten und dort die Kartoffeln mit den bloßen Händen aus dem Boden graben.

Wie sehr beneideten sie da einen (wenn auch kleinen) Teil der Erwachsenen, die sich diese Mühe immerhin mit Hilfe einer Hacke erleichtern konnten. Vor allem morgens auf dem feuchten Ackerboden zu knien, während einem die herbstliche Kühle durch alle Glieder zog, das war kein Zuckerschlecken, wie man das so zutreffend sagte. Und die nasse Erde, die schmierig an ihren nackten Füßen klebte, machte die Sache auch nicht besser. Wenn sie wenigstens Schuhe hätten anziehen können! So schöne Lederschuhe, wie die Kinder vom Gutsverwalter. Aber daran war bei den Kindern der Tagelöhner natürlich nicht im Entferntesten zu denken. Später einmal vielleicht, nach der Konfirmation. Falls es irgendwie dazu reichte. Was freilich ebenfalls alles andere, als eine ausgemachte Sache war. Nein, selbst beim besten Willen, das mussten sie sich zähneknirschend eingestehen, manchmal war es in der Schule beinahe besser, als auf dem Feld!

Aber dann, am späten Nachmittag, war die Plage rasch vergessen, zumindest an jenen Tagen, an denen das Wetter hielt und sie es schafften, an dem trockenen, auf einen großen Haufen geschichteten Kartoffelkraut ein Feuer zu entfachen. Die Hitze der hoch auflodernden Flammen, das Knistern des Feuers und vor allem: das sich anschließende Festmahl! Denn beim Aufsammeln war es ihnen vom Gutsverwalter gestattet worden, ein paar von den ganz kleinen Kartoffeln für sich zu behalten und in die weiten Taschen des Kleides oder der Hose zu stecken. Diese Kartoffeln wurden nun, vorher natürlich sorgfältig abgezählt, von den Buben und Mädchen ins Feuer geworfen. Eine knappe halbe Stunde später, wenn von dem Kartoffelkraut nur noch ein rötlich glühender Aschehaufen übrig war, stocherten sie die Kartoffeln mit einer Mistgabel wieder heraus. Pechschwarz und unansehnlich kamen die dampfenden Knollen aus der Glut hervor – kaum zu glauben, wie sich die Kinder trotz der verbrannten Schale über sie hermachten. Es war sogar ein richtig gutes Essen – beinahe schon ein Festmahl, denn so gut, fand Margret, schmeckte eine Kartoffel das ganze Jahr über nicht, wie dann, wenn sie ganz frisch und heiß aus dem Kartoffelfeuer kam. Und das allerbeste an der Sache war: man wurde so richtig satt! Das konnte Margret, vor allem wenn sich der Winter zu Ende neigte, nicht immer von sich behaupten. Mehr als nur einmal hatte sie sich mit knurrendem Magen ins Bett legen müssen und dann vor lauter Hunger lange nicht einschlafen können.

Am letzten Tag der Kartoffelferien, wenn die Felder des Gutshofs abgeräumt waren, konnten sie daran gehen, auch die Kartoffeln vom eigenen kleinen Acker zu holen. Es war wenig genug, was ihnen blieb. Denn sehr zum alljährlichen Ingrimm des Vaters kam dabei nie die ganze Ernte in den eigenen Keller. Vielmehr musste ein Sack extra gefüllt und von den Kindern dann im Schulhaus beim Lehrer Braun abgeliefert werden. Als Natural-Ersatz für das Schulgeld, das sich die Familie Schober natürlich nie hätte leisten können. So lauteten die Vorschriften, wenn man den Lehrer nicht mit Geld bezahlen konnte. Der Verdruss war im Übrigen immer beidseitig. Denn während Christoph Schober seinen schönen Kartoffeln nachtrauerte, die nach und nach im Magen des Lehrers verschwinden würden, war auf der Seite des Empfängers der Sack dem Herrn Braun grundsätzlich zu klein, die Kartoffeln zu verschrumpelt und die Menge als Kompensation für seinen wertvollen Unterricht sowieso viel zu knapp bemessen. Dementsprechend wirkte sich das natürlich auch auf das Ansehen der Schoberkinder im Unterricht aus.

»Der soll bloß nicht so schimpfen und womöglich noch mehr von uns fordern«, knurrte Margrets Vater, wenn er sie fragte, ob sich der Lehrer bei der Familie Schober auch ordentlich für die schönen Kartoffeln bedankt habe. Das Gegenteil war ja der Fall gewesen. »Dem würde ich schon gerne einmal die Meinung sagen. Der macht sich anscheinend gar nicht bewusst, dass er das alles von uns einfach vor die Tür gestellt bekommt und sich dann den Wanst voll schlagen kann, während wir schauen müssen, dass wir irgendwie über den Winter kommen. Uns hilft keiner. Und das alles wegen diesem Schulunterricht, der sowieso viel zu lang geht und der Leuten wie uns ja ohnehin nicht zu einem besseren Leben hilft, wie es die Herren vom Amt immer behaupten. Und überhaupt: Vom Schulunterricht allein sind schließlich noch nie Kartoffeln gewachsen! Und Schuhe bekommen meine Kinder davon auch nicht – im Gegensatz zu den Kindern vom Herrn Lehrer!«. Es blieb freilich jedes Mal bei diesem verdrießlichen Grummeln, denn einer Respektsperson, wie dem Dorflehrer, einfach die Meinung ins Gesicht zu schleudern, das ziemte sich für einen Kleinbauern keinesfalls. Erst recht nicht für jemanden wie Christoph Schober.

9

Karins Erinnerungen an die Großmutter:
Maries neue Schuhe

Komisch, in der Jugend macht das Erinnern gar keine großen Probleme. Wann war welches Ereignis? Noch vor der Einschulung oder danach? In der Grundschule, bereits in der Hauptschule oder schon auf dem Gymnasium? Vor oder nach der Konfirmation, in der Lehre, vor oder nach dem Führerschein, der ersten Freundin, dem ersten Freund? Das Leben ist da noch geordent und überschaubar in nicht zu lange Abschnitte eingeteilt. Wenn man allerdings schon 50 Jahre oder mehr auf dem Buckel hat, wie ich jetzt, wird das konkrete Erinnern schon etwas schwieriger. Wann hatte meine Großmutter Marie damals den Unfall und musste dann zu ihrer Tochter, meiner Tante Frieda, ziehen? Ich kann das nur deswegen gut einordnen, weil ich sie zu dieser Zeit einmal nach Sinsheim fahren musste. In die Stadt, zum Schuhe kaufen. Obwohl sie sich zunächst, wie immer halt, dagegen gesträubt hat, denn sie würde ja – wie sie jedes Mal sagte – eh bald sterben und keine Schuhe mehr brauchen. Doch weil sie zu dieser Zeit bei meiner Tante Frieda lebte, war die Widerrede vergeblich. Das muss 1978 gewesen sein. Ich packte meine Großmutter also einfach in meinen weinroten Käfer. Den hatte ich für 500 Mark gekauft, weil ich damals mein Studium in Heidelberg begonnen hatte und einen fahrbaren Untersatz brauchte. Die Erinnerung an das exakte Kaufjahr scheint bei Autos anscheinend bestens zu funktionieren. Diesen Käfer fuhr ich nach meinem ersten fahrbaren Untersatz, einem Motorrad, und vor dem dritten Vehikel, einem VW-Golf. Folglich muss es 1978/79 gewesen sein. Wir fuhren also nach Sinsheim ins Schuhgeschäft.

Die Großmutter hatte ihre Wahl bald getroffen; ein Paar schwarze, halb hohe Stiefeletten, die sie sommers und winters gut tragen konnte. Ich weiß noch wie heute, wie die aussahen, zum Schnüren, mit kleinem Absatz und in Größe 36, denn die Großmutter hatte kleine Füße. So ging es dann bald wieder zurück, mit meinem Käfer, von dem ich schon ein Jahr später wieder getrennt wurde – vom TÜV. Denen hatte damals (unter anderem) nicht gefallen, dass der Reservereifen vorne nur noch von einer Plastiktüte gehalten wurde. Anschnallgurte – gab es seinerzeit in meinem Käfer auch noch nicht. Aber ich habe nie wieder ein besseres Winterauto besessen.

Ja, aber wie kam es, dass die Großmutter den Schmalzbuckel verlassen musste? Ihre Wohnung, so klein und unpraktisch diese auch gewesen ist, hat sie ganz sicher nicht gerne aufgegeben. Zumal meine Tante Frieda, ihre Tochter, zu der sie dann ziehen musste, eine ziemlich resolute Person gewesen ist. Genau wie mein Großvater, mit dem sich die Großmutter – so wird es in der Familie erzählt – eigentlich immer nur gestritten hat. Angeblich hat sie jahrelang nichts mit ihm geredet – aber in dieser Zeit vier Kinder von ihm bekommen. Wie das ging, möchte ich mir lieber erst gar nicht vorstellen, sicher ist nur, dass sie nicht glücklich verheiratet gewesen ist. Sie war eine zarte, fast intellektuelle Person, die sehr gläubig war, mein Großvater dagegen ein grober Wengerter und Straßenwart, der dazu noch viel jünger war als sie. Weshalb die beiden überhaupt geheiratet haben? Seltsam, denn »Heiraten müssen«, das mussten sie nicht, es war kein Kind unterwegs und der Großvater war im Krieg. Er ist also bei seiner eigenen Hochzeit noch nicht einmal persönlich anwesend gewesen. Eine Kriegsheirat, wie das in diesen Zeiten oft vorkam. Meistens deshalb, weil sich ein Kind angekündigt hatte und Frau und Kind im Fall des Falles versorgt sein sollten. Ausgerechnet bei dieser Ehe war das aber nicht so. Und überhaupt: wieso heiratet das uneheliche Kind einer bettelarmen Dienstmagd dann trotzdem einen Mann, der sie gar nicht geliebt haben kann und der ein uneheliches Kind mit einer anderen Frau hatte? Wieso hat sie so einen groben Klotz genommen?!

Wie auch immer, jedenfalls glich die älteste Tochter aus dieser Ehe, meine Tante Frieda, wohl eher ihrem Vater. Und das wusste die Großmutter. Doch bei ihr kam sie unter, nachdem sie mit über 90 Jahren die Treppe zu ihrer Wohnung hinunter gefallen war. Diese steile Treppe, mit dem Seil als Handlauf. Vielleicht hatte sie ja ein kleines »Schlägle« gehabt, jedenfalls haben die Nachbarn sie irgendwann ganz benommen auf den Treppenstufen gefunden und den Krankenwagen gerufen. So kam sie zum ersten Mal in ihrem Leben im hohen Alter ins Krankenhaus. Sie musste genäht werden und bekam deshalb eine Narkose. Und als sie aufwachte, das erzählte sie uns immer wieder, dachte sie, jetzt bin ich im Himmel. Alles so weiß und sauber und die Schwestern sahen aus, wie die Engel. Wir haben nur darüber gelacht, heute schäme ich mich deswegen. Denn für sie war es wahrscheinlich wirklich das Paradies, nach dem harten Leben mit fünf Kindern, Felderwirtschaft, Ziegen und Hühnern die zu versorgen waren, neben dem kleinen Zusatzerwerb mit dem Zigarrendrehen jeden Tag – dazu noch mit einem ungeliebten Mann.

Und so verbrachte die Marie ihre letzten Lebensjahre im Obergeschoss bei meiner Tante Frieda, die sie versorgte … von der sie aber sicher nicht viel gute Worte hörte.

10

Das Jahr 1853 verlief spannend im Dorf. Zunächst hatte der Gutsbesitzer Reinhard von Gemmingen beschlossen, auf seinem Gutshof nun tatsächlich den Zuckerrübenanbau einzuführen, denn diese Frucht sei allemal lohnender als Kartoffeln. Für dieses Vorhaben hatte er sogar schon zusätzliche Äcker aufgekauft und verfügte damit über einen respektablen Grundbesitz in und um Treschklingen: deutlich mehr als 300 Morgen gehörten inzwischen zum Schlossgut. Und wie man hörte, trug er sich mit dem Plan, in den kommenden Jahren noch deutlich mehr Felder zu erwerben, wenn sich der Anbau tatsächlich als lohnenswert erweisen sollte. Im Dorf mussten diese Aktivitäten als klares Signal verstanden werden, dass der Baron wirklich daran zu glauben schien, mit den Zuckerrüben einen wirtschaftlichen Erfolg einfahren zu können. Bei den Bauern hatte nach wie vor die Skepsis überwogen und nur wenige zeigten sich zögernd bereit, dem Beispiel des Gutsherrn zu folgen. Selbst diese hatten die neue Frucht aber vorsichtshalber nur auf einem kleinen Teil ihrer Äcker ausgesät. In der Hoffnung, dass dieses Abenteuer einen guten Ausgang nehmen möge. Aber wenn der Herr von Gemmingen offenbar plante, künftig noch wesentlich mehr Zuckerrüben anzubauen, dann musste doch etwas dran sein an der Sache. Denn rechnen konnte der Schlossbesitzer schließlich. Das war klar. Wenn der also so entschieden auf diese neue Karte setzte, warum machten sie es dann nicht ganz genauso? Mehr und mehr begann sich die Einstellung der Bauern im Hinblick auf den Zuckerrübenanbau zu verändern.
Dafür gab es noch eine zweite Ursache. Denn mit dem Witwer und ehemaligen Rappenauer Salinenwirt Friedrich Bengel hatte sich in der Zwischenzeit ein angese-

ner Mann im Dorf niedergelassen, der schon bald im Rathaus die wichtige Funktion des Ratsschreibers übernehmen sollte. Bei diesem neuen Bürger (geboren am 27. Oktober 1817 als Sohn des Rappenauer Gastwirts Josias Bengel) handelte es sich um einen besonders entschiedenen Befürworter der neuen Pflanzenart. Von Anfang an warf er überzeugende Argumente für den Zuckerrübenanbau auf den Treschklinger Feldern in die kontroversen, nicht selten sogar ziemlich hitzig verlaufenden Diskussionen. Und sein Wort hatte Gewicht. Schließlich war Friedrich Bengel nicht nur Gastwirt, sondern galt auch als Experte. Schon seit vielen Jahren bildete er sich in allen Fragen der Verbesserung des landwirtschaftlichen Anbaus weiter und trug mit Vorträgen auf zahlreichen Bauernversammlungen in den Dörfern regelmäßig Sorge, dass seine neuen Erkenntnisse breit gestreut wurden und auf hoffentlich fruchtbaren Boden fielen. Von den großherzoglichen Behörden war ihm dafür schon manche öffentliche Anerkennung zuteil geworden. Das war schon respektabel, wie sich der Friedrich Bengel da immer im Dienste der Allgemeinheit engagierte und aus diesem Grund besaß er im nördlichen Kraichgau auch ein hohes Ansehen. Andererseits, auch das konnte man hinter vorgehaltener Hand ab und zu hören, war das alles ja nicht ganz uneigennützig. Denn erstens konnte sich nur ein Mann von seinem Stand und seinem Vermögen eine solche Weiterbildung leisten, bei der man sich ja tagelang in der Residenzstadt Karlsruhe oder womöglich noch weiter entfernt aufhalten und das alles auch noch aus eigener Tasche bezahlen musste. Das konnten sich nur wohlhabende Leute wie Friedrich Bengel leisten und damit (zweitens) ihr Vermögen weiter mehren. Der ewig gleiche Kreislauf halt … Außerdem hörte man (drittens) dass Bengel sich Hoffnungen mache, eines Tages ins Amt des Bürgermeisters von Treschklingen gewählt zu werden. Und mehr noch, es werde (viertens) sogar gemunkelt, dass er wohl im

Sinne habe, sich über kurz oder lang um das Abgeordnetenmandat des Wahlkreises Sinsheim für den Badischen Landtag zu bewerben. Für eine solche Karriereplanung sei es sicher von Vorteil, die Bauern im Dorf und im Kraichgau hinter sich zu wissen.

Lästermäuler! Stammtischgeschwätz! Denn unstrittig war beim Handeln von Friedrich Bengel auch der Wille zu erkennen, mit den neuen Anbaumethoden, die er überall als große Chance für die notleidenden Kleinbauern propagierte, die Armut Stück für Stück aus den Dörfern zu treiben. Endlich bessere Lebensbedingungen für die Menschen auf dem Land zu schaffen! Was konnte denn an dieser Zielsetzung schon falsch sein? Beinahe von Anfang an stand Bengel bei den Einwohnern von Treschklingen folglich in einem hohen Ansehen, war geradezu populär und galt als große Bereicherung für das Dorf. Ganz klar, dass dieser Mann neben dem Gutsherren künftig hier die entscheidende Rolle spielen würde.

Was aber führte diesen Mann aus dem recht ansehnlichen Rappenau ausgerechnet in das viel kleinere Treschklingen? Das hatte natürlich seine privaten Gründe. Denn kurz nach dem Tod seiner Ehefrau hatte der 35jährige Friedrich Bengel die drei Jahre ältere Witwe Katharina König kennen gelernt. Deren Ehemann, Ludwig König, war bereits im Jahr 1847 verstorben. Er war ein Mann mit einem ansehnlichen Vermögen gewesen, denn König hatte in Treschklingen mit dem »Adler« und der »Sonne« gleich zwei Gastwirtschaften betrieben, die seitdem von seiner Witwe allein weitergeführt werden mussten. Und das mit sechs Kindern im Alter zwischen sieben und siebzehn Jahren! Irgendwann war ihr klar geworden, dass sie diese Aufgaben nicht mehr lange ganz auf sich gestellt würde bewältigen können. Die Kinder, zwei Gasthäuser, dazu die Landwirtschaft, die Dienstboten. Diese zahlreichen Anforderungen wuchsen ihr allmählich über den Kopf. Es war einfach zu viel. Viel zu viel. Und so war Katharina König, genauso wie dem erst

kürzlich zum Witwer gewordenen Rappenauer »Salinenwirt« Friedrich Bengel, ihre zufällige Begegnung in Rappenau wie ein Wink des Schicksals erschienen.
Bereits am 19. Juli 1853, nur neun Monate nach dem Tod von Bengels Ehefrau, wurde geheiratet und Friedrich Bengel zog nun nach Treschklingen.
Nach ihrer Eheschließung bezogen die Bengels das Gebäude des ehemaligen Gasthauses »Adler«. Die Wirtschaft hatten sie geschlossen, um künftig nur noch die »Sonne« weiter zu betreiben. Das war immer noch genug Arbeit für alle, erst recht, nachdem Friedrich Bengel im Hinblick auf seine weitere Karriere ja ganz andere Pläne schmiedete, als dass er vorgehabt hätte, sein Leben als einfacher Gastwirt in Treschklingen zu beschließen. Von daher traf es sich gut, dass Katharinas Sohn Karl schon immer den Wunsch gehegt hatte, eines Tages die »Sonne« übernehmen zu dürfen. Emsig half der Junge im Gasthaus aus und wuchs so im Laufe der Jahre ganz selbstverständlich zum »Sonnenwirt« heran. Sehr zur Freude seines Stiefvaters, für den die »Sonne« in ganz anderer Hinsicht eine wichtige Rolle spielen sollte. Denn dieses Gasthaus bildete den Mittelpunkt des Treschklinger Dorflebens. Dort in der »Sonne« fanden immer die Sitzungen des Gemeinderates statt, kein Wunder also, dass sich hier die einflussreichsten Stammtischrunden versammelten. Wer in der »Sonne« als Gastwirt hinter dem Tresen stand, dem entging nichts, was im Dorf an Neuigkeiten, Gerüchten und Mutmaßungen die Runde machte. Einem politisch ehrgeizigen Mann wie Friedrich Bengel kamen diese Umstände natürlich wie gerufen. So ließ sich bestens an der eigenen Karriere basteln! Beinahe wie selbstverständlich konnte er schon bald das einflussreiche Amt des Ratsschreibers übernehmen, um wenige Jahre danach zum Bürgermeister von Treschklingen gewählt zu werden. Und es gelang ihm sogar, auch noch die schon lange von ihm anvisierte letzte Sprosse seiner Karriereleiter zu erklimmen: er wurde Abgeordne-

ter im Badischen Landtag für den Wahlkreis Sinsheim. Kein Zweifel, bei Friedrich Bengel handelte es sich um einen landauf – landab hoch angesehenen Mann.

Der einzige kleine Schatten, der Bengels Ansehen am neuen Wohnort anfangs etwas zu mindern schien, das war die Sache mit seinem Sohn. Mit dem neunjährigen Carl. Denn dieses Kind aus seiner ersten Ehe hatte er nicht nach Treschklingen in die neue Familie mitgenommen, sondern im Haushalt seines Bruders in Rappenau zurück gelassen. Bei Christian Bengel, der als Bierbrauer und Gastwirt die elterliche »Krone« führte. Diese Tatsache sorgte natürlich für gewisse Irritationen im Dorf. Denn wieso hatte der Junge beim Onkel bleiben müssen? War es, weil Carl nicht aus seiner gewohnten Umgebung gerissen werden mochte, nicht plötzlich von den Freunden und Spielkameraden in Rappenau getrennt werden sollte? Aber wenn der Vater jetzt doch nicht mehr in Rappenau wohnte, wie konnte das Kind einfach ohne seinen Vater zurück bleiben? Und das alles vor dem Hintergrund, dass der Tod seiner Mutter nur wenige Monate zurück lag. Konnte man ein Kind, das gerade erst die Mutter verloren hatte, so mir nichts, dir nichts, jetzt auch noch von seinem Vater trennen?
Seltsam. Wie passte das zu einem solchen Ehrenmann? Hinter diesem ungewöhnlichen Verhalten musste etwas anderes stecken. Aber was? Und überhaupt: musste die Heirat denn wirklich schon im Trauerjahr stattfinden? Hätte der Bengel nicht noch die paar Monate warten können? Für die Tratschweiber im Dorf waren das natürlich hoch willkommene Gelegenheiten, sich mit wahrer Freude ein kleines bisschen zu ereifern. Selbst bei so einem populären Mann war halt auch nicht alles Gold, was da so schön in der Sonne glänzte. Ehrenmann hin oder her. Nun gut, der Neunjährige sei wohl schon ein ziemlich eigenartiges Kind, so hörte man gerüchteweise aus Rappenau. Doch das Gegenargument wog schwerer:

denn umso mehr sei das dann ja kein Grund, den kleinen Carl allein zu lassen. Mutterseelenallein bekanntlich. In rascher Folge heftete sich eine Mutmaßung an die andere und bald schon hieß es, dass der eigentliche Grund dafür in dieser reichen Heirat zu suchen sei. Denn bevor Friedrich Bengel wegen seinem sonderbaren Carl womöglich die eheliche Verbindung mit der vermögenden Witwe König in Gefahr sah, habe er den ungeliebten Sohn gegen einen finanziellen Ausgleich lieber in der Obhut des Bruders zurück gelassen. »So sind sie halt, die reichen Leute«, hatte auch Christoph Schober zuhause in der engen, düsteren Stube gebrummt, als das Thema auf den neuen Einwohner von Treschklingen gekommen war, dem der Gemeinderat natürlich auch sofort das hiesige Bürgerrecht zugesprochen hatte. »Hektar zu Hektar. Acker zu Acker. Geld zu Geld!« Missbilligend zog Schober dabei die Mundwinkel nach unten, während Margret ein sehnsuchtsvolles Seufzen vernehmen ließ: »Vater, so einen Mann wie den Herrn Bengel, den möchte ich auch einmal heiraten.«

»Du?!« Er musterte seine Tochter verblüfft.

»Ja, ich, Vater!«, bekräftigte sie mit Nachdruck in der Stimme.

»Aber Margret, was redest du denn da? Wir sind Tagelöhner, Kleinbauern … Hungerleider, welcher reiche Mann will dich denn zur Frau haben. Nein, nein, mach dir da bloß keine falschen Hoffnungen: unsereins muss nehmen, was übrig bleibt.«

»Aber Vater«, konterte das Mädchen mit hörbarer Entrüstung. »Was sagst du denn da?! Und überhaupt: wie schlimm das klingt … Sag': Hast du unsere Mutter denn nicht aus Liebe geheiratet?!«

»Liebe!« Verlegen senkte der Bauer seinen Kopf und atmete einmal tief durch, bevor er den Faden wieder aufnahm. »Liebe! Was bedeutet das schon, wenn du tagtäglich deinen Kampf mit den Widrigkeiten dieses Lebens führen musst! Schlage dir deine romantischen Klein-

mädchen-Flausen lieber gleich aus dem Kopf, dann bist du hinterher nicht allzu enttäuscht.« Bei diesen Worten nahm er Margret ernst in sein Visier. »Es ist genau so, wie ich es dir sage: Hektar zu Hektar, Geld zu Geld. Für uns ist da kein Platz in diesem Spiel. Wir kleinen Leute sollten lieber mit beiden Beinen fest auf dem Boden stehen bleiben und gar nicht erst zulassen, dass sich solche Phantastereien in unserem Kopf festsetzen. Was die reichen Herrschaften auch sagen und wie freundlich sie dich auch anlächeln mögen: wenn es ans Heiraten geht, dann ist ganz schnell Schluss mit lustig. Eine Magd wird niemals einen Bauern heiraten und ein reicher Bauer niemals die Tochter eines Boten und Tagelöhners. Merke es dir gut und denke später einmal an meine Worte.«
Damit fand auch diese Diskussion ihr Ende. Wie überhaupt bald ganz andere Ereignisse die Gespräche bei den Schobers und im Dorf bestimmten. Von Bengels Sohn Carl war keine Rede mehr. Zumal man ihn in Treschklingen auch nie zu Gesicht bekam. Seinen Vater schien er, wenn überhaupt, nur höchst selten zu besuchen. Lediglich ein einziges Mal – aus Anlass eines Familienfestes – hatte man den Knaben hier zu Gesicht bekommen … Danach nie wieder. Aus den Augen – aus dem Sinn. Der kleine Carl war rasch vergessen. Eine Tatsache, die Friedrich Bengel sehr zum Vorteil gereichte. Seine ohnehin schon beachtliche Reputation konnte also weiter wachsen, ohne dass er in dieser Hinsicht weiteres Dorfgeschwätz befürchten musste. Schon nach kurzer Zeit gab es niemanden mehr, von dem man noch irgendwelche respektlosen Kommentare über den Neubürger Bengel gehört hätte. Ganz im Gegenteil. Selbst in den umliegenden Dörfern begegnete man dem neuen Sonnenwirt mit großem Respekt – und war auf Treschklingen schon fast ein wenig neidisch, dass er sich ausgerechnet diesen Ort als seinen Wohnsitz ausgesucht hatte.
Kein Wunder folglich, dass auch die heranwachsende Margret den weltgewandten Bengel bewunderte: seine

Freundlichkeit gegenüber jedermann und sein bewundernswertes Geschick, im richtigen Moment anscheinend immer auf das richtige Pferd zu setzen. Er schien aus einer guten Familie zu stammen. Von einem solchen Mann mochte das junge Mädchen gerne weiter träumen … Und träumen durfte sie ja wohl. Von einem guten Leben. Von einer harmonischen Ehe. Von einer glücklichen, sorgenfreien Zeit. Von lieben Kindern. Von einem besonders lieben Mann, der sie zeitlebens auf Händen tragen würde. Doch, träumen durfte man. Denn Träume waren nicht verboten.
So kam damals also die Familie Bengel in das Leben der Margret Schober – ein Umstand, der sich für ihren weiteren Lebensweg schon bald als entscheidend erweisen sollte.

Bereits am 11. Februar 1854 wurde Friedrich Bengels Tochter Karoline geboren. Und spätestens jetzt war allen Dorfbewohnern klar, dass seine Braut Katharina bei der Hochzeit im vergangenen Juli schon im dritten Monat schwanger gewesen war. Deshalb also die Eile. Das war der Grund dafür gewesen, dass Bengel sein Trauerjahr nicht eingehalten hatte! Ach so! Bis kurz vor der Niederkunft hatte es Katharina Bengel mit viel Geschick und den richtigen Kleiderstoffen geschafft, ihre Schwangerschaft vor neugierigen Blicken zu verbergen. Zumal man im Winter ja sowieso immer mehr dicke Wollsachen am Leib trug, als in der wärmeren Jahreszeit. Nun gut, etwas zugenommen zu haben, schien sie. Das hatten alle sehen können. Aber eine Schwangerschaft – dazu in diesem fortgeschrittenen Stadium? Beim besten Willen hatte das niemand vermutet. Umso größer war jetzt die Überraschung.
Die Geburt war gut verlaufen. Mutter und Kind wohlauf. Und so konnte bereits einige Tage später im Beisein der Mutter in der Kirche von Treschklingen die Taufe der kleinen Karoline gefeiert werden. Als einer der Taufpaten

fungierte dabei Christian Bengel, der Bruder des frischgebackenen Vaters.
Margret hatte die Taufzeremonie zusammen mit ihrer Schwester Elisabeth neugierig von einer der hinteren Kirchenbänke aus verfolgt. Was für elegante Leute zu diesem Anlass heute aus Rappenau angereist waren! Vor allem dieser gut gekleidete, stolze Taufpate. Und überhaupt: dass es sich bei den Bengelbrüdern und ihren Bekannten um angesehene, einflussreiche Leute handeln musste, konnte man allein schon am Verhalten des Pfarrers ablesen. Es war beinahe schon peinlich, den alten Johann Georg Schupp zu beobachten, wie der einen eilfertigen Kratzbuckel nach dem anderen an den Tag legte, gerade so, als sei das Rheuma, unter dem er doch sonst so schwer zu leiden vorgab, plötzlich von ihm gewichen. Selbst Christian Bengel schien diese übertriebenen Unterwürfigkeiten für einigermaßen befremdlich zu halten, denn immer wieder huschte ein amüsiertes Lächeln über seine markanten Gesichtszüge. »Das ist der jüngere Bruder von unserem Sonnenwirt«, wisperte Margret. Elisabeth nickte, während sie die feine Taufgesellschaft weiterhin mit vor Staunen und Bewunderung weit offen stehendem Mund beobachtete. Genau wie bei ihrer Schwester machte auch auf sie Christian Bengel einen ganz besonders starken Eindruck. Ein mit seinen 29 Jahren durch und durch attraktiver, vor Selbstbewusstsein strotzender junger Mann, von starkem Körperbau, in dessen Miene das Leben jedoch bereits erste tiefe Sorgenfurchen eingegraben hatte. Das habe seinen Grund darin, flüsterten sich die Frauen in der mittleren Bankreihe zu, weil ihm und seiner Ehefrau bereits zwei Kinder kurz hintereinander gestorben waren. Die Mutter und ihre Kinder seien durch verdorbenes Brunnenwasser an Fleckfieber erkrankt. Während Johanna Bengel mit knapper Not am Leben geblieben war, seien die beiden Kleinen daran gestorben. Was für eine blasse kaum wahrnehmbare Person, die den Tod der Kinder ganz of-

fensichtlich nicht verwunden hatte an der Seite dieses so zupackend wirkenden Mannes! »Es heißt, sie wird wohl keine Kinder mehr bekommen können«, raunten die Frauen und nickten mit wissenden Blicken zu der Elendsgestalt hinüber. »Es ist ein Jammer. Und da hilft dir auch kein noch so großes Vermögen. Der arme Mann!«
Die neunjährige Margret runzelte verwundert ihre Stirn. Was hatten diese Tratscherinnen da gerade eben gesagt? »Der arme Mann!« Und was war mit der armen Frau? Kein Wort des Mitleids für sie. »Typisch Frauen unter sich«, murmelte sie leise, um gleich im Anschluss wieder ihre Augen auf Christian Bengel zu richten, den Mann, der den Blick trotz der Tragödie, die ihn und seine Familie getroffen hatte, längst wieder in die Zukunft richtete. Das konnte man an jeder Bewegung des Gastwirts und Bierbrauers ganz deutlich ablesen.

Gleich nach der Taufe begann in der »Sonne« die große Feier. Auch Margret konnte dabei sein. Natürlich nicht vorne bei den Festgästen, aber immerhin hatte sie es geschafft, einen Platz in der Küche zugewiesen zu bekommen, wo sie den Köchinnen beim Abwasch zur Hand gehen durfte. »Geld bekommst du aber keines dafür, dass dir das von Anfang an klar ist«, war sie von einer der Frauen vorsorglich ins Bild gesetzt worden. »Aber wenn etwas vom Essen übrig bleibt, dann kriegst du auch einen Teller davon.« Das war in Ordnung für Margret. Im Grunde genommen war es sogar weit mehr als das. Es hätte ihr auch gereicht, einfach nur da sein zu können, um aus der Küche heraus ab und zu einen Blick auf die Festgesellschaft werfen zu können und vielleicht den einen oder anderen Gesprächsfetzen aufzuschnappen. Nur darum war es ihr gegangen. Denn aus einem rätselhaften Grund übten die Besucher aus Rappenau einen ganz besonderen Reiz auf das Mädchen aus. So vornehme, wohlerzogene Leute. Das wäre sicherlich nicht das Schlechteste, wenn es ihr gelingen würde, nach Ende der Schulzeit eine Anstellung bei solchen gutgestellten Herrschaften zu ergattern. Allemal wäre es besser, wie in der dumpfen Atmosphäre des winzigen Schober-Haushalts bleiben zu müssen. Oder irgendwo in Treschklingen als Kleinmagd zu arbeiten. Womöglich, wie die Johanna früher, im Schlossgut, beim Herrn Baron. Das war kein Zuckerschlecken. Das hatte Margret ganz gut mitbekommen. Dann schon eher in so einen Haushalt in einem großen Dorf oder gleich nach Frankfurt, wie es ihre Schwester Johanna inzwischen geschafft hatte. Obwohl ... Frankfurt ... das lag doch so weit weg von hier. Viel zu weit ...

»Was ist denn, Margret? Holst du mir jetzt den Eimer mit dem frischen Wasser oder nicht?« Erschrocken schreckte die aus ihren Gedanken gerissene Margret hoch und sah in die ärgerliche Miene von Barbara Stunz, die es am heutigen Tag übernommen hatte, den Abwasch zu organisieren. »Auf solche Hilfen kann ich gerne verzichten, die mir nur im Weg herum stehen und dabei Löcher in die Luft glotzen. Also«, laut klatschte die Nachbarin in die Hände. »Auf geht's. Wasser holen, aber schnell!«

Rasch griff sich Margret den Henkel des Blecheimers und huschte aus dem Hintereingang der Küche in Richtung Dorfbrunnen – freilich nicht, ohne vorher noch einen kurzen neugierigen Blick durch das einen Spalt breit geöffnete Fenster der Gaststube geworfen zu haben. Aber das konnte die Stunzin, die sich längst wieder den Bergen von schmutzigem Geschirr zugewandt hatte, nicht sehen. Zu Margrets gutem Glück.

Drinnen in der Gaststube war das Gespräch der beiden Bengels inzwischen bei der Tatsache angelangt, dass die Mutter des frisch getauften Kindes bei der Hochzeit bereits im dritten Monat schwanger gewesen sein musste ...

»Deswegen haben sie sich im Dorf sicherlich ganz gewal-

tig das Maul zerrissen«, mutmaßte Christian und streifte seinen älteren Bruder dabei mit einem wissenden Lächeln.
Friedrich nickte säuerlich. »Ja, klar – deswegen auch …« Er beschrieb eine wegwerfende Handbewegung. »Aber so sind sie halt, die Menschen. Sie suchen immer gerne nach dem dunklen Fleck auf der weißen Weste …«
»… und mit einem einfachen Rechenexempel haben sie ihn schnell finden können, denke ich. Sie brauchten bloß zwei und zwei zusammen zählen, schon hatten sie es. Und sicherlich ist dann auch noch einmal ein bisschen wegen deinem Carl gelästert worden, oder?«
»Du sagst es. Aber das war ziemlich schnell wieder vorbei. Auch das letzte Waschweib hat bald begriffen, dass es mit dieser Sache im Dorf nicht mehr ankommt.« Langsam strich sich Friedrich Bengel mit der rechten Hand über seinen dunklen Vollbart. Dann deutete er knapp zu seinem Sohn hinüber, der ganz allein in einer Ecke der Gaststube hockte und mit dumpfem Blick vor sich auf den Boden stierte. »Man braucht doch nur zu schauen, wie er einfach so da hockt, nie mit jemandem spricht und nur blöde irgendwo hin glotzt. Bei diesem Anblick, da verstummen auch die letzten Lästerzungen.«
»Irgendwo tut er mir schon leid, der Carl. Er kann ja schließlich nichts dafür, dass er so geworden ist. Diese elenden Masern! Wie viele Kinder hat diese Seuche schon in den Tod gerissen!«
»Es wäre vielleicht besser für ihn gewesen …«, murmelte Carls Vater leise.
»Friedrich! Versündige dich nicht!«
»Ist doch wahr!« konterte der Gescholtene unwirsch. »Ist das vielleicht noch ein Leben zu nennen, wie er so in sich selbst versunken einfach vor sich hin vegetiert und unverständliches Zeug vor sich hin brabbelt?«
»Wenn man sich eine Weile mit ihm beschäftigt, dann versteht man ab und zu schon einen Satz. Da ist schon noch etwas vorhanden, in diesem Kopf.«

»Aber wo? Ich kann dir sagen, Christian, das ist auch nicht einfach für einen Vater, mit ansehen zu müssen, wie aus einem einstmals gesunden Kind so ein Dorftrottel geworden ist.«

»Ganz so schlimm ist es dann auch wieder nicht«, widersprach Christian Bengel. Als wolle der Junge seinen Fürsprecher jedoch genau im selben Moment Lügen strafen, begann Carl einen lauten, langgezogenen Ruf auszustoßen, bevor er anschließend wieder apathisch in sich zusammen sackte und den Kopf tief auf die Brust sinken ließ, während ein dünner Schleimfaden aus seinem weit geöffneten Mund auf den Boden tropfte. Der jüngere der Bengelbrüder seufzte peinlich berührt. »Nun gut, solche Szenen strafen mich natürlich Lügen. Ich kann das schon auch verstehen, dass sich deine Frau einen solchen Hausgenossen nicht hat aufhalsen wollen.«

»Zum guten Glück hast du ihn ja aufgenommen. Dafür werde ich dir ewig dankbar sein, Christian.«

»Ist schon recht so. Immerhin bringt der Carl für meine Johanna ja auch ein bisschen Abwechslung in ihr Leben. Sie kann sich um ihn kümmern und ihn pflegen. Ich hoffe, das hilft ihr irgendwann vielleicht doch wieder aus der Depression heraus, in die sie nach dem Tod unserer Kinder gesunken ist. So hat sie immerhin wieder eine Aufgabe.«

»Es ist schon ein Elend mit der Johanna. Weißt du, Christian, es tut auch mir richtig weh, diese fröhliche Frau, die sie ja einmal gewesen ist, so elend sehen zu müssen. Das ist nicht mehr meine lebensfrohe Schwägerin, wie ich sie immer gekannt und gemocht habe.«

Christian nickte traurig. »Sie kommt halt einfach nicht über den Tod der beiden Kinder hinweg.«

»Das ist verständlich. Wenn man sich vor Augen hält, dass die Johanna erst 23 Jahre alt ist und in diesem Alter schon ihre beiden einzigen Kinder hat begraben müssen …«

»… das haben andere Frauen auch durchgestanden«, fuhr ihm sein Bruder bitter dazwischen. »Und außerdem: es waren ja schließlich auch meine beiden einzigen Kinder. Aber ich lasse mich doch trotzdem nicht dermaßen gehen!«

»Du bist immerhin sechs Jahre älter als die Johanna, vergiss das nicht. Ich denke wirklich, sie war einfach noch zu jung, um dieses Drama durchstehen zu können. Und außerdem gibt sie sich ja die Schuld, dass sie den Kindern dieses verseuchte Wasser zu trinken gegeben hat«

»Das ist doch Blödsinn! Das konnte sie ja gar nicht wissen!«

»Sei es, wie es wolle. Sie macht sich halt diese Vorwürfe. Und jetzt musst du einfach ein bisschen Geduld haben. Die Zeit heilt bekanntlich alle Wunden …«

»… Geduld haben!« Christian spreizte die Finger seiner linken Hand und begann, mit dem Zeigefinger der rechten Hand abzuzählen. »Fünf, sechs, sieben, acht … es sind schon acht Monate vergangen seither.«

»Das ist noch keine Zeit. Das weißt du. Nicht zu Unrecht gibt es schließlich das Trauerjahr …«

»… das Trauerjahr! Das sagst ausgerechnet du, der es doch selber nicht eingehalten hat.«

»Ich war eben schneller darüber hinweg, als deine Johanna. Ich bin ja auch schon ein bisschen älter und habe schon einiges erlebt. Diese Lebenserfahrung, die hilft schon. Ich drücke dir jedenfalls fest die Daumen, dass die Johanna wieder gesund wird.«

»Viel Hoffnung habe ich ehrlich gesagt nicht mehr. Nun ja: wir können beide nicht in die Zukunft sehen. Warten wir also einfach ab und schauen, dass wir nicht auch so werden!« Unvermittelt schien ein Ruck durch seinen Körper zu gehen, er drückte den Rücken kerzengerade durch, seine Augen begannen zu funkeln, während er sich mit beiden Händen unternehmungslustig auf die Oberschenkel hieb. »Ich für meinen Teil habe jedenfalls mehr als genug vielversprechende Geschäfte, die ich in den nächsten Wochen tätigen kann. Und wie ich vermute, dürfte das bei dir kein Haar anders sein, nicht wahr Friedrich?

Ein zufriedenes Schmunzeln bestätigte diese Annahme.

»Na also. Auf jeden Fall, mein lieber Friedrich, glaube ich, dass du bei dieser Heirat den richtigen Riecher hattest. Um deine Zukunft musst du dir keine Sorgen machen, da bin ich mir ganz sicher.«

Christian sollte auch mit seiner nächsten Vermutung richtig liegen: »Ich beobachte dich ja nun schon eine ganze Weile und habe mir auch überlegt, weshalb du von Rappenau freiwillig sogar nach Treschklingen gezogen bist: kann es sein, dass du eventuell im Sinn hast, eines Tages in die Politik zu gehen?«

»Na ja …« Um Friedrichs Mundwinkel spielte ein verschmitztes Lächeln. »… das könnte gut möglich sein. Allerdings nicht schon jetzt. Später vielleicht. Erst dann, wenn ich hier richtig Fuß gefasst habe. In der Politik darf man nichts überstürzen, da muss alles sorgsam Schritt für Schritt geplant und ausgeführt werden.«

»Da mache ich mir in deinem Fall nicht die geringsten Sorgen«, grinste Christian zurück.

»So!« Energisch hieb der Sonnenwirt mit der flachen Hand auf die Tischplatte. »Genug jetzt mit der ganzen Zukunftsdeuterei, jetzt gilt es, die Gegenwart zu genießen und die Taufe meiner kleinen Tochter zu feiern. Ich lasse uns einen Krug vom guten Wein aus dem Keller holen, damit wir auf dein Patenkind anstoßen können. Das haben wir uns redlich verdient.«

Wenig später war der Auftrag von der Magd ausgeführt und die beiden Brüder prosteten sich genussvoll zu, heimlich beobachtet von einem heranwachsenden Mädchen, das mit einem gut gefüllten Wassereimer draußen vor der »Sonne« stand und vorsichtig zum Fenster der Gaststube hinein spähte.

11

Am 14. Juni 1855 war Margrets Mutter gestorben. Schon seit einigen Wochen war Christina Schober bettlägerig gewesen. Zunächst war es »nur« ein schwerer Husten gewesen, dann hatte sich ein immer stärker werdendes Fieber darauf gesetzt, das den ohnehin ausgezehrten Körper zusätzlich schwächte, dazu kamen nächtliche Schweißausbrüche und ein dramatischer Gewichtsverlust. Doch woran genau sie wohl erkrankt sein mochte, war selbst dem Bader ein Rätsel geblieben, den Christoph Schober nach langem Zögern hinzu gezogen hatte. Aber der Mann hatte nur bedenklich die Mundwinkel nach unten gezogen, mit einem ratlosen Ausdruck seinen Kopf geschüttelt, etwas von »möglicherweise Schwindsucht, begleitet von allgemeiner Erschöpfung«, sowie »mit ihren Kräften am Ende« gemurmelt und dann offen bekannt, dass er kein Mittel wisse, wie er der Kranken helfen könne. Immerhin hatte er auf eine Bezahlung verzichtet, die ihm für die Untersuchung eigentlich zugestanden hätte, »aber bei euch ist ja sowieso nichts zu holen und nachdem ich in diesem Fall mit meinem Latein ohnehin am Ende bin, möchte ich dir nicht noch einen zusätzlichen Kummer bereiten, Schober. Ihr habt es auch so schon schwer genug.« Voller Dankbarkeit hatte Margrets Vater die Hand des Baders gedrückt. Und obwohl er seinen Kopf rasch zu Boden senkte, war dem Mädchen das wässrige Funkeln in seinen Augen nicht entgangen. Was für eine verstörende Beobachtung! Denn niemals zuvor hatte sie ihren Vater weinen sehen.
Seit dem Tag, an dem der Bader seine Hilflosigkeit bekannt hatte, war allen in der Familie klar, dass es kein gutes Ende nehmen würde. Man konnte also nicht sagen, dass dieser neuerliche Schicksalsschlag die Familie Schober unvorbereitet getroffen hätte – und dennoch war es

natürlich ein fürchterlicher Augenblick gewesen, als die Nachbarin in Begleitung des neuen Dorfpfarrers mit ernster Miene aus der Schlafstube getreten war, dessen Fenster sie bereits sperrangelweit geöffnet hatte. Genau so, wie sie es jetzt auch mit dem Fenster in der Wohnstube tat. »Damit die Seele eurer armen Mutter rasch aus dem Haus heraus findet und in den Himmel aufsteigen kann.« Zwar hatte Pfarrer Johann Adolph Hafenreffer bei diesen Worten unwirsch die Stirn gekräuselt und schon eine scharfe Zurechtweisung auf der Zunge liegen gehabt, doch dann hatte er sich eines Besseren besonnen, die Hände gefaltet und mit fester Stimme proklamiert: »Der Herr sei ihrer armen Seele gnädig. Amen!«
Immerhin habe die Verstorbene von ihm noch in aller Sorgfalt auf ihre letzte Reise vorbereitet und gesegnet werden können, dies dürften die Hinterbliebenen durchaus als eine tröstliche Botschaft in dieser schweren Stunde mit großer Dankbarkeit zur Kenntnis nehmen und überhaupt müsse man dem lieben Herrgott auch dafür danken, dass Christina Schober das Alter von 47 Jahren habe erreichen dürfen. Dies sei ja für eine Frau ein durchaus hohes Lebensalter. Jedenfalls sei sie damit deutlich älter geworden, als der Durchschnitt der Frauen im Dorf. Trotz ihrer vielen Kinder sei sie nicht, wie so viele andere Frauen, bei der Niederkunft oder im Kindbett gestorben. »Was für eine Gnade Gottes!«, hatte der Pfarrer resümiert. Das hilflose Argument des Pfarrers fiel bei den Hinterbliebenen jedoch auf keinen fruchtbaren Boden.
»Eine Gnade?!« Unwirsch ballte Christoph Schober die rechte Hand zur Faust. »Was denn für eine Gnade, Herr Pfarrer? Meine Frau hat elf Kinder geboren, fünf davon sind schon gestorben, die beiden jüngsten sind gerade einmal sechs und vier Jahre alt, und da reden sie von göttlicher Gnade, Herr Pfarrer?! Was soll ich denn jetzt machen? Wie soll ich die Kleinen versorgen, ohne meine Frau? Ausgerechnet jetzt, wo ich noch im Frühjahr zum

ersten Mal überhaupt insgeheim die Hoffnung im Herzen bewegt habe, meine Familie sei allmählich »aus dem Gröbsten heraus«, wie man das halt so sagt. Und jetzt? Jetzt ist meine Frau tot und lässt mich mit den Kindern allein zurück. Und da kommen sie mir mit ihrem salbungsvollen Geschwätz daher?!«

»Schober! Was fällt ihnen ein, mich maßregeln zu wollen?!« Schon an der Gesichtsfarbe des Pfarrers war unschwer abzulesen, wie sehr ihm diese offenen Worte missfielen.

Aber Christoph Schober ließ sich nicht zur Räson bringen. »Was mir einfällt? Nichts! Absolut gar nichts! Ich stehe nur hier in meinem Elend, meine Frau ist gerade gestorben, meine Kinder sind jetzt Halbwaisen und sie kommen mir einfach daher und faseln etwas von göttlicher Gnade. Nein!« Zornig kniff der Witwer die Augen zusammen und nahm den unwillkürlich zurückweichenden Pfarrer ins Visier. »Es ist offenbar ganz egal, wie der Pfarrer heißt: das Geschwätz ist immer dasselbe. Glauben sie denn im Ernst wirklich, das ist ein Trost für mich, wenn sie mir sagen, es sei der Wille Gottes gewesen, meine Frau sterben und mich mit den Kindern und dem unehelichen Balg meiner Stieftochter allein zu lassen? Wenn das tatsächlich so ist, dann fragen sie doch ihren Herrgott einmal, weshalb er das gemacht hat. Warum hat er meine Frau sterben lassen? Und warum fünf meiner Kinder vorher? Wo ist denn da die göttliche Gnade, Herr Pfarrer?! Auf gehts! Sagen sie es mir! Sagen sie es mir vor all diesen Kindern hier!«

Er machte einen entschlossenen Schritt auf den Pfarrer zu und funkelte ihm wütend ins Gesicht. »Jetzt! Was ist?! Ich höre!«

Johann Adolph Hafenreffer schnappte fassungslos nach Luft. Solche gotteslästerlichen Worte waren ihm noch nie entgegen geschleudert worden. »Das … das … das ist ja …« Ruckartig wandte er sich um und stürzte grußlos aus dem Haus, im Schlepptau die aschfahle Barbara

Stunz, die für das Elend ihres Nachbarn zwar durchaus Verständnis aufbrachte – aber anderseits ... Es war ja wirklich unerhört, zu welchen unbotmäßigen Sätzen sich Christoph Schober in seinem Elend hatte hinreißen lassen. Und das alles auch noch vor Augen und Ohren seiner armen Kinder. Hoffentlich hatte diese Szene kein weiteres Nachspiel. Es wäre ein leichtes für den neuen Pfarrer, den Witwer Schober der Gotteslästerung zu bezichtigen und anzuklagen. Am besten, sie ging gleich einmal zum Ratsschreiber in die »Sonne«. Denn Friedrich Bengel war ein Mann, der bekanntlich immer einen Rat wusste – und diesen benötigte Christoph Schober ernstlicher, als er das in seinem ganzen verzweifelten Zorn wohl ahnte. So sehr ihm anderseits ja eigentlich ein Denkzettel für diese schlimmen Worte gehörte. Aber nicht jetzt, nicht in dieser Situation, und schon gar nicht vor dem Begräbnis seiner Frau.

Friedrich Bengel war es tatsächlich gelungen, dass Pfarrer Hafenreffer die Angelegenheit auf sich beruhen ließ. Denn es hätte sich für das Klima im Dorf nicht gut gemacht, wenn ein neuer Seelsorger sozusagen gleich nach seiner Ankunft einen Einheimischen gerichtlich belangte – auch wenn es der Schober durchaus verdient hätte. Aber in diesem speziellen Fall, zumal als neuer Dorfbewohner, sei es doch eher angeraten, Gnade vor Recht ergehen zu lassen. Eine Handlungsweise, die einem Pfarrer ohnehin ganz besonders gut zu Gesicht stünde und die ihm damit gleich zu Beginn seiner Amtszeit einen umso größeren Respekt im Dorf verschaffe.
Friedrich Bengel hatte das Vertrauen, das die Stunzin in ihn setzte, mehr als gerechtfertigt. Man würde folglich im Dorf gut daran tun, ihn auch künftig als Vermittler in verzwickten Angelegenheiten um seine Mithilfe zu bitten.

In der darauf folgenden Nacht fanden Margret und Elisabeth, nur schwer in den Schlaf. Viel zu stark waren die

beiden Mädchen noch aufgewühlt von den Ereignissen des vorangegangenen Tages. Erst die fürchterliche Gewissheit, dass die Mutter nun tatsächlich gestorben war und daran anschließend diese verstörende, lautstarke Auseinandersetzung zwischen ihrem Vater und dem neuen Pfarrer, zu deren unfreiwilligen Zeuginnen sie zusammen mit den anderen, nicht minder schockierten Geschwistern hatten werden müssen. Beide bewegten dieselben schweren Gedanken. Und so rutschte die sechsjährige Elisabeth gleich nach dem zu Bett gehen von ihrem eigentlichen Schlafplatz am Fußende der Bettlade nach oben an die linke Schulter ihrer zehnjährigen Schwester. Beide falteten die Hände und murmelten ein kurzes Gebet. »Lieber Gott, mach mich fromm, damit ich in den Himmel komm. Amen!«
Einige Zeitlang herrschte Stille in dem engen Raum, die nur durch die leisen Atemgeräusche ihrer offenbar schlafenden Schwestern in der Bettstatt auf der anderen Wandseite durchbrochen wurde.
»Glaubst du denn, wir kommen überhaupt noch in den Himmel?« wisperte Elisabeth schließlich mit einem unglücklichen Unterton in ihrer Stimme. »Nach all dem, was heute war?«
»Wieso denn nicht?« gab Margret rasch zurück, obwohl sie im Gegensatz zu ihrer scheinbar zuversichtlichen Antwort selbst schon den ganzen Nachmittag hindurch von genau diesen Zweifeln gepeinigt wurde. Sehr überzeugend schien sie jedenfalls nicht geklungen zu haben.
»Hmm …«, vorsichtig tastete Elisabeth nach der Hand ihrer Bettnachbarin und umklammerte sie mit ihren schweißnassen Fingern krampfhaft. »So, wie der Pfarrer wütend aus dem Haus gerannt ist, glaube ich aber nicht, dass er dem lieben Gott viel Gutes über unsere Familie erzählt …«
»Das muss er auch gar nicht, das sieht der liebe Gott schon selber, dass wir nichts Böses im Sinn haben.«

»Meinst du?«

»Ja, ganz sicher. Das habe ich schon bei unserem alten Pfarrer in der Schule gelernt, dass der liebe Gott alles sieht und alles weiß«, bemühte sich Margret weiter um Zuversicht. »Da kann der neue Pfarrer jetzt nicht einfach so daher kommen und etwas ganz anderes sagen.«

»Auch dem lieben Gott nicht?«

»Auch dem lieben Gott nicht.«

»Du meinst, der liebe Gott weiß, dass wir keine bösen Menschen sind?«

»Das weiß der liebe Gott.«

»Hoffentlich hast du recht.«

»Natürlich habe ich recht.«

»Dann wäre es ja gut …« kam es zaghaft von Margrets linker Seite, während sich der Händedruck ihrer kleinen Schwester allmählich lockerte. »Denn weißt du, Margret, ich will nämlich auch einmal in den Himmel kommen, dorthin, wo unsere Mutter jetzt schon ist. Sie ist jetzt doch schon im Himmel, oder?«

»Ja, sie ist jetzt schon im Himmel. Du hast doch selber gehört, was die Stunzin heute Mittag gesagt hat, als sie alle Fenster geöffnet hat. Damit die Seele unserer Mutter gut aus dem Haus hinaus in den Himmel hinauf findet.«

»Ja, das hat sie gesagt. Das stimmt: das habe ich gehört.«

»Siehst du. Dann wird es also auch so sein.«

Wieder fiel einige Minuten lang kein Wort. Gut möglich, dass die kleine Schwester inzwischen bereits eingeschlafen war. Aber schließlich machte sich Elisabeth doch noch einmal bemerkbar.

»Am liebsten wäre mir, wenn ich auch schon im Himmel wäre …«, schniefte sie traurig.

Margret zuckte erschrocken zusammen. »Sag doch so etwas nicht! Denn wenn du im Himmel wärst, dann wärst du ja tot.«

»Na und? Dann wäre ich wenigstens bei unserer Mutter – und die wäre nicht allein dort oben.«

»Sie ist nicht allein dort. Sie ist bei ihren anderen Kindern und bei ihren Eltern und Großeltern. Da musst du dir keine Sorgen machen. Sie hat es gut dort.«

»… besser als wir hier. Ich fühle mich so allein ohne unsere liebe Mutter. Sie fehlt mir so sehr.«

»Aber du hast doch mich!« Jetzt war es an Margret, die Hand ihrer Schwester ganz fest zu drücken. »Und wir zwei, wir haben uns doch versprochen, dass wir zusammen halten, egal was kommt. Wie Pech und Schwefel. Hast du das denn schon vergessen?«

»Nein, das habe ich nicht vergessen. Ich will ja nur, dass wir alle zusammen sind. Die ganze Familie. Dass alles so ist, wie vor der blöden Krankheit von unserer Mutter …«

»… das geht leider nicht. Aber eines Tages, da werden wir uns alle im Himmel wieder treffen.«

»Auch unseren Vater?«

»Ja, natürlich. Warum sollte der denn nicht dabei sein?« Margret ahnte schon, was als Antwort kommen würde – zumal sie selbst ja die gleichen bangen Gedanken plagten. »Ha, weil er so einen Streit mit dem Pfarrer gehabt hat.«

»Das wird sich schon wieder geben. Außerdem, das habe ich dir ja schon vorher gesagt, unser Vater ist ein guter Mann und das sieht der liebe Gott. Alles wird gut werden, glaube mir.«

»Hoffentlich hast du recht«, erwiderte Elisabeth und zog ihre Hand zurück. »Aber vielleicht wäre es ganz gut, wenn wir deswegen noch einmal zum lieben Gott beten würden. Sicherheitshalber.«

»Schaden kann es jedenfalls nicht«, pflichtete Margret ihr bei und faltete die Hände ebenfalls wieder zum Gebet. »Also, was wollen wir beten?«

»Ha, was wohl? Das ist doch klar: ich sags dir vor: Lieber Gott, mach mich fromm …«

»… dass ich in den Himmel komm …«

»… und unser Vater auch. Amen!«

»Amen!«

Hoffentlich hatte der liebe Gott ihr Gebet auch gehört.

Manchmal plagten Margret beim Beten ohnehin gewisse Zweifel. Aber das war vermutlich schon wieder so ein Gedanke, den man eigentlich gar nicht denken durfte. Also lieber jetzt die Augen ganz fest zusammenpressen und hoffen, dass ihre Gedanken droben im Himmel wirklich ankommen würden. Ganz fest hoffen. Hoffen und beten. Was blieb ihr sonst schon übrig, als diese in ein stilles Gebet gekleidete Hoffnung …

12

Zwei Tage später fand um die Mittagszeit auf dem Friedhof von Treschklingen das Begräbnis von Christina Schober statt. Abgesehen von den eigenen Familienangehörigen, den Hausnachbarn Stunz und der Familie des Bruders Georg Schober hatte sich nur eine kleine Trauergemeinde eingefunden, um die Verstorbene auf ihrem letzten Weg zu begleiten. Dankenswerterweise hatte es der Pfarrer aus dem benachbarten Rappenau kurzfristig übernommen, dabei den geistlichen Segen zu spenden, nachdem sein Amtsbruder am Abend zuvor ganz überraschend erkrankt war. Natürlich war man in Treschklingen nur allzu gut darüber im Bilde, um was für eine Art der Erkrankung es sich handelte, aber in einer stillschweigenden Übereinkunft wurde sorgsam von den Trauergästen vermieden, auch nur eine einzige Bemerkung darüber fallen zu lassen. Lediglich der Schwager der Verstorbenen murmelte anerkennend, wie nett es vom Sonnenwirt doch sei, dass der sich entboten habe, extra einen Knecht mit einer seiner Kutschen nach Rappenau zu schicken, um den Pfarrer von dort abzuholen. Natürlich hatte es Friedrich Bengel hinterher entschieden abgelehnt, für diese, wie er es nannte »kleine Gefälligkeit« irgendein Entgelt anzunehmen und sei es auch nur in Form von einem Pfund Mehl. Viel mehr hätte Christoph Schober ohnehin nicht anbieten können und so bedankte sich der Witwer voller Erleichterung für diese großzügige Geste.
Schmerzlich vermisst worden beim Begräbnis war von ihren Halbgeschwistern die inzwischen 25 Jahre alte Johanna. Sie hatte vom Tod ihrer Mutter erst mehrere Tage später erfahren – und selbst wenn sie die Nachricht noch rechtzeitig erreicht hätte, wäre es kaum vorstellbar gewesen, dass ihr die Herrschaften in Frankfurt so rasch frei

gegeben hätten. Und zur Trauerfeier hätte es ohnehin nicht mehr gereicht.

Was aber nun? Wer kümmerte sich nun um ihre Geschwister und ihre kleine Tochter, wer kochte das Essen? Ohne Frau im Haus – wie sollte das Leben bei den Schobers weiter gehen?

Kurzerhand verfasste Johanna einen Brief, in dem sie dem Stiefvater das Angebot machte, die Arbeit in Frankfurt aufzugeben und nach Treschklingen zurück zu kehren. Sehr gerne würde sie sich anstelle ihrer Mutter um den Haushalt kümmern, das sei sie ihrer Familie schließlich schuldig, die ja immerhin ihre uneheliche Tochter bei sich aufgenommen hatte. Christoph Schober freilich lehnte ab. Der Martin mit seinen 15 Jahren sei durchaus in der Lage, auf dem kleinen Acker der Schobers alle wichtigen Arbeiten selbständig zu erledigen und könne sich daneben manchmal sogar noch als Knecht im Gutshof nützlich machen und ein bisschen Geld für den Familienunterhalt verdienen. Die Margret habe demnächst immerhin auch schon ihren elften Geburtstag, die Katharina sei sogar 13 und selbst Elisabeth wäre mit sieben Jahren bereits aus dem Gröbsten raus. Die größeren Kinder könnten sich also gut um die beiden ganz Kleinen kümmern – auch um die Wilhelmina – da brauche sich Johanna keine großen Gedanken zu machen. Es ginge schon. »Das Leben geht weiter. Bleibe du, wo du bist und sei froh, dass du in der Stadt eine so gute Anstellung gefunden hast«, schrieb er mit seiner ungelenken Handschrift auf das zerknitterte Blatt Papier, das einige Tage später in Frankfurt eintraf.

Seltsam. So zuvorkommend hatte sie ihren Stiefvater noch nie erlebt. Dass er in seinem letzten Satz sogar beinahe ein persönliches Wort an sie gerichtet hatte … und dass er tatsächlich auf Johannas Mithilfe verzichten wollte – obwohl er ja auch noch ihre Wilhelmina zu ernähren hatte, die er anfangs doch mehr als einmal als schweren Klotz am Bein bezeichnet hatte! Eine Familie mit so vielen Kindern ohne Frau, die sich um den Haushalt kümmerte! Eigentlich konnte es nur einen Grund für diese Ablehnung geben: Christoph Schober trug sich mit dem Gedanken an eine neuerliche Heirat – vermutlich gab es da auch bereits eine Frau, die er ausgesucht hatte. Immerhin war er ja mit seinen 48 Jahren sozusagen ein Mann im besten Lebensalter. Wenn das so war, wie sie vermutete, dann störte sie bei diesen Plänen nur. Genau. Das war der Grund – nichts anderes. Wenn erst einmal das Trauerjahr vorüber war, würde eine andere Frau in den Schoberschen Haushalt einziehen. Und so sehr sie der Gedanke zunächst auch irritierte, dass da womöglich bald eine andere an die Stelle ihrer Mutter treten würde, so nachvollziehbar und im Grunde genommen folgerichtig erschien es ihr im Lauf der Zeit. Eine Frau gehörte schließlich ins Haus. Auf Dauer gesehen würde sie die Mutterrolle sowieso nicht beibehalten können. Vielleicht war es deshalb so am besten. Wenn sie denn mit ihrer Vermutung tatsächlich recht behielte …

Andererseits … andererseits war es doch ein Ding der Unmöglichkeit, die Kinder so lange Zeit unversorgt zu lassen. Ohne eine Frau im Haus, die wusste, was eine Familie brauchte. Mindestens ein ganzes langes Jahr. Das konnte nicht gut gehen. Das durfte nicht sein. Und so beschloss Johanna, sich um den Inhalt des Briefes nicht weiter zu scheren, sondern ihre Stellung als Dienstbotin in Frankfurt einfach zu kündigen. Ihre wenigen Sachen packte sie in den kleinen Holzkoffer, den sie seinerzeit beim Antritt ihrer Stellung mitgebracht hatte. Viel an persönlicher Habe war seitdem nicht dazu gekommen. Der Koffer reichte immer noch völlig aus. Egal. Immerhin hatte sie in dieser Zeit für ihren Unterhalt selbst sorgen können, und sogar noch einen kleinen Geldbetrag in den Strumpf stecken können, mit dem sie jetzt die Heimreise antreten würde. Der Stiefvater würde sicherlich Augen machen, wenn sie so unangemeldet plötzlich

vor ihm stand! Aber es schien ihr das Beste, einfach für vollendete Tatsachen zu sorgen, wenn sie mit Sack und Pack vor dem Haus in Treschklingen erschien. Dann konnte er sie ja schwerlich wieder zurück schicken.
Zum guten Glück nahmen ihr die Herrschaften die Kündigung nicht übel, sondern zeigten sich verständnisvoll, mitsamt dem Hinweis, sie dürfe gerne, wenn man sie eines Tages in ihrer Familie nicht mehr benötige, in diesem Haushalt wieder um eine Anstellung nachfragen. Und ein extra Geldstück, um die Rückreise nach Treschklingen nicht von ihrem ersparten Arbeitslohn bezahlen zu müssen, erhielt sie zu ihrer großen Erleichterung auch noch von ihnen! So verlief der Abschied aus Frankfurt in einer wesentlich angenehmeren Atmosphäre, als zwei Tage darauf ihre Ankunft in Treschklingen, wo sie der Stiefvater alles andere als mit offenen Armen aufnahm. Im krassen Gegensatz zu ihren jubelnden Geschwistern: vor allem Margret, Elisabeth und die kleine Wilhelmina schienen ihr Glück kaum fassen zu können. Freudentränen rannen über ihre Wangen, als plötzlich Johanna vor ihnen auf der Türschwelle stand. Der Vater dagegen machte ein finsteres Gesicht und machte allen Ernstes Anstalten, seiner Stieftochter den Zutritt in die Stube zu verwehren. Doch Johanna war auf einen solchen Empfang vorbereitet gewesen und ließ sich nicht von ihrem Entschluss abbringen. Er könne jetzt sagen, was er wolle, beschied sie Christoph Schober mit glasklaren Worten: »Ich bleibe hier – und zwar so lange, wie mich die Kinder brauchen! Glaube bloß nicht, es sei deinetwegen. Ich bin nur wegen meinen Geschwistern und wegen der Wilhelmina hierher zurück gekommen. Du musst mich schon die Treppe hinunter stoßen, wenn du mich wieder loshaben willst. Freiwillig gehe ich auf gar keinen Fall! «
Zunächst schien es, als wolle der Witwer tatsächlich die Hand gegen Johanna erheben, doch dann besann er sich glücklicherweise eines Besseren. Widerwillig machte er

die Tür frei und zog sich grummelnd an seinen Platz am Küchentisch zurück. Gott sei Dank! Einen solch schönen Tag hatte Margret seit Monaten nicht mehr erleben dürfen. Ihre geliebte Johanna war zurück!

13

Im November 1855 hatte das Leben im Haushalt der Schobers längst wieder seinen normalen Fortgang genommen – auch wenn die Kinder ihre verstorbene Mutter an manchen Tagen schon noch schmerzlich vermissten. Aber wenigstens war Johanna jetzt bei ihnen und konnte sie in diesen bitteren Momenten tröstend in die Arme nehmen. Schon deshalb war es gut, dass sie da war. Denn beim Vater konnte man sich ja schlecht ausweinen. Wie sollte das auch gehen? Überhaupt der Vater: seit dem Tod seiner Ehefrau war er noch verschlossener geworden, als er es bisher schon gewesen war. Die bitteren Gedanken hatten längst tiefe Furchen in seine Gesichtszüge gegraben, sein Haupthaar war in diesem Jahr endgültig grau geworden. In wenigen Monaten schien er um Jahre gealtert, wirkte viel älter und erschöpfter als sein Bruder Georg, der doch in Wirklichkeit der Ältere war.
Zum guten Glück konnte die inzwischen elfjährige Margret nun die Strickschule in Treschklingen besuchen. Gerade jetzt, in der dunklen Jahreszeit, wenn es draußen kaum noch etwas zu arbeiten gab, war das eine willkommene Unterbrechung ihres häuslichen Alltags in der dunklen Stube. Zusätzlich zum normalen Schulunterricht lernten die Mädchen hier in der Strickschule den Winter über bis in den April hinein allerlei nützliche Dinge, wie Stricken, Nähen und Stopfen. Frau Mößner, die Lehrerin in der Strickschule, hatte freilich einen harten Kampf mit Margrets Vater ausgefochten, bis der endlich seine Einwilligung dazu gegeben hatte, dass auch Margret, wie die anderen Mädchen des Dorfes, diesen Unterricht besuchen durfte. Die allgemeine Schule reiche doch völlig aus für ein Mädchen wie Margret, hatte er argumentiert. Stricken könne sie doch ohnehin schon

und überdies werde sie zuhause gebraucht, um die Kleinen zu beaufsichtigen. Selbst die Intervention der Nachbarinnen Barbara Stunz und Maria Schober fruchtete nichts. Christoph Schober beharrte bockelhart auf seinem Standpunkt – um am Ende dann doch nachgeben zu müssen, nachdem die nicht minder resolute Frau Mößner den Schulrat eingeschaltet hatte, der dem renitenten Bauernschädel in einem äußerst strengen Gespräch seine Pflichten als Vater überdeutlich vor Augen geführt hatte – verbunden mit dem glasklaren Hinweis, dass auch die Gutsherrschaft nicht gerne Beschwerden von dritter Seite über einen ihrer Boten entgegen nehme … So hatte sich Schober schließlich gefügt und Margret durfte diese nützliche Einrichtung also doch noch besuchen.

Bereits einige Jahre zuvor hatte Elisabetha Mößner, der die Ausbildung der Dorfkinder schon immer eine Herzensangelegenheit war, in Treschklingen eine sogenannte Kleinkinderbewahranstalt eingerichtet. Einerseits, um den Müttern der Kinder für einige Stunden am Tag eine Entlastung zu bieten, andererseits auch geleitet von der Überlegung, den Kleinen zumindest ansatzweise eine Erziehung zuteil werden zu lassen, wie sie den Kindern der reicheren Leute zuteil wurde. Doch leider hatte diese segensreiche Einrichtung bald wieder schließen müssen. Sehr zum Leidwesen der Kinder.

Obwohl sie im August 1847 noch nicht einmal drei Jahre zählte, konnte sich Margret noch ganz genau daran erinnern, wie maßlos enttäuscht sie seinerzeit gewesen war, als ihre Schwester Christiana, die damals ja noch lebte, die schlechte Nachricht nach Hause gebracht hatte. »Das glaube ich nicht! Du willst doch bloß nicht, dass ich auch in die Kinderschule gehe. Ich gehe aber trotzdem!« Christiana hob abwehrend die Hände und schüttelte den Kopf. »Das geht nicht. Zu ist zu!«

»Ich will aber!« Trotzig stampfte Margret mit dem Fuß auf den Holzboden der Stube.

Die ein Jahr ältere Schwester Katharina tat es ihr nach: »Und ich auch!«

Doch es war nichts zu machen. Die Kleinkinderanstalt war und blieb geschlossen. Schuld daran war das schlechte Wetter gewesen. Der Juli und der August waren derart kühl und verregnet, dass es schlichtweg keine Arbeit für die Frauen auf den Feldern gegeben hatte und sie ihre Kinder folglich selbst beaufsichtigen konnten. So konnten sie auch die kleinen Zuwendungen sparen, die sie der Frau Mößner für das Aufpassen hätten geben müssen. Das war zwar wirklich nicht viel, aber wo ohnehin wenig vorhanden ist, da stellt eben auch eine kleine Gabe schon einen Kraftakt dar. Zumal in Zeiten der Mißernte, wie es im Jahr 1847 der Fall war. Diese weit und breit einmalige Einrichtung war von Elisabeth Mößner wirklich gut gemeint gewesen und es gab niemanden, der sie nicht gerne weiter im Dorf gesehen hätte – aber die Umstände hatten ihnen einen Strich durch die Rechnung gemacht. Vielleicht war die Zeit einfach noch nicht reif dafür. Vielleicht später einmal. Ein schwacher Trost – vor allen Dingen für die Schar trauriger Kinder, der es bei der »Tante Elisabeth« doch immer so gut gefallen hatte. »Nun ja. Man muss die Dinge eben so nehmen, wie sie sind«, ließ sich Elisabeth Mößner ihre Enttäuschung jedoch nicht anmerken. »Vielleicht gelingt es mir in ein paar Jahren, wenn ihr größer seid, eine Strickschule zu eröffnen …«

»Kann das denn nicht jetzt schon sein?« Sofort begannen die Mienen der Kinder zu leuchten. »Wir sind auch ganz brav!«

»Das weiß ich doch«, lächelte die Frau. »Aber es dauert schon noch eine Weile, bis ich so weit bin. »

»Und wir dürfen dann wirklich wiederkommen?«

»Ja, sicher!«

»Versprochen?«

»Versprochen!«

Tatsächlich war es der findigen Elisabeth Mößner inzwischen gelungen, einer neuen segensreichen Idee für ihr Dorf in Form der Strickschule zum Durchbruch zu verhelfen. Das Besondere an dieser Schule war, dass die Frauen von Treschklingen den nachmittäglichen Schulunterricht selbst organisierten, was den Familien eine Menge Schulgeld ersparte. »Denn wenn wir keine Lehrerin von außen brauchen, sondern den Unterricht selber abhalten, dann kostet uns die Schule beinahe nichts mehr«, so hatte ihre Überlegung gelautet. Und nach langem zähem Ringen mit dem sich zunächst beharrlich weigernden Schulrat hatte das großherzogliche Schulamt schließlich doch noch eingelenkt. Frau Mößner und ihre Helferinnen hatten in Neckarbischofsheim eine Prüfung ablegen müssen, die sie alle mit Erfolg bestanden. Seitdem durften sie die Mädchen des Dorfes selbst unterrichten und konnten dank dieser Tatsache das Schulgeld deutlich reduzieren. Ein weiterer willkommener Nebeneffekt des selbst gestalteten Unterrichts bestand darin, dass das ganze Schulgeld in Treschklingen blieb, indem es der jeweiligen Frau aus dem Dorf zugute kam, die an diesem Nachmittag als Lehrerin fungierte. Zweimal in der Woche, jeden Mittwoch und am Samstagmittag von zwölf bis drei Uhr war die Strickschule geöffnet. Margret hatte zwar tatsächlich schon einige Fertigkeiten im Stricken und Nähen bei ihrer verstorbenen Mutter gelernt, doch durch die sorgfältige Anleitung im Unterricht verbesserte sie sich nun natürlich beim Stricken von Handschuhen, dem Stopfen von Strümpfen und beim Flicken von zerrissenen Hosen und Hemden enorm. Und gerade jetzt im Winter waren neue, selbst gestrickte Handschuhe und Mützen in der Familie hochwillkommen – das musste selbst ihr Vater schließlich widerwillig zugeben. Jedenfalls galt den Leuten diese Art der Schule bald als die im Gegensatz zur Volksschule viel sinnvollere Ausbildungsstätte, denn hier lernten die Mädchen ja wirklich etwas Praktisches. Etwas, das man in den Familien dann auch wirklich gut gebrauchen konnte.

14

Am 27. November 1856 trat ein, was Johanna schon kurz nach dem Tod ihrer Mutter gemutmaßt hatte: ihr Vater heiratete wieder. Immerhin, das musste sie ihm zugestehen, hatte er wenigstens das Trauerjahr eingehalten. Dass die Verbindung des immerhin 49 Jahre alten Christoph Schober mit der fünfzehn Jahre jüngeren Rosina Bild keine Liebesheirat war, das lag auf der Hand. Und man konnte es ja auch überdeutlich sehen: diese kleingewachsene Frau, die ihren linken Fuß ständig hinter sich her zog und folglich mehr humpelte, als richtig zu gehen, war alles andere als eine attraktive Braut. Vater Schober redete auch gar nicht lage um den heißen Brei herum, sondern begründete die Hochzeit mit der trockenen Bemerkung, dass er schließlich jemanden brauche, um die Kinder zu versorgen. Darum gehe es – um nichts weiter. Und die Johanna solle jetzt bloß nicht so ein Gesicht ziehen wegen dem bisschen Altersunterschied. Dabei waren es weniger die anderthalb Jahrzehnte, die zwischen dem Stiefvater und der neuen Frau lagen, sondern vielmehr die Tatsache, dass Rosina Bild, ihre künftige Stiefmutter, nur sieben Jahre älter war, als Johanna selbst. Aus guten Gründen zog sie es freilich vor, dies nicht zu kommentieren – auch nicht, als Margret ihr den geringen Altersunterschied an den Fingern ihrer beiden Hände vorrechnete und mit sichtlichem Erstaunen bereits beim siebten Finger endete.
Die Trauung in der Kirche durch Pfarrer Hafenreffer war kein Ereignis, das sie in langer, feierlicher Erinnerung behalten würden. Ohnehin war es erstaunlich genug, dass Hafenreffer dieses Mal die Zeremonie persönlich durchgeführt hatte, und nicht wieder der Amtsbruder aus Rappenau. Aber anderseits war diese Verbindung ja ohnehin nichts, wegen dem man einen größeren Auf-

wand zu treiben brauchte: eine kurze, nüchterne Ansprache, dann rasch den Segen erteilen und fertig. Es handelte sich um eine reine Zweckheirat, mit Zuneigung oder gar Liebe hatte das wenig zu tun. Da brauchte er sich keine Illusionen zu machen. Weshalb auch? Seit dem verbalen Zusammenprall mit dem unverschämten Schober ging man sich ohnehin möglichst aus dem Weg, selbst im sonntäglichen Gottesdienst würdigte der Pfarrer den ganz hinten in der Kirchenbank sitzenden Kleinbauern keines Blickes. Was für erbärmliche Verhältnisse! Diese Sorte von Menschen würde niemals auf einen grünen Zweig kommen, sondern höchstens ein Problem nach dem anderen in die Welt setzen. Wie dieses Mädchen da, diese Wilhelmina, das uneheliche Kind der Schoberschen Stieftocher, das ihn mit seinen dunklen Augen während des gesamten Gottesdienstes einfach nur blöde anglotzte, als wäre er ein Wesen von einem fremden Stern! Was für Zustände! Was für Leute!
Und dass sich die neue Frau im Haus mit der ältesten Stieftochter alles andere als gut verstand, das pfiffen schon am Tag der Hochzeit die Spatzen vom Treschklinger Kirchendach. Kein Wunder, bei dem geringen Altersunterschied. Wie sollte sich die Eine gegen die Andere als Autorität behaupten?!
Es war tatsächlich so: Ständig kam es zwischen Johanna und der Stiefmutter Rosina zu Reibereien im Haus – sehr zum Kummer von Margret, die sich ziemlich rasch an die hinkende Rosina gewöhnt hatte und sie eigentlich gar nicht so unsympathisch fand, wie ganz offensichtlich die Johanna. Mehr als einmal hing der Haussegen schief und es hätte nicht mehr viel gefehlt, dass der Vater Johanna mitsamt ihrer Tochter einfach aus der Wohnung geworfen hätte. Wenn sich da nicht immer Margret in letzter Minute zwischen die beiden Streithähne geschoben hätte. Denn wenn Margret ihm mit ihren großen Kinderaugen einen flehenden Blick zuwarf, dann verrauchte sogar die schlimmste Wut ihres Vaters. Hoffent-

lich blieb das noch lange so. So lange, bis sie erwachsen war. Aber das dauerte noch eine ganze Weile. Und schön war diese ewige Streiterei sowieso nicht.

»Margret – wo bist du denn mit deinen Gedanken?« Eine Stimme nahe an ihrem Ohr ließ sie hochschrecken. Verwirrt sah sie in die freundlich besorgte Miene von Christina Scherzer, der neuen Lehrerin in der Strickschule, die seit dem Spätjahr als neue Lehrerin und Nachfolgerin der betagten Elisabeth Mößner fungierte.
»Ist etwas mit dir? Geht es dir nicht gut?«
»Nein, nein, es ist alles in Ordnung, Frau Scherzer«, stammelte die Zwölfjährige, während sie sich vergebens bemühte, die schamhafte Röte zu verbergen, die ihr unvermittelt ins Gesicht stieg, nachdem nun die Augen der ganzen Klasse auf sie gerichtet waren. Ohne es verhindern zu können, schossen ihr jetzt auch noch Tränen in die Augen und bahnten sich wenig später ihren Weg über Margrets Wangen. Es war eine fürchterliche Situation. Am liebsten hätte sie sich in einem Mäuseloch versteckt.
»Ich verstehe schon«, nickte die Lehrerin mitfühlend. Als Nachbarin der Schobers wusste Christina Scherzer nur allzu genau über den Kummer Bescheid, der das Mädchen plagte. Seit Wochen schon hing bei der Familie der Haussegen schief. Im ganzen Dorf wussten sie Bescheid, dass sich die neue Frau von Christoph Schober mit dessen Stieftochter von Anfang an nicht vertragen hatte – und dass vor allem die kleineren Kinder im Schoberschen Haushalt darunter litten, das konnte man auch heute Nachmittag wieder einmal sehen.
»Macht dir die Schule denn keinen Spaß?« versuchte die Lehrerin eine Ablenkung.
»Doch, doch, sehr sogar«, beeilte sich Margret mit ihrer Antwort und wischte sich mit dem Ärmel ihres Kleides über die nassen Wangen. Das entsprach wirklich der Wahrheit, denn der Schulbesuch bedeutete ihr seit der

Hochzeit des Vaters eine doppelt willkommene Gelegenheit, dem tagtäglichen Zank wenigstens zweimal in der Woche für ein paar Stunden entfliehen zu können. Leider nur zweimal wöchentlich. Und das auch nur im Winterhalbjahr. Vor der wärmeren Jahreszeit war ihr jetzt schon bange!

Vielleicht sollte sie einmal direkt mit ihrem Nachbarn reden, überlegte die Lehrerin. Wenn sie dem Christoph Schober, der ja eigentlich ein verständiger und fleißiger Mann war, in einem vertraulichen Gespräch die Augen öffnen könnte, wie sehr die Margret, die ja als seine Lieblingstochter galt, unter den momentanen Verhältnissen zu leiden hatte, vielleicht konnte das etwas bewirken. Wenn er sich mehr um das Mädchen kümmerte … Obwohl … wann sollte er das denn tun? Oft genug war er mit Botengängen und mit Hilfsarbeiten auf dem Schlossgut beschäftigt, da blieb nicht viel Zeit für die Familie. Aus diesem Grund hatte er ja wieder geheiratet. Also offen gestanden: bei den Schobers ging es überhaupt nicht anders zu, als bei den meisten Familien hier. Karg und elend. Hungerleider halt. Da brauchte sie sich gar nicht erst einmischen und den Mund verbrennen. Auch als Nachbarin nicht.

Aber die Margret mit ihren schönen glänzend schwarzen Haaren und ihren wasserblauen Augen, war ihr halt besonders ans Herz gewachsen. Weshalb auch immer. Und dennoch war es besser, zu schweigen und den Dingen ihren Lauf zu lassen. Ändern konnte man als einfache Frau im Dorf ja ohnehin nichts. Am Leben der Schobers nichts und an den Verhältnissen gleich zweimal nichts. Ausserdem musste man selbst schauen, wie man sich im Alltag behauptete. Das war schon schwer genug.

15

Am 9. September 1857 bewegte sich am Fahnenmast vor dem Rathaus eine gelb-rot-gelbe Flagge sachte im Wind. »Was hat es damit auf sich, Grimm?« deutete der Schulmeister mit dem Haselnussstock auf einen der Schüler in der ersten Reihe.
»Das bedeutet, dass unser Großherzog Friedrich heute Geburtstag hat!« antwortete der Junge postwendend und reckte dabei stolz das Kinn in die Höhe.
»Sehr gut, Grimm« nickte Lehrer Braun. »Damit kommen wir jetzt zur Geschichte unseres ehrwürdigen Herrscherhauses. Wer kann sagen, wann unser Großherzog Friedrich die Regierung angetreten hat? Margret, du!«
Erschrocken zuckte Margret zusammen. Mit ihren Gedanken war sie ganz woanders gewesen. Sie zog den Kopf leicht zwischen die Schultern und flüsterte mit verlegener Miene. »Entschuldigung, Herr Lehrer. Ich habe die Frage leider nicht verstanden. Was haben sie gefragt?«
Die Gesichtsfarbe des Lehrers wechselte schlagartig in ein ungesundes Rot. Er fixierte Margret düster: »Wann unser Großherzog den Thron bestiegen hat?« stieß er zischend hervor. »Auf geht's! Heraus mit der Antwort!«
Doch von Margret kam lange keine Antwort, Ratlos starrte sie vor sich auf die Schulbank, während der Lehrer mit dem Tatzenstock ungeduldig gegen seine Beine schlug. »Ich weiß es nicht. Leider nicht, Herr Lehrer!« murmelte sie schließlich.
Jetzt war die Gesichtsfarbe dunkelrot. »Du weißt es nicht! Das ist ja ungeheuerlich! Sofort zu mir nach vorne kommen! Die Hände ausstrecken! Handflächen nach oben!« Und schon sauste ein scharfer Hieb mit dem Haselnussstecken auf Margrets Hände. Und noch einer! Unter Aufbietung all ihrer Selbstbeherrschung gelang es

ihr, keinen Schmerzenslaut hervorzustossen, denn das hätte die Wut des Lehrers bekanntermaßen nur noch gesteigert und weitere Tatzenhiebe nach sich gezogen. So blieb es Gott sei Dank bei den zwei Streichen.

»Setzt dich wieder hin und schäme dich, Schoberin! Und bis morgen kannst du mir das alles auswendig hersagen. Ist das klar? Und zwar die ganze badische Geschichte. Also auch die Jubliäen, die bei den Vorfahren unseres gnädigen Regenten eine wichtige Rolle gespielt haben! So!« Braun wirbelte energisch einmal um seine eigene Achse herum. Dann kniff er die Augen zusammen und blinzelte streng in die Gesichter seiner Schüler. »Und heute abend um Punkt fünf Uhr, wenn wir unserem Großherzog zu Ehren unsere Hymne singen, dann will ich euch alle ordentlich angezogen mit den Sonntagskleidern vor dem Rathaus versammelt sehen. Und wehe, einer von euch ist unpünktlich oder hat gar den Text vergessen!«

Zwei Wochen später war auch der Geburtstag des Großherzogs längst genauso Geschichte, wie das anschließende Gelage in der »Sonne«, bei dem der Lehrer dem Wein des Gasthauses derart begeistert zugesprochen und seinen verehrten Regenten so oft hatte hochleben lassen, dass am darauf folgenden Morgen der Schulunterricht wegen einer plötzlichen Erkrankung Brauns kurzfristig hatte ausfallen müssen. Zum großen Leidwesen seiner Schüler … Und zu Margrets erleichtertem Aufatmen. Ganze drei Tage musste der Lehrer das Bett hüten und als er wieder genesen war, bestimmten andere Ereignisse die Gespräche im Dorf. So beispielsweise auch am 18. September 1857. Dem Tag, an dem Friedrich Bengels Tochter Sophie geboren wurde. Der Sonnenwirt strahlte über das ganze Gesicht, als er das freudige Ereignis verkünden konnte. Endlich ein Feiertag für ihn und seine Frau, nachdem sie eine harte Zeit hatten durchmachen müssen. Vor drei Jahren war ihnen ihr acht Monate altes Töchterlein Karoline gestorben und zunächst hatte es so ausgesehen, als könne die Sonnenwirtin womöglich gar kein Kind mehr bekommen. Zwei Fehlgeburten hatte sie bereits erlitten, dann war Katharina Bengel erneut schwanger geworden. Es war eine schwere Prüfung für beide Eheleute gewesen, die monatelang bangten, ob es bei dieser Schwangerschaft nicht wieder zu einem vorzeitigen Abbruch kommen würde. Zäh verliefen diese Tage zwischen Hoffnung und Zuversicht, bis endlich der Geburtstermin immer näher rückte und bis schließlich – genau zum richtigen Zeitpunkt – die Wehen einsetzten. Bei der Niederkunft war dann alles gut gegangen. »Mutter und Tochter wohlauf – und der stolze Vater ebenfalls!« verkündete der erleichterte Bengel ausgelassen und lud alle Gäste in der »Sonne« spontan zu einer Runde Freibier ein.

Aber das sollte nicht die einzige Feier aus Anlass des Bengelschen Familienzuwachses bleiben, auf die man sich in Treschklingen freuen durfte.

Schon wenige Tage nach der Geburt von Sophie Bengel erfolgte in der hiesigen Kirche die Taufe des Säuglings. Danach gab es im Gasthaus »Sonne« für die Verwandten der Familie, die sich in großer Zahl aus Rappenau eingefunden hatten, ein Festessen zu Ehren des neuen Erdenbürgerleins. Als Pate des kleinen Mädchens fungierte wieder Bengels jüngerer Bruder Christian, wie das ja schon bei der verstorbenen Karoline der Fall gewesen war. Als gern gesehene Gäste wurden auch die Mitglieder der Familie Reichardt begrüßt, die Nachfolger Friedrich Bengels als Bierbrauer und Wirte in der Rappenauer »Saline«. Zu dieser Familie gehörte auch ein kleiner, fünfjähriger Bub mit Namen Hermann. Er sollte später ebenfalls den Beruf des Bierbrauers erlernen und zudem knapp 23 Jahre später eben jenes Mädchen heiraten, dessen Taufe heute in der »Sonne« gebührend gefeiert wurde. Gemeinsam würden sie zunächst die Salinenwirtschaft betreiben, um später dann von Christian Bengel die Rappenauer »Krone« zu übernehmen. Und schließlich sollte Hermann Reichardt dann auch noch der Vormund des alten Bengel werden – aber das konnte zu diesem Zeitpunkt natürlich noch niemand ahnen.

Am späteren Nachmittag schien die Feier allmählich auf ihren Höhepunkt zuzusteuern. Die Festgäste hatten gut gespeist und wurden nun nicht müde, die vorzügliche Qualität des Essens zu loben, das ihnen in üppigen Mengen von den Küchenhelferinnen aufgetragen worden war. Ein ums andere Mal ließen sie abwechselnd die Köchinnen, dann wieder den Großherzog, den stolzen Kindsvater, die Mutter und den Täufling hochleben, während beim Inhalt der Wein-, Bier- und Mostfässer im Keller des Gasthauses ein deutlicher Schwund zu verzeichnen war.

Auch Margret hatte an diesem Tag eine Arbeit als Abwäscherin in der Küche der »Sonne« gefunden und durfte sich schon darauf freuen, zusammen mit den anderen Helferinnen demnächst die Reste des üppigen Gelages verspeisen zu dürfen, als sich plötzlich eine zornige Stimme lautstark in die fröhliche Atmosphäre mischte. »Du verdammter Kerl, du elendiger!« Sofort verstummte das Gelächter der Festgesellschaft und aller Augen richteten sich irritiert auf Friedrich Bengel, der mit hochrotem Kopf in der Mitte der Tafel stand und einem zirka zwölf, vielleicht auch dreizehn Jahre alten Knaben wütende Blicke entgegen schleuderte, der ihm mit einem Mostkrug in der Hand verlegen grinsend gegenüber stand. »Das ist sein Sohn Carl, den er damals bei seiner Hochzeit einfach in Rappenau gelassen hat. Er mag ihn nicht besonders, weil er anscheinend geistig ein bisschen zurück geblieben ist«, wisperte Barbara Stunz, die neben Margret neugierig aus der Küchentür spähte, um den Anlass für den plötzlichen Stimmungsumschwung in der Gaststube zu erkunden. »Sein Onkel Christian hat ihn zur Taufe mitgenommen, damit der arme Kerl wenigstens heute einmal seinen Vater und sein neues Halbschwesterchen zu Gesicht bekommt.«

»Was hast du dir denn eigentlich dabei gedacht?« wurde

Barbaras Erläuterung von der Donnerstimme des Gastwirts unterbrochen. »Du bist ja wohl nicht bei Trost! Schau zu, dass du von hier fort kommst, bevor ich mich vergesse! Raus! Und lass dich hier ja nicht mehr blicken!« Immer heftiger redete sich Friedrich Bengel in Rage und schien bereits drauf und dran, sich auf seinen Sohn zu stürzen, nachdem dieser keinerlei Anstalten machte, dem Wunsch des erbosten Sonnenwirts Folge zu leisten. Bengels Bruder Christian reagierte genau im richtigen Moment und packte Friedrich fest an beiden Oberarmen. »Friedrich! Jetzt komm bitte wieder zu dir! Was ist denn bloß passiert? Wieso bist du denn derart außer dir?« »Was passiert ist?!« echote der empört und nickte mit dem Kinn in Richtung Carl. »Der da ... der hat sich erboten, mir einen Krug Most aus dem Keller zu holen. Da habe er ein Fass mit einer besonders schönen Farbe entdeckt. Davon wolle er mir einen Krug bringen ... Und ich ... ich Idiot falle auf diesen Halodri auch noch herein!«

»Aber was ist denn so schlimm daran, wenn dir der Carl einen Gefallen tun will?« Christian Bengel verstand den Grund des Zornesausbruchs immer noch genau so wenig, wie die anderen Gäste.

»Dann guck dir doch den Krug einmal genauer an – beziehungsweise seinen Inhalt!« zischte der ältere der Bengelbrüder.

»Also, lass mal sehen, Carl«, winkte Christian sein Mündel zu sich heran und deutete auf ein leeres Glas, das vor ihm auf dem Tisch stand. »Da. Schenk ein!«

Nach wie vor zuckte ein verlegenes Grinsen um die Mundwinkel des Burschen, während er sich den beiden langsam näherte, bis er die goldgelbe Flüssigkeit aus dem Krug vorsichtig in das Glas füllte.

»Aha. Eine wirklich schöne Farbe hat er ja.«

»Soso. Eine schöne Farbe hat er ja ...«, äffte der Sonnenwirt seinen Bruder nach. »Und jetzt nimm das Glas einmal in die Hand und rieche daran. Aber nicht trinken, bloß riechen!«

Christian tat, wie ihm geheißen wurde. Interessiert schnupperte er am Inhalt seines Glases, um nur eine knappe Sekunde später einen erschrockenen Schrei auszustossen, während sich sein Gesicht zu einer angeekelten Grimasse verzog. »Pfui Teufel! Was ist das denn?!«
»Es ist genau das, was du riechst!« Anklagend deutete Friedrich Bengel mit dem ausgestreckten rechten Arm auf den Missetäter. »Es ist gar kein Most! Er hat in den Krug hinein gebrunzt und mich hinters Licht geführt! Und im Gegensatz zu dir hat mich niemand gewarnt, sondern ich habe das Zeugs dann auch noch getrunken!«
Augenblicklich war es bei den zahlreichen Zuhörern mit der gespannten Ruhe vorbei. Wie in einem Bienenschwarm schwirrten die erstaunten Ausrufe wild durcheinander.
»Er hat in den Mostkrug gepisst!«
»Absichtlich!«
»Und sein Vater hat es ahnungslos in sich hinein gekippt!«
»Das ist ja … also wirklich …«
»So etwas habe ich noch nicht erlebt … und das bei einer so vornehmen Feier!«
»Wenn wir das in Rappenau erzählen … das glaubt uns ja keiner!«
Die ersten Kicherlaute waren zu hören – zwar noch hinter vorgehaltener Hand, aber bald schon würden sie brüllen vor Lachen. Das war so sicher, wie vor wenigen Stunden Pfarrer Hafenreffers »Amen« nach der Taufe.
Der Laune des übel gefoppten Gastwirts war diese Entwicklung natürlich alles andere als zuträglich. »Weißt du jetzt endlich, warum ich so wütend bin?« bellte er seinem Bruder verdrossen ins Gesicht. »Und kannst du dir vorstellen, dass ich diesen elenden Tagdieb auch nicht mehr sehen will?! Scher dich zum Teufel und lass dich hier nimmer blicken, sonst gibt es so lange Prügel, bis du nicht mehr weißt, ob du Männlein oder Weiblein bist! Hau ab!« schleuderte er dem Jungen in einer derartigen

Lautstärke entgegen, dass dessen seltsames Grinsen vor lauter Schreck nun tatsächlich erstarrte, während er den Mostkrug einfach fallen ließ, sich blitzschnell umwandte und aus der Gaststube rannte. An diesem Tag bekam ihn niemand mehr zu Gesicht. Noch nicht einmal sein Onkel, mit dem Carl ja eigentlich nach Rappenau hätte zurückfahren sollen. Erst zwei Tage später tauchte er unvermittelt wieder in der »Krone« auf, ohne ein einziges Wort darüber zu verlieren, wo er sich in der Zwischenzeit herum getrieben hatte.

Während sich der Gastwirt nur langsam beruhigen konnte und minutenlang regungslos beobachtete, wie Margret sich mit Blecheimer, Wischlappen, Handkehrer und Schaufel mühte, die auf dem dunklen Dielenboden verstreuten Trümmer des Mostkrugs zusammen zu fegen und vor allem möglichst rasch die streng riechende Flüssgkeit aufzuwischen, die sich im ganzen Raum bereits dementsprechend bemerkbar machte, kamen die Gespräche der Festgesellschaft allmählich wieder in Gang. Wenngleich zu Beginn auch nur leise und flüsternd. Aus guten Gründen. Denn die Sympathien in dieser Angelegenheit waren ganz und gar einseitig verteilt.

»Irgendwie verstehe ich ja schon, weshalb der Bub seinem Vater diesen Streich gespielt hat.«

»Schon wahr. Weshalb hat er ihn auch einfach zurück gelassen.«

»Das hat er nun davon. Das war die Antwort von dem Kind.«

»Geschieht ihm recht, dem Alten.«

Als freilich einige Stunden später der Abend dämmerte und sich weitere Fässer im Sonnenkeller ihres alkoholischen Inhalts beraubt sahen, war die Episode in dem vom Bier- und Zigarrendunst geschwängerten Festsaal fast schon ganz vergessen. Auch Friedrich Bengel zeigte sich wieder von seiner leutseligen Seite und schmetterte ein fröhliches Trinklied nach dem anderen unter seine begeistert und aus voller Kehle mit einstimmende Gästeschar.

Erst weit nach Mitternacht war dieser Arbeitstag für Margret zu Ende. Er war so ganz anders verlaufen, als sie sich das ausgemalt hatte. Gut, das eine Pfund Kartoffeln als Lohn hatte sie wie vorher ausgemacht auch anstandslos erhalten. Aber das war es nicht gewesen, weshalb sie sich auf den Tag gefreut hatte. Es war die Aussicht auf das Festessen gewesen, dessen üppige Reste sie kostenlos verspeisen konnten. Das hatten die Helfer auch mit Freuden getan und es hatte für alle überreichlich gereicht. Alle waren satt geworden, bis auf Margret, die keinen Bissen davon hinunter bekam. Viel zu penetrant hing ihr noch Stunden nach dem Aufwischen der Uringeruch in der Nase. Nein, sie konnte jetzt beim besten Willen nichts essen. Wo sie den ganzen Tag über doch einen solchen Heißhunger verspürt hatte, diese Vorfreude, endlich einmal ein richtig vornehmes Festessen genießen zu können, etwas viel Besseres, als immer nur schwarzen Brei, gekochte Kartoffeln oder Rübeneintopf, den man tagein tagaus zuhause bei den Schobers vorgesetzt bekam. Und dann so etwas! Das nächste Mal würde sie nicht die erste sein, wenn wieder so ein Malheur passierte. So einen Übereifer an den Tag zu legen, konnte manchmal schädlich sein. Margret hatte sich damit um ein Festessen gebracht. Eine Mahlzeit, bei der es nicht nur darum ging, einfach satt zu werden und seinen Hunger zu stillen. Sondern zu genießen. Es war zum Haareraufen! Aber ihre Lektion hatte sie hiermit gelernt!

16

Nur drei Monate nachdem sich in der »Sonne« der lange ersehnte Nachwuchs eingestellt hatte, kam am 17. Dezember 1857 auch in der Treschklinger Hauptstrasse ein Kind zur Welt. Der kleine Georg, das erste gemeinsame Kind von Christoph Schober mit seiner zweiten Ehefrau, hatte sich freilich überreichlich Zeit gelassen von der ersten Wehe bis zu dem Zeitpunkt, als er endlich im Haushalt der Familie Schober das trübe Licht der Welt erblickte. Es war ein harter Kampf gewesen, den Rosina dabei zu bestehen hatte und beinahe hätte sie diesen Kampf mit dem Leben bezahlt, denn das Kind steckte plötzlich im Geburtskanal fest und weder Barbara Stunz noch Johanna gelang es, den Körper des Säuglings durch gezielte Bauchmassagen weiter zu bewegen. Voller Bangen und ohnmächtigem Erschrecken erlebte Margret, die von ihrer älteren Schwester ausdrücklich aufgefordert worden war, bei der Niederkunft dabei zu sein, »damit du später einmal weißt, wie das vor sich geht bei so einer Geburt«, die entsetzliche Folter ihrer Stiefmutter. Es schien ihnen eine halbe Ewigkeit vergangen, die angefüllt war von qualvollen Schreien der sich unter heftigen Schmerzen windenden Gebärenden, denen ein minutenlanges Wimmern folgte, bis es durch die nächste Wehe zerrissen wurde, als sich nach einem besonders markerschütternden Schrei urplötzlich der Unterleib zusammen krampfte und der Kopf des Kindes zum Vorschein kam. Drei Presswehen noch, dann war der kleine Georg Schober geboren. Und beide hatten die Geburt überlebt: die Mutter und ihr erstes Kind. »Dass es tatsächlich noch eine gute Wendung nimmt, das hätte ich ehrlich gesagt kaum noch für möglich gehalten«, wischte sich die schweißüberströmte Barbara Stunz mit dem Zipfel ihrer Schürze das Gesicht. »Es kommt einem Wunder gleich, das muss ich schon sagen.

Da ist deine Frau noch einmal mit knapper Not davon gekommen, Christoph. Ihr könnt von Glück sagen …«

»Von Glück sagen …« wiederholte der sichtlich mitgenommene Vater leise. »Nicht auszudenken, wenn es anders gegangen wäre. Wieso muss das nur immer so eine Qual sein?«

»Das hättest du dir vielleicht einmal vorher überlegen sollen, vor neun Monaten zum Beispiel«, stemmte Barbara die Hände in die Hüften und bedachte ihr Gegenüber mit einem kampflustigen Blick. »Ihr Männer macht es euch ja immer recht einfach bei der Sache. Und wir Frauen können die ganzen Qualen dann aushalten. Das nennt man dann ja wohl Gerechtigkeit oder wie?«

Aus guten Gründen schluckte Christoph Schober seine Antwort hinunter und blieb stumm. Eine Zeitang herrschte Stille in der Kammer, nur die leisen Atemzüge der auf den Tod erschöpften Mutter waren zu hören. Und dann, nach einem langen, vieldeutigen Blick auf den Bauch von Johanna, nahm die Nachbarin den Gesprächsfaden wieder auf. »Wann ist es denn bei dir so weit, Johanna?«

Augenblicklich schoss eine verlegene Röte in Johannas Gesicht. »Wie … bei mir so weit … Was meinst du denn?«

Auch ihr Stiefvater war wieder aufmerksam geworden und hob neugierig den Kopf. »Was willst du damit sagen, Stunzin?«

»Das kann dir die Johanna am besten selber erzählen«, lächelte sie wissend. »Mein Tagwerk ist für heute beendet. Es war anstrengend genug. Ich wünsche euch eine gute Nacht. Morgen früh werde ich wieder vorbei kommen und nach euch schauen.«

Damit wandte sie sich um und zog die Tür hinter sich zu. Eine Zeitlang war es still in der Stube. Nur das allmählich schwächer werdende Geräusch der klappernden Holzschuhe ihrer Nachbarin auf der Treppe war noch zu hören.

Schließlich gab sich Christoph einen Ruck und fixierte Johanna, die ihren Kopf tief auf den Boden gesenkt hatte, mit einem entschlossenen Blick. »«Also – was hat sie damit sagen wollen, was du mir jetzt sagen sollst? Ich will das jetzt wissen.«

Doch die junge Frau kniff ihre Lippen fest zusammen und starrte stumm vor sich hin.

»Was ist denn jetzt?« drängelte Schober. »Was sollst du mir sagen und wieso hat sie dabei die ganze Zeit auf deinen Bauch geglotzt?«

Ganz plötzlich durchzuckte Margret eine Erkenntnis. Der Bauch, der Blick, die Geburt. »Ich weiß es!« stieß sie jubelnd hervor. »Die Johanna bekommt auch ein Kind. Das ist es! Sie ist schwanger!«

Ihr Vater wirbelte herum und glotzte verständnislos in die freudestrahlende Miene seiner Tochter. »Sie ist – was???«

»Sie ist schwanger«, jubelte das Mädchen. »Ich bekomme noch eine Schwester!«

»Schwanger! Das ist nicht wahr! Sag mir, dass das nicht wahr ist, Johanna! Auf der Stelle! Sag mir, dass es nicht stimmt!«

Johanna, die weiter ihren Kopf zwischen den Schultern vergraben hatte, zuckte unglücklich mit den Schultern. »Es stimmt aber«, flüsterte sie schließlich kaum hörbar.

»Was stimmt?« zischte der Vater.

»… dass ich schwanger bin!«

»… dass du schwanger bist! Ich fasse es nicht! Schon wieder!«

Er atmete tief durch. »Und im wievielten Monat?«

»Im vierten!«

»Im vierten schon! Und von wem ist das Kind?«

»… das … das kann ich nicht sagen«, murmelte die junge Frau, während die ersten Tränen über ihre Wangen rollten.

»Wieso kannst du das nicht sagen? Du weißt doch hoffentlich, wer der Vater ist?«

Johanna nickte unglücklich.
»Na also. Dann kannst du mir jetzt auch sagen, wie er heißt und wann ihr vorhabt, zu heiraten. Auf geht's! Lass dir doch nicht jedes Wort einzeln aus dem Mund ziehen! Wer ist es?«
»Das kann ich nicht sagen. Und eine Heirat wird es auch nicht geben …«
»… eine Heirat wird es auch nicht geben! Das wird ja immer besser!« Fassungslos schüttelte der alte Schober seinen Kopf, während Margret sorgenvoll beobachtete, wie sich seine Stirn in zornige Falten legte. Aus seinen Augen schienen Blitze zu sprühen, als er unvermittelt mit der Faust so heftig auf den Tisch hieb, dass die Holzbecher auf der Tischplatte wackelten. »Ich möchte jetzt auf der Stelle von dir wissen, wer der Vater ist und wann du ihn heiraten wirst! Glaube bloß nicht, dass ich noch einmal so ein uneheliches Balg in meinem Haushalt aufnehme. Also: wer ist es?! Wer ist der Kerl, der dir das Kind angehängt hat?« donnerte er der nunmehr hemmungslos schluchzenden Johanna wütend entgegen.
Doch die junge Frau schüttelte nur verzweifelt den Kopf.
»Du willst es also nicht sagen?!«
Johannas Geste war eindeutig. »Ich kann es nicht …« krächzte sie rau.
»Aber mir das Kind ins Haus bringen, wie schon einmal eines, das kannst du schon!« Mehr und mehr redete sich der aufgebrachte Mann in Rage. »Ich werde dir schon zeigen, was du kannst und was du nicht kannst!« Und ehe sie schützend die Arme vor das Gesicht halten konnte, klatschte die rechte Hand ihres Stiefvaters hart gegen ihre Wange. Danach die Linke. Und noch einmal die Rechte. »Ich werde dir das Kind aus dem Bauch prügeln! Dann ist Ruhe!«
Schon stand er im Begriff, sich mit geballten Fäusten auf Johanna zu stürzen, als sich Margret, die bislang sprachlos daneben gesessen hatte, verzweifelt dazwischen warf. »Vater! Bitte! Lass doch die Johanna in Ruhe. Bitte!« Der

Ausruf kam zu spät. Schober hatte bereits ausgeholt und so traf seine Faust nun mit voller Gewalt den Oberkörper von Margret, die von der Wucht des Schlages durch die ganze Kammer geworfen wurde, bis sie kurz vor der Wand auf dem Boden landete und benommen liegen blieb.

Johanna stieß einen spitzen Entsetzensschrei aus und sprang auf. »Vater! Was hast du nur getan!« Hastig beugte sie sich über ihre jüngere Schwester und tätschelte ihre Wange, während ihr Vater starr vor Schrecken seine Faust betrachtete, mit der er dieses Malheur verursacht hatte. »Margret. Hörst du mich? Margret! Komm bitte wieder zu dir.«

Ein Stöhnen drang aus Margrets Mund. »Margret. Hörst du mich?«

Wie aus weiter Ferne drang die Stimme in ihr Bewusstsein. »Margret.« Da hatte sie jemand mit ihrem Namen gerufen. Es war ihr, als erwachte sie gerade erst aus einem tiefen Schlaf. »Margret.« Wieder diese Stimme. Dann ein undeutliches Bild vor ihren Augen. Unscharf. Vorsichtig blinzelte sie mehrmals mit den Lidern, bis sie Johannas Gesicht wieder klar und deutlich erkennen konnte. »Johanna. Was … was ist passiert?«

»Tut dir etwas weh? Hast du Schmerzen?« Johanna musterte sie mit einem sorgenvollen Blick.

Langsam strömte die Erinnerung zurück. »Nein. Es … es ist nichts … es geht schon wieder.« Mühsam rappelte sie sich vom Boden auf. Bis auf einen ziehenden Schmerz an ihrer rechten Pobacke und am rechten Schulterblatt, der von dem harten Aufprall auf die Holzdielen herrührte, schien weiter nichts passiert zu sein. Immerhin war nichts gebrochen. Und die blauen Flecken an den Stellen, wo sie jetzt die Schmerzen verspürte, die wären nach ein paar Tagen auch wieder verschwunden.

»Was war denn das für ein Krach«, ließ sich in diesem Augenblick eine Mädchenstimme zaghaft vernehmen. Es war die Stimme von Elisabeth, die gerade von draussen herein gekommen war und nun verwundert in die Runde blickte. »Wieso hast du auf dem Boden gelegen, Margret? Und wieso guckt ihr alle so finster? Wir haben doch einen Grund zur Freude. Die Stunzin hat es mir gerade erzählt: wir haben ein Brüderchen bekommen. Das ist doch wunderbar. Darf ich es einmal sehen? Und wie soll es eigentlich heißen, Vater?« sprudelten die Fragen nur so aus ihr heraus.

»Georg«, knurrte der Vater, während die Gedanken wild durch seinen Kopf rasten. Dann nahm er die erschaudernde Johanna neuerlich finster in sein Visier. »Aber das spielt jetzt überhaupt keine Rolle. Ich will jetzt zum allerletzten Mal von dir wissen, wer der Vater von deinem Kind ist und wann du ihn heiraten wirst!«

Elisabeth klatschte begeistert in die Hände. »Die Johanna bekommt auch ein Kind? Das ist ...«

»Sei still!« fuhr Margret barsch dazwischen.

Elisabeth hatte bereits den Mund für eine scharfe Entgegnung geöffnet, da bemerkte sie in den Augen ihrer Schwester dieses flehende Funkeln, das sie verstummen ließ. Wieder herrschte Totenstille in der Kammer.

Es mochten mehrere Minuten vergangen sein, als Christoph Schober sich langsam erhob und seiner Stieftochter einen eiskalten, entschlossenen Blick entgegenwarf. »Ich habe dich genau verstanden. Und du mich ebenfalls. In diesem Haus hier wird kein weiteres uneheliches Kind von dir geboren werden. Und es wird hier auch nicht durchgefüttert. Genau so wenig wie du. Du willst nicht auf mich hören und willst dich nicht fügen. Nun gut. Dann musst du auch die Folgen von deinem Handeln tragen. Wir brauchen dich hier nicht. Das habe ich dir schon damals gesagt, als du gegen meinen Willen einfach wieder aus Frankfurt gekommen bist. Und das sage ich dir auch heute. Aber jetzt ist es endgültig. Pack deine Sachen und geh!«

»Aber Vater!« Voller Entsetzen schlugen die beiden Mädchen die Hände vor den Mund. »Das darfst du nicht

machen! Du kannst die Johanna doch nicht einfach wegschicken! Und das an einem solchen Tag. Freu dich doch, dass wir ein Brüderchen bekommen haben.«
»Freuen!« Der Tagelöhner lachte bitter auf. »Was gibt es da schon groß zu freuen? Und jetzt demnächst gleich noch ein Kind, das ich auch mit durchfüttern soll! Niemals! Jetzt ist Schluss. Ein für allemal!«
»Aber Vater, das kannst du nicht machen!«
»Doch, das kann ich«, erwiderte er hart. »Bis morgen Mittag bist du weg. Wenn ich am Abend nach Hause komme, möchte ich dich nicht mehr hier sehen!«
»Vater! So kurz vor Weihnachten kannst du doch die Johanna nicht fortschicken!«
»Es ist kalt draussen, es liegt Schnee. Und die Johanna ist schwanger. Das kannst du doch nicht machen, Vater!«
»Doch, und ob ich das kann! Wenn sie mir nicht entgegen kommt, dann ist dazu nichts mehr zu sagen! Es hat ihr ja in Frankfurt so gut gefallen. Dann soll sie doch schauen, dass sie dort in Frankfurt gücklich wird. Da scheint es ja Herrschaften zu geben, die eine gute Meinung von ihr haben. Hat sie ja zumindest immer behauptet!«
»Das ist auch so«, schleuderte ihm Johanna trotzig ins Gesicht. »Ich gehe. Das musst du mir nicht zweimal sagen. Und glaube bloß nicht, dass ich dieses Haus hier noch ein einziges Mal betreten werde!«
»Aber … aber was ist mit der Wilhelmina. Muss die dann auch fort? Bitte Vater: nicht auch die Wilhelmina!«
»Bitte lass die Wilhelmina da bleiben!«
Die flehenden Augen seiner beiden Töchter ließen Christoph Schober zumindest in diesem Punkt nachgiebig werden. »Die kann meinetwegen da bleiben. Die füttern wir in Gottes Namen eben durch, bis sie groß ist.«

Und so waren die Entscheidungen gefallen. Gleich am nächsten Morgen hatte Johanna ihre wenigen Habseligkeiten wieder in den kleinen Holzkoffer gepackt und sich dann von ihrer Tochter und den Halbgeschwistern verabschiedet. Für Wilhelmina war die Trennung von der Mutter zum guten Glück nicht weiter schlimm, denn schließlich war sie ja zusammen mit den anderen Kindern im Schoberschen Haushalt aufgewachsen und auch damals nicht mit ihrer Mutter nach Frankfurt gegangen. So betrachtete das sechsjährige Mädchen die Schoberkinder ohnehin als ihre natürlichen Geschwister und Johanna galt ihr eher als eine Art entfernter Tante, denn als ihre leibliche Mutter. Aus diesen Gründen verlief der Abschied aus Treschklingen für Johanna wesentlich leichter, als sie es befürchtet hatte. Und ehrlich gesagt, freute sie sich sogar auf Frankfurt und die Perspektiven, die sich ihr dort boten. Trotz der unwillkommenen Schwangerschaft. Aber die Herrschaften in dem Haushalt, in dem sie schon einmal gearbeitet hatte, wüssten sicherlich eine Lösung für sie und würden ihr nicht auch noch die Tür weisen. Da war sie sich ganz sicher. Insofern war es womöglich sogar gut, wie sich die Dinge entwickelt hatten. Vielleicht war es ohnehin ihre letzte Chance, die Enge des kleinen Dorfes ein für allemal hinter sich zu lassen. Und eine freiere Luft zu atmen. Auch wenn ihr beim letzten Blick in die traurigen Mienen von Margret und Elisabeth noch einmal schwer ums Herz wurde: es war am besten so. Und wenn die Mädchen es wollten, dann konnten sie ja eines Tages zu ihr nach Frankfurt kommen. Genau.

Das Weihnachtsfest in diesem Jahr verlief noch bedrückender, als in den Jahren zuvor. Weihnachten … Das war bei den Schobers ohnehin noch nie ein Fest der Freude gewesen. Da konnte der Pfarrer im Weihnachtsgottesdienst noch so sehr frohlocken über die Geburt des Erlösers. Die Schoberkinder verspürten bei der Predigt niemals dieses beglückende Gefühl, das sie alle doch eigentlich hätte ergreifen müssen in dieser Heiligen Nacht. Von wegen! Weder in der Kirche, noch danach.

Da war es auch nicht anders. Zurück zuhause in der dunklen, nasskalten Stube. Wie sollte ausgerechnet dort ein froher Gedanke aufkommen? Auch die grünen Tannenzweige, die ihre Mutter vor einigen Jahren einmal auf den Tisch gelegt hatte »… weil sie das jetzt so machen, in den Städten. Sogar ganze Tannenbäume stellen sie sich da ins Wohnzimmer, habe ich gehört«, hatten für keine Festtagsstimmung sorgen können. Der Vater hatte vielmehr etwas von »Blödsinn« und »Was soll dieser ganze Quatsch?« gemurmelt, wonach die Zweige rasch wieder vom Tisch verschwunden waren. Und danach war auch dieser Abend nicht anders verlaufen, wie jeder andere Winterabend vorher und nachher. Es war ja kaum einmal ein Jahr vergangen, in dem man nicht den Verlust eines Familienangehörigen zu betrauern gehabt hatte. Zu feiern hatte es folglich ohnehin nie etwas gegeben. Und Geschenke? So etwas hörte man nur von den Kindern der reichen Bürger in den größeren Städten oder vom Gutshof. Dass die Kinder aus Anlass der Geburt des Heilands von den Paten und den Eltern ein Geschenk bekämen. Undenkbar bei den Schobers in Treschklingen. Das schönste Geschenk war eine einigermaßen beheizte Stube und ein warmes Essen. Allein darum mussten sie froh sein, wenn man nicht hungern musste. Auch wenn zum viertenmal in dieser Woche der schwarze Brei auf dem Tsich stand. Morgens, mittags und abends. Am Abend wenigstens warm.

Dieses Weihnachten war also noch dumpfer als sonst. Kein Wunder, die Wöchnerin erholte sich nur langsam von der schweren Geburt. Sie hatte dennoch alle Hände voll zu tun und musste sich dazu auch noch um das Neugeborene kümmern. Der Vater, dem die Szene mit Johanna und Margret nach wie vor peinlich schien, hockte seitdem meist mit düsterer Miene am Tisch und sprach kaum ein Wort. Erschwerend lastete die Tatsache auf seinem Gemüt, dass er Johanna einfach fortgeschickt hatte, im schwangeren Zustand, fast so, wie es der Pfarrer von der Jungfrau Maria erzählt hatte. Nur mit dem entscheidenden Unterschied, dass diese einen fürsorglichen Mann an ihrer Seite wusste. Während Johanna ganz auf sich allein gestellt war – mitten im Winter und dann noch in dieser weit entfernten, großen Stadt.

Johanna war fort und vor allem Margret, die ihr schon vom Alter her am nächsten stand, fühlte sich seitdem allein. Zurück gelassen. Irgendwie leer. Trotz ihrer lieben Schwester Elisabeth, mit der sie ja schon seit jeher ein herzliches Einvernehmen verband. Dennoch – eine große Schwester war halt eine große Schwester – und die hatte sie nun verlassen.

»Du hättest die Johanna nicht gehen lassen sollen, Vater«, rutschte es Margret am Abend plötzlich aus dem Mund. »Schon gar nicht in dem Zustand …«

Christoph Schober drückte den Rücken kerzengerade durch, dann kniff er die Augen zusammen und fixierte Margret streng, die über ihre spontane Meinungsäußerung selbst erschrocken war. »Das möchte ich kein zweites Mal von dir hören, hast du mich verstanden. Was ich sage, das gilt – und damit Schluss!« Er unterbrach sich, griff zum Mostkrug und schenkte sich den Becher voll. »Der Krug ist leer. Geh in den Keller und mach ihn nochmal voll! Ausserdem kannst du dich mit deinen dreizehn Jahren allmählich ruhig ein bisschen nützlicher machen im Haushalt. Alt genug bist du ja inzwischen, dass du dich auch langsam nach einer Arbeit umschaust. Höchste Zeit, dass endlich die Schule vorbei ist!«

Von der Schule, speziell im Fall der Mädchen, hatte Christoph Schober noch nie sonderlich viel gehalten. Nicht nur wegen dem Schulgeld. Sondern auch, weil er der festen Überzeugung anhing, dass so ein Schulbesuch eine ziemlich sinnlose Angelegenheit sei. Für Leute ihres Schlages. Und erst recht für die Mädchen. Das bisschen Zusammenrechnen von einfachen Zahlen und das Schreiben von kurzen Briefen genügte doch völlig. Auf einen grünen Zweig würde ihresgleichen ja schließlich auch nach einem noch so langen Schulbesuch nicht kommen.

Überhaupt: wie viele Briefe hatte er selbst in seinem Leben bisher geschrieben? Wahrscheinlich kam da noch nicht einmal ein ganzes Dutzend zusammen. Hauptsache, man konnte seinen Namen schreiben. Alles andere erledigten die Angestellten des Gutsverwalters, der Pfarrer oder der Ratsschreiber, die das alles viel besser beherrschten. Es war ja ihre Aufgabe. Was brauchte da also ein Mädchen wie seine Margret jahrelang in die Schule gehen? Sie sollte lieber im Haushalt kräftig mit anpacken und öfter als bisher in der »Sonne« aushelfen – das war in ihrem Alter wirklich nicht zu viel verlangt – ausserdem bekam sie dort wenigstens ein paar Kartoffeln als Lohn oder manchmal sogar einen halben Krug vom übrig gebliebenen Wein für den Vater.

Und später würde sie ohnehin heiraten. Hoffentlich wurde sie nicht vorher schwanger. So wie ihre leichtsinnige Halbschwester. Und viele andere im Dorf auch. Alles, bloß das nicht! Aber die schwere Arbeit würde ihr die Flausen vermutlich bald austreiben. Den Rest würde er als verantwortungsvoller Vater besorgen. Eine Schule brauchte man dafür nicht mehr. Gut, dass es im kommenden Jahr an Ostern für Margret damit vorbei war. Auch wenn sie schon einmal bittere Klage darüber geführt hatte, dass die Buben ein Jahr länger in die Schule dürften, als die Mädchen, deren Schulpflicht mit dreizehn Jahren endete.

Dafür mussten die Buben später ja auch noch zu den Soldaten. Und sowieso waren nicht alle unbedingt glücklich über dieses vermeintliche Privileg, ein Jahr länger in die Schule »zu dürfen«.

Sei es, wie es wolle: es war höchste Zeit, dass Margret eine Arbeit annahm. Christoph Schober beschloss, die Sache demnächst anzugehen. Er meinte, sich zu erinnern, dass er vom Sonnenwirt einmal gehört hatte, dass dessen Bruder in Rappenau beabsichtige, die Gastwirtschaft zu vergrößern. Und damit brauchte der Kronenwirt dort doch sicher zusätzliches Personal. Das wäre nicht verkehrt, sich hier einmal zu erkundigen. Rappenau war schließlich nicht so weit von Treschklingen entfernt, dass Margret eine Übernachtungsmöglichkeit benötigte. Die sechs Kilometer konnte man als junger Mensch in einer guten Stunde schaffen. Das war in Ordnung. Damit dürfte auch ein bisschen mehr vom Lohn übrig bleiben, als wenn sie eine Bettstatt in einer Gesindekammer belegte. Da konnte sie umso mehr zuhause abliefern, wo jeder noch so kleine Geldbetrag willkommen war. Das klang gut. Sehr gut sogar. Ja, diese Sache würde er also rasch regeln müssen. Möglichst bald. Auf alle Fälle vor Lichtmeß. Denn wenn er vor dem 2. Februar bei Christian Bengel erschien und ihn um eine Anstellung für Margret fragte, dann war das wesentlich klüger, als auf den Tag zu warten, an dem alle vorbei kamen. Margret Schober als Dienstmagd in der Rappenauer »Krone«. Das klang gut. Und man konnte damit eine Esserin weniger einplanen. Besser noch: sie brachte sogar ein bisschen Geld mit nach Hause.

17

Am 4. Juni 1858 gebar Johanna in Frankfurt Zwillinge. Mehr als sechs Wochen nach der Geburt erreichte Margret Schober ein entsprechender Brief aus Frankfurt, in dem ihre Halbschwester sie in einer ungelenken, seltsam zitterig wirkenden Handschrift darüber informierte, dass sie ein Mädchen und einen Jungen zur Welt gebracht habe. Beide Kinder seien jedoch bereits am Tag ihrer Geburt gestorben. Man habe gerade noch den Pfarrer zur Nottaufe holen können. Auf die Namen Marie Fanny und Ferdinand seien die Kinder getauft worden. Dann war ihre Lebensuhr schon abgelaufen. Die Frage nach dem Kindsvater brauche man ihr also jetzt gleich gar nicht mehr zu stellen. Der Mann habe ohnehin nicht vorgehabt, sie zu heiraten. Auch dann nicht, wenn die Kinder am Leben geblieben wären. Es sei eine schwere Zeit gewesen, die sie in den Tagen und Wochen nach der Geburt habe durchleben müssen. Obwohl man sie ursprünglich in Frankfurt wieder gut aufgenommen habe, fühle sie sich inzwischen doch einsam, dem Schicksal ausgeliefert und zunehmend verzweifelt. Auch Margret, Elisabeth und Wilhelmina vermisse sie an manchen Tagen bitter. Doch ein Zurück könne es für sie nicht mehr geben. Aus vielerlei Gründen nicht. Und deshalb habe sie nunmehr beschlossen, die Flucht nach vorne anzutreten. Nichts halte sie mehr in diesem Land mit all seinen Zwängen und der ganzen Hoffnungslosigkeit einer Existenz als Dienstbotin und Tochter armer Schlucker. Einem Leben ohne Zukunft, denn das sei es, selbst in Frankfurt, dieser Stadt mit ihren angeblich so vielen Möglichkeiten. Auch hier komme man, das habe sie nun am eigenen Leib erfahren müssen, nicht vom Fleck, wenn man nicht schon ins Bürgertum hinein geboren worden sei. »Du kannst arbeiten, soviel du

willst, und wirst es dennoch nie schaffen. Sie brauchen dich zum Arbeiten – aber sie lassen es nicht zu, dass du im Leben weiterkommst. Deshalb habe ich beschlossen: ich wandere aus. Und zwar nach Amerika. Ich gehe in ein Land, von dem ich gehört habe, es sei das Land der unbegrenzten Möglichkeiten. Das Geld für die Schiffskabine habe ich mir in den vergangenen Jahren zusammensparen können, es reicht gerade für eine Passage in der untersten Klasse. Aber egal, wie eng es auf diesem Schiff auch zugehen wird, es kann mir in Amerika nur ein besseres Schicksal beschieden sein, wenn ich erst einmal dort angekommen bin. Wenn du diesen Brief erhältst, ist das Schiff mit mir bereits unterwegs. Ich werde schon mitten auf dem Ozean sein, wenn du diese Zeilen liest. Sei nicht traurig um mich, sondern freue dich mit mir darüber, dass ich unterwegs bin. Unterwegs in eine hoffentlich bessere Zukunft. Ich grüße Dich von ganzem Herzen, meine liebe Margret. Und sage bitte auch meiner Wilhelmina und der Elisabeth, wie lieb ich sie habe. Ich werde euch immer in meinem Herzen bewahren – und so Gott will, werden wir uns eines Tages vielleicht wiedersehen. In Liebe: Eure Johanna!«
Sie haben nie wieder etwas von ihr gehört. Was uns bleibt, das ist die Hoffnung, dass Johanna diese gute Zukunft auch wirklich erleben durfte, die sie so sehnsuchtsvoll gesucht hat. Den allermeisten Auswanderern in jenen Jahren ist das freilich nicht vergönnt gewesen.

Die arme Johanna! Mit Tränen in den Augen liess Margret den Brief sinken, den sie gerade mindestens zum zehnten Mal durchgelesen hatte. So gerne hätte sie ihre große Schwester noch einmal gesehen. Schade, dass es nie möglich gewesen war, Johanna einmal in Frankfurt zu besuchen. Auch um das Stadtleben, dieses ganz andere Leben, von dem Johanna in einem ihrer seltenen Briefe schwärmerisch berichtet hatte, kennenzulernen. In Frankfurt sei ja alles ganz anders, als auf dem Land.

Angefangen von den gepflasterten Straßen und Bürgersteigen. Ein Luxus, an den man in Treschklingen keinen Gedanken zu verschwenden brauchte! Gepflasterte Straßen und Gehwege! Also wirklich!

Es war Margret, als habe für sie inzwischen eine andere Zeit begonnen. Ob das Leben damit besser war, das ließ sich schwer beurteilen. Anders halt. Und überdies hatte sie ihr bisheriges Leben als längst nicht so schlimm empfunden, wie es der Vater beklagte, wenn ihn wieder einmal die Hoffnungslosigkeit und die Trauer in ihren Würgegriff genommen hatten. Meistens dann, wenn sie ein Kind hatten begraben müssen. Das waren natürlich immer bedrückende Stunden und Tage gewesen, aber … es gehörte halt zu dem Leben dazu, wie sie es von klein auf gewöhnt war. Etwas anderes kannte sie nicht. Was sollte sie also mit Begriffen wie »besser« und »schlechter« anfangen? Es war schlichtweg eine andere Zeit, ein neuer Lebensabschnitt, der nun für sie begonnen hatte, nachdem ihr der Vater die Anstellung als Dienstmagd in der Rappenauer »Krone« hatte besorgen können.

Das Leben dort war spannend, ja regelrecht faszinierend, denn es bot jede Menge neuer Eindrücke. Rappenau war halt schon um einiges größer und es war auch wesentlich mehr geboten, als im eher beschaulich-ländlichen Treschklingen. Das lag vor allen Dingen in der Tatsache begründet, dass vor einigen Jahrzehnten in Rappenau erfolgreich nach Salz und Sole gebohrt worden war und das Dorf seiner Saline seitdem eine stürmische Entwicklung verdankte. Die Einwohnerzahl war rasch in die Höhe geschnellt, denn man benötigte für die Salzgewinnung eine stattliche Zahl an Arbeitern und Tagelöhnern, die aus dem ganzen Umland hierher strömten.

Schon aus weiter Ferne war Rappenau zu erkennen, seit sie den neuen Kamin für die Heizanlage der Siedehäuser gebaut hatten, der schwindelerregende 27 Meter hoch in den Himmel ragte. Nicht minder faszinierend fand das Mädchen die Windmühle und erst recht die markanten

Bohrtürme, in denen die Sole aus rund 200 Metern Tiefe in die Siedehäuser gepumpt wurde, wo sie auf riesigen metallenen Siedpfannen allmählich verdampfte und schließlich das begehrte Salz gewonnen werden konnte. Gewaltige Mengen an Holz und Kohle wurden dafür benötigt, unaufhörlich ächzten die Fuhrwerke mit ihrer tonnenschweren Last an Brennmaterial die Steige vom Neckartal hoch, während andere nicht minder mühsam zum Neckar hinunter schwankten, wo die Schiffe mit »dem weißen Gold von Rappenau« beladen wurden. Nachdem in der Zwischenzeit mit dem »Sophienbad« auch noch eine Kureinrichtung entstanden war, in der man die heilende Wirkung der Sole nutzte und für das Großherzogin Sophie von Baden mit ihrem Namen als Schirmherrin fungierte, kamen mittlerweile auch andere Gäste in das aufstrebende Rappenau. Kurgäste, gesundheitsbewusste Urlauber und Sommerfrischler bildeten zusammen mit den zahlreichen Ärzten, die sich hier niedergelassen hatten, ein zahlungskräftiges Publikum, von dem Gastwirtschaften wie Christian Bengels »Krone« natürlich dementsprechend profitierten. Die »Krone« hatte sich in den vergangenen Jahren eines ständig steigenden Zuspruchs erfreut, die Küche und der Gastraum hatten mehrfach ausgebaut werden müssen. Das war auch der Grund dafür, dass Margret hier die Anstellung als Dienstmagd gefunden hatte. Sie hätte es wahrlich schlechter treffen können, das musste sie schon sagen. Allein die zahlreichen Gäste aus den unterschiedlichsten Gesellschaftsschichten, die von überall her kamen und sich in der Gaststube versammelten, dazu diese eigenartigen, kaum verständlichen Dialekte, die manche sprachen, das war schon gewaltig spannend zu hören und zu beobachten – falls ihr die Arbeit, die tagsüber meistens das Aushelfen in der Küche umfasste, überhaupt Zeit dafür ließ. Aber manchmal durfte sie auch, wenn es gerade wieder einmal drunter und drüber ging, an der Schank die Gläser mit auffüllen. So anstrengend und hektisch

diese Stunden mitsamt dem beinahe babylonischen Stimmengewirr auch immer sein mochten, so intensiv sog Margret all diese neuen Erlebnisse und Beobachtungen in sich auf.
Einen kleinen Wermutstropfen in dieser an Eindrücken so überreichen Zeit bedeutete freilich die Tatsache, dass sie seit ihrem Dienstantritt in der »Krone« ihre Geschwister, vor allem ihre beiden Lieblingsschwestern Elisabeth und Wilhelmina, nur noch selten zu Gesicht bekam. Nun ja, die anderen Geschwister, die mochte sie natürlich auch, aber bei Elisabeth und Wilhemina, die ja streng genommen nur eine Halbschwester war, da war es halt eine ganz besondere Zuneigung, die sie miteinander verband. Umso schlimmer, dass sie sich kaum noch sehen konnten! Denn früh am Morgen, als gerade erst die Dämmerung anbrach, hieß es für Margret, ganz leise aufstehen, um die anderen in der Kammer nicht zu wecken. Und wenn sie dann spät in der Nacht endlich wieder nach Hause kam, lagen die zwei kleinen Mädchen natürlich schon längst wieder friedlich schlafend in ihrem Bett auf den mit Stroh gefüllten Säcken. Die zehnjährige Elisabeth am Fußende und die sieben Jahre alte Wilhelmina am Kopfende – beziehungsweise anders herum. Je nachdem, welche Sicht auf die Dinge man bevorzugte. In Wahrheit gab es nämlich zwischen dem Kopf- und dem Fußteil der Bettlade keinerlei Unterschied. Es war wirklich schade, dass sie es so gut wie nie schaffte, rechtzeitig zu ihren Schwestern zu kommen.
Na ja. So war es halt. Hauptsache, sie hatte eine Arbeit. Eine gute Arbeit sogar. Was gab es da zu klagen? Nichts! Überhaupt nichts!
Mit einer entschlossenen Bewegung wischte sich Margret den Schlaf aus den Augen, kroch vorsichtig aus dem Bett, tastete im Halbdunkel nach ihren Kleidern und zog sich an. Auf Zehenspitzen schlich sie leise aus der Kammer in die Küche hinüber, die sich die Schobers mit den beiden anderen Familien teilten. Von der Holzstange

über dem Küchenherd griff sie sich ihre Schuhe. Gott sei Dank waren sie in der Nacht getrocknet! Auch wenn sich das brüchige Leder nun besonders rau und spröde anfühlte: wenigstens waren die Schuhe nicht mehr nass. Nichts Schlimmeres, als in feuchte Schuhe schlüpfen zu müssen! Ganz allmählich wich die Dunkelheit der Nacht im Osten einem schwarzblauen Himmel. Der neue Tag begann.

Zum guten Glück war inzwischen der Frühling da, es wurde früher hell und es war natürlich auch deutlich wärmer, als in der dunklen Jahreszeit. So konnte sie von Glück sagen, dass sich Christian Bengel bereit erklärt hatte, bis Ostern zu warten, wenn sie die Schule absolviert hatte – obwohl der Handel zwischen Bengel und ihrem Vater ja an Lichtmess zustande gekommen war und Margret die Stelle eigentlich sofort hätte antreten müssen. Doch der Kronenwirt, der das Mädchen als fleissige Aushilfe bei seinem Bruder in der Treschklinger »Sonne« kannte, hatte sich großzügig gezeigt und gemeint, es sei ihm lieber, noch ein paar Wochen zu warten, wenn er dafür die Gewähr habe, dass er eine fleissige und zuverlässige Hilfskraft bekomme. Und das sei bei der Schobers Margret ja ziemlich sicher der Fall. Allein beim Gedanken an den Februar fröstelte das Mädchen. Es wäre sicher alles andere als angenehm gewesen, schon am Tag nach Lichtmeß am frühen Morgen die Strecke von Treschklingen nach Rappenau in Angriff nehmen zu müssen. Noch mitten in der schwarzen Dunkelheit, durch Kälte und Schnee zu stapfen, mit den alten, wieder und wieder geflickten Schuhen, und das auf einem Weg, den sie so gut wie gar nicht kannte. Nein, das Schicksal hatte es dieses Mal gut mit ihr gemeint und bis es dann wieder dunkler würde, kannte sie jeden Stein und jeden Baum auf der Strecke. Schlimm genug war es, wenn es, wie am heutigen Morgen, regnete. Da konnte sie sich ihre Molljacke noch so dicht um Kopf und Schultern legen: als sie eine gute

Stunde später endlich am Hintereingang der »Krone« eintraf, war sie patschnass geworden. Das war natürlich unangenehm – aber zum Glück hatte die Marie, eine der älteren Mägde in der »Krone« ein altes, abgetragenes Kleid und ein Leinenhemd gefunden, das sie gegen die nassen Sachen tauschen konnte. Auch wenn ihr die viel zu großen Kleidungsstücke um den schmächtigen Oberkörper flatterten und das grob gewebte Hemd am Hals schmerzhaft scheuerte, war das natürlich besser, als weiter in den nassen Kleidern zu stecken. »Eine Modenschau kannst du damit zwar nicht gewinnen, aber das musst du ja auch nicht«, kommentierte Marie trocken.

»… als Vogelscheuche könnte sie sich aber schon bewerben«, grinste der Stallknecht und entblößte dabei eine Reihe schwarzer Zahnstummel. »Und zwar mit Erfolg: Die Vögel würden sich bei dem Anblick sofort totlachen.«

»Halt dein zahnloses Maul, Wilhelm und kümmere dich um deine eigenen Angelegenheiten«, fuhr ihm die Magd sofort in die Parade. »Du siehst doch, wie peinlich es ihr ohnehin schon ist, da musst du nicht noch eins draufsetzen, du alter Hornochse!«

»Man wird doch wohl noch einen Spaß machen dürfen«, maulte der Gescholtene, während er sich mit verdrießlicher Miene umwandte. »Aber bitte, dann halt nicht …«

»Der hat es nicht so gemeint. Der ist schon recht, du brauchst dir nichts dabei zu denken, wenn er so was sagt«, legte Marie die rechte Hand sanft auf Margrets Schulter, als sie bemerkte, wie sehr die unbedachte Äußerung das Mädchen getroffen hatte. »Und in so einem Riesenkleid sieht jeder aus, wie eine Vogelscheuche, erst recht der alte Wilhelm mit seinen verfaulten Zähnen. Der braucht noch nicht einmal einen Umhang dafür, um die Krähen zu verjagen. Da reicht schon sein hässliches Vollmondgesicht.«

Unwillkürlich musste Margret lachen, während sie sich

den Knecht als Vogelscheuche auf dem Acker vorstellte. Es war ein befreiendes Lachen.
»Na siehst du. Alles halb so schlimm«, kommentierte Marie zufrieden. »Jetzt kannst du schon wieder lachen – und bis heute abend sind deine Kleider auch wieder trocken. Ich schaue, dass du heute rechtzeitig verschwinden kannst, und dass der Christian nichts davon mitbekommt. Damit du wenigstens einmal in dieser Woche rechtzeitig bei deinen Schwestern zuhause bist.«
Überrascht sah Margret auf. »Woher … woher weißt du das?«
Über das Gesicht der alten Magd huschte ein warmes Lächeln. »Ich war schließlich auch mal jung. Und glaubst du, mir ist es anders gegangen als dir? Ich sehe es dir schon an, wie du am Abend manchmal unruhig wirst und wie du morgens oft ein ziemlich trauriges Gesicht machst. Und mir ist auch schnell klar geworden, woher das kommt.«
Elisabeth und Wilhelmina waren schon zweimal am Nachmittag zu Besuch in die »Krone« gekommen, an Tagen, an denen im Stall und auf dem Feld in Treschklingen keine Arbeit auf sie wartete, doch Christian Bengel hatte ihnen rasch zu verstehen gegeben, dass diese Besuche nicht in seinem Sinn standen: »Du bist hier um zu arbeiten, nicht um Besuch zu empfangen und Hof zu halten. Das möchte ich nicht haben, dass meine Dienstboten ständig ihre Familien empfangen. Was glaubst du denn, was das für einen Zirkus gibt, wenn das alle tun? Und die ganze Welt umsonst verköstigen, das kann ich auch nicht!« Fatalerweise war der Wirt genau in jenem Moment zur Küchentür herein gekommen, als Margret den beiden Mädchen einen Blechteller mit zwei gedämpften Kartoffeln gereicht hatte: »Damit ihr wieder Kraft für den langen Heimweg habt!«
Beim nächsten Mal würde er ihr die Kartoffeln sogar mit dem Lohn verrechnen, hatte Bengel noch angekün-

digt, bevor er die Küche mit griesgrämiger Miene wieder verließ.

»Du musst dir das nicht so sehr zu Herzen nehmen«, hatte Marie damals gemeint. »Er ist an und für sich ein eher großzügiger Mann und beileibe nicht der unangenehmste Dienstherr, den ich kenne. Aber er hat es halt auch nicht einfach gehabt im Leben. Die zwei Kinder, die ihm gestorben sind, dazu seine Frau, die das bis heute nicht verwunden hat und ihm überhaupt keine Hilfe ist in der Wirtschaft. Na ja, er hat es wahrlich auch nicht leicht. Und so gesehen kann ich ihn schon irgendwie verstehen: wenn das alle machen würden …«

»Was heißt hier alle? Wenn mich meine Schwestern einmal besuchen …«

»Und wenn das die anderen auch tun? Wo soll er Einhalt gebieten, wo nicht?«

»Als wenn wir wie die Heuschrecken gewesen wären … Die zwei Kartoffeln da, die bringen ihn doch weiß Gott nicht ins Armenhaus.«

»Versteh doch: es ging eigentlich gar nicht um die zwei Kartoffeln …«

»… sondern uneigentlich?«

»… es ist ihm ums Prinzip gegangen. Er will halt immer gefragt werden. Und das kann ich schon verstehen, auch wenn wir ja wirklich nichts Unrechtes gemacht haben. Aber so ist es halt. Er ist derjenige, der bestimmt – und wir sind nur seine Dienstboten …«

Eine Zeitlang herrschte Stille. Jede der beiden Mägde hing ihren eigenen Gedanken nach, während sie sorgsam den Scheuersand auf dem Boden der Gaststube verteilten, mit dem sie anschließend die Holzdielen schrubben würden. Eine anstrengende Arbeit, weil man die ganze Zeit über auf den Knien kauern musste. Und das stundenlang. Es würde sie für den Rest des Tages in Beschlag nehmen. Und dann auch noch der lange Nachhauseweg. Margret seufzte tief.

»Ich finde schon, dass man als junger Mensch seine

Familie braucht und nicht so ganz von ihr getrennt sein sollte«, nahm Marie den Gesprächsfaden vorsichtig wieder auf. »Ich hatte damals nicht das Glück, dass ich nur eine Stunde Gehzeit entfernt eine Arbeit fand. Ich habe meine Eltern und meine Geschwister tatsächlich immer ein ganzes Jahr lang nicht mehr gesehen. Das war eine harte Zeit – und irgendwann waren die Eltern gestorben, mit meinen Geschwistern hat mich nichts mehr verbunden … ja«, in einer hilflosen Geste breitete sie die Arme weit aus. »… und seitdem bin ich halt hier. Es reicht, dass es mir damals mit dreizehn Jahren so ergangen ist. Nächtelang hab ich vor lauter Heimweh in das Strohkissen hinein geweint, aber das hat nie jemand interessiert und die ganze Heulerei hat ja auch nicht weiter geholfen. Da kann ich doch jetzt wenigstens danach schauen, dass es dir ein bisschen besser geht, als mir damals. Also – heute schaffen wir das nicht mehr, denn bis wir mit dem Boden fertig sind, ist es ohnehin schon dunkel. Aber morgen müsste es gehen.«
»Was soll morgen gehen?«
Die alte Magd bedachte sie mit einem schelmischen Lächeln. »Wir gucken, dass du morgen abend so früh nach Hause kommst, dass du noch etwas von deinen Geschwistern hast. Der Christian wird nichts davon mitbekommen, darauf kannst du dich verlassen. Ich kenne ihn und seine Gepflogenheiten gut genug. Er braucht da auch gar nichts zu sagen, denn die Arbeit bleibt deswegen ja nicht liegen. Das bisschen kann ich dann schon noch mit erledigen.«
»Aber du. Was ist dann mit dir?«
»Ach was. Ich habe doch niemanden. Wo sollte ich abends schon hin gehen? Mach dir also bloß keine Gedanken wegen mir. Ich freue mich, wenn ich dir helfen kann.«
Und so kam es, dass Margret mit Maries Hilfe zwei- bis dreimal im Monat die Gelegenheit beim Schopf ergriff und früher von der Arbeit nach Treschklingen zurück

kam, als ihr das normalerweise möglich gewesen wäre. Ob Christian Bengel im Lauf der Zeit nicht doch etwas davon mitbekam, schien dem Mädchen eher zweifelhaft. Aber selbst wenn das der Fall sein sollte: er verlor nie ein Wort darüber. Und dafür war sie ihm genauso dankbar, wie der alten Marie, die es ihr in ihrer selbstlosen Art ermöglichte, den engen Kontakt zu ihren beiden Lieblingsschwestern weiter aufrecht zu erhalten. »Wenn ich einmal ein Kind bekommen sollte, und wenn es ein Mädchen wird, dann werde ich es Marie nennen. Dir zu Ehren, liebe Marie. Das verspreche ich dir hiermit hoch und heilig!« nahm sie eines Abends die fürsorgliche Magd in ihre Arme und drückte sie ganz fest an ihren Oberkörper. »Als ewiges Andenken an dich. Die liebste Frau, die ich jemals kennen gelernt habe!« Eine ganze Zeitlang blieben sie so eng umschlungen stehen. Niemand bemerkte sie – bis auf den Stallknecht Wilhelm, der unversehens in die Küche geschlendert kam und schon drauf und dran war, einen derben Kommentar abzugeben, als er bemerkte, wie dicke Tränen über die Wangen der alten Marie rannen. Weshalb das so war, konnte er sich natürlich nicht erklären. Doch selbst in der Kehle des ansonsten so vierschrötigen Knechts bildete sich urplötzlich ein dicker Kloß. Nun ja, auch Dienstboten durften manchmal Gefühle zeigen. Aber natürlich nur manchmal, denn sonst galt man rasch als Jammerlappen. Bevor ihn die sentimentale Stimmung tiefer aufwühlen konnte, in die er so ahnnungslos hinein gestolpert war, würde er sich jetzt lieber in den Keller begeben und dort am Mostfass des Wirtes heimlich ein kleines Krüglein für sich abzweigen. Das machte er durchaus öfter, sorgte dann freilich in regelmäßigen Abständen sehr umsichtig dafür, dass Christian Bengel dennoch nichts von dem leichten Schwund bemerkte. Man konnte den Inhalt des Fasses ja mit Wasser wieder auf den urprünglichen Stand auffüllen. Manchmal schien sich der Wirt zwar zu wundern, dass ihm sein

Most plötzlich »eher wie ein Schorle« vorkam, doch das konnte auch an der Tagesform liegen. Und am Tag darauf hatte er sich ohnehin bereits wieder an den Geschmack, der nun eben aus dem Mostfass kam, gewöhnt. Und ein Glas guter Wein war eh die bessere Alternative. Den Most sollten die Fuhrleute trinken.

18

Der schlimmste Tag in der Woche war immer der Montag. Kein Wunder. Es war der Waschtag. Nicht genug, dass am Sonntag häufig die größten Feiern in der »Krone« stattfanden, die sich oft vom Mittag bis in den späten Abend hinein zogen. Vor allem die gut situierten Bürger von Rappenau, die es dank der Saline und dem zunehmend beliebten Kurbetrieb bereits zu einigem Reichtum gebracht hatten, schienen ihren neuen Wohlstand nicht ausgelassen und üppig genug feiern zu können. Ob es sich dabei um den Salinendirektor handelte, die bestens am Transport von Salz und Brennmaterial verdienenden Fuhrunternehmer, die Ärzte und die Betreiber der aufstrebenden Kureinrichtungen: sie alle wussten, wie man Feste feierte – was zu Margrets Leidwesen bedeutete, dass es manchmal abends so spät wurde, dass sich der Heimweg nicht mehr lohnte. Vor allem natürlich im Winter bei den ganz großen Hochzeiten, bei denen die Musik aufspielte.
Und als wären solche Wochenenden nicht schon anstrengend genug gewesen, hieß es dann am Montag, stundenlang die Wäsche in den großen Holzzubern zu waschen. Wobei die Arbeit in Wahrheit ja schon am späten Sonntagabend begann, wenn die Wäsche erst einmal eingeweicht und mit Kernseife bearbeitet werden musste. Allein die Schlepperei der schweren, blechernen Wassereimer vom Mühlbach herauf bis in die Waschküche war schon eine schlimme Schinderei. Dann am frühen Morgen das zweite Einweichen, das Kochen der Weißwäsche in den großen Kesseln und bei besonders hartnäckigen Flecken hieß es auch noch, die verschmutzten Teile so lange auf dem Waschbrett sauber zu rubbeln, bis einem beinahe die Finger abfielen. Dann zu zweit die großen Betttücher auswringen, spülen, neues Wasser holen,

nochmal auswringen und schließlich aufhängen. Auch an den Montagen wurde es dann oft zu spät für den Heimweg. Das bedeutete leider wieder eine Übernachtung in der engen Dienstbotenkammer. Mit Schaudern erzählte Margret ihren beiden kleinen Schwestern davon, wie eng es dort zuging. Denn für eine dritte Person war die Kammer nicht gedacht gewesen, erst recht nicht für eine vierte. Aber es half nichts. Man musste halt in solchen Nächten im wahrsten Sinn des Wortes enger zusammen rücken und sich mit den anderen Frauen die zwei Strohlager teilen. »So, wie es bei uns zu Hause ja auch ist«, rief Elisabeth. »Das ist doch nicht so schlimm, wenn man sich gegenseitig warm geben kann.«
»Nein, da hast du schon recht«, nickte Margret. »Es ist halt ein bisschen ein komisches Gefühl, wenn man sich das Bett mit jemand teilen muss, den man gar nicht richtig kennt. Gerade im Winter, wo es so bitter kalt in der Kammer ist, dass man trotzdem freiwillig ganz eng zusammenrückt.«
So kalt war es oft an den Wintertagen in der unbeheizten Kammer, dass das kleine Fenster über und über mit Eisblumen bedeckt war, während der kalte Ostwind schneidend durch die Ritzen blies. Und einmal war sogar das Leintuch an einer Stelle an der Fensterscheibe festgefroren. Das Schlimmste, ob im Sommer oder im Winter, aber waren die Umstände als solche. Egal, wie todmüde Margret sich meistens auch fühlte, wenn sie nach einem langen Arbeitstag endlich ins Bett gehen durfte: an Schlaf war oft genug dennoch nicht zu denken. Denn unter den gelegentlich vier Benutzerinnen der winzigen Kammer gab es immer mindestens eine, die lautstark schnarchend im Reich der Träume weilte, während oft genug eine der anderen leise vor sich hin schluchzte. Vor allen Dingen in ihrer Anfangszeit brachte es Margret regelmäßig um den Schlaf, den sie ja so dringend benötigte. Dementsprechend zerschmettert und todmüde fühlte sie sich nach einer solchen Nacht am darauf fol-

genden Tag. Aber im Laufe der Zeit wurde es besser. Man gewöhnt sich an manches – an die Arbeit und an die Lebensumstände. Was blieb einem auch anderes übrig?

Dass sie als Dienstmagd keine Reichtümer erwirtschaften würde, egal wie lange und anstrengend die Arbeit auch sein mochte, lag ebenfalls auf der Hand. Immerhin käme er ja für ihr Essen und Trinken auf, meinte Christian Bengel. Ausserdem verlange er noch nicht einmal etwas dafür, wenn sie manchmal in seiner Dienstbotenkammer übernachte. Da sei er großzügig. Und das stimmte auch – im Gegensatz zu manchen anderen Gastwirten in Rappenau, von deren Mägden Margret gehört hatte, dass sie sogar für Übernachtungen einen Teil vom Lohn schlichweg einbehielten. Dabei war es doch ohnehin schon wenig genug, was einem für die ganze Schufterei blieb.

Im Lauf der Monate ergab sich daraus ein zusätzliches Problem. Ein Problem, das Margret und ihren Vater betraf. Christoph Schober reklamierte den spärlichen Lohn, den seine Tochter in der »Krone« erhielt, nämlich für die eigene Familie. »Wie soll das gehen, Vater«, widersprach ihm Margret, als er das Geld von ihr verlangte. »Ich bekomme doch kaum Geld.«

»Erstens zahlt der Bengel seinen Dienstboten jeden Monat einen Lohn – und nicht so wie die anderen erst an Lichtmeß den ganzen Jahreslohn. Das weiß ich schließlich ganz genau, denn ich habe deine Anstellung ja mit ihm ausgemacht …«

»Das stimmt schon Vater.«

»Also: und deshalb gibst du mir jeden Monat das Geld. Nicht, dass du es verschwendest und am Ende gar nichts mehr übrig bleibt …«

»Aber Vater!« rief Margret empört. »Wie kannst du nur so etwas von mir denken?!«

»Man kann nie wissen Das geht schneller, als man es für möglich hält.«

»Aber … ich habe doch kaum Geld. Und ein bisschen

was brauche ich dann auch für meine Kleider – meine Schuhe muss ich unbedingt wieder flicken lassen, die Sohle, die mir der Heiner im letzten Frühjahr draufgemacht hat, ist schon wieder ganz durchgelaufen und löchrig.«

»Du gibst das Geld erst einmal mir und bekommst dann etwas für die Schuhe. So wird es gemacht.«

»Aber wieso kann ich nicht gleich zum Heiner und mir die Schuhe richten lassen?«

»Weil es so gemacht wird, wie ich das sage. Du gehörst schließlich zu dieser Familie und hier hat jeder sein Scherflein dazu beizutragen, dass wir über die Runden kommen.«

»Aber dagegen sage ich doch auch gar nichts. Ich will nur …«

»Was du willst und was du nicht willst, das interessiert mich nicht! Solange du deine Füße unter meinen Tisch setzt und solange du noch nicht volljährig bist, so lange bestimme ich, was gut und richtig ist. Auch für dich! Hast du mich verstanden?!«

»Aber noch einmal Vater. Da ist doch gar nichts mehr übrig von dem Lohn in diesem Monat, wenn die Schuhe geflickt sind und ich das Geld für den Kleiderstoff bezahlt habe.«

Christoph Schober horchte auf. »Was für einen Kleiderstoff?«

»Ich hab dir doch gesagt, dass ich etwas für meine Kleider brauche.«

»Was heißt das? Hast du den Stoff etwa schon gekauft?«

»Das Kleid ist kaputt, das siehst du doch. Ganz durchgescheuert. Die alte Frau Mößner hat mir auch versprochen, dass sie mir beim Nähen hilft. Und das nächste Mal kann ich es dann ohnehin ganz allein machen …«

»Das nächste Mal! Und der Stoff ist schon gekauft! Ohne mich zu fragen! Ja, was sind das denn für Sitten, die bei uns allmählich einreissen?« Wütend hieb er mit der Handfläche auf den wackeligen Holztisch der Stube.

»Und damit, willst du mir sagen, sei dann also dein ganzes Geld in diesem Monat schon ausgegeben. Willst du das damit sagen?«

»Das ist so, Vater«, flüsterte Margret, die ihren Kopf tief gesenkt hielt, um ihrem aufgebrachten Vater nicht in die Augen schauen zu müssen.

»So so, das ist so«, zischte der. »Und was ist mit dem Trinkgeld, Margret?! Wo ist das hin geraten? Wofür hast du das ausgegeben?«

»Ich habe kein Trinkgeld bekommen. Nur die Bedienungen in der »Krone« bekommen das. Aber nicht jemand wie ich.«

»Das glaube ich dir nicht!«

»Das ist aber so. Für diejenigen von uns, die Putzen und in der Küche beim Abwasch mithelfen müssen, gibt es nichts. Und wenn du im Stall arbeitest, was ich ja manchmal dazu hin auch noch machen muss, da bekommst du natürlich erst recht nichts von irgendwelchen Gästen, die drinnen in der Gaststube hocken.«

»Als wenn du nicht auch schon aushilfsweise mit bedient hättest! Du hast es doch selber ganz stolz erzählt, dass du hin und wieder hast mithelfen dürfen beim Bedienen.«

»Ja, schon. Aber dafür bekommst du kein Trinkgeld, wenn du nur der Bedienung hilfst und ein paar Teller mit ihr rein- und rausträgst. Das bekommen nur die richtigen Bedienungen«

»Lüge mich nicht an!«

»Ich lüge dich nicht an, Vater. Das ist so.«

»Das kannst du dem Pfarrer erzählen oder sonst jemandem, aber nicht mir!« Dieses Mal war es die geballte Faust seiner rechten Hand, die krachend auf die Tischplatte donnerte. Ruckartig erhob er sich und baute sich drohend vor seiner Tochter auf. »Was glaubst du denn eigentlich, wen du vor dir hast?! Ich lasse mich doch von dir nicht zum Narren halten!« Mehr und mehr redete sich der vor Zorn bebende Vater in Rage.

»Christoph!« schallte in diesem Moment eine laute

Frauenstimme durch die Stube. Es war die Stimme von Margrets Stiefmutter, die nebenan in der Küche den lauter werdenden Wortwechsel mit angehört hatte, und ihrem Mann nun energisch in den Arm fiel. »Besinne dich bitte, Christoph. In unserem Haus gibt es keine Prügel. Gleich gar nicht aus so einem Anlass. Du weißt doch, dass sie die Wahrheit sagt. Was soll sie denn an Reichtümern abliefern bei so einer Arbeit. Du weißt ganz genau, wie das ist. Und dass sie als Aushilfsbedienung kein Trinkgeld bekommt, das ist doch auch klar.« Ernst und eindringlich sah sie ihrem Mann in die Augen. »Ich weiß ja, was dich umtreibt. Und ich weiß auch, wie gut wir ein bisschen Geld zusätzlich gebrauchen könnten. Aber wo nichts ist, da kann man auch nichts holen. Das bist doch du, der immer solche Sätze sagt. Und ausserdem: erst kürzlich hast du mir erzählt, wie da wieder einer zu dir gemeint hat, dass wir Hungerleider froh und dankbar sein müssten, unsere Kinder überhaupt bei einer Arbeit unterbringen zu können. Damit wären wir sie als unnütze Esser am eigenen Tisch immerhin los. Das ist leider so – und so denken die besseren Herrschaften ja wirklich über uns. Glaubst du denn im Ernst, dass jemand, der so über uns redet, tatsächlich deiner Tochter ein kleines Trinkgeld zusteckt. Daran verschwenden diese Leute keinen einzigen Gedanken. Das schöne Geld lassen die hübsch stecken und wenn schon, dann lassen sie es unter ihresgleichen kursieren. Für unsereins bleibt da nichts übrig. So ist das nun mal – und du weißt es, Christoph. Die Margret kann wahrhaft nichts dafür. Sie ist ein fleissiges Mädchen. Aber wo sie nichts bekommt, da kann sie auch nichts abgeben.«

»Du hast ja recht, Rosina. Entschuldigt bitte, dass ich mich so habe gehen lassen«, murmelte Christoph Schober zerknirscht. »Ich … ich … ich weiß auch nicht … Ich war irgendwie gerade in der falschen Stimmung. Es ist ja aber auch zum Haareraufen. Da kannst du tun und machen, arbeiten soviel du willst, du kommst doch nie auf einen grünen Zweig. Es ist halt nur so, dass ich morgen die Steuer für das Haus zahlen soll und ehrlich gesagt, wirklich nicht weiß, wovon ich das tun soll. Wenn ich unsere Sau jetzt auch noch verkaufe … dann bleibt mir zwar die Hälfte von dem Geld übrig. Aber es ist eben nur die Hälfte. Und womit soll ich uns dann durch den Winter bringen?«

Rosina Schober ließ sich von der Stimmung ihres niedergeschlagenen Mannes jedoch nicht anstecken. Ihr Naturell war zum guten Glück robuster, als das des oftmals verzagenden und mit den Umständen hadernden Christoph. Und außerdem war sie ja auch beinahe 15 Jahre jünger als ihr Ehemann, dessen fahle Gesichtszüge und die erschöpft herunter hängenden Schultern ihn noch wesentlich älter wirken ließen, als die 51 Jahre, die er mittlerweile auf dem Buckel hatte.

»Das wird schon gehen. Mit Gottvertrauen und Zuversicht werden wir es auch dieses Mal schaffen. So wie du – und wir – das bisher auch immer geschafft haben.«

»Gottvertrauen!« wagte Schober nochmals einen Einwand. »Der liebe Gott vertraut denen, die eh schon alles haben.«

»Versündige dich nicht, Christoph!« bedachte Rosina ihn mit einem strafenden Blick.

»Es ist doch aber wahr!«

»Wahr ist auch, dass es immer weiter gegangen ist. Und so wird es auch jetzt wieder weiter gehen. Die pure Verzweiflung hilft uns genauso wenig. Vom Hadern mit dem Schicksal ist noch keiner jemals satt geworden. Und ausserdem Christoph. Jetzt schau doch mal!« Mit einer weit ausholenden Handbewegung beschrieb Rosina einen weiten Bogen, »Jetzt schau doch mal, was du für tolle Kinder hast: da drüben unser kleiner Georg. Und hier deine wunderbaren Mädchen: die Elisabeth, die Margret und auch die Wilhelmina. Da kannst du schon einmal drüber nachdenken, ob du nicht eine andere Miene zu Schau stellen möchtest. Schau sie dir doch nur

einmal an: diese Kinder hast du mit großgezogen. Auf diese Kinder kannst du stolz sein!«
Zum ersten Mal seit langer Zeit sah es Margret in den Augen ihres Vaters verdächtig glitzern, als er unsicher nickte, während er sich langsam wieder auf den Stuhl zurück sinken ließ.

19

Karins Erinnerungen an die Großmutter: Die Wäsche

Die Großmutter bei der Tante Frieda besuchen, das war Pflichtprogramm, wenn ich mal von der Uni nach Hause kam. Meistens saß die Großmutter dann auf einem alten Gartenstuhl hinter dem Hühnerstall in der Sonne. Stundenlang saß sie bei gutem Wetter so da, man brauchte sie im Haus dann gar nicht erst zu suchen. Das habe ich wohl mit ihr gemeinsam: raus in die Sonne, sobald sie scheint. Und sie freute sich auch immer, wenn eines ihrer zahlreichen Enkelkinder (fünfzehn), Urenkelkinder (damals waren es erst zehn, heute sind es mehr als doppelt so viele) oder gar das Ur-Urenkelkind zu Besuch kam. Mich und meine Geschwister kannte sie natürlich am besten, denn sie hatte uns alle ja mit großgezogen.
Wenn schlechtes Wetter war, wussten wir, dass wir sie in ihrer Wohnung im ersten Stock bei der Tante Frieda finden würden. Immer in ihrer Stube, immer im Stuhl am Fenster, immer mit Lesen beschäftigt. Entweder las sie in ihrer alten, abgegriffenen Bibel oder im Stundenbuch. Obwohl ihre Brille schon einen Sprung hatte und ihre Augen immer schlechter wurden. Aber ihre Augen wollte sie nie operieren lassen. Routine heute, damals undenkbar. Sie kannte die Bücher, glaube ich, sowieso auswendig.
An einen Besuch bei ihr erinnere ich mich noch besonders deutlich. Wir haben uns über Heidelberg unterhalten, wie ich wohnte, und dass ich im Studentenwohnheim auch meine Wäsche waschen könne. Ach ja, die Wäsche, meinte die Großmutter. Und dann erzählte sie mir, wie sie früher die Wäsche gehasst hat. Ohne Waschmaschine oder Wäscheschleuder, nur mit einem Waschbrett und den Händen. »Das Auswringen, das war am

schlimmsten«, sagte sie damals, »mir haben die Hände stundenlang danach immer noch wehgetan. Vor allem die großen Betttücher. Die haben wir dann zum Trocknen auf die Bleichwiese gelegt.« Wäsche auf der Wiese? Das konnte ich mir gar nicht vorstellen. Und sie konnte nicht verstehen, dass ich die Bleichwiese überhaupt nicht kannte. »Das ist doch die, wenn man in den Wengert runter geht.« Für mich waren das damals nur Geschichten aus der Vergangenheit, die ich mir nicht richtig vorstellen konnte. Ich habe dann auf ihre Hände geblickt. Wie Pergament lag die Haut über ihrem zierlichen Handrücken, die Adern schienen durch und überall waren Altersflecken. Wie viele Wäschestücke mögen diese Hände wohl im Leben ausgewrungen haben? Wie viel Zeit und wie viele Schmerzen mag sie das gekostet haben? Kein Wunder, dass sie uns junge Mädchen von heute beneidete. Die Erfindung der Waschmaschine betrachte ich in der Erinnerung an die Großmutter mit anderen Augen. Und seither ist mir auch klar, welch hartes Leben die Frauen der damaligen Zeit hatten. Sie waren nicht nur für Haushalt und Kinder zuständig, sondern viele, wie meine Großmutter auch, gingen noch in die Fabrik, um etwas dazu zu verdienen und hatten daneben noch Ziegen, Hasen und Hühner zu versorgen. Dazu kamen Feld- und Gartenarbeit. Kartoffeln stecken, beim Bauern Zuckerrüben hacken, Rüben ernten, im eigenen Weinberg schneiden, geizen oder Trauben lesen … ein Leben voller Arbeit, Arbeit, Arbeit … Die gute alte Zeit – für die meisten Frauen damals ganz sicher nicht. Erst recht nicht für so ein »lediges Kind«, das sie ja gewesen ist. Da war schon die Jugend alles andere, als ein Zuckerschlecken.

20

Am 6. Juni 1861 wurde in der Rappenauer »Krone« eine ganz besondere große Hochzeitsfeier ausgerichtet. Beim Bräutigam handelte es sich nämlich um den Kronenwirt persönlich! Christian Bengels Ehefrau Johanna war nach neun Jahren Ehe im Jahr zuvor verstorben, nachdem sie nie über den Tod ihrer beiden Kinder hinweg gekommen war. Weshalb der 36-jährige, der sich ja, wie man so schön sagte, »im besten Mannesalter« befand und dazu noch einen ansehnlichen Besitz sein eigen nennen durfte, ausgerechnet die 28 Jahre alte Karoline Schneider ausgesucht hatte, das war und blieb vielen Festgästen ein unlösbares Rätsel. Denn die neue Frau stellte alles andere als eine stattliche oder gar attraktive Erscheinung dar. Sie stammte zwar, ebenfalls wie Bengels erste Frau aus Kochendorf, war aber eine eher blasse, kränklich und zerbrechlich wirkende Person, die noch nicht einmal eine besonders üppige Mitgift in die Ehe eingebracht hatte. Nun ja, ein paar Äcker schon, dazu das elterliche Haus und – wie man munkelte – schon auch eine gewisse Barschaft. Aber dennoch … hätte er denn nicht noch etwas warten und sich in aller Ruhe unter attraktiveren Heiratskandidatinnen umschauen können? Hatte es wirklich sein müssen, dass er so rasch nach dem Trauerjahr heiraten musste. Heiraten musste? Die Braut war doch nicht etwa, wie damals bei seinem Bruder Friedrich und dessen Verlobter aus Treschklingen der Fall gewesen war, schwanger? Ein kurzer, prüfender Blick auf den Unterleib der hageren Gestalt genügte. Das war nicht der Grund für diese nach übereinstimmender Meinung eher überstürzten Hochzeit. Was aber dann? Konnte vielleicht eher etwas an den Gerüchten dran sein, dass sich Bengel schon zu Lebzeiten seiner depressiven ersten Frau ganz gerne manchem weiblichen Kurgast und manchmal auch

mit einer seiner Dienstbotinnen vergnügte. Man hatte da schon manches munkeln hören, konkret war freilich nie etwas zu sagen gewesen. Konnte es vor diesem Hintergrund denkbar sein, dass Christian Bengel also mehr »der Form halber« geheiratet hatte, um den Lästermäulern Einhalt zu gebieten? Aber machte das wirklich Sinn? Er hätte sicherlich auch noch eine andere gefunden, die zur Not halt auch einmal ein Auge zudrückte, wenn es sich bei ihrem Ehemann »um so einen« handelte. Beispiele genug gab es ja bekanntlich dafür.
Wie auch immer – jedenfalls hatte sich Christian Bengel nicht lumpen lassen und eine ganz besonders große Hochzeitsfeier organisiert, die das Personal in der »Krone« seit Tagen schon auf Trab hielt.
Auch die nun bald sechzehn Jahre alte Margret hatte heute gewaltig viel zu tun. Ihre Aufgabe am Tag der Feier bestand darin, überall dort, wo »Not am Mann« war, wie sich Bengel ausgedrückt hatte, aus eigenem Antrieb einzuspringen und auszuhelfen. Als erfahrene Dienstbotin, die nun seit gut zwei Jahren in der »Krone« tätig war, kannte sie inzwischen natürlich jeden Winkel des Anwesens, jeden Arbeitsablauf und jede Schwäche des Personals. So war es nur folgerichtig, dass sie die erste Hälfte des Tages in der Küche zubrachte, wo sie mit weiteren Helferinnen den beiden Köchinnen beim Vorbereiten der Speisen zur Hand ging, danach war es wichtig, den Frauen, die als Serviererinnen eingeteilt waren, unter die Arme zu greifen und schließlich, nachdem die Hauptmahlzeit zur völligen Zufriedenheit von Brautpaar und Gästen über die Bühne gegangen war, hieß es abräumen und das Geschirr spülen, solange die Essensreste noch nicht eingetrocknet waren.
Margret hatte wahrhaft alle Hände voll zu tun und folglich auch keine Sekunde Zeit, sich von der Küchentür aus die Hochzeitsgesellschaft einmal näher anzusehen, so wie es jetzt die neugierigen Aushilfsbedienungen taten, deren Tagwerk weitgehend vollbracht war. »Der Bürger-

meister ist sogar gekommen, dann der Bruder von unserem Bengel, von dem man munkelt, dass er bald in der Politik Karriere machen wird – deswegen ist ja wahrscheinlich auch der Bürgermeister da.«

»Und da, neben ihnen, der mit dieser eleganten Dame an seiner Seite, das ist der Salinendirektor. Und der, den kenne ich auch …«

»… das ist einer von den Ärzten, der die Kurgäste behandelt.«

»Und wer ist der da hinten? Der vornehme Herr mit seinem Monokel?«

»Jetzt macht endlich Platz da an der Tür«, scheuchte Margret die neugierigen Zaungäste beiseite. »Unsereins ist mit der Arbeit nämlich noch längst nicht fertig. Da müsst ihr mir nicht auch noch unnütz den Weg versperren.«

»Immer schön ruhig bleiben, Margret. So sehr musst du dich jetzt auch nicht aufplustern, nur weil der große Herr und Meister da einen wohlwollenden Blick auf dich geworfen hat!«

»Was für ein großer Herr und Meister?« Unvermittelt blieb Margret stehen und musterte die vorlaute junge Frau irritiert. »Und was für einen wohlwollenden Blick meinst du denn?«

Diese rollte indigniert mit den Augen. »Jetzt tu doch nicht so unschuldig! Du weißt genau, was ich meine.«

»Weiß ich eben nicht! Sonst hätte ich dich ja nicht gefragt.«

»Also wirklich«, empörte sich die Vorlaute. »Habt ihr das gehört? Unser Unschuldsengelein weiß von nichts! Sollen wir ihr das glauben?«

»Was glauben?«

»Dass dir der Bengel ständig hinterher schaut. Das sieht doch selbst ein Blinder«, mischte sich eine weitere Magd in den Wortwechsel.

»Der Herr Bengel? Mir hinterher schauen?« Verwirrt sah Margret an sich herunter. Konnte es sein, dass eventuell

irgend etwas mit ihrem Kleid nicht in Ordnung war? Einen anderen Grund für das angebliche Interesse des Kronenwirts an ihrer Person konnte sie sich beim besten Willen nicht denken. Aber da war nichts. »Ihr müsst euch täuschen. Wieso sollte der mir hinterher schauen?«
»Na, warum wohl?«
»Da spielt eine aber ganz schön die Unschuld von Lande!«
»Tut einfach so, als ob sie nichts davon mitbekommt, dass der Herr Bräutigam ihr schon die ganze Zeit schöne Augen macht!«
»Also, jetzt ist aber Schluss mit dem blöden Geschnatter!« Empört stampfte Margret mit dem Fuß auf. »So einen Blödsinn habe ich ja noch nie im Leben gehört.«
»Das ist kein Blödsinn. Wir haben schließlich Augen im Kopf!«
»Papperlapapp!« Was für ein dummes Geschwätz. »Jetzt verschwindet endlich von der Tür und lasst mich meine Arbeit machen.« Energisch schob sie die Schnattergänse von der Türschwelle und betrat den festlich geschmückten Saal, in dem die Stimmung der Hochzeitsgäste dank des reichlich genossenen Alkohols immer ausgelassener wurde.
»… und deinem lieben Herrn Bengel kannst du auch gleich ein neues Glas mitbringen«, rief ihr eines der Mädchen hinterher. »Der guckt schon ganz sehnsüchtig zu dir rüber.«
Diese dumme Kuh! Verärgert wischte sich Margret eine Haarsträhne aus der Stirn, während sie unwillkürlich zur Mitte der Tafel hinüber schaute, an der das Brautpaar Platz genommen hatte. Erschrocken zuckte sie zusammen. Tatsächlich! Christian Bengel hatte sie wirklich in sein Visier genommen. Er schien sie mit seinem Blick sogar regelrecht zu durchbohren! Ach was. Unwirsch rümpfte sie die Nase. Das konnte doch bloß ein Zufall sein. Alles weitere bildete sie sich nur ein, weil diese Lästermäuler da sie mit ihren koketten Bemerkungen aufge-

zogen hatten. Und wenn es doch so war – tatsächlich fühlte Margret, wie Bengels Blick noch immer auf ihr haftete – dann konnte das nur vom Wein her rühren, den der Bräutigam zur Feier des Tages heute bereits konsumiert hatte. Obwohl der Kronenwirt ja schon von Berufs wegen in dieser Hinsicht eigentlich über eine recht gute Kondition verfügte.

Ja – und selbst wenn er sie beobachtete? Was war denn schon dabei? Wie gesagt, der Alkohol machte die Menschen langsamer. Da musste man nicht noch mehr hinein geheimnissen. Erst recht nicht an so einem Tag. Am Tag, an dem Christian Bengel den Bund der Ehe eingegangen war. Und zwar aus freien Stücken. Vorsichtig wandte Margret ihren Kopf und zuckte sofort zusammen, als ihre Blicke direkt aufeinander trafen. Dieses eigenartige Funkeln in Bengels Augen … Das konnte tatsächlich nur am Alkohol liegen.

Rasch griff sie nach den benutzten Gläsern am anderen Ende der großen Tafel und eilte damit in die Küche. Zum guten Glück gab es dort am Spülstein Arbeit mehr als genug. Bis sie das Geschirr, das sich beinahe bis zur Decke stapelte, sauber abgewaschen und getrocknet hätten, würden gut und gerne zwei Stunden vergehen. Keine Zeit also, sich irgendwelchen abstrusen Gedanken zu widmen – und auch nicht, um sich über die blöden Grimassen zu ärgern, die ihr Bengels inzwischen fast 17-jähriger Pflegesohn Carl vom anderen Ende der Küche herüber warf. »Hau ab und lass uns in Ruhe das Geschirr spülen«, zischte sie zu Carl hinüber, der freilich keine Anstalten machte, der Aufforderung Folge zu leisten. Im Gegenteil: er schnitt weiter unverdrossen seine Grimassen in Margrets Richtung und trieb dieses Spiel so lange, bis es die alte Marie schließlich satt hatte und den sonderbaren Kerl mit ein paar groben Ellbogenstössen und entsprechend harschen Kommentaren aus dem Hintereingang der Küche jagte. »Na Gott sei Dank, Marie, dass du uns den vom Leib geschafft hast. Den und seine seltsame Art kann ich heute wirklich nicht auch noch gebrauchen.« Dankbar nickte Margret zu ihrer Kollegin hinüber. »Wie du das immer schaffst, dass sie vor dir einen solchen Respekt haben! Ich dagegen kann sagen, was ich will. Mir lachen sie höchstens spöttisch ins Gesicht und tun dann grade das Gegenteil von dem, was ich will!«

»Das wirst du schon auch noch lernen, Margret. Als ich in deinem Alter war, ist es mir auch nicht anders ergangen,« lächelte Marie. »Komm du erst einmal in mein Alter, dann weißt du dir auch zu helfen. Wobei …«, plötzlich wurde ihre Miene dunkler. »… das habe ich dir sowieso schon lange einmal sagen wollen: der Carl … also der Carl, der ist wirklich nicht ganz koscher. Bei dem wäre sogar ich vorsichtig. Dem möchte ich nicht unbedingt im hintersten Stalleck begegnen, wenn es dunkel ist.«

»Marie, du?« Verwundert runzelte Margret die Stirn. »Du meinst, er ist einer von der Sorte … und er würde auch dich … in deinem Alter …«

»Ich weiß es nicht«, erwiderte Marie ernst. »Ich weiß nur, dass mit dem Carl irgendwas nicht in Ordnung zu sein scheint. Sonst hätte ihn sein Vater ja wohl auch kaum hier zurück gelassen. Was auch immer es ist … jedenfalls wollte ich dir damit nur sagen, dass du ein bisschen auf dich aufpassen solltest – das heißt, vor allem auf diesen Carl. So, und jetzt haben wir genug geratscht, jetzt werden die Ärmel hochgekrempelt und dann geht's diesen Geschirrbergen hier an den Kragen. Am besten wäre es, du würdest noch zwei Eimer mit frischem Wasser holen. Schaffst du das, oder soll ich es dem Wilhelm auftragen?«

»Ach, lass den Wilhelm lieber mit dem Krug Wein, den er sich bei der Hochzeitsgesellschaft organisiert hat, in seiner Schuppenecke glücklich werden«, winkte Margret fröhlich zwinkernd ab. »Das schaffe ich schon allein. Ich bin ja schließlich noch jung!«

»Was hat der gemacht?!« Mit allen Anzeichen der Empörung stemmte Marie die Hände in die Hüften. »Der hat einfach den Wein von der Hochzeit abgezweigt und macht sich nun einen schönen Abend, anstatt uns bei der Arbeit zu helfen? Das … das ist ja … na warte, du fauler Bursche!« Schon war sie offensichtlich drauf und dran, einer Rachegöttin gleich in den Schuppen zu stürmen, um den weinseligen Knecht mit einem gewaltigen Donnerwetter zu überziehen.

»Lass es sein, Marie«, schob sich Margret rasch in die Tür. »Er arbeitet doch sonst schwer genug, obwohl er auch nimmer der Jüngste ist. Und ein guter Kerl ist er ja ausserdem. Da gönne ich ihm heute schon mal sein Vergnügen. Wie gesagt, es ist kein Problem für mich. Ich hole uns schnell das Wasser. Gleich bin ich wieder da.«

Ohne sich weiter um die weiterhin verdriesslich vor sich hin schimpfende Marie zu kümmern, die dem ahnungslosen Wilhelm eine ordentliche Gardinenpredigt ankündigte, wenn sie ihn demnächst wieder zu Gesicht bekommen würde, griff Margret sich die beiden leeren Blecheimer, die neben dem Spülstein standen, und eilte zur Hintertür hinaus. Draussen hatte inzwischen bereits die Abenddämmerung eingesetzt. Dass es schon so spät war, hatte sie vor lauter Arbeit gar nicht bemerkt. Nun gut, es war Anfang Juni. Da stand die Sonne recht lange am Himmel und es wurde erst ziemlich spät dunkel. Folglich musste es wohl schon gegen neun Uhr am Abend sein, schätzte Margret.

Plötzlich hörte sie ein leises Geräusch hinter sich. Sie wandte den Kopf und erblickte Carl, der ihr offenbar heimlich gefolgt war, seitdem sie das Haus verlassen hatte. Irgendetwas in Carls Blick glänzte merkwürdig. Sie beschleunigte ihre Schritte. Carl machte dasselbe. Noch schneller – jetzt war sie schon beinahe am Rennen, doch Carl setzte ihr unverdrossen nach. Das war ja … Was sollte denn das?! Unwillkürlich musste sie an die war-

nenden Worte von Marie denken. Wenn er tatsächlich im Sinn hatte, sie ernstlich zu bedrängen?
Aber was dann?
Was tun?
Tausend Gedanken jagten durch ihren Kopf, während sie mit den beiden Blecheimern weiter in Richtung Brunnen rannte. Und Carl hinterher.
Am besten die Flucht nach vorne ergreifen.
Ja, genau!
Abrupt stoppte sie ab und wirbelte herum. So rasch und unvermittelt, dass der völlig überraschte Carl, der nur noch wenige Schritte hinter ihr war, beinahe auf sie prallte.
Schon konnte sie seinen nach Alkohol stinkenden Atem riechen. Er hatte also getrunken! Auch das noch! Das machte ihn nur noch unberechenbarer.
Vorsichtshalber wich Margret zwei Schritte zurück. Aber Carl, der sich in der Zwischenzeit wieder gefangen hatte, packte sie grob an den Oberarmen.
»Lass mich sofort los, sonst bekommst du die Eimer ins Gesicht!«
Doch Carls Antwort bestand nur aus einem höhnischen Lachen, während er seine Hände nur noch fester um ihre Oberarme presste. »Du sollst mich loslassen!«
»Von wegen«, keuchte er und öffnete leicht die Lippen, während Speichel aus seinem Mund tropfte. »Jetzt sei halt nicht so garstig und lass dir einen Kuss geben! Komm schon! Du willst es doch auch!«
Schon stand er im Begriff, sein Vorhaben auszuführen, als Margret ihre Hände öffnete und die beiden Wassereimer einfach fallen ließ. Direkt auf Carls Füsse. Überrascht zuckte der Junge zusammen und ließ zunächst von ihr ab. »Was soll das?«, starrte er auf die umgekippten Eimer neben seinen Füssen.« Wieso machst du das?«
»Weil ich selber entscheiden möchte, wem ich einen Kuss gebe und wem nicht.« Wieder machte sie zwei vorsichtige Schritte rückwärts. Aber dieses Mal würde sie

auf der Hut sein und den Griff abwehren, mit dem er sie gleich wieder an sich pressen wollte. »mach das kein zweites Mal. Ich warne dich. Ich weiß schon, wie man sich zur Wehr setzt!«

Erstaunlicherweise verlegte Carl sich nun auf einen anderen Ton. »Jetzt komm schon, jetzt zier dich halt nicht so. Jetzt gib mir schon einen Kuss, das bist du mir sowieso schuldig!«

»Schuldig? Wieso sollte ich dir irgend etwas schuldig sein?«

»Weil es so ist!«

»Was ist wie?«

»Ja, glaubst du etwa, ich hätte nicht beobachtet, wie du immer heimlich verschwindest und mit der alten Marie gemeinsame Sache machst. Das hast du schon mindestens zwanzig Mal so gemacht. So – und jetzt komm her, sonst sage ichs meinem Onkel.«

»Du willst mich verpetzen? Ich habe nichts Schlimmes getan!«

»Einfach von der Arbeit fortgegangen bist du – manchmal sogar noch am hellichten Tag. Ich habe es genau gesehen. Und deswegen musst du mir jetzt einen Kuss geben, sonst sage ich ihm alles.«

»Und woher soll er dir glauben, dass das wirklich so gewesen ist?«

»Es war so!« beharrte der Junge trotzig, während er Margret aus blutunterlaufenen Augen gierig von oben bis unten musterte.

»Ich werde es abstreiten – und dann wirst du blöd dastehen.«

»Von wegen. Du bist hier die Blöde. Und deshalb werde ich es jetzt gleich meinem Onkel sagen und der wird dich rausschmeißen, wenn du nicht ein bisschen nett zu mir bist. Also, was ist jetzt? Komm!«

Ein heißer Zorn stieg in Margret hoch. »Drecksack!«

Die Wut des Mädchens schien Carls Begierde jedoch eher noch anzustacheln. »Komm her«, geiferte er mit weit aufgerissenen Augen, während er sich wieder ganz dicht an sie heran schob.

»Niemals!« Mit dem ausgestreckten rechten Arm hielt sie ihn auf Distanz. Hastig versuchte er, den Arm beiseite zu schlagen. Doch Margret parierte den Schlag und fixierte ihn mit einem eiskalten Blick. »Keinen Zentimeter weiter!«

»Du sollst mir einen Kuss geben!« Jetzt schrie er beinahe schon. Von Neuem versuchte er, sie an den Oberarmen zu packen, abermals setzte sie sich zur Wehr. Wie aus dem Nichts kam plötzlich seine Faust vor ihr Gesicht. Es konnte nur der Bruchteil einer Sekunde gewesen sein. Schon klatschte ein brutaler Schlag gegen ihre Wange. Benommen taumelte Margret zurück und prallte mit dem Rücken hart gegen eine Scheunenwand. Zum Glück war da die Wand gewesen, sonst wäre sie völlig hilflos auf den Boden gefallen. Doch immer noch kämpfte sie mit der Ohnmacht, während Carl sofort seine Chance beim Schopf ergriff und sich mit einer Art Freudengeheul auf sie stürzte. »So, jetzt habe ich dich also doch! Jetzt musst du machen, was ich will!« grinste er lüstern und tastete mit seiner Linken nach ihrer Brust, während er die rechte Hand fest um Margrets Kehle legte und ihr damit die Luft abzuschnüren drohte. Alles, nur das nicht! Unter Aufbietung ihrer ganzen Willensstärke spannte sie die Muskeln an. Sie würde nur diese eine einzige Chance haben. Entweder – oder! Und jetzt! Tatsächlich gelang es ihr, ihm mit aller Gewalt, zu der sie noch fähig war, das Knie zwischen die Beine zu rammen. Ein schriller Schmerzenslaut aus seinem Mund war die Bestätigung, dass sie genau die richtige Stelle getroffen hatte. Sofort lockerte sich der Griff seiner Hände, dann krampfte er heulend den Oberkörper zusammen, um sichließlich ganz zu Boden zu gehen, wo er sich nun jammernd im Dreck der Straße wälzte. »Das … das … das werde ich dir … dir eines Tages … eines Tages heimzahlen …« keuchte er müh-

sam. »Warte … warte nur … das … das bekommst du zurück!«
Hastig packte Margret die beiden Eimer und eilte zur Gastwirtschaft zurück, wo die Hochzeitsfeier längst ihren Höhepunkt überschritten hatte. »Wo bleibst du denn so lange mit dem Wasser?« schimpfte die immer noch mit den kaum kleiner werdenden Geschirrbergen kämpfende Marie. »Hast du etwa erst zum Neckar hinunter laufen müss …« Mitten im Wort brach sie ab und schlug entsetzt die Hände vor den Mund, als sie Margret in diesem Zustand vor sich sah. Kraftlos sackte das Mädchen zusammen. »Um Gottes Willen! War das der Carl? Hat er dir etwas angetan?«
»Nein … das das hat er nicht. Er hat es versucht … aber … Ich … ich habs nicht zugelassen«, murmelte sie schwach. »Es … es tut aber ein bisschen weh und mir ist es auch irgendwie schwindelig«, presste sie mühsam hervor. »Ich … ich will bloß nicht, dass mich die Leute so sehen, Marie. Kannst … kanst du mir helfen, Marie?« Dann schwand ihr das Bewusstsein.
Marie fackelte nicht lange. Es war ganz sicher keine schwerwiegende Verletzung, das konnte sie mit dem erfahrenen Blick der langjährigen Dienstmagd in einer Gastwirtschaft unschwer erkennen. Auch die Ohnmacht würde nicht allzu lange dauern. Aber die blauen Flecken. Die würde man natürlich auf den ersten Blick erkennen. Und das musste nun wirklich nicht sein. So sollten sie die Leute nicht zu Gesicht bekommen. Niemand von der Hochzeitsgesellschaft. Schon gar nicht der Bräutigam. Und erst recht nicht dieser liederliche Carl, den sie sich gleich morgen früh zusammen mit dem Wilhelm extra zur Brust nehmen würde. Der Wilhelm hatte trotz seines fortgeschrittenen Alters schon noch einige Überzeugungskraft in den Fäusten und würde dem Kerl eine Lektion verpassen, die er nicht so schnell vergessen würde. Und Mitleid würde es in diesem Fall auch keines geben. Genauso wenig wie Rücksichtnahme. Ob er nun

der Neffe des Kronenwirts war oder nicht. Also galt es rasch zu handeln. Zum guten Glück war Wilhelm mit seinem erbeuteten Weinvorrat noch nicht ganz bis zur Neige des Kruges gelangt, so dass er sich noch in einem einigermaßen guten Zustand befand und ihr, ohne größere Fragen zu stellen, dabei helfen konnte, Margret in den Strohhaufen der kleinen Scheune zu schleppen, wo sie die Nacht über bleiben konnte, ohne dass sie jemand bemerken würde. Es war ja Sommerzeit, da war es also auch kein Problem, die Nacht hier zu verbringen. Am besten sogar gleich zwei Nächte lang, bis das Schlimmste vorbei war. Wilhelm würde darauf aufpassen, dass nichts mehr passierte.

»Aber ... aber was sagt ihr dem Herrn Bengel, wenn er sich nach mir erkundigt«, murmelte die auf den Tod schwache Margret leise.

»Dem sage ich, dass es dir nicht so gut geht«, wischte Marie den Einwand rasch beiseite, »und wenn ich ihm sage, es seien halt irgend welche Frauensachen ... dann fragt er sowieso nimmer nach.«

»Irgendwelche Frauensachen!« protestierte Margret leise. »Ich bin noch nicht einmal siebzehn Jahre alt!«

»Dann hast du ja am eigenen Leib erfahren können, was das heißen kann« kommentierte Marie trocken. »So und jetzt genug geredet. Du machst jetzt erst einmal die Augen zu und ruhst dich aus. Der Wilhelm passt auf dich auf.«

Wegen dem Kronenwirt mussten sie sich wirklich nicht den Kopf zerbrechen. Es war wenig wahrscheinlich, dass er sich morgen oder übermorgen ausgerechnet nach dem Verbleib seiner jüngsten Dienstmagd erkundigen würde. Denn Christian Bengel hatte in den kommenden Tagen vermutlich genug mit sich selbst und seinem Brummschädel zu tun, wenn er nach der Hochzeitsnacht erwachte.

Genau so kam es. Der Einzige, dem Margrets Zustand sofort ins Auge stach, war ihr Vater, als sie nach zwei

Tagen am späteren Abend nach Hause kam. Eigentlich hatte sie gehofft, dass alle schon schlafen würden, doch Christoph Schober war noch wach, sah kurz hoch, als sie im Dämmerlicht die Stube betrat, dann kniff er irritiert die Augen zusammen und musterte seine Tochter erstaunt. »Wie siehst du denn aus? Grün und blau an der Wange. Das sieht ziemlich schmerzhaft aus. Was ist passiert?«

»Ich habe mich gestossen«, gab das Mädchen zur Antwort, wobei sie versuchte, sich mit dem Gesicht ins Halbdunkel zu stellen. Vorsichtig betastete sie dabei die verräterische Stelle, an der die Faust des Jungen an ihre Wange geklatscht war. »Die Schmerzen sind auszuhalten, denn zum Glück ist im Kiefer nichts gebrochen.« In der Tat: Viel schlimmer war dieser unaufhörlich pochende Schmerz am Hinterkopf, der von der Beule her rührte, die sie sich durch den Aufprall nach dem Schlag eingefangen hatte. Zum Glück konnte sie die Beule wenigstens durch ihre Haare verdecken.

»So, so. Gestossen hast du dich also«, murmelte der Vater wenig überzeugt. »Was war das denn für eine gefährliche Arbeit, die du da hast machen müssen?«

»Ach, nichts Besonders. Ich war halt wohl ein bisschen schusselig und schon ist es passiert …«

»Ein bisschen schusselig. Ausgerechnet du.« Nach wie vor beäugte Christoph Schober seine Tochter argwöhnisch und musterte sie dabei ganz genau. Dann fixierte er sie ernst aus seinen eisblauen Augen. »Und jetzt nochmal: was ist wirklich passiert? War da etwas, das ich vielleicht doch wissen sollte?« Irgend etwas schien er zu ahnen.

»Nein, nein, Es ist schon alles in Ordnung, Vater.«

Schober nickte bedächtig. »Nun, wenn du also dabei bleiben willst, dann ist es ja gut! Aber komme mir bloß nicht in neun Monaten mit einem dicken Bauch …«

Abwehrend hob Margret die Hände. »Nein, nein. Da kannst du dir ganz sicher sein. Es … es ist nichts.«

»Gut. Du weißt, dass ich seit den leidigen Erfahrungen mit deiner Halbschwester, eine ordentliche Last mit mir herum trage. Denn wenn ich jetzt gleich wüsste, wer es war, dann könnte ich ihn noch am Kragen packen. In neun Monaten ist es zu spät. Das möchte ich nicht noch einmal erleben müssen. Man muss da einfach klar darüber reden, auch wenn du noch so ein saures Gesicht machst, nur, weil ich das sage.«
»Weil es aber auch gar nicht so ist, wie du ständig sagst. Da ist nichts und da war nichts! Es ist nicht so, wie du mir unterstellen willst, Vater. Es … es ist … Ach was! Lasst mich doch alle in Frieden! Und die Wilhelmina ist keine Last: sie ist meine Schwester! Dass dir das auch einmal klar ist!«
Mit einer brüsken Geste wandte sie sich ab und stapfte in die Kammer, in der ihre Schwestern längst tief und fest nebeneinander in den Betten schliefen. Zum Glück hatten sie von dem immer lauter gewordenen Wortwechsel nichts mitbekommen. Margret atmete einmal tief durch und betrachtete die nur schattenhaft erkennbaren Köpfe ihrer Geschwister liebevoll. Wie friedlich sie doch da lagen. Wie einfach die Welt doch sein konnte. Warum durfte man nicht immer Kind sein?!

21

Gleich beim Morgengrauen machte sie sich wieder auf nach Rappenau. Erstaunlicherweise war heute sogar schon Christian Bengel auf den Beinen, als sie kurz nach sechs Uhr bei der »Krone« anlangte. Beinahe den ganzen vorherigen Tag hatte er, wie sie von Marie wusste, im Bett verbracht – aber nun schien er sich wieder im Vollbesitz seiner Kräfte zu befinden. Und auf den neuesten Stand der Ereignisse war er von der verlässlich brodelnden Gerüchteküche seiner diversen Dienstboten offenbar auch schon gebracht worden, das verriet ihr sein Gesichtsausdruck, mit dem er sie aufmerksam von Kopf bis Fuß musterte.
Erstaunlicherweise verkniff er sich aber eine Bemerkung. Bis auf ein süßsaures Lächeln, dann zuckte er kurz mit den Schultern und wandte sich um. Nun ja, dann war da ganz kurz noch dieses eigenartige Aufblitzen in seinen Augen gewesen, als sich ihre Blicke kreuzten. Irritierend. Fast so, wie am Abend seiner Hochzeit. Wieder ganz genau so sonderbar. Dieser merkwürdig andere Ausdruck, mit dem er sie plötzlich betrachtet hatte. Aber nur ganz kurz. Was sollte das bedeuten? Seltsam ... Andererseits: warum sollte sie sich deswegen Gedanken machen? Sie schien mittlerweile Gespenster zu sehen. Kein Wunder: erst die Lästermäuler auf der Feier, dann der zudringliche Carl. Ihre Nerven schienen sich noch nicht ganz beruhigt zu haben. Aber das würde bald schon anders werden. Bei der Arbeit würde sie schon auf andere Gedanken kommen. Denn heute war Großputz angesagt. Heute war die Gastwirtschaft geschlossen. Alle Räume mussten gründlich gereinigt, die Böden dabei kräftig geschrubbt werden – auch der Saal, in dem die Hochzeitsgesellschaft ihre Spuren hinterlassen hatte. Das würde ihre ganze Kraft in Anspruch nehmen – und hof-

fentlich rasch diese lästigen Gedanken verscheuchen, die sich wie graue Schatten auf ihre Seele gelegt hatten.
Zum guten Glück ging ihr auch Carl nach Möglichkeit aus dem Weg. Nur einmal hatten sich ihre Wege versehentlich kurz gekreuzt, als er im Schankraum beinahe über den Putzeimer gestolpert wäre. Dabei hatte sie erkennen können, wie die Wangen des Burschen in noch wesentlich intensiveren Farben schillerten, als der blaue Fleck auf ihrer Wange. Knallrot war er angelaufen, als er bemerkte, wie Margret ihn beobachtete, darauf war er hinkend davon gehastet. Ganz offensichtlich hatte er die ihm von Marie in Aussicht gestellte Lektion erhalten. Und allem Anschein nach war der gute Wilhelm dabei äusserst sorgfältig ans Werk gegangen. Nun gut, das konnte nichts schaden. Verdient hatte er die Abreibung ja sowieso. Hoffentlich war es ihm eine Lehre.
Alles schien folglich wieder im Lot zu sein – und es stand durchaus in Margrets Interesse, dass niemand die schlimme nächtliche Episode mehr ansprechen wollte. Das war ohnehin am Allerbesten. So weiter zu arbeiten, als sei da gar nie etwas gewesen. »Im Grunde genommen ist ja auch wirklich nichts gewesen«, murmelte Margret noch tagelang wieder und wieder vor sich hin. Denn die Schatten auf ihrem Gemüt erwiesen sich als hartnäckiger, als sie das erhofft hatte. Dabei gab es doch wirklich keinen Grund mehr, sich solche Gedanken zu machen. Vorbei war vorbei. »Du solltest dich nicht wichtiger machen, als du bist« schalt sie sich selbst für ihre plötzliche Verzagtheit im Umgang mit den anderen. »Ausserdem war ich in gewisser Weise ja schon auch selber schuld. Ich hätte einfach besser aufpassen müssen.«
Denn dass man als junge Frau vorsichtig sein musste, wenn die Männer auf einem Fest all zu reichlich dem Alkohol zugesprochen hatten, das hatte ihr doch schon die Johanna immer wieder eingeschärft. Die Johanna hatte genau gewusst, wovon sie sprach. Das wurde Margret im Lauf der Zeit immer klarer, während sie aus der

ständigen Nachgrübelei nur schwer heraus fand. »Ich hätte halt genauer hinhören sollen, was mir die Johanna damit hat sagen wollen …«. Andererseits weshalb sollte man als Frau auf der Hut sein, wenn ein Mann zu viel getrunken hatte – und war am Ende in den Augen der anderen dann auch noch »selber schuld«, wenn der sich an ihr vergriffen hatte?! Was für eine seltsame Verdrehung der Ursachen und Umstände!
Zum Glück heilt die Zeit alle Wunden und irgendwann schaffte es Margret tatsächlich, nicht mehr Tag für Tag an den 6. Juni denken zu müssen. Irgendwann war die Sache so gut wie vergessen.
Wobei sie auch in den folgenden Wochen das verstörende Gefühl nicht los wurde, dass sich Christian Bengels ganzes Verhalten auf eine kaum zu beschreibende Art verändert hatte, wenn sie sich begegneten. Allein dieser eigenartige Ausdruck in seinen Augen … Schon bei der Erinnerung daran, begann Margret zu frösteln. Und wie lange und intensiv er seinen Blick meistens auf ihr ruhen ließ, wenn er sich unbeobachtet wähnte. Wie er über ihren Kopf langsam den Oberkörper hinunter glitt, über den Unterleib, die Beine … Es war ihr, als würde er sie in seinen Gedanken ausziehen, als stünde sie plötzlich splitternackt vor ihm. Es war … Ach was! Das war nur Einbildung. Sie reimte sich da etwas zusammen, was gar nicht sein konnte. Dass ausgerechnet ein Ehrenmann wie der Kronenwirt ein begehrliches Auge auf eine einfache Dienstmagd geworfen haben sollte. Dabei war er gerade frisch verheiratet. Und ausserdem mehr als doppelt so alt, wie Margret! Das alles waren folglich nur die übersteigerten Phantasien einer heranwachsenden jungen Frau, die es trotz allem halt doch nicht so ganz geschafft hatte, dieses eine verstörende Erlebnis vom Frühsommer richtig zu verarbeiten. Mehr war da nicht!
Obwohl …

22

Der letzte Monat des Jahres 1861 war angebrochen. Längst bestimmten wieder andere Themen Margrets Tagesablauf. In der »Krone« rüstete man sich inzwischen für Weihnachten. So umfangreich wie in diesem Jahr waren die Vorbereitungen noch nie verlaufen. Das hatte seinen Grund im beständig wachsenden Kurbetrieb. Denn die in immer größerer Zahl nach Rappenau strömenden Kurgäste, die sich vom heilkräftigen Solewasser die Linderung ihrer Zipperlein versprachen, bildeten in ihrer Mehrzahl ein äußerst zahlungskräftiges Publikum, das sich in der Adventszeit ausserhalb ihrer Kurklinik gerne auch einmal ein schönes Essen in einer der aufstrebenden Rappenauer Gastwirtschaften gönnte. Vor allem dann, wenn Er oder Sie endlich den erhofften Kurschatten gefunden hatten. Das war herrlich zu beobachten, wenn man als Küchenhilfe während der Arbeit einmal durch die Tür in den Saal spähen und Wetten darauf abschließen konnte, welcher Herr denn nun mit welcher Dame … »Das ist die mit dem eleganten weißen Hut – schau, die nimmt jetzt gleich Kontakt mit dem Zwirbelbart gegenüber auf«, wisperte Margret der alten Marie ins Ohr, die diese Bemerkung mit verständnislosem Kopfschütteln quittierte »Was für eine unmoralische Zeit, in der wir leben! Und du machst dir auch noch einen Spaß daraus. In deinem jugendlichen Alter!«
»Ach Marie, ein Vergnügen darf unsereins ja wohl auch haben«, gab Margret fröhlich grinsend zurück. »Da, guck. Es ist tatsächlich so. Ich habe recht gehabt.« Ganz dezent hatten sich die Füße der beiden von Margret ausgeschauten Kandidaten unter der weit herunter hängenden Tischdecke bewegt und zu einem beinahe zufällig scheinenden ersten Beinkontakt geführt. Von wegen Zufall! Da würde ich gerne nachher im Kurpark

ein bisschen Mäuschen spielen«, quietschte Margret vergnügt.

»Ja hast du denn nichts anderes zu tun, als hier die Tür zu versperren und Maulaffen feilzuhalten?!« donnerte in diesem Moment eine strenge Stimme an ihr Ohr. Margret brauchte sich gar nicht erst umzuwenden, es war ihr auch so klar, zu wem die Stimme gehörte.

»Ich … ich bin ja schon unterwegs. Ich … ich wollte nur … ich habe …«

»Hör auf, hier herum zu stottern und geh endlich wieder an deine Arbeit«, herrschte Christian Bengel seine junge Magd ungeduldig an. Das ließ sich Margret kein zweites Mal sagen. Augenblicklich kehrte sie wieder zum Spülstein zurück, an dem sich Marie bereits mit dem dreckigen Geschirr abmühte. »Ich habe es dir ja gleich gesagt: Lass es bleiben! Aber die jungen Leute hören ja nimmer auf unsereins. Dafür hast du jetzt das Donnerwetter abbekommen. Geschieht dir ganz recht so.« Damit war alles gesagt.

Es waren arbeitsreiche Sonntage – die noch unter der Woche ihren Nachhall fanden. Auch an den Werktagen hatten die Mägde der »Krone« alle Hände voll zu tun. Vor allem am Montag. Dem ohnehin nicht sonderlich beliebten Waschtag. Denn ein komplett ausgebuchter Adventssonntag, an dem kein einziger Tisch mehr frei war, bedeutete für den darauf folgenden Montag einen gewaltigen Berg an ehemals weißer Tischwäsche, die jetzt stundenlang von den widerspenstigen Essensflecken wieder reingewaschen werden musste. Im Winter war das immer besonders schlimm, denn vor lauter Kälte fielen einem manchmal beinahe die Finger ab. Aber es half alles nichts. Die Arbeit musste getan werden. Kein Wunder, dass bei der unsäglichen Plackerei so manches derbe Schimpfwort ausgestossen wurde, das die vornehmen Damen in den Kurkliniken augenblicklich zum Erblassen gebracht hätte. Aber bei den Mägden ging es in dieser Hinsicht wenig zimperlich zu – sie verfügten über einen genauso umfangreichen Wortschatz an unaussprechbaren Ausdrücken, wie die Stallknechte, Viehhirten oder Latrinenwagenfahrer. »Ein bisschen mehr Lohn könnte er uns ja schon bezahlen, der liebe Kronenwirt«, maulte eine der älteren Mägde, während sie schlotternd warmen Atem an ihre klammen Finger blies. »Da schuftet man den ganzen Tag über wie eine Blöde, dann sonntags auch noch, montags die ganze Wäsche – und er bezahlt kein bisschen mehr, als im letzten Jahr, wo wesentlich weniger Gäste gekommen sind als in diesem Jahr.«

»Da hast du schon recht«, pflichtete ihr eine andere bei. »Der Bengel streicht ordentlich etwas ein und uns vergisst er dabei. Man sollte es ihm mal ganz deutlich sagen.«

»Genau«, nickte die alte Marie. »Und wer von euch will das machen?« Fragend schaute sie in die Runde, doch keine der Frauen hob die Hand.

»Aha! Hab ich mirs doch gleich gedacht! Immer große Reden schwingen, aber wenn es dann zum Schwur kommt, dann machen sie doch wieder alle in die Hose.« Sorgfältug wischte sie sich die nassen Hände an ihrem dicken Wollrock ab. »Seien wir also froh und dankbar, dass wir überhaupt eine Arbeit haben. Und dass wir es beim Christian Bengel nicht unbedingt ganz schlecht haben, das ist euch ja wohl auch bewusst. Ich denke, er wird sich auf Dauer schon besinnen und uns ein bisschen mehr für die Arbeit bezahlen. Spätestens an Lichtmeß. Ich müsste mich sehr täuschen, wenn er das nicht von sich aus machen würde.« Damit hatte die Diskussion ihr Ende gefunden.

Am frühen Morgen des 16. Dezember, einem Montag, war Margret von Rappenau nach Treschklingen gehastet. Zum guten Glück war kein Schnee gefallen und besonders kalt war es auch nicht gewesen, wie überhaupt der Winter heuer noch nicht mit voller Eiseskälte über das Land gekommen war. Am Abend des Vortags war ein

Bauer aus Treschklingen in der »Krone« erschienen, der ihr die Nachricht brachte, dass ihre Stiefmutter gerade in den Wehen liege und demnächst ein weiteres Kind zur Welt bringe. »Was?! Ist es denn schon so weit?!« Vor lauter Arbeit hatte Margret ihre Familie schon seit einigen Tagen nicht mehr besuchen können und war deshalb dementsprechend überrascht von dieser Neuigkeit. »Ich muss sofort nach Treschklingen!«, erklärte sie der alten Marie. »Spätestens wenn die Gäste heute abend weg sind. Den Waschtag morgen, den müsst ihr dann halt ohne mich bewältigen. Ich bin es meiner Stiefmutter einfach schuldig, dass ich ihr beistehe. Sie ist eine gute Frau und hat mir so manches Mal schon geholfen. Und meine Geschwister werden auch froh sein, wenn ich da bin. Kann ich gehen und euch mit der Wäsche allein lassen?«

»Das schaffen wir schon. Das geht in Ordnung. Geh du nur – ich erkläre es dem Christian, wieso du morgen nicht hier sein kannst.«
Gerade noch rechtzeitig zu den Presswehen war Margret eingetroffen. »Ein Sohn. Du hast einen Sohn zur Welt gebracht, Rosina«, präsentierte Barbara Stunz, die wieder einmal bei einer Geburt im Haushalt der Schobers als Hebamme fungiert hatte, der erschöpften Mutter das Resultat ihrer stundenlangen Plagen.
Ein erleichtertes Lächeln zog über die Miene von Margret, als der erste zaghafte Schrei des neuen Erdenbürgers durch die Kammer hallte. »Wie soll er denn heißen, Rosina?«
»Er soll Jakob heißen« flüsterte die frisch gebackene Mutter schwach. »So habe ich es mit deinem Vater ausgemacht. Er kann jetzt gerne reinkommen und seinen Sohn anschauen. Kannst du ihn bitte holen, Margret?«
»Natürlich, das mache ich gerne, Rosina. Es ist ja schon ein schöner Zufall, dass du gleich zwei Buben geboren hast, die auch noch hintereinander Geburtstag haben. Heute also der Jakob und morgen dann unser Georg, der

nun immerhin auch schon vier Jahre alt wird. So – und jetzt gehe ich den Vater holen.«

Die Freude ihres Vaters über den neuerlichen Familienzuwachs hielt sich allerdings in engen Grenzen. »Jetzt habe ich also acht Kinder, die versorgt werden müssen – und keines, bis auf den Martin, bringt Geld ins Haus. Der Martin wenig genug, als Taglöhner im Gutshof, und er zeigt es uns ja auch überdeutlich, dass er das gar nicht machen will. Der Verwalter wird ihn bald rauswerfen, wenn das so weiter geht. Kellner will er werden, der dumme Junge! Kellner! So ein Blödsinn! Das passt doch nicht für einen von uns«, murmelte Christoph Schober müde, während er an dem wackligen Holztisch in der Stube saß und keinerlei Anstalten machte, seinen Neugeborenen erstmals in Augenschein zu nehmen.
»Na ja, Vater. Jetzt komm aber. Ich kann schließlich immerhin für mich selbst sorgen, das ist ja auch schon was. Und der Martin … nun ja besser ist es doch, er bringt überhaupt was nach Hause, als gar nichts. Auch dann, wenn er tatsächlich Kellner wird, kann er ja etwas verdienen. Denk nur an das Trinkgeld. Und jetzt … Jetzt freu dich doch über deinen kleinen Sohn!«
Doch dem alten Schober war es nicht nach Freude zumute. Ganz und gar nicht. »Du hast ja keine Ahnung, wie unsere Lage derzeit ist. Ja, im vornehmen Rappenau, da brauchen sie sich keine Sorgen um ihre Zukunft zu machen mit ihrem Salz und dem ganzen Kurbetrieb dort. Aber hier in Treschklingen, in Babstadt und in Obergimpern, da sieht es ganz düster aus.«
Margret horchte auf. »Wovon genau redest du, Vater? Was ist denn passiert?«
»Passiert!« wiederholte Schober und lachte dabei bitter auf. »Das ist es ja gerade. Passiert ist gar nichts. Beziehungsweise genau das Falsche.«
Schon seit Anfang des Monats waren die Gespräche in Treschklingen immer ernster geworden. Die Lage der

Bauern hatte sich in den vergangenen Jahren weiter verschlimmert. Dazu kam nun dieses ziemlich schlechte Erntejahr, das ihnen weitaus geringere Erträge beschert hatte als im langjährigen Durchschnitt. Und nicht nur das!

»Das Essen wird jetzt schon knapp. Die Vorräte gehen allmählich zur Neige – und das wohlgemerkt noch im alten Jahr. Wie soll dann erst der Jahresanfang werden, vor allem der Februar? Wenn es immer ganz besonders kalt wird? Und schuld an allem ist dieser von Gemmingen!«

»Du meinst die Herrschaft? Aber wieso denn?«

»Weil uns der feine Herr mit seinem überragenden Wissen regelrecht in den Zuckerrübenanbau hinein getrieben hat. Wir Hornochsen haben an ihn und seine ganzen hochtrabenden Prophezeihungen geglaubt und anstelle von Kartoffeln also Zuckerrüben angebaut noch und noch. Und jetzt … jetzt nimmt sie uns keiner ab.«

»Aber eigentlich war das von ihm doch gut gemeint mit den Zuckerrüben. Ich weiß noch genau, wie du mir gesagt hast, dass man damit viel mehr Geld erwirtschaften könne, als mit Kartoffeln. Selbst wir, auf unserem kleinen Acker.«

Christoph Schober schnaufte unwirsch. »Vom gut meinen wird man aber nicht satt – das kann sich vielleicht der hohe Herr leisten mit seinem Gutshof und den 250 Morgen Acker, die ihm inzwischen gehören. Hast du das schon gemerkt, dass er seinen Besitz Jahr für Jahr vergrößert?«

»Natürlich. Darüber sprechen ja alle – sogar in Rappenau in der »Krone« ist das ein Thema. Und viele von ihnen wundern sich schon, wie er das alles macht …«

»Das macht er alles auf unsere Kosten. Kauft alles auf, was er in die Hände bekommen kann. Kunststück, er muss ja nur einen Spottpreis dafür bezahlen. So schlecht, wie es den meisten geht, verkaufen die ihre letztes Hab und Gut für fast gar nichts. Und stehen am Ende dann gleich doppelt mit leeren Händen da, wenn das bisschen Geld, das sie erlöst haben, auch bald wieder ausgegeben ist. Nein, nein«, müde fuhr sich Margrets Vater mit beiden Händen über das Gesicht. »Es heißt ja überall so schön, die Leibeigenschaft sei aufgehoben – von wegen: so steht es vielleicht auf dem Papier, aber die Wahrheit ist doch eine ganz andere. In Wirklichkeit ist alles wieder so wie früher: die ganzen Felder ringsherum – von ein paar Ausnahmen abgesehen – gehören längst wieder dem Herrn von Gemmingen und seinen Standesgenossen. Und unsereins arbeitet wieder als Tagelöhner auf unseren ehemaligen Feldern. Wieder für die hohen Herrschaften – genau so, als sei da nie etwas anders gewesen. Ob man dich nun einen Leibeigenen schimpft oder einen Tagelöhner, das Resultat ist genau dasselbe. Daran hat sich seit Jahrhunderten nie etwas geändert.«

»Na ja. Selbst wenn das so ist. Wäre es am Ende nicht besser, er zahlt dir einen Lohn als Tagelöhner, als dass wir verhungern, wenn du gar keine Anstellung hast und auch nichts verkaufen kannst. Da muss man doch eigentlich froh sein, wenn er den Bauern die Felder wieder abkauft.«

»Froh sein! Er hat uns doch erst in diese Lage gebracht! Erst uns in die Sackgasse manövrieren und dann den großen Wohltäter spielen – zum halben Preis freilich.«

»Wenn ich mich recht erinnere, hast du aber damals davon gesprochen, dass er den Zuckerrübenanbau wirklich mit den besten Vorsätzen begonnen hat. Und der Herr Bengel aus der »Sonne«, der Bruder von meinem »Kronenwirt«, der hat es doch nachdrücklich befürwortet. Und über den hast du auch immer gesagt, das sei ein gescheiter Mann, der sich in der Landwirtschaft auskennen würde. Dem könne man vertrauen.«

»Mag ja sein, dass er den genauso reingelegt hat, wie alle anderen auch«, knurrte Schober. »Mehr Ertrag für uns alle! Und wir Esel haben das geglaubt. Was sollen wir jetzt mit den ganzen verfluchten Zuckerrüben?! Wie konnten wir nur so blöd sein? Kartoffeln kannst du essen, wenn du sie nicht verkaufen kannst. Aber Zuckerrüben? Die kannst du lange angucken und dabei leise vor dich hin hungern.«

»Du meinst, es war gar nicht ehrlich gemeint?«

»Ich bitte dich! Denk mal nach! 100.000 Zentner Zuckerrüben pro Jahr – wie haben wir denn nur an so etwas glauben können?! Dass bald wunderbare Zeiten für uns alle anbrechen würden, denn der Herr von Gemmingen habe ja schon persönlich mit der Zuckerfabrik in Waghäusel verhandelt. Demnächst würde von denen ein Trockenhaus bei uns gebaut, das hat er uns gesagt. Und deshalb haben wir dann mit seiner Hilfe Saatgut beschafft (auch daran hat er natürlich extra verdient für seine uneigennützigen Vermittlungsdienste) – und dann … dann bauen die ihre Trockenhäuser plötzlich anderswo. Da seien sie günstiger gelegen, heißt es nun. Und dass sie beschlossen hätten, ihre Äcker doch lieber selber zu bewirtschaften, deswegen brauchten sie keine Zuckerrüben mehr von uns. Das ist einfach von heute auf morgen von denen so beschlossen worden – um unsere Einwände hat sich dabei keiner geschert. Nun gut, der hohe Herr habe es mit Bedauern aufgenommen, hört man. Gleichzeitig kauft er aber weiter zu Spottpreisen fröhlich unsere Felder auf. Ich sag's dir! Gesindel! Nichts als Gesindel ist das. Die alten Raubritter! Und wir, wir sind wieder die Leibeigenen – wie eh und je. So ist das. Und jetzt sage mir, Margret, wieso ich mich also darüber freuen soll, dass ich noch so einen ewig abhängigen Leibeigenen in die Welt gesetzt habe?«

»Weil es dein Sohn ist, Vater. Und weil er gesund ist. Und weil er Jakob heißt. Jakob Schober. Deshalb.«

23

In den folgenden Jahren, die Margret in der Rappenauer »Krone« verbrachte, veränderte sich die Stimmung dort dramatisch. Zahlreiche Enttäuschungen und Schicksalsschläge hatten die Familie von Christian Bengel heimgesucht und dafür gesorgt, dass aus dem ehemals stattlichen, lebenslustigen Mann ein ernster, manchmal auch jähzorniger Zeitgenosse geworden war, der seinen Kummer oft genug im überreichlichen Genuss von Bier und Wein ertränkte.

Begonnen hatte es mit einem eigentlich erfreulichen Ereignis, nämlich mit der Niederkunft von Karoline Bengel, die ihrem Ehemann am 24. Februar 1862 einen Sohn gebar, den sie nach seinem Vater ebenfalls auf den Vornamen Christian taufen ließen. Doch so richtige Freude über die Geburt des Stammhalters wollte weder beim Kronenwirt noch bei seiner Frau aufkommen. Die Geburt hatte sich über Tage hingezogen und der ohnehin schwächlichen Karoline einen Großteil ihrer Kraft geraubt. Stundenlang lag sie seitdem im Bett, nicht imstande, wenigstens einen kurzen Spaziergang zur Kirche hinüber zu unternehmen. Auch mit dem Kind selbst war etwas nicht in Ordnung. Um diese Diagnose zu stellen, brauchte man kein Arzt zu sein. Das sah man auf den ersten Blick. Bei seiner Geburt maß der Junge noch nicht einmal 46 Zentimter, gewogen hatte das jämmerliche Bündel keine fünf Pfund. Dazu diese weiße, fast durchsichtige Hautfarbe. Und nachdem die Mutter sich von Anfang an außerstande sah, ihr Kind zu stillen, wurde es noch problematischer, das Kleine über seine ersten Lebenswochen zu bringen. Auf Anweisung von Christian Bengel übernahm Margret die Aufgabe der Kinderfrau, »das kannst du mit deinen siebzehn Jahren sicher ganz gut – und du kannst dann ja auch schon mal üben, wie es ist, Kinder zu haben«, hatte er gemeint und ihr dabei wieder einen dieser durchdringenden Blicke angeheftet, die sie inzwischen regelrecht fürchtete. Es war ein langer, zäher Kampf, das Kind überhaupt zu füttern. Von der verdünnten Kuhmilch, die sie ihm anfangs einflößten, hatte es einen schlimmen Durchfall bekommen, auch mit Ziegenmilch war es nicht besser. Schon stand das Leben des kleinen Christian ernsthaft auf der Kippe, als es Margret dank der Vermittlung ihrer guten Freundin, der alten Marie, gelang, in Rappenau eine Frau ausfindig zu machen, die selbst gerade erst ein Kind zur Welt gebracht hatte. Sie erklärte sich bereit, auch den kleinen Sohn des Kronenwirts an ihre Brust zu legen, nachdem ihr eigenes Kind gestillt war. So leistete sie den entscheidenden Ammendienst, dem es zu verdanken war, dass Christian Bengel junior seine ersten Lebensmonate überstand. Freilich – ob aus ihm jemals ein gesunder Junge werden würde, das stand nach wie vor in den Sternen. Man brauchte ihn ja nur anzuschauen, wie er da winzig, fahl und unscheinbar in seiner weiß bezogenen Wiege lag und kaum eine Bewegung machte. Noch nicht einmal nach sechs Monaten, in einem Alter, in dem sich andere Kinder längst kräftig rührten und deutlich auf sich aufmerksam machten. Notfalls mit stundenlangem Geschrei. Das war bei Christian ganz anders. Vielleicht hätte ihm da die Zuwendung seiner Mutter halt schon auch ein bisschen gut getan. Aber darauf zu hoffen, das war vergebliche Mühe. Und wenn es je einen Funken Hoffnung gegeben haben sollte, dann war er mit dem Tag zerstoben, als Karoline Bengel der Kindsmagd mitteilte, dass sie leider schon wieder schwanger geworden sei, obwohl seit Christians Geburt erst ein halbes Jahr vergangen war. »Von mir aus hätte das weiß Gott nicht sein müssen, aber leider hat mein Mann überhaupt keine Rücksicht auf meine Unpässlichkeit genommen … Tja – und jetzt muss ich schauen, wie ich diese neuerliche Tortur über-

stehen kann.« Damit war der längste Satz gesprochen, den Margret von der Kronenwirtin bis zur deren neuerlichen Niederkunft zu hören bekam.
Völlig zurückgezogen lag sie nun die meiste Zeit in ihrer Kammer – auch nicht die anderen Dienstboten bekamen Karoline Bengel zu Gesicht. »So eine will eine Wirtin sein! Du meine Güte! Niemals! Zum guten Glück läuft die Wirtschaft auch ohne sie! Aber der arme Christian Bengel. Da hat er schon ganz schön daneben gegriffen, als er auf Brautschau gegangen ist. Sich für so eine langweilige Person zu entscheiden … und die Schönste ist sie ja auch nicht unbedingt. Also wirklich!«
»Das kann dann nur noch einen Grund haben, weshalb er sie trotzdem genommen hat. Der Bengel ist ja schließlich auch nicht blind.«
»Und was für ein Grund soll das sein?«
»Jetzt überleg halt mal! Das liegt doch eigentlich auf der Hand …«
»Du meinst, er hat sie bloß wegen dem Geld geheiratet?«
»Ja klar! Weshalb denn sonst? Nur wegen ihrer Mitgift. Die scheint nämlich ganz ordentlich ausgefallen zu sein, munkelt man in Kochendorf, wo sie ja herkommt. Und ausserdem ist sie die einzige Erbin, wenn ihre Eltern einmal nicht mehr da sind …«
»Aha! Daher weht also der Wind! Er hat sie wegen dem Geld genommen, nicht wegen der Liebe.«
»Die Liebe! Pah! Du kennst doch den alten Spruch: Liebe vergeht, Hektar besteht. Das ist so und das wird auch immer so bleiben.«
Auch die weitere Entwicklung im Hause Bengel gab den Spekulationen reichlich Nahrung. Seitdem die Kronenwirtin ihre neuerliche Schwangerschaft bekannt gegeben hatte, schliefen Karoline und Christian Bengel in verschiedenen Kammern. Und dass die beiden zumindest tags über eine gewisse Konversation pflegten, das konnte man beim besten Willen nicht behaupten. Denn so gut wie nie sah man Christian Bengel aus der Kammer sei-

ner Frau kommen. Er hielt sich lieber unten in der Gaststube auf und überließ seine Angetraute dem Weltschmerz und der Schwangerschaft.
Umso offener freilich zeigte er mit diesen langen, durchdringenden Blicken ein verstörendes Interesse an seiner Dienstmagd Margret, die ihm aus dem Weg ging, so gut es ihr eben möglich war. Dass er sich seit Neuestem um das Wohlergehen seines kränklichen Sohnes zu kümmern begann, das konnte eigentlich auch nur den einen Grund haben, möglichst häufig in Margrets Nähe zu sein. Ein unangenehmes Gefühl! Und die anderen Dienstboten begannen auch schon, hinter ihrem Rücken zu tuscheln. Zumindest schien es Margret so …

Am 19. April 1863 wurde Friederike Bengel geboren. Wieder war es ein Kind, bei dem von Anfang an fraglich war, ob es überhaupt sein erstes Lebensjahr überstehen würde. »Das ist ein genauso kränkliches Geschöpf, wie der Christian und wie die Mutter«, knurrte die Hebamme am Ende des langen Tages erschöpft, während sie sich mit dem Handrücken den Schweiß von der Stirn wischte. »Früher war man da nicht so zimperlich, wie heutzutage«, murmelte Marie, die der Hebamme bei der Geburt hilfreich zur Seite gestanden hatte. »Zumindest auf dem Dorf nicht.«
»Was willst du damit sagen?«
»Das weißt du ganz genau«, gab die alte Magd trocken zurück.
Während die Hebamme nachdenklich nickte, verstand Margret überhaupt nicht, was das wohl hatte heißen sollen. »Was willst du damit sagen, Marie?«
»Das ist ganz einfach. Bei uns im Dorf hat man damals halt einfach den lieben Gott machen lassen und sich selber gar nicht groß eingemischt. Dann haben sich die Dinge von ganz allein geregelt und niemand hat hinterher ein Aufheben darum gemacht. Noch nicht einmal der Pfarrer …«

Betroffen machte Margret einen Schritt zurück. »Du meinst, man hat das Kind einfach sterben lassen?!«
»... man hat der Natur ihren Lauf gelassen. So würde ich das eher nennen.«
»Aber ... das kann man doch nicht machen! Ist das wirklich wahr?«
»Natürlich ist es wahr. Sonst hätte ich es ja nicht erzählt. Und bevor du vorschnell ein Urteil fällst: glaube bloß nicht, dass das in Treschklingen nicht ganz genauso gemacht worden ist – und wahrscheinlich immer noch gemacht wird, wenn es sein muss ...«
»... wenn es sein muss«, fiel Margret der Alten empört ins Wort. »Das klingt ja fürchterlich. Als wenn man sich zum Herr über Leben und Tod erheben würde.«
»Jetzt schlucke einmal deine Aufregung hinunter und hör mir zu«, ergriff nun wieder die Hebamme das Wort. »Ich habe schon vielen Kindern auf die Welt geholfen. Das kannst du mir glauben ...«
»Und hast du auch schon mal ...« Margret schaffte es nicht, das Unerhörte auszusprechen.
»Jetzt warte halt erst einmal, was ich zu sagen habe!« Die Hebamme musterte sie mit einem ernsten Blick. »Wenn du so viele Geburten erlebt hast, wie ich, dann ist es ja ganz klar, dass da auch welche darunter gewesen sind, bei denen es kein gutes Ende gegeben hat. Entweder ist die Mutter bei der Geburt gestorben, oder das Kind, oder gar beide. Das sind keine schönen Erfahrungen, das sage ich dir. Und manchmal ist es halt auch so, dass die Geburt einfach viel zu lange dauert, weil das Kind im Geburtskanal feststeckt. Und wenn es dann doch endlich geschafft ist, dann siehst du auf den ersten Blick, dass es einen Schaden davon getragen hat. Dass es also niemals ein gesunder Mensch werden wird, sondern sein ganzes Leben lang gepflegt werden muss, dass es elend vor sich hin vegetieren wird, oder dass es sein erstes Jahr nicht überleben wird. So ist das eben. Und wenn das bei Leuten passiert, denen im Leben sowieso nichts geschenkt

wird, und wo die Familie darauf angewiesen ist, dass die Mutter bald wieder auf dem Feld mitarbeitet und sich nicht um ein ständig krankes Kind kümmern kann ... ja, was dann? Denk mal darüber nach, bevor du vorschnell den Stab über andere Leute brichst. Manchmal ... ich sage ja nur manchmal ... ist es tatsächlich besser, den Dingen ihren Lauf zu lassen, als eine ganze Familie in den Abgrund zu reissen. Da hat die Marie schon recht mit dem, was sie gesagt hat.«

Doch Margret mochte ihr nicht beipflichten. Noch immer konnte sie kaum glauben, was sie da gerade eben hatte hören müssen. »Aber ... aber hier bei uns in Rappenau ist das doch nicht so. Der Christian Bengel ist doch ein vermögender Mann.«

»Allerdings« pflichtete ihr Marie bei. »Und deshalb ist es ja auch nicht dazu gekommen, dass man der Natur ihren Lauf gelassen hat. Obwohl ... Reichtum hin oder her ... «, Marie warf einen skeptischen Blick auf das armselige kleine Bündel in der Wiege. »Ich sage dir jetzt schon, dass dieses Kind seinen ersten Geburtstag nicht erleben wird. Und deshalb darf die Frage schon erlaubt sein, ob das, was wir da gemacht oder eben nicht gemacht haben, wirklich richtig gewesen ist. Angesichts dieses ganzen Leids, das dem armen Ding da in den nächsten Monaten noch bevorsteht.«

»Lass das bloß nicht den Pfarrer hören!«

»Ach richtig. Der Pfarrer!« nickte die Hebamme und tauschte mit Marie einen kurzen Blick. »Wie wärs, wenn du den Pfarrer holen würdest, Margret. Ich weiß nämlich wirklich nicht, ob das Kind seine erste Nacht überstehen wird. Er soll sich beeilen. Und den Vater kannst du auch mal zu uns schicken. Es wäre auch gut, wenn er dann nachher bei der Taufe schon wüsste, welchen Namen das Kind bekommen soll.«

Die erfahrene Marie sollte recht behalten. Keine elf Monate nach ihrer Geburt war am 5. März 1864 das kurze Leben von Friederike Bengel bereits wieder zu Ende gegangen.

»Das ist jetzt schon das Dritte von insgesamt vier Kindern, das ich begraben muss. Und wie es mit meinem Christian weiter gehen wird, dass wissen die Ärzte auch nicht«, kommentierte der Kronenwirt bitter, als er zusammen mit den Dienstboten der Gastwirtschaft und einigen wenigen Trauergästen sichtlich angeschlagen am Grab seiner Tochter stand. Noch nicht einmal seine Ehefrau hatte ihn begleitet. Sie sei durch den Tod ihrer Tochter in eine tiefe Depression gefallen, hörte man munkeln. Der Arzt habe ihr deshalb verboten, am Begräbnis teilzunehmen. »Was für ein Elend!« Abrupt wandte Christian Bengel sich um und verliess den Friedhof, ohne sich um die verblüffte Trauergemeinde zu kümmern.

In der Gaststube sahen sie ihn dann wieder. Offensichtlich hatte er in kürzester Zeit dem Wein in überstarkem Maße zugesprochen, denn zwei leere Krüge standen vor Bengel auf dem Tisch und sein stierer Blick verriet deutlich, dass der Alkohol bereits seine berauschende Wirkung entfaltet hatte.

Immer öfter geschah das in den folgenden Wochen und Monaten. Dabei war das so ganz und gar nicht seine Art. »Wenn das so weiter geht, dann entwickelt er sich selbst zu seinem besten Gast!« kommentierte der Knecht Wilhelm kopfschüttelnd. »Es nützt ja auch nichts, wenn er seinen ganzen Kummer im Wein ersäuft. Es müsste ihm jemand mal kräftig in den Hintern treten, damit er wieder zu sich kommt.«

»Und wer soll das sein? Seine Frau ist es ganz bestimmt nicht«, gab Marie achselzuckend zurück.

»Die ist ja der hauptsächliche Grund für seinen Zustand!« Marie stemmte empört die Hände in die Hüften. »Ja, ja. Das ist wieder einmal die ganz typische Männersicht. Immer sind die Frauen schuld. Als wenn sie etwas dafür könnte, dass ihr das Kind gestorben ist.«

»Dafür kann sie natürlich nichts. Aber so gehen lassen, müsste sie sich auch nicht. Kein Wunder, dass der arme Mann dann auf dumme Gedanken kommt ...«
Unwillkürlich hefteten sich die Blicke der beiden alten Dienstboten auf Margret. Denn auch ihnen war nicht entgangen, dass der Kronenwirt sich in letzter Zeit ständig in Margrets Nähe aufhielt. Auch die Art und Weise, wie er der jungen Frau begegnete, sprach eine deutliche Sprache. Manchmal kam er ihr »versehentlich« sogar so nahe, dass sich ihre Körper kurz berührten. »Also wirklich, Wilhelm! Du alter Trottel! Willst du jetzt vielleicht den Christian auch noch in Schutz nehmen, wenn er die Margret bedrängt? Muss er denn, bloß weil sich seine Frau von ihm zurückgezogen hat, deswegen eine von seinen jungen Mägden in Verlegenheit bringen?«
»Nein, das darf er natürlich nicht. Das wollte ich damit nicht sagen«, murmelte Wilhelm, dem Maries Standpauke sichtlich unangenehm war. »Aber nur dass du es weißt, Margret: falls du einmal Hilfe brauchst, ich bin immer für dich da. Nur für den Fall der Fälle ...«
»Ich weiß gar nicht, was ihr da eigentlich redet!« Impulsiv wirbelte Margret herum und eilte zum Hintereingang der Küche hinaus auf den Hof des Anwesens. Sie hob ihren Kopf in den sternenklaren Nachthimmel empor und liess genussvoll die frische, kalte Luft in ihre Lunge strömen.
Wie gut das tat! Langsam einatmen – ganz langsam ausatmen. Einmal, zweimal, dreimal. Es war das beste Mittel, um all die dummen Gedanken zu verjagen, die seit einigen Monaten ihre Gefühlswelt durcheinander wirbelten. Ja, natürlich war es ein Ding der Unmöglichkeit, Marie und Wilhelm gegenüber so zu tun, als sei da nichts gewesen. Die beiden hatten schließlich Augen im Kopf. Aber andererseits war es eine so peinliche und gleichzeitig auswegslose Situation, in die sie da geraten war. Diese ständigen Nachstellungen, der gierige Blick in seinen Augen, dazu die angeblich zufälligen Begegnun-

gen, wenn sich Margret manchmal allein im Stall aufhielt, um mit den Küchenabfällen die Schweine zu füttern. Als wenn Christian Bengel den Schweinestall früher jemals betreten hätte! Da hatte er grundsätzlich seinen Dienstboten den Vortritt gelassen. Natürlich war das kein Zufall, genauso wenig, wie die angeblich versehentlichen Berührungen. Es war schon klar, welche Gedanken den Mann umtrieben. Die Situation wurde immer bedrängender. Und ihre Auswegslosigkeit wurde Margret immer schockierender bewusst. Was, wenn er eines Tages wieder einmal zu tief ins Glas geschaut hatte und ihr dann in der Scheune ganz zufällig begegnete? Wie sollte sie sich zur Wehr setzen – und gleichzeitig ihre Anstellung in der »Krone« nicht verlieren? Es war zum Verzweifeln. Aber genau das durfte nicht sein. Sie musste jetzt einfach ihre Gedanken ordnen. Hauptsächlich galt es, zur Ruhe zu kommen. Nachdenken. Einatmen. Ausatmen.

Ganz sicher gab es einen Ausweg. Ja, freilich. Irgend einen Ausweg musste es geben. Und am besten wäre es natürlich, wenn sie es allein schaffte. Ohne die Hilfe der anderen. So nett und ehrlich das Angebot von Marie und Wilhelm auch gemeint war. Sie musste es allein schaffen. Und sie würde es allein schaffen. Dann würde sie endlich wieder Ruhe haben.

Plötzlich ... Was war das? Margret zuckte erschrocken zusammen, als sie die leichte Berührung wahrnahm, die erst nur ihren Rücken streifte. Und blitzschnell waren nun die beiden Hände von hinten um ihren Oberköper gelegt. Tastend bewegten sie sich hoch zu ihren Brüsten. Männerhände! Nicht ... Nicht, dass Christian Bengel ... dass er ihr jetzt doch zuvor gekommen war ... Nein!
»Jetzt ... wie fühlt sich das an?« Die heisere Stimme, die ihr diese blöde Frage ins Ohr flüsterte, während sich die Hände immer fester um ihre Brüste spannten, die kannte sie. Aber das war nicht die Stimme von Christian

Bengel. Das war doch … Heiße Wut stieg in ihr hoch. Im Bruchteil einer Sekunde streifte sie die Hände ab und wirbelte herum. »Carl! Du elender Wicht! Wie kannst du es wagen, mich zu betatschen? Noch eine falsche Bewegung, dann kannst du dein blaues Wunder erleben!«

»Ach, jetzt regt sie sich aber ein bisschen zu arg auf«, grinste ihr Carl blöde in das zornige Gesicht. »Ich hab doch bloß ein bisschen nett sein wollen zu ihr!«

»Nett sein wollen! Du Rindvieh, du dummes! Ich hab es dir schon einmal gesagt, dass du mich gefälligst in Ruhe lassen sollst! Hau ab!«

Aber Carl dachte gar nicht daran, der harschen Aufforderung Folge zu leisten. Wie angewurzelt stand er da, verzog die Lippen zu einem breiten Lächeln und neigte seinen Kopf nun leicht auf die Seite, während er versuchte, einen möglichst treuherzigen Blick an den Tag zu legen. Das verlieh ihm jedoch ein noch seltsameres Aussehen, als das ohnehin schon der Fall war. »Aber wir passen doch so gut zusammen – und ungefähr gleich alt sind wir auch noch. Komm schon, liebe Margret, jetzt gib mir halt einen Kuss!« Er schürzte die Lippen und schloss die Augen in Erwartung des Kusses, der gleich seinen Mund berühren würde.

Margret dachte nicht im Traum daran, der Aufforderung nachzukommen. Mit dem ausgestreckten rechten Arm schubste sie den Kerl grob nach hinten. »Noch ein Wort und ich sage es dem Wilhelm. Dann bekommst du von dem wieder eine Lektion erteilt, die du so schnell nicht vergessen wirst! Hau jetzt also lieber ab, bevor es zu spät ist.«

»Ach, der alte Wilhelm«, lachte der Junge spöttisch. »Der wird mir nicht mehr gefährlich. Vor dem habe ich schon längst keine Angst mehr. Der ist älter geworden und klappriger, während ich inzwischen gelernt habe, mich gut zur Wehr zu setzen.«

»Ich auch!« Wieder holte sie aus und versetzte Carl einen heftigen Stoß gegen seine Brust, so dass er ins Straucheln geriet und beinahe zu Boden gegangen wäre. Noch einen kräftigen Tritt in den Allerwertesten, der ihn nun tatsächlich auf den schmierigen Lehmboden des Hofes stürzen liess, dann war auch diese Lektion erfolgreich absolviert.

»Siehst du. Das hast du nun davon! Lege dich lieber nicht mehr mit mir an, das rate ich dir!« Es schien ihr freilich geraten, den Ort zu verlassen, bevor Carl sich wieder aufrappeln konnte. Bei dem konnte man ja nie genau vorher sagen, was passieren würde. Rasch schlüpfte sie durch die nur angelehnte Tür in die dunkle Küche – wo freilich schon das nächste Unheil auf sie wartete.

»Na, hat er dich bedrängen wollen, der blöde Bub?« brummte eine dunkle Männerstimme. Sie kannte die Stimme. Es war die Stimme von Christian Bengel! Allmählich gewöhnten sich ihre Augen an die Dunkelheit und sie musste zu ihrem Schrecken erkennen, wie sich der Kronenwirt langsam erhob und sich auf sie zu bewegte. Schon streckte er die Hände nach ihr aus. »Na, komm schon her und lass dich von mir ein bisschen trösten«, lallte er. Offensichtlich hatte er wieder zu viel getrunken. Das war doppelt gefährlich. Sie war vom Regen in die Traufe geraten! Was tun?

Noch bevor Margret, deren panische Gedanken sich geradezu überschlugen, zu einer Entscheidung fand, hörte sie einen harten Aufprall, dem eine Reihe wilder Flüche und Schmerzenslaute folgten. Bengel war über den Stuhl gestürzt, der glücklicherweise zwischen ihnen stand und den er in der Dunkelheit übersehen hatte.

Es war eine Fügung des Schicksals!

Gott sei Dank!

Nichts wie raus aus der Küche und sich heute Abend nicht mehr blicken lassen. Sollte jemand anders dem am Boden liegenden Kronenwirt zu Hilfe kommen. Margret jedenfalls nicht!

Etwas mehr als ein Jahr nach dem Begräbnis der kleinen Friederike Bengel, am 10. Juli 1865, gab es zum großen Erstaunen der gesamten Nachbarschaft wieder eine Geburt in der »Krone« zu vermelden. Dieses Mal war es ein Sohn, den Bengels Frau zur Welt brachte. »Wie immer sie das zustande gebracht haben«, wunderten sich die Leute.
»Zu Gesicht bekommt man sie ja das ganze Jahr nicht, ständig ist sie krank oder tut zumindest so. Jedenfalls sei sie nicht in der Lage, das Zimmer zu verlassen.«
»Und wie man hört, haben sie ja längst getrennte Schlafzimmer. Weiß der Herrgott, wie sie dieses Kind zustande gebracht haben«. Solche und ähnliche erstaunten Kommentare machten die Runde in Rappenau. Das Erstaunlichste aber schien ihnen, dass Friedrich Bengel jun., auf diesen Namen wurde das Kind nach seinem Patenonkel aus Treschklingen getauft, scheinbar kräftig und durchaus überlebensfähig war.
»Na ja, eine blinde Sau findet halt auch mal ein Eichele …« kommentierten die übelsten Schandmäuler, um am Ende sogar noch die dunkle Bemerkung nachzuschieben »… wenn es denn kein Kuckucksei ist, das er sich da ins Nest hat legen lassen.«
Merkwürdigerweise wurde nicht nur die Mutter, sondern auch ihr Sohn nur ganz selten in der Öffentlichkeit gesehen. Und irgendwie seltsam wirkte das ganz und gar in sich gekehrte, blasse Kind. Beinahe so, als sei es gar nicht richtig in dieser Welt angekommen. Na ja … Aber auch diese Debatten wurden schon bald von neuem Gesprächsstoff überlagert. Futter für die Lästerzungen gab es schließlich mehr als genug. Zu allen Zeiten und an allen Orten. Nicht nur in Rappenau …

25. September 1866
Zwei Tage zuvor, an einem Sonntagmorgen, war Margret
– zur schockierten Überraschung ihrer Familie in hochschwangerem Zustand und mit der allerletzten Kraftreserve – in Treschklingen erschienen. Sie konnte sich kaum noch auf den Beinen halten, als sie an die Tür der Schoberschen Wohnung klopfte und danach die Klinke langsam niederdrückte. Es war nach einer längeren Regenperiode ein ungewöhnlich heißer Septembertag geworden. Die Sonne sandte seit dem frühen Morgen ihre warmen Strahlen über das aufgeweichte Land. Schnell war die feuchtigkeitsgeschwängerte Luft stickig geworden und das Laufen auf dem durchweichten Boden machte ihr beinahe jeden Schritt zur Qual. Das Schlimmste aber waren die Schmerzen, die ihr wie Rasiermesser tief in den Unterleib hinein schnitten.

»Ja Margret, wo kommst du denn am hellichten Tag schon her? Und in welchem Zustand befindest du dich? Um Gottes Willen! Nein, das glaube ich jetzt nicht!« Die Worte blieben Rosina Schober buchstäblich im Hals stecken, als sie die starke Wölbung am Unterleib ihrer Stieftochter bemerkte. Erschrocken schlug sie die Hände vor den Mund und musterte Margret mit einem ungläubigen Kopfschütteln. Kurz danach hatte sie sich zum guten Glück wieder gefangen – und konnte damit in letzter Sekunde verhindern, dass die am ganzen Leib zitternde Margret, kraftlos in sich zusammen sackte. Rosina wusste genau, was jetzt zu tun war. Nicht allzu viele sinnlose Fragen stellen, sondern rasch handeln. Alles weitere hatte jetzt erst einmal Zeit und konnte warten. Sie packte die junge Frau fest an beiden Oberarmen und schleppte sie mühsam zu der Schlafkammer, in der sie und ihr Ehemann zusammen mit ihren beiden kleinsten Kindern die Nacht verbrachten. Dort ließ sie Margret vorsichtig auf den mit Stroh gefüllten Jutesack gleiten, der ihnen als Matratze diente. Zum Glück war Christoph Schober gerade auf einem längeren Botengang und würde nicht so bald zurückkommen. Besser so!

»Danke Rosina. Danke dass du mir geholfen hast«, wisperte Margret schwach und schenkte ihrer Stiefmutter ein erschöpftes Lächeln.

»Das ist ja wohl das mindeste, was ich tun kann. Aber jetzt sag einmal, in was für einem Zustand bist du nur? Wie ist denn das gekommen? Wir hatten ja keine Ahnung! Oder … Entschuldige bitte. Du willst dich sicher erst einmal ausruhen …«

»Nein, nein. Das geht schon, Rosina …«

»Aber vorher sagst du mir, ob du meinst, dass es schon richtig losgeht? Was sagt dir dein Gefühl?«

Die Schwangere blinzelte unsicher. »Ich habe leider keine Ahnung, Rosina. Es ist ja das erste Kind, das ich bekomme. Da weiß ich nicht, was man spüren muss, um sicher zu sein, dass es losgeht mit der Geburt.«

»Das spürst du ganz genau, glaube mir. Also offenbar ist es noch nicht ganz so weit. Aber so wie du mir ausschaust, kann es jeden Moment der Fall sein. Darf ich einmal deinen Bauch abtasten? Ich würde nämlich gerne vorbereitet sein, wenn es dann so weit ist.« Wenig später hatte Rosina die Gewissheit. »Lange wird es nicht mehr dauern. Heute vielleicht noch nicht, aber morgen dann.«

»Möglich«, nickte Margret. »Jedenfalls haben diese scheusslichen Schmerzen eindeutig nachgelassen, seitdem ich hier auf dem Bett liege. Das war furchtbar, wie diese Messerstiche mir bei jedem Schritt, den ich gemacht habe, durch den Leib geschossen sind! So gesehen geht es mir fast schon wieder prächtig«, versuchte sie, ihrer Stimme einen möglichst zuversichtlichen Klang zu geben.

»Ach Margret!« seufzte Rosina. »Das sagst du einfach so leicht dahin. Dabei war es absolut lebensgefährlich, was du da gemacht hast. Stell dir mal vor, du wärst irgendwo unterwegs zwischen Rappenau und Treschklingen zusammen gebrochen. In deinem Zustand! Bis dich jemand gefunden und zu einem Arzt gebracht hätte, wäre es vielleicht schon zu spät gewesen. Für dich und das Kind wohlgemerkt!«

»So schlimm geht es mir dann auch wieder nicht«, gab Margret zurück, um für diese lockere Bemerkung sofort Lügen gestraft zu werden. Denn wieder zuckte eine dieser messerscharfen Wehen durch ihren Leib und ließ die Schwangere laut aufstöhnen.

»Das sehe und das höre ich, wie gut es dir geht«, kommentierte die Stiefmutter. »Und jetzt sage mir doch bitte, weshalb um alles in der Welt du dich in diesem Zustand und bei diesem Wetter zu Fuss auf den Weg von Rappenau nach Treschklingen begibst? Zu Fuss! Bei diesem Wetter!« wiederholte sie mit einem fassungslosen Kopfschütteln.

»Der Christian Bengel hat mich weggeschickt. Ich habe meinen Zustand unter dem Kleid und dem Haushaltsschurz ja lange genug vor ihnen allen verstecken können. Aber dann vor vier Tagen, da hat er es bemerkt – das heißt, eine der Mägde hat ihn darauf aufmerksam gemacht.«

»So eine Schwatzbase!«

»Das ist sie. Das stimmt. Aber irgendwann wäre es ohnehin so gekommen. Ich habe ihn darum gebeten, dort bleiben zu können, um euch hier nicht zur Last zu fallen. Die alte Marie hat sofort gesagt, sie würde mir helfen und sie wollte gleich die Kammer, in der sie mit den anderen drin wohnt, für die Geburt frei räumen . Aber der Herr Bengel hat gemeint, das wäre ein viel zu großer Umstand, und ich solle mein Kind besser in Treschklingen zur Welt bringen und nicht bei ihm in der »Krone«. Das könnten sie dort gar nicht gebrauchen – schon wegen dem Geschwätz der Leute nicht.«

»Wegen dem Geschwätz der Leute nicht!« echote Rosina empört. »Und deshalb schickt er dich einfach auf und davon! Wenigstens eine Kutsche hätte er ja für dich einsetzen können! Dem werde ich aber Bescheid sagen, wenn ich ihn das nächste Mal zu Gesicht bekomme. Darauf kannst du Gift nehmen!«

»Ach lass nur. Jetzt bin ich ja da und liege glücklich und zufrieden hier in deinem Bett«, wiegelte Margret ab und rollte mit den Augen.

»Und was ist mit der Antwort auf die nächste Frage? Du weißt schon, welche Frage das ist …«

Augenblicklich wandte Margret ihren Kopf zur Seite. Ganz fest presste sie die Lippen zusammen – kein Ton drang aus ihrem Mund.

Rosina nickte langsam und bedächtig. »Aha. Ich habs mir halb gedacht …« Sie seufzte tief, dann klatschte sie die Hände zuammen und erhob sich stöhnend. »Aber das hat noch Zeit. Jetzt geht es erst einmal um dich und um das Kind. Ich schaue mal zu, dass alles parat steht, wenn es dann losgeht. Ist es dir recht , wenn ich die Elisabeth und die Christina als Hilfen dazu hole? Oder willst du lieber die Stunzin dabei haben? Die hat natürlich mehr Erfahrung, als deine Schwestern, aber andererseits … Was meinst du?«

Eine Zeitlang blieb es still in der Kammer. Dann nahm sie eine leichte Kopfbewegung wahr, der ein verzagtes Nicken folgte, während die Schwangere weiterhin ihre Lippen fest aufeinander presste. Rosina hatte verstanden. Margret würde jetzt nichts sagen können. Sie kämpfte gerade ihren eigenen Kampf. Mit ihren Gefühlen, mit der Verzweiflung, mit der Antwort auf diese unweigerlich wieder auftauchende Frage, und vor allem: mit den Tränen …

»Du meinst, du willst doch lieber die Elisabeth und die Christina dabei haben?«

Wieder ein zaghaftes Nicken.

»Dann werden wir das auch genau so machen. Die Stunzin wird es natürlich ohnehin mitbekommen und ein bisschen beleidigt sein, wenn ich ihre Hilfe abschlage, aber deine beiden Schwestern werden sich jedenfalls freuen, dir helfen zu können, auch wenn sie zunächst sicher riesengroße Augen machen werden, wenn ich ihnen erzähle, worum es geht.«

Am Dienstag morgen um sieben Uhr wurde Margret von einem Mädchen entbunden. Die Geburt war in erstaunlich kurzer Zeit und zur großen Erleichterung aller auch ohne Komplikationen vonstatten gegangen. »Was für ein wunderschönes Kind!« strahlte die sechzehnjährige Christina, als sie das Kleine vorsichtig in die Arme nahm. »Darf ich mir etwas wünschen, Margret?«
»Natürlich darfst du das«, nickte ihre erschöpfte Schwester. »Vorausgesetzt, ich kann dir deinen Wunsch erfüllen. Ich bin nämlich grade noch ein kleines bisschen müde. Was ist es denn?«
»Ich …«, eine verlegene Röte legte sich über Christinas Miene, während sie die Hände ineinander verknotete.
»Jetzt sag schon. Worum geht es?«
»Ich … ich fände es ganz toll, wenn du dein Kind auch Christina nennen würdest. Und Patin möchte ich auch sein. Das wäre wunderbar!«
Jetzt war es heraus! Während die erleichterte Christina, froh darüber, dass sie den Mut aufgebracht hatte, ihren Wunsch zu äußern, das Neugeborene liebvoll betrachtete, runzelte Margret nachdenklich die Stirn. Auch ihre Stiefmutter schienen dieselben Gedanken zu bewegen, denn gerade so, als hätten sie sich miteinander abgesprochen, richteten sie ihre Blicke jetzt auf Elisabeth, die mit einem seligen Lächeln daneben stand und bisher noch überhaupt nichts gesprochen hatte.
Rosina hüstelte leise. »Also … eigentlich ist das ja eher so, dass Elisabeth als die Ältere von euch beiden, das Patenamt übernehmen sollte … Und mit dem Namen wird das dann meistens auch so gemacht. Das Kind tauft

man dann gern auf den Namen seiner Patentante. Und das ist wie gesagt eher die Elisabeth als Ältere von Euch beiden.«

»Aber die Elisabeth ist doch nur zwei Jahre älter als ich. Und ich habe auch schon eine Arbeit. Genau wie sie. Und ausserdem ... können denn nicht wir beide zusammen Patinnen werden?«

»Ihr beide zusammen? Das geht nicht. Das muss schon jede für sich machen. Ein Patenamt kannst du nicht aufteilen«, schüttelte Rosina energisch den Kopf.

»So meine ich das ja auch gar nicht. Ich meine vielmehr, dass Elisabeth die eine Patin sein könnte und ich die andere.«

»Aber dann wären das ja zwei Frauen. Normalerweise gibt es eine Patin und einen Paten. Also eine Frau und einen Mann.«

»Und wer soll der Mann sein?«

»Dein ältester Bruder beispielsweise. Der Martin.«

»Der! Ich glaube nicht, dass der eine sonderlich große Lust hat, den Patenonkel zu spielen«, entgegnete Christina schroff.

»Das glaube ich allerdings auch nicht. Da gebe ich dir schon Recht«, pflichtete Rosina ihrer Stieftochter bei.

»Also ich hätte nichts dagegen«, meldete sich jetzt erstmals auch Elisabeth zu Wort. »Von mir aus kann das Kind ruhig Christina heißen. Ich wäre freilich schon auch gerne die Patin. Geht das denn nicht, dass es zwei Frauen machen?«

»Na ja«, wiegte Rosina den Kopf. »In Ausnahmefällen geht das schon. Wenn man keinen männlichen Paten findet ...«

»... das haben wir doch bereits besprochen«, fiel ihr Christina ins Wort. »Wo es ja noch nicht einmal einen Vater gibt!«

Jetzt war es heraus! Erschrocken duckte sich Christina unter den vorwurfsvollen Blicken der anderen. »Das ... das ist mir aus Versehen einfach so rausgerutscht. Entschuldige bitte Margret … es war nicht so gemeint, wie es geklungen hat. Ehrlich nicht!«

»Ist schon in Ordnung. Ich glaube es dir. Und ausserdem ist es ja so, wie du sagst. Elisabeth, kannst du mir bitte einmal mit dem Kissen helfen. Ich würde mich gerne ein bisschen höher legen.« Unterstützt von ihrer ältesten Schwester richtete Margret ihren Oberkörper langsam auf. »So ist es besser. Danke. Und jetzt also nochmal zum Namen und zur Taufe. Wir machen es so: Elisabeth und Christina werden die Patinnen für mein Mädchen. Und weil das so ist, soll das Kind auch genau so heißen, wie ihr beiden, nämlich Christina Elisabeth. Wie wäre das?«

»Das wäre großartig«, jubelte Christina, die vor lauter Freude über den Vorschlag beinahe das Kind hätte fallen lassen.

»Sei vorsichtig um Himmels willen«, schalt Elisabeth. »Gib sie mir jetzt auch einmal.« Strahlend nahm sie das winzige Bündel entgegen. »Es ist wirklich ein schönes Mädchen. Und da ist es nur richtig, wenn es dann genauso heißt, wie die beiden schönsten Mädchen von ganz Treschklingen, die auch noch seine Patinnen sind. Das ist doch wunderbar.«

»Na ja«, hatte Rosina allerdings noch einen kleinen Einwand vorzubringen. »Das mit den beiden Vornamen ist schon in Ordnung und ich finde es auch gut, dass es eure beiden Namen sind. Das zeigt ja auch, wie eng die Bindungen zwischen euch Schwestern sind und wie gut ihr euch versteht. Aber wir müssen trotzdem noch festlegen, welchen Rufnamen sie bekommen soll. Nichts Schlimmeres, als wenn ein Kind zwei gleichberechtigte Vornamen hat. Da ist ja immer der halbe Tag rum, bis man nach ihm gerufen hat. Und meistens hat man dann ruckzuck einen Spitznamen weg, der viel kürzer ist und den du dein Lebtag lang nimmer los wirst.«

»Stimmt«, pflichtete Margret ihr bei. »Also diese eine Entscheidung müssen wir schon noch fällen. Fragt sich nur, wie. Mir sind nämlich beide Namen gleichermaßen willkommen. Genauso, wie ich euch beide ja auch gleich lieb habe. Was sollen wir also machen? Sollen wir losen?«

»Losen? Ach was!« schüttelte Elisabeth den Kopf, während sie das kleine Mädchen liebevoll in ihren Armen wiegte. »Die Christina war die erste, dann soll es jetzt auch so sein. Außerdem steht sie im Alphabet auch vor mir. Hauptsache, ich darf Patin sein.«

»Dann nennen wir das Kind also Christina Elisabeth und rufen es Christina. Schön«, konstatierte Rosina und seufzte zufrieden. »Wenn man jetzt halt noch wüsste, wer der Vater ist ...«

Augenblicklich verhärtete sich die Miene der Wöchnerin, und sie wandte ruckartig den Kopf zur Seite.

»Schon gut, Margret. Ich habe verstanden. Entschuldige bitte. Aber einmal habe ich dich halt schon noch danach fragen wollen. Ich verspreche dir, dass es das letzte Mal gewesen ist. Allerdings wirst du wissen, dass dir diese Frage trotzdem schon noch ein paar Mal gestellt werden wird. Mindestens vom Ratsschreiber und dann auch noch vom Pfarrer. Von deinem Vater ganz zu schweigen.«

Ein kurzes Kopfnicken signalisierte ihnen, dass Margret verstanden hatte, das Thema damit aber sein Ende finden sollte.

»So – und dann sagst du mir jetzt einmal, wie du dir das eigentlich vorgestellt hast mit der Geburt in Rappenau, während wir hier in Treschklingen völlig ahnungslos geblieben wären«, lenkte Rosina das Gespräch in eine andere Richtung. »Also, wenn du das Kind ... das heißt, sie hat ja jetzt einen Namen ... also wenn du unsere Christina in Rappenau auf die Welt gebracht hättest, wie wäre es dann weiter gegangen. Wer hätte für das Kind da sein sollen?«

Margret zuckte unsicher mit den Schultern. »Das weiß ich ehrlich gesagt auch nicht. So weit voraus habe ich nicht denken können, vor lauter Sorge, wie das mit der

Geburt wohl sein wird. Ich weiß es schlichtweg nicht. Ich weiß nur, dass die Christina dann Marie heißen würde.«
»Marie! Aber warum denn ausgerechnet Marie?!« rief Christina entgeistert aus.
»Psst. Nicht so laut. Du erschreckst sie doch nur!« warf ihr Elisabeth einen strengen Blick hinüber.
»Weil die Marie, das ist eine von den Mägden in der »Krone« mir doch immer so großzügig hilft, wenn etwas ist. Und deshalb hatte ich eigentlich beschlossen, dass mein Kind Marie heißen soll, wenn es ein Mädchen wird. Aber daran habe ich gar nicht mehr gedacht. Die Christina ist mir zuvor gekommen. Und deswegen heißt es jetzt halt Christina.«
»Na Gott sei Dank«, murmelte Christina trocken. »Marie … Das arme Kind …«
»Jetzt halte mal schön die Luft an – und lass vor allem unseren Herrgott aus dem Spiel«, wies ihre Stiefmutter sie zurecht, während die anderen in der Kammer ein fröhliches Grinsen kaum unterdrücken konnten. »Jetzt sollten wir aber schon noch über die nächste Zeit reden, Margret. Eins ist ja glaube ich schon klar: du wirst dein Kind kaum mit zurück nach Rappenau nehmen können, oder?«
»Ganz sicher nicht«, schüttelte Margret ihren Kopf. »Der Christian Bengel wird das nicht dulden. Und seine Frau gleich zweimal nicht. Dann verliere ich sofort meine Anstellung.«
»Also … das soll nun heißen …« fuhr Rosina vorsichtig fort.
»Das … das weiß ich auch nicht …«
»Einfach auf die Straße setzen wirst du es ja wohl schlecht können«, insistierte Rosina vorsichtig weiter. Mit gespannten Mienen verfolgten die beiden jüngeren Schwestern den Fortgang des Gesprächs.
»Nein, sicher nicht …«
»Aber deine Anstellung willst du auch nicht verlieren …«

»Nein … das will ich nicht …«
»Das heißt, es gibt ja eigentlich nur eine einzige Möglichkeit, die dann noch bleibt, nicht wahr?«
»Ja«, nickte Margret leise und presste die Lippen fest aufeinander.
»Ich würde es schon gern von dir selber hören, weißt du. Denn ich bin ja diejenige, die es dann deinem Vater beibringen muss. Also? Heraus damit!«
Eine Zeitlang blieb es still in der Kammer. Dann endlich hob Margret langsam den Kopf und fixierte ihre Stiefmutter ernst. »Ich weiß schon, was ich euch zumute, Rosina. Aber es bleibt mir keine andere Wahl, als das Kind bei euch zu lassen. Mitnehmen kann ich es nicht, das ist so sicher wie das Amen in der Kirche. Ich kann höchstens hierbleiben und hier versuchen, eine Arbeit zu finden. Aber das wird schwer genug und dann ist es tagsüber trotzdem bei dir. Also … von daher … möchte ich dich fragen, Rosina … ob … ob du … ob du bereit wärst, meine Christina bei dir aufzunehmen.«
Tränen der Rührung schossen in Rosinas Augen, als sie Margrets flehenden Blick bemerkte. Wie ein Häuflein Elend saß die Arme vor ihr im Bett. »Das ist es, was ich aus deinem Mund hören wollte, Margret. Diese Frage. Und natürlich bekommst du auch die entsprechende Antwort von mir: natürlich werde ich dein Kind bei uns aufnehmen und es nach besten Kräften großziehen!«
Die überquellende Dankbarkeit in Margrets Miene ließ Rosina die Knie weich werden. So klein und verletzlich hatte sie die ansonsten eher burschikos und zuversichtlich auftretende Margret noch nie erlebt. Nun ja, es war ja auch eine Ausnahmesituation, in der sich die junge Frau befand. Eine Situation, in der viele keinen Ausweg mehr wussten. Wie viele tragische Verzweiflungstaten hatte es deshalb schon gegeben?!
»Du kannst dir lebhaft vorstellen, dass dein Vater alles andere als begeistert sein wird, wenn er von deiner Niederkunft erfährt – und erst recht von dem Kind, das er

bei sich aufnehmen muss. Er ist mittlerweile ja auch nicht mehr der Gesündeste. Du warst in den letzten zwei Jahren seltener als früher bei uns, sonst hättest du es selber sehen können, wie elend er inzwischen manchmal daher kommt. An manchen Tagen kann er noch nicht einmal einen Botengang annehmen, obwohl wir das Geld ja dringend brauchen. Ich mag noch gar nicht daran denken, wie ihn der jetzige Auftrag wohl geschlaucht hat, wenn er zurückkommt. Wahrscheinlich wird er wieder zwei Tage im Bett liegen und sich vor Schmerzen kaum rühren können. Er ist auch langsamer geworden, keine Frage. Das haben die in der Gutsverwaltung natürlich auch schon bemerkt. Es steht sogar immer wieder in Rede, dass ihm der Verwalter den Botendienst ganz wegnehmen will. Bisher hat ihm der Ratsschreiber das zwar ausreden können, aber wer weiß, wie lange das noch so sein wird. Und an allen Ecken und Enden fehlt uns das Geld. Wir müssten längst einmal etwas am Dach machen, der Stunz hat da sogar schon einen größeren Teil auf seine eigenen Kosten ausgebessert, als er das eigentlich hätte machen müssen. Das alles wird er dir dann auch nochmal vorhalten. Ich sage es dir lieber jetzt schon, damit du dich darauf einstellen kannst. Und trotzdem … trotzdem sage ich dir, dass er das Kind aufnehmen wird. Natürlich. Was denn auch sonst? Eines ist freilich schon klar«, damit wandte sie sich den beiden jungen Frauen zu, die demnächst das Patenamt für das neugeborene Schoberkind übernehmen würden und nahm sie nachdrücklich in ihr Visier. »Ihr beide, Elisabeth und Christina, ihr werdet für euer Patenkind schon einstehen und mir zur Hand gehen müssen. Und es wäre auch gut, wenn ihr ab und zu etwas Essbares von der Arbeit mit nach Hause bringen könntet. Vielleicht geht das ja, wenn ihr manchmal einfach ein bisschen länger arbeitet und dafür vielleicht einen kleinen Extralohn bekommt. Ein paar Kartoffeln oder gelbe Rüben beispielsweise.«

»Aber sicher wird das gehen«, antworteten Elisabeth und Christina wie im Chor. Die beiden hatten es geschafft, in Treschklingen eine Arbeit zu finden und waren seitdem mächtig stolz darauf, ihrem Vater nicht mehr zur Last fallen zu müssen, sondern selbst ein kleines Scherflein zum Familienleben beitragen zu können. Elisabeth arbeitete schon seit drei Jahren als Haushaltshilfe in der »Sonne« und Christina hatte vor zwei Jahren eine Anstellung als Dienstmagd auf dem Schlossgut bekommen können. Es war zwar nicht gerade viel, was sie für ihre Arbeit bekamen, aber immerhin liess sich damit wenigstens einigermaßen das Loch in der Haushaltskasse stopfen, das die zahlreichen krankheitsbedingten Ausfälle ihres Vaters verursacht hatten. »Wir schaffen das schon. In der »Sonne« gibt es immer etwas zum arbeiten und der Herr Bengel ist ja auch ein großzügiger Mann, der einem schon einmal eine kleine Belohnung zusteckt, wenn es wieder spät geworden ist. Es darf halt bloß seine Frau nicht sehen«, kicherte Elisabeth.
»Und im Schloss werde ich auch noch was zum Schaffen finden«, gab sich auch Christina ganz zuversichtlich. »Gerade jetzt, wo es den Anschein hat, dass es mit den Zuckerrüben womöglich doch noch etwas wird ...«

25

Gunters neue Fragen

Margret hat also ein »lediges Kind« zur Welt gebracht. Soweit stimmt die Geschichte noch mit den Erzählungen überein, die ich bislang in Karins Familie über die Urgroßmutter immer gehört habe. Aber ... da war doch immer die Rede von einem Apotheker aus Kork gewesen. Der sei in Wahrheit der Kindsvater. Ein Apotheker? Seltsam! In meinen Recherchen ist aber noch kein Apotheker ins Licht der Ereignisse getreten – und auch in Kork war Margret bisher nicht. Irgendetwas kann hier doch nicht stimmen! Aber was?

Gunters neue Spurensuche

Wie war das mit dem Apotheker von Kork nun genau? Mit diesem allem Anschein nach wohl ziemlich skrupellosen Menschen, der seine Vormachtstellung im Haushalt so schamlos ausgenutzt hat! Und wieso eigentlich ist in der Familie meiner Frau nicht mehr an Erkenntnis übrig geblieben, als nur diese ziemlich vagen Andeutungen mit einer kranken Apothekersfrau und der vom Hausherrn immer wieder geschwängerten, hilf- und wehrlos ausgelieferten Dienstmagd? Andererseits: Woher wussten die überhaupt, wie der Mann hieß, wo die Margret doch – wie sie ja selber sagen – nie etwas Genaues preisgegeben hat und obwohl der dreifache Vater in keinem Geburts- und in keinem Taufregister verzeichnet ist. Das mit der Vaterschaft sei absolut eindeutig, lautete die Antwort auf meine Nachfrage. Denn bis weit in die Zwanziger Jahre des 19. Jahrhunderts hinein seien regelmäßig Päckchen von Kork nach Kirchardt geschickt worden, mit Süßigkeiten für die Enkelkinder der Margret drin. Johannisbrot sei jedes mal dabei gewesen, »so große, schwarze, wunderbar süße Schoten, herrlich! Genauso gut wie ein Karamellbonbon«. Außerdem habe man, wenn eines der Kinder krank war, immer genügend gute Medikamente im Haus gehabt: Hustensaft, Salben, Tabletten und solche Sachen. Das hätte sich ein armer Haushalt ja normalerweise nie und nimmer leisten können – somit war für die Familie klar, woher die Arzneien stammten. Vom Apotheker. Vom Vater der Marie und der anderen beiden Mädchen.

Karins Tante Frieda (die Älteste der Beschenkten, Jahrgang 1919) konnte sich noch gut an diese Festtage erinnern, wenn wieder einmal »ein Päckle aus Kork« angekommen war. So etwas bleibt einem für immer im Gedächtnis haften, wenn man als Kind in äußerst bescheidenen Verhältnissen aufwachsen muss und dann plötzlich wieder so ein »Päckle« mit diesen ganzen Leckereien aufmachen darf. Als Absender sei immer draufgestanden »Familie Wiederkehr, Kork«. Aha – Kork. Und die einzige Verbindung dorthin war die Apotheke. Folglich musste es aus der Korker Apotheke kommen. Von dort also, wo die Margret so lange in Stellung gewesen sei und wo der Apotheker sie dreimal geschwängert habe, wie man ja zu wissen glaubte. Manchmal scheint ihn in seinen späteren Jahren offenbar das Gewissen geplagt zu haben. Das klingt plausibel. Denn weshalb sonst sollte ein Absender namens Wiederkehr aus Kork irgendeine Familie mit einer Handvoll Kindern in einem Dorf beschenken, das einhundert Kilometer entfernt liegt, wenn nicht aus diesem einen, naheliegenden Grund? Außerdem gab es da (und gibt es immer noch) die vier kleinen Porzellanfigürchen. Die Marie (Karins Großmutter) hat sie eines Tages aus ihrem blauen Schurz gewickelt und gesagt, »die gehören dann Euch, wenn ich einmal gestorben bin. Passt aber gut darauf auf, denn die sind wertvoll. Die hat meine Mutter nämlich aus Kork geschenkt bekommen.« Nachdenklich betrachte ich diese auf barock getrimmten Porzellanfigürchen – ob die wirklich wertvoll sind, wage ich freilich zu bezweifeln. Ich finde sie eher »grenzwertig schön«, um es ganz vorsichtig auszudrücken – aber egal: für eine Familie in einfachsten Verhältnissen, die sich noch nicht einmal eine billige Kitschfigur hätte leisten können, war so etwas schon ein kleiner Luxusgegenstand. Und immerhin sind die Figürchen ein weiterer, deutlicher Hinweis auf diese familiäre Verbindung nach Kork. Die Familienlegende vom Korker Apotheker als Vater der drei »ledig geborenen« Mädchen erhielt damit eine zusätzliche Bestätigung. Aber noch mal: was war das bloß für ein Mensch, der sich über all die Jahre so verantwortungslos daneben benommen hat – und der dann viele Jahrzehnte später mit irgendwelchen Kitschfiguren und Süßigkeiten für die Enkel ein bisschen vom damaligen Unrecht wieder ausgleichen möchte?! Um sein Gewissen zu beruhigen? Na ja ... Dafür war es wohl ziemlich spät und wenig genug. Dazu kommt, dass er die Kinder ja trotzdem nie als sein eigen Fleisch und Blut anerkannt hat.

Aber zu der Lebensgeschichte der Margret, so wie ich sie bisher rekonstruieren konnte, passt diese Geschichte doch gar nicht! Seltsam! So sind wir – Karin und ich – jetzt noch intensiver eingetaucht in diese vom Lauf der Zeit beinahe verschluckten Details der Familiengeschichte. Aber die einzelnen Mosaikteilchen, die wir dabei in die Hände bekamen, passten zum Großteil überhaupt nicht zu den Namen der handelnden Personen, die in der Familie immerzu genannt worden sind! Lauter Ungereimtheiten, die allerdings natürlich auch Zufälle hätten sein können: kleine Ungenauigkeiten der damaligen Schreiber, verwischte Buchstaben oder fehlende Seiten in den Aufzeichnungen der Meldebücher, Taufeinträge und Standesamtsregister der unterschiedlichsten Archive. Schließlich sind seitdem zwei Weltkriege über das Land hereingebrochen. Da kann schon einiges verloren gehen ... Aber Hauptsache, die Geschichte als solche bleibt stimmig.

Wir haben munter weiter geforscht: Das Dienstmädchen und sein Arbeitgeber. Der Apotheker als Dreh- und Angelpunkt dieses ganzen Lebensdramas. Irgendwann mussten wir dann ja zwangsläufig auf diesen Wiederkehr stoßen! Dachten wir ... Bis zu dem Moment, an dem wir uns beim Abgleich von Geburtsdaten und Nachnamen plötzlich verblüfft anblickten. Dieses seltsame Gefühl, wenn die tatsächlichen Fakten so ganz und gar nichts mehr mit der vermuteten Wahrheit zu tun haben. Es begann mit der Erkenntnis, dass es in Kork nie einen Apotheker namens Wiederkehr gegeben hat! Der Apotheker hieß nämlich Hermann Zopff. Und danach hieß er Gustav Reuther. Dafür aber gab es dort einen Arzt mit Namen Christian Wiederkehr. Der wiederum war der Sohn des Pfarrers Heinrich Wiederkehr, des Gründers der bekannten Heil- und Pflegeanstalt für epileptische Kinder, die als »Epilepsiezentrum Kork« bis heute einen exzellenten Ruf besitzt. Wie jetzt?

Es war der Zeitpunkt, an dem wir begriffen, »dass das alles nicht so gewesen sein kann, wie sie uns das immer erzählen!« Mehr und mehr entpuppte sich die scheinbar glasklare Geschichte als Familienlegende. Natürlich eine mit einem wahren Kern darin, wie das ja meistens ist. In unserem Fall bestand dieser »wahre Kern« zunächst schlichtweg aus der Tatsache, dass es da tatsächlich diese drei »vaterlosen« Mädchen gibt, die auch wirklich in den Jahren 1866,1871 und 1886 auf die Welt gekommen sind. Diese drei Mädchen Christina, Philippina und Maria (die Marie) haben ja wirklich gelebt. Und ihre Mutter war zweifelsfrei jene ledige Dienstmagd Margarete »Margret« Schober, von der immer die Rede war. Das stimmte, genauso wie die Sache mit dem nicht vorhandenen Vater. Aber das wars dann auch schon ...

Zu allem Überfluss waren wir plötzlich auch noch auf die gesicherte Faktenlage gestoßen, dass die Margret gar nie in Kork gearbeitet haben kann. Denn über den Aufenthalt einer Margarete Schober aus Treschklingen existieren im Ortsarchiv von Kork keinerlei Eintragungen. Weder im örtlichen Melderegister, noch im Verzeichnis der Dienstboten, das die Zeiten unversehrt überstanden hat, und in dem die Namen der anderen Mägde, Knechte und Hausangestellten Jahr für Jahr penibel aufgelistet sind. Und ausgerechnet die Margarete Schober, die sich doch angeblich jahrzehntelang hier aufgehalten haben soll, fehlt darin! Ausgerechnet sie soll Jahr für Jahr durch das Raster gefallen sein?! Nie und nimmer! Die nächste Überraschung folgte postwendend. Denn anstelle ihres nicht nachweisbaren Aufenthalts in Kork habe ich plötzlich eine Entdeckung im Rappenauer Archiv gemacht, die ich nicht für möglich gehalten hätte. Ich habe mir in dieser Minute wirklich die Augen gerieben, denn mit allem hätte ich gerechnet, nur nicht damit: im Gegensatz zu Kork hatte ich nun ausgerechnet in diesem Archiv den Namen Margarete Schober gefunden, den es doch hier in diesen Jahrgängen gar nicht hätte geben dürfen! Aber es war eindeutig und aus den Unterlagen ganz klar heraus zu lesen, dass die Margret zu der fraglichen Zeit in ihrem Geburtsort Treschklingen und in Rappenau gewohnt hat! Nicht in Kork. Kein Wunder, dass sich dort keine Spur von ihr finden läßt. Aber wie um alles in der Welt kommt dann die Verbindung nach Kork zustande? Denn wie immer man es auch drehen und wenden mag: diese Verbindung hat es ja eindeutig gegeben! Es ist wie verhext – bis im Archiv wie aus dem Nichts heraus der nächste unvermutete Anhaltspunkt auftaucht. Der Familienname Bengel kommt ins Spiel. Es war eigentlich der pure Zufall, dass mir der Name im Melderegister aufgefallen ist, als ich die Liste der Abmeldungen durchgegangen bin, wo ich ja den Namen »Schober, Margarete« zu finden hoffte.

»Wegzug nach Kork«. Von wegen! Dafür steht da jetzt der Name Bengel. Ich hatte ihn schon beinahe überlesen, wenn nicht dahinter gestanden wäre: »Verzogen nach Kork«. Kork! Das könnte ein Zufall sein, es könnte aber auch mehr bedeuten. So viele Menschen sind damals ja sicher nicht von Rappenau nach Kork umgezogen. Also heißt es für mich, weitersuchen in den anderen Archiven. Suchen, wann diese Namen auftauchen und ob sie sich miteinander in Beziehung bringen lassen. Das klingt ja eher unwahrscheinlich – aber siehe da: der Familienname Bengel begegnet uns sowohl in Rappenau, wie auch in Treschklingen, Margrets Heimatdorf. Und tatsächlich finde ich diesen Namen sogar im Korker Archiv und kann daraus ganz neue Schlußfolgerungen ableiten. Denn beispielsweise habe ich erfahren, dass Luise, die Tochter eines Christian Bengel aus Rappenau im Jahr 1894 den Korker Apotheker Hermann Zopff geheiratet hat und dann dorthin umgezogen ist. Ihr Vater, Christian Bengel aus Rappenau, wiederum hatte ja einen Bruder namens Friedrich Bengel, der nach Treschklingen geheiratet hat und dort später Bürgermeister und sogar Landtagsabgeordneter geworden ist.

Mit einem Mal waren nun also ganz andere Namen im Spiel und die Verwirrung zunächst dementsprechend groß…

Aber dann lichtete sich der Nebel und die Geschichte, die uns kurzzeitig abhanden gekommen war, ließ sich weiter vervollständigen. Ganz anders zwar, als eigentlich gedacht, aber umso verblüffender. Das wurde jetzt nämlich richtig spannend. Es ist sowieso schon ein faszinierendes Erlebnis, wenn sich Mosaiksteinchen aus einem lange vergangenen Leben plötzlich wieder zusammensetzen lassen. Und erst recht, wenn das dann so kommt, wie es in diesem Fall gekommen ist!

26

Anderthalb Wochen nach der Geburt von Margrets kleinem Mädchen fand am 5. Oktober 1866 in der Kirche von Treschklingen die Taufe von Christina Elisabetha Schober statt. Pfarrer Johann Adolph Hafenreffer, der mit allen Anzeichen der Mißbilligung beim vorangegangenen Taufgespräch die Tatsache vermerkte, dass beim Namen des Kindsvaters eine Lücke im Register bleiben würde, hatte für den Täufling Psalm 55,23 ausgewählt und deklamierte nun mit fester Stimme den Taufspruch: »Wirf dein Anliegen auf den Herrn, der wird dich versorgen und wird den Gerechten in Ewigkeit nicht wanken lassen.«

»Schön wärs ja … wenn man wüsste, wie er das Kind versorgen wird und wo man die Zuwendung dann abholen kann«, murmelte Elisabeth und handelte sich damit einen vorwurfsvollen Blick der Sonnenwirtin ein, die zusammen mit ihrem Ehemann Friedrich Bengel, der inzwischen auch als Ratsschreiber fungierte, hinter den Patinnen, sozusagen in halboffizieller Funktion, am Taufbecken stand. »Ist doch wahr«, zischte Elisabeth, die sich von dem stummen Vorwurf nicht hatte einschüchtern lassen. »Um wunderbare Sprüche, da sind sie nie verlegen. Aber wenn es darum geht, dass man tatsächlich Hilfe braucht, kommt nimmer viel.«

Der unsanfte Stoß in die linke Hüfte, den sie von ihrer Schwester Margret erhielt, ließ sie verstummen. Nun gut, es machte ja eh keinen Sinn, Verhältnisse zu beklagen, die sich ohnehin nicht ändern ließen. Außerdem hatte sie sich doch fest vorgenommen, den heutigen Tag als einen richtigen Freudentag zu genießen. Den Tag, an dem sie zum ersten Mal in ihrem Leben ein wichtiges Amt übernehmen durfte. Patin! Wie schön das klang! Und dann war es auch noch das Kind ihrer Lieblingsschwester, mit der sie schon immer eine innige Zuneigung verband. Seit sie denken konnte, war das schon so. Und das war schön!

Elisabeth und Christina waren also die stolzen Patinnen des kleinen Mädchens geworden. Mit hoch erhobenen Häuptern schritten sie aus der kleinen Dorfkirche hinaus, flankiert von den neugierigen Augen der Gottesdienstbesucher. Manchen von ihnen konnte man es schon von weitem ansehen, wie es sie umtrieb, wie sie es kaum noch erwarten konnten, draussen auf dem Kirchplatz endlich den Dorftratsch wieder in Gang zu setzen. Das neueste Gerücht darüber, wer höchstwahrscheinlich der Vater des unehelichen Kindes der jungen Schoberin sei, weshalb es da noch nicht einmal einen männlichen Patenonkel gab und ähnlich unnützes Geschwätz mehr. Nur gut und tröstlich, dass eines Tages auch die Lästermäuler selbst vom Tratsch betroffen sein würden – das war so sicher, wie das Amen in der Kirche. Denn die Gerüchteküche machte vor nichts und niemandem halt. Sie köchelte unablässig weiter und vermutlich waren die nächsten Zutaten schon bereitet, von denen noch nicht einmal die Köche eine Ahnung hatten.

Ein leiser, wimmernder Klageton war nun zu vernehmen. Das Kind! »Es hat Hunger. Gebt es seiner Mutter, damit sie es stillen kann. Dort drüben, Margret, in der Sakristei. Da hat der Pfarrer sicher nichts dagegen. Er verabschiedet ja sowieso jetzt grade die Gottesdienstbesucher. Da kannst du hinein gehen und die Kleine stillen.«

»Wenn das später nur auch noch so einfach wäre, so ein Kind satt zu bekommen«, murmelte Christoph Schober und handelte sich damit einen besonders strengen Blick seiner Ehefrau ein.

Eine Zeitlang plätscherten die Gespräche belanglos vor sich hin. Es war gerade so, als würde die ganze Taufgesellschaft abwarten wollen, bis Margret ihr Kind gestillt hätte, bevor die eigentliche Unterhaltung wieder in Gang

kommen konnte. Es dauerte nicht allzu lange, dann erschien Margret bereits wieder – mitsamt einem friedlich schlafenden Säugling im Arm.
»Aber was ist eigentlich mit mir«, meldete sich da unvermittelt die inzwischen fünfzehnjährige Wilhelmina zu Wort.
»Wie meinst du das? Was soll denn mit dir sein?«
»Ich möchte auch einmal Taufpatin sein!«
»Ach so. Na ja, du bist ja die Zweitälteste von uns. Du bist also beim nächsten mal an der Reihe«, gab Elisabeth lächelnd zur Antwort.
»Beim nächsten mal?! Sonst noch was!« Ihr Vater tippte sich vielsagend an die Stirn. »Ich glaube, ihr spinnt! Beim nächstenmal … Es wird kein nächstes mal geben, dass das hoffentlich klar ist!«
Voller Verlegenheit senkte Elisabeth ihren Kopf. »Entschuldiung, Vater. Das ist mir nur so rausgerutscht.«
»Nur so rausgerutscht …« echote der. »Der Herrgott, wenn es ihn gibt, der Herrgott möge ein nächstes Mal verhüten!«
»Da brauchst du dir gar keine Gedanken zu machen, Vater«, trat Margret an Christoph Schober heran und bedachte ihn mit einem langen, entschlossenen Blick. »Nie und nimmer wird es ein nächstes mal geben. Das schwöre ich dir. Lieber gehe ich ins Wasser!«
Während ihre Schwestern voller Entsetzen über diesen so unendlich bitter hervorgestossenen Satz die Hände vor den Mund schlugen, machte nun auch Ratsschreiber Bengel einen Schritt auf die Schobers zu.
»Immer langsam, Margret. Ich habe gehört, was du da gerade eben gesagt hast. Aber so schnell verzweifelt man nicht. Ich habe es dir ja schon beim standesamtlichen Eintrag im Rathaus gesagt: wir werden dich nicht im Stich lassen. Schließlich bist du eine Bürgerin von Treschklingen und besitzt hier das Bürgerrecht, auch wenn du bei meinem Bruder in Rappenau arbeitest. Aber solange du offiziell hier angemeldet bist, solange

bist du eine Bürgerin von hier. Und deshalb wird dich die Dorfgemeinschaft auch unterstützen, wenn du Unterstützung nötig hast.«

»Zum Verhungern zu viel, zum Leben zu wenig«, kommentierte Christian Schober trocken und setzte sich die Mütze auf den Kopf. Dann verließ er den Kirchplatz mit müden Schritten, ohne sich weiter um die Anderen zu kümmern.

»Er übertreibt halt gern«, schickte Bengel ihm sein Fazit hinterher. »Als wenn schon jemals jemand bei uns verhungert wäre. So ist es dann auch wieder nicht. Und noch einmal«, er senkte die Stimme und kam näher an Margrets Ohr, »wenn irgend etwas sein sollte, nicht nur hier, sondern auch in Rappenau, dann lass es mich rechtzeitig wissen. Du weißt schon, was ich damit sagen will …«

Margret nickte knapp, dann nahm sie die Blicke der Kirchgänger wahr, die neuigierig auf sie gerichtet waren. Was hatten die beiden wohl miteinander zu tuscheln? Wusste Friedrich Bengel womöglich, wer der Vater des gerade getauften Bastardkindes war? Zuzutrauen war es ihm durchaus. Denn vom Ratsschreiber hieß es nicht zu Unrecht, er habe überall seine Augen und Ohren. Nicht nur in Treschklingen …

Was für eine unerträgliche Situation! Im Mittelpunkt sämtlicher Blicke zu stehen! Das war sie nicht gewöhnt! Und dazu noch in einer solchen Lage, wo sie nicht lange zu überlegen brauchte, welche Gedanken sich hinter den scheinbar teilnahmslosen Mienen bewegten. Das war zu viel. Sollten sie doch davon halten, was sie wollten. Auch wenn sie ihnen damit zusätzlichen Gesprächsstoff verschaffte, das war ihr jetzt egal. Mit hastigen Schritten stapfte sie die Straße hinunter zum Haus der Schobers. Die anderen würden schon nachkommen. Nur weg von hier. Diesen verstohlenen Blicken ausweichen, dieser falschen, geheuchelten Anteilnahme, den angeblich guten Worten und dem ganzen verlogenen Zuspruch, den sie über und hinter ihr ausschütteten. Es war eine fürchterliche Situation und zum ersten Mal in ihrem Leben empfand sie die Enge des kleinen Kraichgaudorfes, in der sie sich von Kindesbeinen an immer so geborgen und wohl behütet gefühlt hatte, plötzlich als unerträglich und niederdrückend. Es blieb ihr nur ein Weg: sie musste danach trachten, so rasch wie möglich wieder nach Rappenau zu kommen. Sie musste das Kind abstillen, so schnell es ging. Weg von hier. Nur fort. »Sie wollen mir helfen, falls einmal etwas sein sollte, hat er gesagt. Was für eine dumme Aussage! Als wenn da nicht schon längst etwas wäre ...«

Bald zurück nach Rappenau – das war das Beste, was sie tun konnnte. Auch deshalb, weil man ja nie sagen konnte, wie lange Christian Bengel die Stelle in der »Krone« für sie frei hielt. Er hatte es ihr zwar versprochen – für den Fall, dass sie »ohne Begleitung« zurückkäme, wie er sich ausgedrückt hatte. Aber man konnte ja nie wissen ... Und je mehr Zeit ins Land ging, desto unsicherer wurde es.

Viel rascher, als ihre Stiefmutter das für gut und richtig erachtete, wurde die kleine Christina also abgestillt. »Wenigstens sechs Wochen hättest du dir ja schon Zeit lassen können. Dem Kind zuliebe ...« schimpfte Rosina, als Margret sich auf den Tag genau vier Wochen nach ihrer Niederkunft verabschiedete. Die ganze Zeit über hatte sie sich nicht mehr im Dorf sehen lassen und heute morgen wollte sie so früh wie möglich aufbrechen, möglichst sogar noch vor Anbruch der Morgendämmerung, dass sie erst gar nicht Gefahr lief, mit einem der Treschklinger ins Gespräch kommen zu müssen. Deshalb musste sie sich nun sputen. Jetzt war keine Zeit mehr für längere Diskussionen. »Danke Rosina, dass du das für mich machst. Ich werde dir ewig dankbar sein. Pass gut auf meine Kleine auf, ich komme euch dann besuchen, sobald ich kann. Du hast sicher Verständnis, dass ich aber jetzt erst einmal ein paar Wochen in Rappenau bleiben werde. Aber dann komme ich, versprochen. Auf alle

Fälle noch bevor der Winter kommt. Adieu Rosina. Und danke nochmals für alles.«

Es war also noch früh am Morgen, als Margret wieder in der Rappenauer »Krone« eintraf, wo sie sich gleich in der Küche nützlich machen konnte. »Ah, die Margret. Schön, dass du wieder da bist«, begrüßte Marie sie mit einem warmherzigen Lächeln. »Du kannst mir gleich beim Kartoffelschälen helfen.« Es tat gut, neben der alten Frau stehen zu können. Einfach nur seine Arbeit machen und nichts reden müssen. Sie verstanden sich auch ohne Worte. So war es am besten.
Wenig später kam Christian Bengel müde und allem Anschein nach schwer verkatert in die Küche geschlurft. Überrascht blieb er stehen und musterte Margret mit zusammen gekniffenen Augen. »Aha, da bist du also wieder. Ich hab schon gedacht, du würdest gar nimmer auftauchen. Ist alles in Ordnung mit dir?«
»Ja«, nickte Margret und kämpfte den dicken Kloß, der ihr plötzlich die Kehle zuschnürte, mühsam hinunter.
»Und ist das Kind gesund?«
»Ja.«
»Es sei ein Mädchen, habe ich gehört.«
»Ja.«
»Ja! Nein! Hast du deine Sprache verloren oder wie?«
»Nein …«
»Jetzt lass doch die Margret zufrieden. Sie ist grade nicht in der Lage, große Romane zu erzählen«, sprang Marie ihr bei. »Das wirst du doch verstehen, Christian!«
Der Wirt warf Marie einen ärgerlichen Blick hinüber. »Was hast du dich denn da groß einzumischen? Gieß mir lieber einen Kaffee auf, anstatt große Reden zu schwingen. Ich werde mich ja wohl noch nach dem Befinden meiner Angestellten erkundigen dürfen. Also Margret, du hast ein Mädchen bekommen. Vielleicht kannst du mir ja auch noch sagen, wie es heißt?«
»Es heißt Christina Elisabeth. Christina Schober.«

»Christina. Aha.« Achselzuckend griff Christian Bengel nach der Tasse mit dem Zichorienkaffee, die Marie ihm auf dem Spülstein bereit gestellt hatte und setzte sie vorsichtig an die Lippen. »Brrr! Ist das aber ein bitteres Gesöff! Was hast du mir denn da zusammen gerührt?!« schüttelte er sich und starrte angewidert auf den braunschwarzen Inhalt seiner Tasse.

»Es ist der Kaffee, den du von mir gewollt hast, und den du übrigens auch an deine Gäste in der Wirtschaft ausschenken lässt«, konterte Marie ungerührt. »Für die scheint es ja gut genug zu sein …«

»Für eine Küchenmagd führst du ein ganz schön freches Mundwerk«, knurrte Bengel verdrossen. »Mach ruhig so weiter, du wirst schon sehen, wo das eines Tages endet …« Damit knallte er die noch beinahe volle Tasse auf den Küchentisch und stapfte hinaus.

»Hat der vielleicht eine Laune heute, dieser Griesgram, dieser alte!« schaute ihm Marie kopfschüttelnd hinterher.

»Dem hast du es aber ordentlich gegeben. Nicht, dass er seine Drohung womöglich wahr macht und dich eines Tages einfach rauswirft. Ich an deiner Stelle wäre da vielleicht ein bisschen vorsichtiger. Das wäre schlimm, wenn du nicht mehr da wärst!«

»Ach was«, kommentierte Marie trocken. »Den Christian kenne ich schon, seit er in der Wiege gelegen hat. Der wirft mich nicht raus. Das würde er sich nicht trauen. Das ist bei dem, wie bei den Hunden: diejenigen, die am lautesten bellen, das sind immer die harmlosesten.«

»Hoffentlich hast du Recht. Mit Hunden kenne ich mich nämlich nicht so aus«, grinste Margret. Auch Marie musste schmunzeln.

Was für ein gutes Gefühl! Es war das erste mal, seit der Geburt ihres Kindes, dass Margret wieder hatte lachen können. Dankbar atmete sie auf. Es tat so gut, die uneigennützige Marie an der Seite zu wissen.

Maries Miene wurde wieder ernst. »Um noch einmal auf den Christian zurück zu kommen. Ich habe ihn auch

deshalb so grob angefasst, weil er sich dir gegenüber so saudumm verhalten hat. Nicht nur, dass er dich kaum begrüßt hat, wo du nach vier Wochen endlich wieder da bist. Dass er sich dann auch noch scheinheilig nach dem Namen des Kindes erkundigt, das hat bei mir das Fass zum Überlaufen gebracht!«
»Wieso scheinheilig? Woher hätte er es denn wissen sollen?«
»Ha, von seinem Bruder natürlich. Zwischen Treschklingen und Rappenau liegt ja nicht die Welt. Und nachdem er ja schließlich gewusst hat, dass du ein Mädchen geboren hast, wird er ja wohl auch wissen, wie es heißt. Das ist doch klar. Und deshalb hat es mich einfach geärgert, dass er so getan hat, als wüsste er es nicht.«
»Da hast du eigentlich recht«, nickte Margret. »Aber er hat halt irgendwie mit mir ins Gespräch kommen wollen, denke ich. Und da hat er es halt so begonnen ...«
»Unsinn!« wischte Marie den Einwand beiseite. »Sonst ist er auch nicht so umständlich, sondern nennt die Dinge immer ganz direkt beim Namen. Ausserdem hätte er dir ruhig ein bisschen was zustecken können für das Kind. Aber zur Zeit ist mit ihm kaum noch zu reden. In den letzten Monaten hat sich der Christian gewaltig verändert.«
»Das hat sicher etwas mit seiner kranken Frau zu tun – und mit dem ganzen Elend um sie herum.«
»Andere Menschen haben es auch schwer. Deswegen braucht man sich doch nicht so gehen lassen! Denk nur mal dran, wie es dir jetzt ergangen ist. Das war ja wohl auch nicht grade ein Zuckerschlecken ... und ist es immer noch nicht«, fügte sie nach einem kurzen Blick auf Margret hinzu. Die vergangenen Wochen hatten deutliche Spuren im Gesicht der jungen Frau hinterlassen. Das war Marie natürlich sofort aufgefallen, als sie Margret vorher in der Küche zum ersten Mal wieder gesehen hatte. Für die 2zweiundzwanzigjährige war es keine einfache Zeit gewesen. Die tiefen Furchen um die

Mundwinkel sprachen eine deutliche Sprache. Und es würde noch lange dauern, bis alles verarbeitet war und die Margret wieder dieselbe unbekümmerte, fröhliche Person sein würde, wie Marie sie kannte. Falls das überhaupt möglich war.

»Aber jetzt lassen wir die trüben Gedanken fahren und schauen lieber nach vorne! Was ist mit den Kartoffeln? Bist du etwa immer noch nicht fertig? Du liebe Güte! Steht einfach nur da und starrt Löcher in die Luft, anstatt sich um ihre Arbeit zu kümmern! Auf geht's! Kartoffeln schälen! Aber rasch! Sonst gibt es heute Mittag nichts zum Essen!«

Ja, es tat wirklich gut, die alte Marie wieder um sich zu haben! Sie hatte einfach immer den richtigen Spruch parat. Rasch griff Margret zum Schälmesser und widmete sich nun mit wahrem Feuereifer dem Eimer mit den (noch) ungeschälten Kartoffeln.

Das Jahr 1868 würde Margret für immer in Erinnerung bleiben. Ein Jahr, in dem sich die Ereignisse geradezu überschlagen hatten.
Begonnen hatte es mit dem 11. März 1868. Einem Mittwoch. Was für ein schmerzerfüllter Tag! Schon früh am Morgen, noch bevor die Dämmerung einsetzte, riss ein markerschütternder Schrei die Nachbarn der Rappenauer »Krone« aus dem Schlaf: bei Karoline Bengel hatten die Geburtswehen eingesetzt. Schon wieder war es eine schwere Geburt, bei der die Hebamme, unterstützt von Margret, einen nahezu aussichtslosen, beinahe 24 Stunden währenden Kampf um das Leben von Mutter und Kind führte, bis die bedauernswerte Frau das Kind endlich doch noch zur Welt gebracht hatte. Es war ein Sohn, ein jämmerliches Häuflein Mensch, das der sofort herbei gerufene Pfarrer in einer Nottaufe auf den Namen Wilhelm Bengel taufte. Allen Anwesenden war klar, dass es nur wenig Hoffnung gab, dass der Kleine sein erstes Jahr überleben würde.
Auch um Karoline Bengel stand es nicht gut. Sie war eindeutig am Ende ihrer ohnehin schwachen Kräfte. Die vielen schmerzerfüllten Stunden, die meserscharfen Wehen, die ihren Körper zusammen krampften, der starke Blutverlust. Nur noch ein kraftloses Wimmern, war aus ihrer Kehle gedrungen, als die Geburt endlich überstanden war.
Zwei Wochen später war das Kind tot.

Kurze Zeit später, am 1. April 1868, hatte Margret ihre Anstellung in der »Krone« schweren Herzens gekündigt und war zurück nach Treschklingen gegangen, wo die Familie ihre Hilfe dringend benötigte. Mit der Gesundheit ihres Vaters war es dramatisch bergab gegangen, immer öfter war es ihm am Morgen unmöglich gewesen, das Bett zu verlassen. Und auch Rosina, ihre Stiefmutter, litt schon seit dem vergangenen Herbst unter einem hartnäckigen Husten, der ihr das Atmen schwer machte. Von Woche zu Woche verlor sie an Kräften. »Ich hätte es ja gerne bleiben lassen, aber es geht einfach nicht mehr, Margret«, hatte sie ihr erklärt. »Ich schaffe das alles nicht mehr allein. Den ganzen Haushalt, die kleinen Kinder, der Acker … Und weil dein Vater nicht will, dass deine Schwestern Elisabeth und Christina ihre Arbeit aufgeben, hat er gemeint, ich soll dich benachrichtigen. Denn schließlich sei ja die kleine Christina dein Kind und …«

»Du brauchst nicht weiter zu sprechen, Rosina. Ich habe schon verstanden«, legte Margret die Hand beschwichtigend auf den Unterarm ihrer Stiefmutter. »Er hat ja recht. Es ist mein Kind und ihr habt mir damals auch geholfen. Da ist es doch nur richtig, dass ich jetzt euch helfe.« So schwer es ihr auch fiel, es gab keinen anderen Weg.

Auch Christian Bengel machte ein alles andere als glückliches Gesicht, als Margret ihm ankündigte, der 31. März sei ihr letzter Arbeitstag in der »Krone«. »Manchmal kommt wirklich alles zusammen! Erst das mit dem Kind, dann das Elend mit meiner Frau und jetzt verlässt du mich auch noch«, murmelte er bitter. »Jetzt habe ich bald gar niemand mehr um mich herum!«

Seit einiger Zeit durfte auch Margret den Kronenwirt mit »Du« ansprechen. Sie sei mittlerweile ja längst volljährig, hatte er eines Tages jovial gemeint, da müsse man also keine großen Umstände mehr machen. So sei es auf dem Land ja auch üblich.

Und manche Bermerkung ging einem damit tatsächlich leichter über die Lippen. So wie die folgende. »Immerhin hast du doch deinen kleinen Christian. Und der braucht dich ja wirklich«, spielte sie mit dieser Bemerkung darauf an, dass sich der inzwischen sechs Jahre alte Bub weitaus langsamer entwickelte, als die anderen Kinder seines Jahrgangs. In Übereinstimmung mit dem Arzt hatte man deshalb sogar beschlossen, das Kind in diesem Jahr noch keinesfalls zur Schule zu schicken.

»Ja, schon. Die Frage ist nur, wie lange noch. Immerhin habe ich schon vier Kinder begraben müssen, vergiss das nicht. Wie leicht schlägt das Schicksal ein fünftes Mal zu …«

»Christian! Versündige dich nicht!«

»Das tue ich gar nicht. Ich bin nur Realist. Die Dinge sind so, wie sie sind. Man sollte sich da besser nichts vormachen, dann ist das Loch, in das man fällt, hinterher nicht ganz so tief«, kommentierte er mit rauer Stimme. »Aber etwas möchte ich dich schon noch fragen, Margret: Wenn wir wegen einer Feier Aushilfen brauchen in der Wirtschaft, kann ich dann nach dir schicken und fragen, ob du kommen kannst? Es wäre mir schon lieb, auch, weil du halt weißt, wie es bei uns zugeht – und weil du keiner Arbeit aus dem Weg gehst.«

»Das ist das erste Kompliment, das ich von dir höre, seit ich bei dir arbeite«, lächtelte die junge Frau.

»Jetzt übertreibst du aber«, spielte Bengel den Empörten.

»Und? Wie lautet deine Antwort?«

»Ja sicher. Das mache ich gerne, wenn es möglich ist. Einen Tag oder manchmal auch zwei, das müsste eigentlich schon gehen.«

»Schön! Und in Kontakt werden wir ja ohnehin bleiben. Wenn ich meinen Bruder in der »Sonne« besuche, dann schau ich auch mal bei dir vorbei«, setzte der Gastwirt noch hinzu, in dessen Augen es plötzlich verdächtig zu glitzern begann. Betroffen registrierte Margret, dass es tatsächlich Tränen waren, die er sich verstohlen aus den Augenwinkeln wischte. So hatte sie den früher so feschen, lebenslustigen Christian Bengel ja noch nie erlebt! Der Mann war wirklich nicht zu beneiden. Trotz seines ganzen Besitzes, trotz seiner Stellung als angesehener Bürger des aufstrebenden Rappenau war er mit seinen Nerven offenkundig am Ende. Wie ungerecht das Glück auf dieser Erde doch verteilt war. Und wie wenig einem selbst das ganze Geld und Gut nützte, wenn alles andere fehlte.

»Also, dann bis hoffentlich bald, Christian«, verabschiedete sich Margret mit einem festen Händedruck. Danach ging sie in die Kammer, um ihre wenigen Sachen zusammen zu packen und sich von der alten Marie zu verabschieden, mit der sie so gerne weiter gearbeitet hätte. Aber, was sein musste, das musste eben sein. Und die Familie in Treschklingen hatte ein Recht, dass sie sich nun um sie kümmerte.

So traf Margret also wieder in Treschklingen ein und bezog ihre kleine Bettstatt in der winzigen Kammer, die sie sich wie früher mit ihren Schwestern und zusätzlich jetzt auch noch mit ihrer kleinen Tochter teilte. Anfangs war es schon ein merkwürdiges Gefühl, zu erleben, mit welch irritierten Blicken das Mädchen seine Mutter aus großen runden Kinderaugen musterte. Und es dauerte geraume Zeit, bis Margret nicht mehr die fremde »Tante« für sie war, sondern … nun ja: das Wort Mutter wollte nicht über ihre Lippen kommen, denn diese Rolle in ihrem Leben hatte ja eigentlich Rosina ausgefüllt. »Sag einfach Margret zu mir, wie die anderen auch«, hatte Margret dann entschieden. »Ich bin die Margret. Punktum.«

Es waren aufregende Zeiten in dem kleinen Kraichgaudorf. Voller Staunen verfolgten die Menschen den Bau der Eisenbahnstrecke von Meckesheim nach Rappenau, die nördlich an Treschklingen vorbei führte. »In Babstadt wird sogar ein Bahnhof für die Eisenbahn gebaut, der noch in diesem Sommer fertig sein soll«, berichtete der Vater, als er eines Tages von einer Versammlung auf dem Rathaus kam.

Margret runzelte die Stirn. »Was ist denn ein Bahnhof?«
»Das ist eine Stelle, wo der Zug anhält, damit die Leute

dort ein- und aussteigen können. Aber natürlich ist das schon ein Blödsinn, denn wer von uns Bauern wird sich das schon leisten können, mit der Eisenbahn zu fahren. Da braucht man dann eigentlich auch keine Haltestelle in Babstadt, wenn sowieso nie jemand einsteigt.«
»Selbst wenn ich das Geld hätte: also ich würde nie mit so einem feurigen Ungeheuer fahren«, schüttelte Rosina Schober entschieden den Kopf. »Ich kann mir nicht vorstellen, dass so etwas gesund ist. Man hört ja immer wieder davon, dass die Ärzte davor warnen. Die Menschen sind für solche Geschwindigkeiten gar nicht geschaffen …«
»… und dann noch dieser Qualm und die Funken, die aus dem Schornstein von der Lokomotive schlagen. Also ich hätte Angst, da zu verbrennen, wenn das explodiert.«
»Das ist nichts für unsereins«, darin waren sich in Treschklingen nicht nur die Schobers einig.
In der Tat wurde der Bau der Eisenbahn von allen natürlich mit der größten Neugier verfolgt. Wann immer es möglich war, eilten sie den Hügel hinauf in Richtung Babstadt, wo man aus sicherer Entfernung gut beobachten konnte, wie sich das schnurgerade Metallband der Eisenbahn beharrlich von Westen nach Osten fortpflanzte. Unfassbar, wie viele Menschen an der Trasse arbeiteten: Es sah beinahe aus wie ein Ameisenhaufen. Wie es hieß, waren unter den Arbeitern viele Italiener.
»Als wenn es nicht auch für uns eine gute Arbeit wäre. Wozu brauchen die denn Italiener?«
»Ganz einfach: Die sind mit noch weniger Lohn zufrieden als wir.«
»Das ist ja eine schöne Schweinerei …«
»… aber leider nicht zu ändern. Da kannst du sagen, was du willst: für die Eisenbahn holen sie lieber die Italiener. Die arbeiten nämlich Tag und Nacht im Akkord und schinden sich die Rücken krumm.«
Am 25. Juni 1868, einem Donnerstag, wurde der Abschnitt Meckesheim – Rappenau der Großherzoglich

Badischen Staatseisenbahn in Betrieb genommen. Ein durchdringender langgezogener Pfiff, der die Menschen erschrocken zusammen zucken ließ, signalisierte ihnen, dass die Lokomotive den Bahnhof in Babstadt erreicht hatte. Vor allem die Älteren unter ihnen schüttelten sorgenvoll die Köpfe, während sie die Hände zum Gebet falteten. »So ein qualmendes Teufelsding direkt in unserer Nachbarschaft. Hoffentlich gibt das nicht eines Tages ein böses Erwachen!«
Auch Margret war dieser Ansicht. Besser, man hielt sich in sicherer Entfernung von dem feuerspeienden Ungetüm. Das würde sie auch ihren Geschwistern nachdrücklich einschärfen, von denen sie ganz genau wusste, wie sehr diese die Neugier in Richtung Babstadt trieb.
Einige Tage später sahen sie sich in ihrer Skepsis bestätigt, denn plötzlich verbreitete sich in Windeseile die Nachricht, dass es in der Nähe von Babstadt einen Toten gegeben hatte. »Und schuld daran ist die Eisenbahn.«
»Wieso denn? Ist sie explodiert?«
»Nein, das nicht. Aber da war ein alter Mann, der ist von Siegelsbach her in Richtung auf unser Dorf zu gelaufen. Und kurz nachdem er bei Babstadt die Schienen überquert hat, da ist plötzlich die Eisenbahn heran gerast, und er hat sich über den Anblick dermaßen erschrocken, dass er an einem Herzschlag gestorben ist!«
»Der arme Mann!«
»Man müsste halt auch Warnschilder anbringen!«
»Es ist und bleibt ein Teufelsding. Da helfen auch keine Warnschilder!«

Schon wenige Wochen nach Margrets Rückkehr überschlugen sich dann die Ereignisse:
Am 24. Juli, um 9 Uhr am Morgen schallte ein lauter Alarmruf durch das Dorf: »Es brennt! Es brennt!«
Schon läutete die Kirchenglocke Sturm. Aufgeregt kamen die Menschen aus allen Ecken des Dorfes auf den großen Platz vor der Kirche gerannt – und hier konnten

sie auch sofort erkennen, was passiert war: es brannte an der Scheune am Rentamt der Gemmingschen Herrschaft! »Los! Sofort die Eimer und die Schaufeln nehmen!« Blitzschnell hatten sich die Leute aus ihrer Schockstarre gelöst. Das ganze Dorf packte mit an – und schaffte das kaum für möglich Gehaltene: nach einer halben Stunde war das Feuer schon gelöscht!

»Wir können von Glück sagen, dass unten nicht viel brennbares Material drin gewesen ist.«

»Und, dass wir das Feuer so früh bemerkt haben. Nur eine Viertelstunde später, dann hätte es sich bereits bis zum Dachgeschoss hochgefressen und da wäre der getrocknete Raps in Flammen aufgegangen. Die Scheune wäre nicht mehr zu retten gewesen, vielleicht sogar das ganze Rentamt nicht.«

»Glück gehabt«, konstatierte auch Friedrich Bengel erleichtert und wischte sich eine Haarsträhne aus dem verschwitzten Gesicht. Zusammen mit Bürgermeister Johann Wilhelm Knörzer hatte der Sonnenwirt die Löschaktion organisiert und dafür Sorge getragen, dass die Menschenkette vom Brunnen bis zum Brandherd keine Lücke aufwies und die Wassereimer in rascher Folge von hinten nach vorne wanderten. »Aber was war eigentlich die Ursache für das Feuer? An eine Selbstentzündung glaube ich ehrlich gesagt nicht.«

»Ich auch nicht.«

»Natürlich nicht. So warm ist es in den letzten Tagen wirklich nicht gewesen und ausserdem: da war ja auch kein frisches Heu in der Scheune. Wie hätte sich da folglich irgend etwas von allein entzünden können?«

»Vielleicht ist ja die Eisenbahn schuld. So, wie da die Funken immer aus der Lokomotive schlagen!«

»Aber doch nicht von Babstadt bis hierher nach Treschklingen!«

»Wieso nicht?«

»Schon deswegen nicht, weil der Wind heute aus Süden kommt. Und Babstadt liegt im Norden.«

»Na ja, da hast du ausnahmsweise recht. Aber sein hätte es schon können. Das lasse ich mir nicht nehmen. Diese Eisenbahn wird uns noch teuer zu stehen kommen …«, unkte der eines Besseren belehrte Mann und handelte sich damit einen unwirschen Blick des Bürgermeisters ein.
»Wenn es die Eisenbahn nicht gewesen sein kann, dann heißt das also …« ließ Ratschreiber Bengel die zweite Hälfte seines Satzes bewusst offen stehen.
»… dass es Brandstiftung gewesen sein muss«, ergänzte Knörzer betroffen. »Ganz eindeutig. Brandstiftung.«
Ein Raunen ging durch die Menge und wie ein düsteres Menetekel dröhnte das Wort in den Köpfen der Menschen. Brandstiftung!
»Und das hier bei uns! In Treschklingen!«
»Das kann ja wohl nicht wahr sein. Es kann doch nicht einer von uns gewesen sein« Verwirrt und unsicher musterten sich die Dorfbewohner mit verstohlenen Blicken. Wer von ihnen sollte das getan haben? Und vor allem: warum?
Schon bald verwandelte sich die Verunsicherung in blanke Wut. »Wenn ich den Kerl erwische, dann gnade ihm Gott!«
»Aufknüpfen sollte man den, sobald wir ihn haben!«
Die grimmigen Mienen verhießen dem Übeltäter nichts Gutes – sofern man ihn zu fassen bekommen würde.
»Ihr redet immerzu von »er«, von »ihm« und von dem »Kerl«? Woher wollt ihr denn eigentlich wissen, dass es keine Frau war die das gemacht hat?« mischte sich der Ratschreiber in den aufgeregten Wortwechsel.
»Eine Frau! Ich bitte dich Friedrich! So etwas macht doch keine Frau!« Mit einem verständnislosen Kopfschütteln verwarfen die meisten der Umstehenden Bengels abstruse Theorie genauso rasch, wie sie in die Debatte geworfen worden war.
»Nun denn … Ich habe damit ja nur sagen wollen, dass es immer gut ist, nach allen Richtungen Ausschau zu halten, wenn man nicht so recht weiß, wo man suchen

soll. Ich hoffe nur, wir werden es herausfinden. Jetzt aber können wir erst einmal von Glück sagen, dass kein größerer Schaden entstanden ist.«
»Auf dieses Glück sollten wir anstossen! Ein Freibier für jeden, der mitgeholfen hat«, verkündete der Bürgermeister. Eine Ansage, die er nicht zu wiederholen brauchte. Dieses Bier hatten sie sich redlich verdient. Das Unheil war gebannt. Auch, wenn es schon ein merkwürdiges Gefühl war, nicht zu wissen, wer und was genau dahinter steckte …

Am Abend desselben Tages, es musste um halb sieben Uhr sein, vermeinten die Leute, ihren Sinnen nicht mehr trauen zu können. Lag es vielleicht am Bier? Denn nicht bei allen war es bei dem einen Glas Freibier in der »Sonne« geblieben. »Das kann doch gar nicht sein!«
»Es ist aber so!«
Schon wieder läutete die Kirchenglocke. Und wieder, wie am Morgen, läutete der Mesner Sturm!
»Es brennt schon wieder!«
»Unmöglich!«
»Doch! Es ist aber so!«
Tatsächlich! Jetzt konnte man es auch schon riechen. Panikartig stürzten die Menschen auf die Straße. Brandgeruch lag in der Luft. Dicke, dunkle Rauchwolken schwebten über dem Dorf. Beim Gutshof waren die Wolken am dichtesten. »Es ist wieder am Rentamt!«
»Auf geht's, los. Dieses Mal brauchen wir gleich die Feuerspritze!« Wieder koordinierten Bürgermeister Knörzer und sein Ratsschreiber die Löscharbeiten. »Schnell! Bringt die Spritze zum Eingang vom Rentamt. Wir müssen unbedingt hinein! Das Feuer breitet sich von da drinnen aus!«
»Wo ist der Schlüssel?«
»Der Schlüssel!« Ratlos sah Friedrich Bengel sich um.
»Der Baron ist verreist und sonst hat niemand einen Schlüssel.«

»Dann brechen wir die Tür auf!«
»Aufbrechen? Das wird dem Baron aber ...«
»Aufbrechen!« donnerte Bengel. »Sofort!«
Wenig später war auch dieser Brand gelöscht. Es hatte zunächst schlimmer ausgesehen, als es dann gekommen war. Denn sobald sie die Eingangstür mit Hilfe von zwei rasch herbei geschafften Äxten hatten einschlagen können, war der Ausgangspunkt des stark qualmenden Feuers gefunden. Es handelte sich lediglich um einige große Strohbündel in der großen Halle, die lichterloh in Flammen standen, mit Hilfe der Feuerspritze aber in Windeseile gelöscht werden konnten. Bis auf die stark verrußten Wände und die schmutzig-schwarze Wasserlache auf dem Boden waren keine Schäden festzustellen. »Alles nochmal gut gegangen! Einsatz beendet!« konstatierte der Bürgermeister aufatmend. »Ihr könnt die Spritze zurück ins Spritzenhaus bringen und danach treffen wir uns alle in der »Sonne«, um herauszufinden, was hier eigentlich vorgeht.«
»Gibt es wieder Freibier?«
»Lieber nicht«, schüttelte Knörzer entschieden seinen Kopf. »Es ist besser, wenn wir heute Nacht unsere sieben Sinne zusammen haben – falls es nochmals losgeht ...«
»... alles, bloß das nicht!«
Man konnte es an den Gesichtern der Leute sehen, wie schwer sie dieser zweite Brand innerhalb von gerade einmal zehn Stunden erschüttert hatte. An so etwas konnte sich niemand erinnern. Noch nicht einmal die Ältesten unter ihnen. »Eines ist ja ganz klar: es war wieder Brandstiftung. Wie beim ersten Brand auch. Das Rentamt ist seit drei Jahren unbewohnt. Dann ist der Baron verreist. Es war also niemand da, wie soll da ein Feuer ausbrechen? Und die Strohbüschel, die fangen auch nicht einfach so Feuer. Es war derselbe Täter, wie heute morgen. Da bin ich mir ganz sicher. Brandstiftung. Zweimal. Da beißt die Maus keinen Faden ab!«
»Aber was macht das für einen Sinn? Bei einem Gebäude, das leer steht.«

»Zwei Brände an einem Tag. Beidesmal ohne klar erkennbare Ursache …«
»Das heißt …« Der Ratsschreiber hatte sich erhoben und blickte mit ernster Miene in die Runde, um dem, was er gleich zu sagen hatte, die nötige Aufmerksamkeit zu verschaffen. »Das heißt: ein Feuerteufel geht bei uns um.«
Ein Feuerteufel! Auch Margret, die zusammen mit ihren Schwestern beim Ausschank in der »Sonne« spontan mitgeholfen hatte, schlug entsetzt die Hände vor den Mund.
»Hoffentlich ist es keiner von uns …«
»Wieso soll das denn einer von uns sein? Wer sollte so etwas tun und dabei sich und die Nachbarn im Dorf mit in Gefahr bringen. So etwas tut doch keiner von uns!«
»Und wenn sich einer vielleicht beim Baron rächen will?«
»Rächen wofür?«
»Bespielsweise wegen dem Debakel mit den Zuckerrüben, in das er uns hinein getrieben hat …«
»Ach was! Dafür bringt man doch nicht das ganze Dorf in Gefahr! Niemals!«
Während die überwiegende Mehrzahl der Anwesenden die düstere Mutmaßung sofort empört und als völlig aus der Luft gegriffen verwarf, hörte Margret, die zufällig neben den beiden stand, wie der Sonnenwirt und der Bürgermeister leise flüsterten: »Morgen früh um 8 Uhr auf dem Rathaus! Wir sollten ganz genau im Grundbuch nachschauen, wer in den vergangenen Monaten Äcker an den Baron verkauft hat – beziehungsweise hat verkaufen müssen. Auch die Schuldeinträge sollten wir anschauen.«
»Glaubst du wirklich, dass es einer von den Bauern gewesen ist?«
Bengel zuckte mit den Achseln. »Glauben? Glauben überlasse ich dem Pfarrer … hoffen tue ich es freilich nicht.«

Am nächsten Morgen war den beiden Männern nach einem nur flüchtigen Blick in die Bücher rasch bestätigt,

was eigentlich ohnehin klar auf der Hand lag: »Wenn wir nach den Eintragungen und den Grundstücksverkäufen gehen, dann ist gleich das halbe Dorf verdächtig. Da könnte es jeder Zweite gewesen sein. Denn fast alle haben Schulden und sind kurz davor, verkaufen zu müssen. Ob an den Baron oder an einen von den Juden von Obergimpern – das bleibt sich im Grund ja gleich.«
Nachdenklich rieb sich Johann Wilhelm Knörzer mit der rechten Hand die schmerzende Stirn, während sie den Gastraum der »Sonne« betraten, in dem Margret gerade damit beschäftigt war, zusammen mit den anderen die Überbleibsel der Zusammenkunft vom vergangenen Abend zu beseitigen. Es war spät geworden gestern. Irgendwie hatte sich niemand allein nach Hause getraut. In der Obhut der großen Gemeinschaft fühlte man sich plötzlich sicherer als im eigenen Haus oder gar auf den Straßen von Treschklingen, wo ein unbekannter Feuerteufel sein Unwesen trieb … Margret hatte sich noch in der Nacht erboten, den anderen Mägden in der Frühe beim Aufräumen zu helfen. Natürlich nicht nur wegen der kleinen Entlohnung, sondern vor allem aus dem Kalkül heraus, sozusagen direkt an der Quelle der Informationen erfahren zu können, wie es wohl weiter gehen würde mit der Suche nach dem Schuldigen. Neurig war sie nämlich schon. Zum Platzen neugierig sogar. »Margret, machst du mir bitte einen Kaffee. Einen starken aber.«

»Mir bitte auch«, schloss sich der Ratsschreiber an. »Auch einen starken.«

Dann wandten sich die Männer wieder ihrem Thema zu. »Also, wie gesagt: das halbe Dorf ist stark verschuldet. Teils bei den Geldverleihern in Obergimpern, teils beim Baron. Könnte also schon sein, dass jemand von den Schuldnern den Baron als jemanden anschaut, der ihn ins Unheil gezogen hat …«

»So ganz und gar unrecht hätte er dabei nicht mit dieser Meinung …«

»Du meinst wegen dem Zuckerrübenanbau?«
Der Bürgermeister nickte.
»Nun ja«, entschieden schüttelte Friedrich Bengel seinen Kopf. »Ich habe mich ja selbst lange mit dem Thema beschäftigt und auch viele Gespräche mit dem Baron geführt. Und auch er hat ja einiges Geld mit den Zuckerrüben verloren. Ich bin wirklich der festen Überzeugung, dass er aus ehrlichen Motiven heraus gehandelt hat. Zumindest bin ich immer dieser Meinung gewesen und sehe auch jetzt keinen Grund, davon abzuweichen. Er wollte wirklich nur das Beste.«
»Das mag ja alles so sein. Aber was nützt es den Leuten, wo seine Initiative derart gründlich daneben gegangen ist?«
»Ja, schon …«
»Von daher könnte ich durchaus verstehen, dass einem die Nerven durchgegangen sind. Auch wenn er damit das ganze Dorf in Gefahr gebracht hat.«
»Und in Verruf. Wenn das so weiter geht, dann Gute Nacht …«
Johann Wilhelm Knörzer rollte in einer ratlosen Geste mit den Augen und faltete die Hände. »Gebe Gott, dass es doch ein Zufall war – oder ein Dummer-Jungen-Streich … Das wäre mir am allerliebsten. Aber ich fürchte beinahe, dass es anders ist.«
Nicht nur Margret richtete an diesem Tag immer wieder einen bangen Blick zum Kirchturm hinüber – doch zumindest heute blieb alles ruhig.

Nachdem dann auch der zweite Tag nach den Bränden ohne weitere Vorfälle verstrich, keimte im Dorf erstmals Hoffnung auf. »Vielleicht ist der Feuerteufel damit ja zufrieden. Er scheint seine Freude gehabt zu haben.«
»Schön wärs. Wir können von Glück sagen, wenn das alles war, und er sich genug ausgetobt hat.«
»Trotzdem ist es irgendwie ein blödes Gefühl, genau zu wissen, dass es irgend jemand aus dem Dorf gewesen ist.«

»Schon – aber Hauptsache es hört auf, und wir können wieder in Ruhe schlafen.«
»Genau. Und in einem halben Jahr spricht eh kein Mensch mehr darüber.«

Doch die Hoffnung sollte sich als trügerisch erweisen. Nur vier Tage hielt der Frieden.
Es war am späten Nachmittag des 28. Juli 1868. Wieder läutete es von der Kirche Sturm. Margret schien es, als dröhnten die Glocken ganz besonders laut und unheilvoll in ihren Ohren, als sie aus dem Haus auf die Straße hinaus rannte. Hektische Alarmrufe, verzweifelte Schreie nach Hilfe, das Weinen von Kindern, Hundegebell und das angstvolle Gebrüll der Kühe in den Ställen vermischten sich zu einem chaotischen Durcheinander. »Es brennt!«
»Wo ist es?«
»Wieder im Gutshof!«
»Dieses Mal wird es ernst! Das ganze Dorf ist in Gefahr.«
»Sagt den Frauen Bescheid!«, rief der Bürgermeister und blickte sich hektisch um. »Wir brauchen jede Hand! Alle müssen mithelfen. Und Eimer, wir brauchen mehr Eimer – mit der Spritze allein werden wir es nicht schaffen. Die Männer sollen das Vieh aus dem Stall treiben – rasch. Beeilt euch! Und Friedrich: schick sofort den Boten nach Rappenau! Die müssen uns zu Hilfe kommen! Er soll seinem Pferd die Sporen geben! Wenn sie uns nicht bald Hilfe schicken, gibt es eine Katastrophe! Und schick dann noch Boten nach Fürfeld, nach Obergimpern und nach Babstadt. Wir brauchen sie alle!«
Wir ernst die Lage tatsächlich war, das mussten die erschrockenen Treschklinger nur Sekunden später erkennen. Kaum hatte Knörzer ausgesprochen, da schoss eine Feuersäule aus dem Dach der Scheune hoch in den Himmel. »Das Stroh dort drinnen hat Feuer gefangen! Wir schaffen es nicht – das Gebäude ist nicht mehr zu retten!«

»Rückzug!« donnerte der Bürgermeister. »Sofortiger Rückzug. Wir geben die Scheune auf! Jetzt ist es wichtiger, dass wir uns auf die anderen Häuser konzentrieren! Und wo sind denn die Frauen mit den Eimern? Auf geht's! Schnell! Wir brauchen mehr Wasser!«
»Spritzt so viel Wasser wie möglich auf das Pfarrhaus«, übernahm der Ratsschreiber währenddessen das Kommando an der Feuerspritze. »Und dann das Amtshaus, danach das Pächterhaus. Auf geht's. Wir brauchen mehr Wasser für die Spritze. Beeilt euch Leute, beeilt euch!«
Bengel richtete einen sorgenvollen Blick hoch zum Himmel. Nur ja kein Wind jetzt! Das wäre das Schlimmste, was ihnen passieren könnte. Zwei, drei starke Windstösse – und das ganze Dorf wäre in Gefahr.
Endlich! Es schien ihnen, als sei eine halbe Ewigkeit verstrichen, als endlich die ersten Feuerwehren aus den umliegenden Ortschaften eintrafen. Doch damit war der Brand noch längst nicht unter Kontrolle. Stundenlang kämpften sie gemeinsam gegen die drohende Katastrophe an, während die Flammen meterhoch aus den Fensterhöhlen des Gutshofes loderten. Mehr als einmal schien es ihnen, als sei der Kampf verloren, als würde womöglich ein großer Teil des Dorfes vom Feuer vernichtet. Männer und Frauen, Alte, Kranke und selbst die Kinder packten mit an und bildeten eine verzweifelte Löschkette, die bis an den Rand der völligen Erschöpfung die schweren Wassereimer weiter reichte. Erst kurz bevor der Abend herein brach, gab es einen kleinen Hoffnungsschimmer. Der Bürgermeister atmete tief durch. Die Gewalt der Flammen war zurück gegangen. Und es hatten sich keine neuen Brandherde mehr gebildet. Die Lage schien sich zu entspannen. Tatsächlich! Eine weitere Stunde später war endlich klar: sie hatten es geschafft, das Feuer war unter Kontrolle.
Mit ihren Kräften am Ende hockten die Menschen im Dreck der vom Löschwasser durchweichten Straße, während sie aus rußgeschwärzten Gesichtern zum Gutshof

hinüber blickten, wo eine Feuerwache aufgezogen war, die während der ganzen Nacht sorgsam darauf achten würde, dass nirgendwo an der Brandstelle eines der Feuernester womöglich wieder aufzulodern begann. Wohin sie sich auch wandte überall sah Margret in erschöpfte, sorgenvolle Mienen. Der Gutshof war ein Raub der Flammen geworden. Dieses Mal war es nicht so glimpflich ausgegangen, wie bei den Bränden zuvor. Und wieder war allen klar: auch dieses Feuer war absichtlich gelegt worden!

»Das ist das Schlimmste«, murmelte Margrets Vater, während er wie betäubt den Kopf schüttelte. »Du weißt, dass es Brandstiftung war. Du weißt, dass wir einen Feuerteufel unter uns haben – und niemand kann sagen, wer es ist, wann er wieder losschlägt und wen es beim nächsten Mal treffen wird. Es sei denn, er hat jetzt sein Mütchen am Baron kühlen können, denn jetzt ist der Gutshof ja tatsächlich abgebrannt. Vielleicht ist jetzt also Ruhe … «

Margret wischte sich eine rußverklebte Haarsträhne von der schweißnassen Wange. »Schön wärs …«

»Ach was!« mischte sich Georg Stunz in das Gespräch. »Kein Mensch im Dorf wird mehr ruhig schlafen können, bis endlich klar ist, wer das gemacht hat. Dieser verfluchte Kerl hat ja nicht nur dem Baron einen Schaden zugefügt, sondern um ein Haar wären ja auch unsere Häuser abgebrannt. Und wenn die Helfer aus den Nachbarorten nicht so schnell da gewesen wären, wer weiß… womöglich hätte es sogar Tote gegeben!«

»Tote!« Entsetzt starrte Margret ins Gesicht ihres Nachbarn.

»Ja, Tote!« wiederholte der mit grimmiger Miene.

Auch ihr Vater nickte ernst. »Stell dir nur mal vor es passiert wieder mitten in der Nacht wenn es ganz dunkel ist und alle schlafen. Wenn dann beispielsweise nebendran, beim Haus von meinem Bruder Georg das Feuer gelegt wird, dann braucht es nicht viel, bis auch unser Haus brennt. Ich kann mir nicht vorstellen, dass wir dann alle mit dem Leben davon kommen.«

»Aber Vater!«

»Nein, nein. Wir sollten uns da gar nichts vormachen. Bis ich mich mit diesen stechenden Schmerzen in den Beinen, die jeden Tag schlimmer werden, morgens in Bewegung setzen kann, da vergeht einige Zeit. Nie und nimmer würde ich es da aus dem Haus schaffen – gleich nicht in der Dunkelheit. Und auch um deine kleine Christina muss man sich in so einem Fall ernsthaft Sorge machen.«

Entschieden schüttelte Margret den Kopf. »Ach Vater. Mal doch den Teufel nicht an die Wand. So schnell breitet sich ein Feuer auch wieder nicht aus …«

»… von wegen!«, mischte sich Georg Stunz wieder in das Gespräch. »Ich habe es selber schon erlebt, wie das ist. Wenn so ein Feuer erst einmal richtig wütet, entzündet sich die Luft sozusagen von ganz allein. Dann entwickelt sich ein regelrechter Feuersturm und wenn der erst einmal entfacht ist, kannst du gar nicht mehr so schnell rennen, wie du solltest, um dem Feuer zu entkommen. Dann ist alles zu spät. Und dein Vater hat freilich recht: die Alten, die Kranken und die kleinen Kinder sind es, um die wir uns wirklich Sorgen machen müssen.«

»Um Gottes Willen.« Erst in diesem Moment wurde Margret so richtig deutlich, wie knapp sie einer Katastrophe entkommen waren. »Aber was sind das nur für Menschen, die so etwas in Kauf nehmen?! Bloß, weil sie sich vielleicht am Baron rächen wollen. Da kann man doch die Anderen nicht in Gefahr bringen. Wer macht denn so etwas?«

»Das würde ich auch gerne wissen«, knurrte Stunz. »Und wenn ich es weiß, dann gnade ihm Gott!«

In den nächsten Tagen blieb die Lage im Dorf äußerlich scheinbar ruhig, während es in den Menschen gewaltig brodelte. Das Misstrauen ging um. Keiner schien mehr dem anderen zu trauen. Noch nicht einmal seinem

Nachbarn, mit dem er jahrelang friedlich Haus an Haus, Tür an Tür gelebt hatte. Immer wieder kam es zu lautstarken, manchmal sogar handgreiflichen Auseinandersetzungen zwischen den Männern, die sich gegenseitig verdächtigten.

»Das kann auf Dauer so nicht weiter gehen«, herrschte beim abendlichen Stammtisch in der »Sonne« unter den Männern Einigkeit.

»Aber was tun, um den Frieden wiederherzustellen?«

»Das ist in der Tat die große Frage«, nickte Johann Wilhem Knörzer zerknirscht. »Ehrlich gesagt, weiß ich mittlerweile auch nicht mehr weiter.«

»Es gibt nur eines, was wir tun könnten«, meldete sich der Sonnenwirt zu Wort. »Wir könnten Patrouillen zusammenstellen. Jede Nacht ein paar Männer, die zu zweit durch das Dorf laufen und Ausschau halten, ob sich etwas Verdächtiges feststellen lässt …«

»Jede Nacht! Und wie lange soll das gehen?«

»Bis wir den Schuldigen auf frischer Tat ertappt haben …«

»Das kann ja eine halbe Ewigkeit dauern.«

»Und was ist, wenn er am hellichten Tag zuschlägt? Dann kannst du deine nächtlichen Patrouillen glatt vergessen.«

»Wenn ihr etwas Besseres wisst, dann nur zu: raus mit der Sprache!« Herausfordernd funkelte der verärgerte Friedrich Bengel in die Runde. Einer nach dem anderen senkte verlegen den Kopf und zuckte mit den Schultern.

»Nun denn. Wenn also keine besseren Vorschläge kommen, dann bin ich dafür, dass wir jetzt die Gruppen zusammenstellen, die in der Nacht das Dorf bewachen. Immer zwei Mann, ich würde sagen, eine Gruppe nördlich und eine Gruppe südlich vom Krebsbach. Immer um Mitternacht werden sie dann von zwei frischen Gruppen abgelöst.«

Mit wenig Begeisterung fügte sich die Runde in den Vorschlag des Ratsschreibers. Somit waren die nächtlichen

Patrouillen also beschlossen und das Fünkchen Hoffnung weiter am Glimmen gehalten, dass man den Feuerteufel schon irgendwann zu fassen bekäme. Und vor allen Dingen: dass endlich wieder Ruhe einkehren möge im Dorf. Und dass es zu keinen neuen Bränden mehr kommen würde.

Es war eine trügerische Hoffnung, die genau elf Tage später, am Mittag des 8. August in einer Rauchsäule zerstob. Aus dem Dach des Hauses der Witwe Nicolaus schlugen plötzlich Flammen – und wieder bedeutete dieses Feuer allerhöchste Gefahr für das ganze Dorf, denn in der Nachbarscheuer von Christoph Böhringer waren Stroh und Getreide gelagert.
»Der Böhringer hat mir gesagt, dass die Scheune ganz voll ist – und dass es unmöglich ist, das alles so schnell heraus zu bringen!«
»Wenn das erst einmal brennt, dann gute Nacht!«
Wieder half das ganze Dorf beim Löschen und zum guten Glück hatten sie ein Überspringen der Flammen verhindern können. Nicht mehr zu retten gewesen waren freilich ein kleiner Schuppen und der Schweinestall, dazu die Hälfte des Wohnhauses. Im Grunde genommen hatte also auch dieses Feuer ein glimpfliches Ende gefunden. Freilich: für die Witwe war es eine Katastrophe, denn sie stand nun vor dem Ruin. »Ja, bist du denn nicht versichert gewesen?«
»Nein«, schluchzte die arme Frau unter bitteren Tränen.
»Aber wieso denn nicht?«
»Woher hätte ich denn das Geld für die Versicherung hernehmen sollen? Selbst wenn ich gewollt hätte, es wäre nicht gegangen. Und jetzt, jetzt ist alles aus! Meine ganzen Vorräte – sie sind alle verbrannt«
»Wir müssen ihr irgendwie helfen. Das kann nicht sein, dass sie unverschuldet ins Elend gerät«, erklärte der Bürgermeister. »Zumindest mit Nahrungsmitteln – bis wir den Kerl gefasst haben, und er ihr alles bezahlen muss!«

»Immerhin sind wir heute im Großen und Ganzen gut davon gekommen. Da können wir wirklich von Glück sagen. Aber das hilft natürlich auch nicht weiter.«
Vor allem war da noch der Schrecken, der ihnen immer tiefer in den Knochen steckte.
»Aber dieses Mal war es nicht der Gutshof und auch sonst kein Besitz vom Baron!«
»Das heißt, es geht gar nicht um den Baron. Nun ist es also doch einer, der uns alle vernichten will! Wenn er schon eine arme Witwe um ihr bisschen Hab und Gut bringt!«
»Dieses Scheusal!«
»Wenn man ihn nur endlich erwischen würde!«
»Es heißt ja, es seien ein paar Buben gewesen …«
»Blödsinn«, fuhr Johann Wilhelm Knörzer dazwischen. »Wer erzählt denn so etwas? Ich jedenfalls weiß nichts davon!«
»Andere sagen, sie hätten mehrfach am Abend eine verdächtige Person an allen späteren Brandstellen gesehen …«
»Das ist auch so ein Quatsch!« grollte der Bürgermeister. »Hauptsache, man redet irgend etwas aus der Luft gegriffenes daher und macht die Leute noch nervöser, als sie ohnehin schon sind. Wer etwas weiß, der soll gefälligst zu mir kommen und es mir sagen, damit wir der Sache nachgehen können. Oder er – beziehungsweise sie – sollen einfach den Mund halten!« Zornig hieb er mit der Faust auf die Tischplatte. »Himmelherrgottnocheinmal!«
Eine Zeitlang herrschte betretene Stille. Dann räusperte sich Georg Stunz und warf dabei einen verstohlenen Blick auf den Ratsschreiber.
»Aber unsere Patrouillen bei Nacht können wir auch bleiben lassen. Was nützt uns das, wenn er wie jetzt mitten am Tag zuschlägt.«
»Recht hat er!«
»Aber was sollen wir sonst tun?«

»Einfach nur da hocken und Däumchen drehen, bis er wieder zuschlägt?!«
»Dieser elende Kerl, dieser elende!«
Wieder kochten die Diskussionen hoch. Aber niemand wusste einen Ausweg. So ratlos hatte Margret den normalerweise immer zuversichtlich dreinschauenden Sonnenwirt noch nie erlebt – von Bürgermeister Knörzer ganz zu schweigen. Irgendwann verebbten die Gespräche am Stammtisch und jeder hing nur noch den eigenen, trüben Gedanken nach. Und es war letztendlich der immer gleiche Gedanke, der sie alle umtrieb und in dieser Nacht keinen Schlaf finden ließ: Wer von uns kommt als nächster an die Reihe?

Am Tag darauf nahmen die Dinge eine sensationelle Wendung. Völlig überraschend war der Untersuchungsrichter aus Rappenau in Begleitung eines Gendarmen im Rathaus eingetroffen und begab sich nach einer kurzen Unterredung in Begleitung von Bürgermeister Knörzer danach zu Ratsschreiber Bengel in die »Sonne«.
»Du glaubst es nicht Friedrich, was der Herr Untersuchungsrichter mir da gerade mitgeteilt hat. Man hat tatsächlich einen konkreten Verdacht!«
Margret, die auch für den heutigen Morgen eine Arbeit in der Gastwirtschaft hatte annehmen können und gerade mit dem Wischen des Bodens in der Stube beschäftigt war, spitzte sofort die Ohren. Vorsichtig näherte sie sich dem Tisch, an dem die Männer ihre Unterredung gerade begonnen hatten.
»… der Name tut nichts zur Sache. Es handelt sich um einen Zeugen, der unerkannt bleiben will.«
»Unerkannt. Soso …« brummte Bengel. »Und wie ist es dann bis zu ihnen nach Rappenau gedrungen?«
»Der Zeuge hat es dem Gendarmen in Rappenau gemeldet.«
»In Rappenau! Und unerkannt will der angebliche Zeuge bleiben! Das ist ja die Höhe!« echauffierte sich der Rats-

schreiber lautstark, wurde aber von einem warnenden Blick seines Bürgermeisters zur Räson gebracht.
»Lass die Moral einfach mal beiseite, Friedrich. Wenn wir dafür den Täter dingfest machen können, ist es mir am Ende ganz egal, wo der Verdacht gemeldet worden ist und von wem. Hauptsache, wir kriegen ihn zu fassen.«
»Na ja …« zeigte sich der Gemaßregelte jedoch nach wie vor wenig angetan von der Tatsache, dass man einem anonymen Hinweis nachgehen solle. »Ich halte diese Anschwärzerei aus der Deckung heraus für eine Riesensauerei …«
»… aber wenn wir dafür den Feuerteufel fassen können!«
»Und sie sind sich also ihrer Sache ganz sicher, Herr Richter? Sie haben eine ganz konkrete Person im Auge?«
Der Richter, der den kurzen Wortwechsel mit sichtlicher Ungeduld verfolgt hatte, warf sich bedeutungsvoll in die Brust: »In der Tat. Es handelt sich beim Täter um einen jungen Kerl …«
»Um einen jungen Kerl … soso. Und wie alt ist dieser junge Kerl?«
»Erstaunlicherweise erst elf Jahre alt. Ich weiß, was sie jetzt sagen wollen …«
»Elf Jahre alt!« Überrascht war Friedrich Bengel aufgesprungen. »Ein elfjähriges Kind soll die ganzen Brände gelegt haben. Ich bitte sie, Herr Untersuchungrichter. Aber das glauben sie doch selber nicht!«
»Was ich glaube oder nicht, ist ganz allein meine Sache!« zischte der Richter scharf. »Es wäre besser, wenn sie mir nicht ständig ins Wort fallen würden, sondern mich aussprechen ließen, so wie sich das unter zivilisierten Menschen gehört.«
Der strenge Verweis brachte den Ratsschreiber in sichtliche Verlegenheit. Eine leichte Röte zog über sein Gesicht, während er sich wieder auf dem Stuhl niedersetzte, von dem er so impulsiv in die Höhe geschnellt war. »Entschuldigen sie bitte. Das war in der Tat unhöflich von

mir. Es … es ist einfach die Aufregung in den vergangenen Tagen, die unsere Nerven schwer strapaziert hat.«
Beschwichtigend legte der Bürgermeister seine Hand auf den Unterarm des schwer atmenden Sonnenwirts, während der Richter mit einem kurzen Kopfnicken signalisierte, dass die Entschuldigung akzeptiert war.
»Gut. Dann lassen sie uns jetzt zum Kern der Sache kommen. Also, der Täter ist aller Wahrscheinlichkeit nach dieser elfjährige Kerl da …«
»Aller Wahrscheinlichkeit nach? Ich dachte, sie hätten handfeste Beweise?«
Der Gefragte zog es vor, diese neuerliche unhöfliche Unterbrechung beser nicht zu kommentieren, sondern fuhr trocken fort: »Wir haben eindeutige Indizien …«
»Aha! Und welcher Art sind die …«
»Der Zeuge sagt, er habe kurz vor Ausbruch des Feuers beim Haus der Witwe Nicolaus diesen Jungen gesehen, diesen Ernst Böhringer …«
Wieder wurde er mitten im Satz unterbrochen. »Der Böhringers Ernst!« Dieses Mal kam es von der anderen Seite des Raumes. Es war Margret gewesen, die sich einen erstaunten Ausruf nicht verkneifen konnte. »Das kann doch nicht sein. Da hätte er dann ja beinahe sein eigenes Elternhaus angezündet!«
Unwirsch fuhr der Richter herum und fixierte die junge Putzhilfe mit einem zornigen Blick. »Was hast du hier heimlich zu lauschen?! Und wer bist du denn eigentlich?!«
»Ich … ich … Ich habe nicht gelauscht, ich putze hier nur den Boden.«
»Ach – und das machst du offenbar so gründlich, dass du nebenher noch Zeit hast, unsere Gespräche mit anzuhören. Das ist ja allerhand!«
»Das ist nur unsere Margret«, erklärte der Sonnenwirt. »Die gehört tatsächlich hierher, das heißt, sie hilft manchmal bei uns aus.«
»Soso …« Der Untersuchungsrichter fixierte die verle-

gene Margret mit einem durchdringenden Blick. »Dass eines klar ist: Du hast nichts gehört und gesehen. Wehe, du sagst auch nur ein Sterbenswort!«
»Nein, nein! Auf gar keinen Fall. Ich … ich sage nichts!«
»Gut, dann haben wir uns ja verstanden. Es ist besser, du gehst jetzt!«
»Aber … aber was ist dann mit meiner Arbeit?«
»Das hat Zeit bis nachher, wenn wir hier fertig sind. Jetzt geh schon!«, herrschte Johann Wilhelm Knörzer sie an. »Und nochmal: kein Wort zu niemandem!«
»Also, wo waren wir stehen geblieben?«
»Beim Zeugen, der den Buben neben dem Haus der Witwe Nicolaus gesehen hat.«
»Richtig. Er beobachtet also, wie dieser Ernst Böhringer da in der Hecke neben dem Haus herumlungert. Auf die Frage, was er denn hier mache, sagt der, er wolle Distelfinken ausheben, um die dann später in Rappenau zu verkaufen. Er sei allein und ganz heimlich unterwegs, weil die anderen Buben die Distelfinken nicht bekommen sollen.«
»Einerseits ist das schon eine seltsame Sache. Da hat die Margret schon recht gehabt: dass der um ein Haar sein eigenes Elternhaus angezündet hätte …«
»… wenn es so ist, dann müsen wir uns freilich beeilen. Denn wer so etwas tut, schreckt auch vor anderen schlimmen Handlungen nicht zurück!«
Der Bürgermeister nickte ernst. »Richtig. Und diese Beobachtungen klingen zumindest so, als könnte es eine Spur sein. Von daher gilt, dass wir nicht mehr lange zögern sollten. Auf der einen Seite ist da dieser Verdacht, und auf der anderen Seite sollte man die Tatsache nicht außer Acht lassen, dass sein Leumund nicht gerade der allerbeste ist. Der Ernst , das ist schon ein ziemlich übler Flegel und seine Eltern werden ohnehin nicht fertig mit ihm. Der Gendarm soll den Kerl suchen und festnehmen. Dann soll er ihn aufs Rathaus bringen, wo wir ihn vernehmen werden.«

»Gut. Wer zeigt ihm den Weg zu diesem Böhringer?«
»Das übernehme ich«, entbot sich der Sonnenwirt. »Ich könnte mir allerdings denken, dass es sinnvoller ist, ihn jetzt am Morgen in der Schule zu suchen.«

Keine halbe Stunde später war die Polizeiaktion ausgeführt. Der völlig verdatterte Ernst Böhringer wurde direkt in der Schule dingfest gemacht, vom Gendarmen mit einem harten Griff an den Oberarmen gepackt und unter großem Aufsehen ins Rathaus geschleppt, wo gleich darauf die offizielle Vernehmung des Tatverdächtigen begann.
Wie ein Lauffeuer sprach sich die Nachricht im Dorf herum, dass der Feuerteufel gefasst sei und gerade im Rathaus verhört werde. Jeder Treschklinger, der einigermaßen gut zu Fuß war, ließ sofort die Arbeit stehen und liegen und eilte ins Rathaus, wo der Bürgermeister, der die erste Vernehmung des Jungen eigentlich unter Ausschluss der Öffentlichkeit hatte abhalten wollen, schließlich kapitulierte und die Leute herein kommen ließ. Dicht an dicht gedrängt standen sie nebeneinander und lauschten atemlos der Verhandlung. Noch immer konnte keiner glauben, dass dieser elfjährige Bub, den sie doch alle kannten, der Übeltäter sein sollte, der ihr Dorf wochenlang in Angst und Schrecken versetzt hatte. Ein flegelhafter Bursche war er schon, aber ein Brandstifter?!
»Du bist also der Feuerteufel von Treschklingen!« begann der Untersuchungsrichter sofort mit einer scharfen Attacke. »Du brauchst gar nicht erst zu leugnen. Man hat dich gesehen, als du dich beim Haus der Witwe Nicolaus herum getrieben hast!«
Der verschüchterte Junge verknotete die Hände ineinander und schien verzweifelt um die richtigen Worte zu ringen, während dicke Tränen über seine Wangen kullerten. Nein, flegelhaft und vorlaut wirkte der kleine Ernst nun wirklich nicht auf die zahlreichen Zaungäste. Das

war ein ganz normaler Lausbub, wie es im Dorf Dutzende von seiner Sorte gab. Vielleicht hatten sie ihm mit ihrer vorschnellen Einschätzung, er sei ein ungezogener Tunichtgut, unrecht getan?

Ungeduldig klopfte der Richter mit den Fingerknöcheln auf die Schreibtischplatte. »Was ist jetzt? Ich habe nicht den ganzen Tag Zeit! Du warst doch da? Man hat dich gesehen! Also, gib es schon zu!«

Der bedauernswerte Angeklagte wand sich unter dem strengen Blick, dann öffnete er langsam den Mund und begann stockend zu sprechen. »Ich ... ich ... ich habe dort doch nur Distelfinken ausgehoben.«

»Aha! Du gibst also zu, dass du da warst!«

»Ja, schon. Aber ... aber ich habe dort wirklich nur die Distelfinken ausgehoben.«

»Das hast du schon einmal gesagt. Du brauchst nicht alles zu wiederholen. Und warum willst du das gemacht haben? Los! Raus mit der Sprache!«

»Also ganz so hart braucht er ihn ja auch nicht anfassen«, wisperte Margret ihrer Schwester zu, die warnend ihren Zeigefinger auf den Mund legte.

»Wenn er tatsächlich der Feuerteufel war, dann ist das noch viel zu milde«, knurrte ihr Nachbar zur Linken.

»Ruhe da hinten, sonst lasse ich den Saal räumen! Also Bursche: Raus mit der Sprache. Was machst du mit den Vögeln? Warum hast du sie gefangen?«

»Weil ... weil ... ich habe das schon öfter gemacht. Ich verkaufe sie dann in Rappenau an die Badegäste im Salinen-Solbad. Denen gefallen die Vögel, weil sie so schön bunt sind. Ich habe auch extra aus Weidenruten Käfige geflochten, damit die Kurgäste sie mit nach Hause nehmen können«, fand Ernst Böhringer allmählich seine Sprache wieder.

»Du bist der Sohn vom Gärtner Böhringer?«

Der Junge nickte, während ihm der Richter mit siegessicherer Miene ein amtlich wirkendes Blatt Papier entgegen streckte.

»Dann bis du also derselbe, dessen Name hier drauf steht. Du kannst doch lesen, oder?«
Wieder nickte der Junge, der plötzlich einen zu Tode erschrockenen Eindruck machte.
»Aha. Wie ich sehe, ist dir auch klar, was sonst noch in dieser Urkunde steht?«
Ein neuerliches Nicken.
»Was steht denn drin. Wir wollen es auch wissen«, ließ sich eine Stimme aus dem Hintergrund vernehmen.
»Ihr sollt Ruhe geben!« Missmutig schüttelte Bürgermeister Knörzer den Kopf. »Das ist eine gerichtliche Untersuchung und kein Jahrmarkt. Entschuldigen Sie bitte, Herr Untersuchungsrichter.«
»Nun ja«, kräuselte der seine Nase, als wolle er damit zu verstehen geben, dass man von diesen Landbewohnern ohnehin kein ordentliches Benehmen gewöhnt war. »Wir sind sowieso gleich fertig. Denn das hier«, bedeutungsvoll klopfte er mit der flachen Hand zweimal auf das Schriftstück, »das hier ist eine Anzeige des Schultheißen von Bonfeld, die gestern bei mir eingegangen ist. Du bist nämlich vor zwei Tagen schon einmal erwischt worden beim Zündeln. Drüben in Bonfeld. Der Feldschütz hat dich auf frischer Tat gestellt, als du einen Rain angezündet hast …«
Sofort erhob sich lautes Stimmengewirr unter den Zuhörern.
»Das ist ja nicht zu fassen!«
»Dann war er es also doch!«
»Was für ein liederlicher Bursche!«
»Ruhe!«
Doch die Leute waren nicht mehr zu besänftigen. Immer mehr redeten sie sich in Rage und die ersten Männer machten auch schon ein paar drohende Schritte auf Ernst Böhringer zu, der in Erwartung der Schläge, die gleich auf ihn niederprasseln würden, schützend die Hände vor seinen Kopf hob. Geistesgegenwärtig bauten sich der Bürgermeister und der Ratsschreiber vor dem

Angeklagten auf, um ihn mit ihren Körpern vor der wütenden Meute abzuschirmen.
»Der Gendarm soll ihn abführen. Augenblicklich!«
Es war keine Sekunde zu früh. Missmutig beobachteten sie, wie der Gendarm den Jungen grob am Arm packte und in die vor dem Rathaus bereit stehende Kutsche des Untersuchungsrichters schob. »Auf geht's! Sofort losfahren!« Der Kutscher ließ die Peitsche knallen, und kurz danach war das Gefährt bereits verschwunden.
»Sie bringen ihn ins Gefängnis nach Neckarbischofsheim, habe ich gehört«. Nachdenklich wiegte Margret ihren Kopf. »Ein Elfjähriger im Gefängnis! Ob das wirklich richtig ist?«
»Also mit so einem habe ich kein Mitleid«, konterte ihre Schwester Elisabeth. »Immerhin ist er ein Brandstifter, der uns wochenlang in Angst und Schrecken gehalten hat.«
»Schon. Aber denk mal an seine arme Familie. Die haben jetzt einen Zuchthäusler als Sohn.«
»Ich fürchte, nicht.«
»Wie, nicht? Was willst du damit sagen?«
»Dass er mit seinen elf Jahren wahrscheinlich noch gar nicht strafmündig ist.«
»Das ist ja unglaublich!« Mittlerweile hatte sich auch ihr Vater zu den beiden jungen Frauen gesellt. »Du meinst, die werden ihn einfach so laufen lassen, dass er uns dann wieder das Dach über dem Kopf anzünden kann. Das gibt es ja wohl nicht! Was sind denn das für Gesetze!« empörte sich Christoph Schober.
»Ich denke, sie werden sich schon etwas einfallen lassen, Vater. Das mit diesem »Strafunmündig« heißt ja nur, dass er nicht ins Zuchthaus muss, zu den ganzen Schwerverbrechern.«
»Es wird schlimm genug für ihn sein, jetzt in Neckarbischofsheim in der Zelle zu sitzen, bis klar ist, was sie mit ihm tun werden,« empfand Margret nach wie vor eher Mitleid mit dem Delinquenten, obwohl dieser auch ihr einige schlaflose Nächte beschert hatte.

»Du immer mit deinem mitleidsvollen Getue«, schalt sie ihr Vater. »Jedenfalls würde ich ihm nicht raten, hierher zurück zu kommen. Der Empfang, den wir ihm hier bereiten, den wird er sonst sein Lebtag lang nicht mehr vergessen.«

Wenige Tage später traf im Treschklinger Rathaus die Nachricht ein, dass Ernst Böhringer laut Beschluss des Großherzoglichen Bezirksamts in Sinsheim für die nächsten drei Jahre in einer Besserungsanstalt untergebracht werde. Nachdem er den Brief gelesen hatte, begab sich Johann Wilhelm Knörzer in die »Sonne«, um seinem Ratsschreiber die Neuigkeit mitzuteilen.
»Und wer bezahlt für diese Unterbringung?« Friedrich Bengel musterte den Bürgermeister skeptisch.
»Nun ja. Die Hälfte können wir eventuell vom Verein zur Rettung sittlich verwahrloster Kinder bekommen, wenn ich dazu bei der großherzoglichen Verwaltung in Karlsruhe einen entsprechenden Antrag stelle … Kannst du mir dabei helfen, dass das alles korrekt formuliert ist. So wie es die Beamten unbedingt haben wollen?«
»Natürlich kann ich das. Genau deshalb bin ich ja schließlich der Ratsschreiber«, nickte der Gefragte. Aber die andere Hälfte … also, ich fürchte, die wird am Böhringer selber hängen bleiben. Das ist schon brutal: Erst zündet ihm sein Sohn beinahe das eigene Haus an, und dann soll er auch noch für den die Zeche bezahlen.«
»Aber wovon denn?! Der arme Mann, der hat doch nichts. Der ist doch bettelarm. Der hat nur Schulden!« Überrascht fuhren die Männer herum und starrten in die besorgte Miene von Margret, die sich unbemerkt von den beiden in der Küche zu schaffen gemacht hatte und von der Türe aus die Unterhaltung verfolgt hatte.
»Margret! Du hast schon wieder gelauscht!«
»Das ist ja wohl kein Geheimnis, was ihr da zu besprechen habt. Spätestens morgen weiß es doch ohnehin das ganze Dorf …«

»Ja, dank deiner tätigen Mithilfe! Ich habe es dir schon hundertmal gesagt, dass du nicht immer an der Tür stehen und lauschen sollst. Das macht man nicht.«

»Was kann ich dafür, dass ich zufällig in der Küche bin, wenn ihr eure Staatsgeheimnisse voreinander ausbreitet«, konterte Margret ungerührt.

»Eigentlich hat sie ja recht«, schlug Bürgermeister Knörzer einen versöhnlichen Ton an. »Ich hätte halt nach dir schicken lassen sollen, dass du ins Rathaus kommst. Da wären wir ungestört geblieben.«

»Die hätte sicherlich einen Weg gefunden, wie sie uns auch dort noch hätte belauschen können«, warf der Sonnenwirt seiner gelegentlichen Aushilfe einen verdrossenen Blick hinüber. »Aber jetzt zurück zur Sache. Der Böhringer ist wirklich ein ganz armer Schlucker. Der wird es nicht schaffen, das Geld für die Unterbringung aufzubringen.«

»Dann werden sie ihm das Haus über dem Kopf weg zwangsversteigern«, warf Margret ein.

»Das bringt auch nicht viel, denn da sind ja ohnehin nur Schulden drauf. Und uns im Dorf hilft es auch nicht weiter, wenn dadurch die ganze Familie obdachlos wird. Denn dann müssen wir sie allesamt versorgen. Das kommt uns noch teurer. So gesehen ist es wohl besser, wenn die Gemeinde vorläufig für seinen Teil der Schulden einsteht. Falls er ja wider Erwarten einmal eine Erbschaft macht oder sonstwie zu Geld kommt, dann kann er uns die Summe ja zurückzahlen. Aber ich fürchte, das wird wohl nie der Fall sein …«

»Und trotzdem, da stimme ich dir zu, kommt es uns billiger, als wenn die Familie obdachlos würde. Die Frage ist nur, wie wir das durch den Gemeinderat kriegen. Du kennst sie ja besser als ich, diese ganzen Knauserer. Einem Anderen Geld zu leihen, selbst wenn er in eine unverschuldete Notlage geraten ist, da sind die Hürden hoch. Einfach wird das nicht werden.«

»Ich helfe euch! Ich kenne ein paar von ihnen ja ganz gut. Mit denen werde ich reden …«

»Margret! Jetzt langt es aber wirklich!« Erbost schoss der Sonnenwirt in die Höhe. »Ich habe es dir hundert Mal gesagt, dass du dich nicht einmischen sollst. Raus jetzt! Und zwar auf der Stelle!«
Damit war für Margret der Arbeitstag zu Ende. Hätte sie es doch nur geschafft, den Mund zu halten. Aber das war halt gar nicht immer so einfach – und schon gar nicht, wenn es so viele interessante Neuigkeiten zu erfahren gab. Insofern war die »Sonne« schon der ideale Arbeitsplatz, wenn man die neuesten Neuigkeiten aus dem Treschklinger Dorfleben in Erfahrung bringen wollte. Nun ja, sie hätte heute lieber nichts sagen sollen. Das wäre besser gewesen. Aber jetzt war es zu spät für diese Erkenntnis. Das Schlimmste an der Sache aber war, dass Friedrich Bengel sie hinaus geworfen hatte. Hoffentlich meinte er nur für heute, und seine Wut wäre bald wieder verraucht. Er war ja normalerweise ein ganz umgänglicher Zeitgenosse. Sicherlich würde er Margret wieder bei sich arbeiten lassen. Schlimm genug, dass sie für die Arbeit heute keine Entlohnung bekommen würde. Besonders viel wäre es ohnehin nicht gewesen. Aber immerhin besser als nichts. Und die Schobers brauchten momentan wirklich dringend jedes Pfund Kartoffeln und jeden noch so kleinen Geldbetrag. Viel rosiger als beim Gärtner Böhringer sah es auch in ihrem Elternhaus nicht aus. Immer öfter hörte sie den Vater gerade von diesen »verfluchten Schulden« und den noch schlimmeren Zinsen reden, die ihm allmählich auch das letzte Quäntchen Zuversicht raubten, dass es ihnen eines schönen Tages doch noch einmal besser gehen würde. »Wenn das so weiter geht, dann kommen wir auch zu den Hungerleidern ins Armenhaus«, hatte er kürzlich voller Bitterkeit in der Stimme hervorgestoßen. »Aber vorher ... vorher, da werde ich ...«
»Sag es nicht Christoph«, war ihm Rosina rasch ins Wort gefallen. »Versündige dich bitte nicht.«
Daraufhin war Christoph Schober verstummt und hatte

den ganzen Tag über kein Wort mehr gesprochen, sondern nur noch niedergeschlagen vor sich hin gestarrt. Das Wort war nicht gefallen. Aber jeder in der Stube war sich darüber im klaren, was der Vater hatte sagen wollen. Und jetzt, in dieser beklemmenden Situation, kam sie heute zu allem Übel auch noch mit leeren Händen nach Hause. Bloß, weil sie ihr loses Mundwerk nicht hatte im Zaum halten können. Am liebsten wäre sie für immer fort geblieben. Aber das ging ja nicht. Zuhause brauchten sie ihre Hilfe. Es war ein ewiger Kampf. Ohne Aussicht auf Besserung. Eher im Gegenteil.

Im Falle der Familie Böhringer war die Initiative des Bürgermeisters erfolgreich verlaufen. Zähneknirschend zwar, aber immerhin hatten sich die Gemeinderäte bereit erklärt, dass die Gemeinde die andere Hälfte des Geldbetrags für die Unterbringung des kleinen Böhringer in der Besserungsanstalt übernehmen würde.
»Und was ist dann in drei Jahren, wenn der Ernst wieder rauskommt?«
»Dann wird man weiter sehen – wenn er überhaupt noch einmal hierher zurück kommt. Denn dann ist er vierzehn. Und da kann er längst anderswo eine Arbeit bekommen. Also, wenn ich sein Vater wäre, ich würde alles daran setzen, dass er sich nie wieder in Treschklingen blicken lässt.«
»Das wäre ohnehin das Beste für alle. Aber wer wird eigentlich den Wiederaufbau vom Gutshof bezahlen? Das kann der Böhringer doch niemals finanzieren.«
»Allerdings. Da braucht der Baron erst gar nicht zu versuchen, bei dem etwas zu holen.«
»Dem ehrenwerten Herrn von Gemmingen wird wohl nichts anderes übrig bleiben, als den Neuaufbau aus der eigenen Tasche zu finanzieren.«
»Na ja. Mein Mitleid hält sich in engen Grenzen.«
»Meines auch. Das kann sich der Baron schon leisten.«
»Und irgendwie geschieht es ihm auch recht. Jetzt weiß

er wenigstens auch einmal, wie das ist, wenn man plötzlich der Geschädigte ist ohne, dass man was dafür kann.«
»Wie bei den Zuckerrüben. Genau.«
»Nur mit dem feinen Unterschied, dass es dem Baron weitaus weniger weh tut, als das bei uns einfachen Leuten der Fall war.«
Damit war die Debatte beendet.
Ernst Böhringer kam nach seiner Entlassung aus der Besserungsanstalt tatsächlich nie wieder nach Treschklingen zurück.

Während im Dorf allmählich wieder der Alltag Einzug hielt, wo jeder der Bauern und Tagelöhner mit seinem zähen Kampf um das Allernotwendigste für sich und seine Familie vollauf beschäftigt war, erhielt Margret im Herbst dieses schlimmen Jahres eine traurige Nachricht aus der »Krone« in Rappenau. Am 14. Oktober 1868 war der sechsjährige Christian Bengel gestorben! Was für ein neuerliches Drama für die Eltern! Nach allem, was sie schon im Frühjahr hatten durchleiden müssen! Eine schlimme Erkältung hatte dem Leben des Kindes ein Ende gesetzt.
»Der arme Mann! Das muss ein fürchterliches Gefühl sein, zwei Söhne in einem Jahr begraben zu müssen«, murmelte Margret betroffen. »Hoffentlich bleibt der Friedrich ihm wenigstens erhalten. Wenn man dem Christian doch nur helfen könnte …«
»… helfen könnte«, wiederholte Christoph Schober verständnislos die Worte seiner Tochter. »Wer hilft denn uns? Bei uns war das ja auch nicht anders. Uns ist ebenfalls ein Kind nach dem anderen gestorben. Und wer hat sich um unser Leid und das deiner Mutter geschert? Jedenfalls keiner mit Nachnamen Bengel!«
»Ach Vater, jetzt sei doch nicht so bitter. Du solltest bedenken, dass der Christian jetzt nur noch seinen Friedrich hat – und der ist erst drei Jahre alt. Du dagegen, hast doch immerhin erleben dürfen, dass einige

von deinen Kindern erwachsen geworden sind. So wie ich, wie die Elisabeth, und vor allem hast du mit dem Martin ja auch einen erwachsenen Sohn. Der Christian dagegen hat erleben müssen, dass kein einziges Kind von ihm älter als sechs Jahre geworden ist. Das ist doch wirklich ein schlimmes Schicksal.«
»Nicht schlimmer als das, was wir haben durchmachen müssen«, zeigte sich der alte Schober ungerührt. »So ist es halt, das Leben! Und immerhin muss sich der Kronenwirt nicht tagtäglich Sorgen um die eigene Existenz machen. Im Gegensatz zu unsereinem!« setzte er bitter noch hinzu.
Damit war die Unterhaltung beendet.
Was für ein Jahr, dieses 1868!

28

Es sollte nicht viel besser weitergehen:
Der Winter war hart verlaufen für die Menschen im Dorf. Wohl in der Hälfte der Häuser herrschten Hunger, Not und Verzweiflung. Viele der kleineren Kinder waren gestorben oder von Erkältungskrankheiten, denen ihre ausgemergelten Körper schutzlos ausgeliefert waren, so hoffnungslos geschwächt worden, dass man ihr baldiges Ableben befürchten musste. In dieser schlimmen Situation hatte sich die Kirchengemeinde spontan zu einer Notmaßnahme entschlossen: Man hatte unter den Kirchgängern eine Sonderkollekte durchgeführt, die in erster Linie den ledigen Müttern und ihren Kindern zugute kommen sollte, die unter den widrigen Verhältnissen besonders schwer zu leiden hatten. Und das waren nicht gerade wenige Personen, denn unter welchem Hausdach im Dorf gab es eigentlich keine ledigen Kinder? Diese Dächer konnte man leicht an den Fingern einer Hand abzählen. Natürlich waren beim Einsammeln der Spenden gezielt diejenigen Dorfbewohner angesprochen worden, um deren finanzielle Verhältnisse es besser stand, als bei der überwiegenden Mehrzahl der Bevölkerung. Es gab da ja schon einige Bauern, denen es in den vergangenen Jahren gelungen war, ihren Grundbesitz nicht nur zusammen zu halten, sondern auch zu vergrößern. Sei es durch geschickte Heiraten, durch Erbschaften, durch einen ertragreichen Handel oder als Handwerker. Denn einen Wagner, Sattler, Schmied oder Küfer brauchte man in einem Dorf immer. Das musste nicht heißen, dass diese zu großen Reichtümern gekommen wären, aber alles in allem konnten sie sich doch wesentlich besser im Alltag behaupten, als die Kleinstbauern, Boten und Tagelöhner, die bei weitem die Mehrheit in Treschklingen stellten. Immerhin war bei der Sammelak-

tion so viel Geld zusammen gekommen, dass damit so viel Fleisch, Gemüse und weitere gute Zutaten eingekauft werden konnten, um daraus eine kräftigende Suppe zu kochen. Fleisch! Wann hatten sie zum letzten Mal ein gutes Stück Fleisch auf dem Teller gehabt?! Manch einer konnte sich kaum mehr daran erinnern.

Natürlich brauchte man dafür eine große Küche mitsamt den entsprechend großen Kesseln und Töpfen. Das Kochen auf verschiedene Bauernhäuser zu verteilen, das wäre zu umständlich. Und so hatte sich der Sonnenwirt spontan dazu bereit erklärt, seine Küche für den guten Zweck zur Verfügung zu stellen, »natürlich kostenlos, so wie sich das gehört.« Und mehr noch: er gab sogar von seinen eigenen Vorräten großzügig noch das eine oder andere dazu, »damit es auch eine richtig kräftige Suppe gibt.«

So kam es also, dass auch Margret im März des Jahres 1869 mit einem kleinen, blechernen Henkeltopf erwartungsvoll an der Küchentür der »Sonne« stand und darauf wartete, für sich und die kleine Christina auch etwas von der Suppe zu bekommen.

Zuvor hatte sie freilich eine harsche Auseinandersetzung mit ihrem Vater zu bestehen gehabt, der sie unbedingt von ihrem Vorhaben abbringen wollte. »Du kannst dich doch nicht wie eine Bettlerin in die Schlange stellen! Wie sieht das denn aus?! Als wenn wir es nötig hätten, Almosen zu erbetteln! Das wäre eine arge Schande für unsere Familie, wenn du dich bei diesen ledigen Hungerleidern blicken lassen würdest! Was würden da die Leute sagen?!« hatte er gemeint, als sie nach dem Blechtopf auf dem Küchenregal griff und sich anschickte, damit die Stube zu verlassen.

Achselzuckend wandte sie sich um. »Ach, Vater. Lass doch deinen Stolz beiseite. Wir haben es einfach nötig. Sowohl die Christina, wie auch ich. Schau doch mal, wie dünn sie ist. Kaum zu glauben, dass sie schon drei Jahre alt sein soll. Sie braucht die Suppe. Und ich, wie gesagt, ich auch. Und ich werde dafür sorgen, dass sie mir noch eine extra Portion für euch mitgeben. Das würde nämlich auch dir gut tun, so krank, wie du in letzter Zeit immer bist. Da kann eine gute Suppe keinesfalls schaden.«

»Ich will nichts und ich nehme nichts!« konterte Christoph Schober harsch. »Es ist eine Schande für ehrbare Leute wie uns, Almosen anzunehmen …«

»Almosen! Almosen!« Verärgert rollte Margret mit den Augen. »Das sind doch keine Almosen, Vater! Es ist eine Hilfe von unseren Mitmenschen, die wir in unserer Lage wirklich gut gebrauchen können. Wir sollten ihnen dankbar sein, anstatt vor lauter unangebrachtem Stolz zu verhungern!«

Augenblicklich schoss dem alten Schober das Blut in den Kopf. Er musterte seine Tochter aus zornigen Augen. »Zu verhungern! Jetzt mach aber mal einen Punkt! Bei uns im Haus ist noch nie ein Kind verhungert!« Ein heftiger Hustenanfall schüttelte seinen ausgemergelten Körper und ließ ihn kraftlos auf dem Stuhl zusammen sinken. Es dauerte geraume Zeit, bis sich der erschöpfte Mann langsam wieder aufrichtete. Schweißperlen standen auf seiner Stirn, als er Margret ernst in sein Visier nahm. »Hilf du lieber in der Küche von der »Sonne« mit, wie du es sonst auch immer machst. Dann werden sie dir am Ende schon etwas von der Suppe mitgeben. Als Lohn, nicht als Almosen. Das ist der Unterschied«, keuchte er mühsam.

»Ach, Vater«, seufzte sie. »Das würde ich ja gern machen, das kannst du mir glauben. Aber ich fühle mich dazu einfach noch zu schwach.« Es war erst der zweite Tag, seitdem Margret wieder von einer schweren Erkältung genesen war, die sie tagelang ans Bett gefesselt hatte. Und immer noch war sie nicht völlig wieder hergestellt, denn nach wie vor wurde sie von ähnlich schlimmen Hustenattacken heimgesucht, wie gerade eben ihr Vater. »Ich … ich kann einfach noch nicht so lange in der Küche stehen und mit den schweren Töpfen hantieren. Ich würde denen dort eher eine Last als eine Hilfe sein. Es geht einfach noch nicht. Und außerdem ... Die Christina braucht so eine Suppe wirklich. Da muss ich meinen Stolz einfach einmal hinunter schlucken – und du am besten auch.«

»Dann soll dir doch der Kindsvater eine gute Suppe bezahlen, dann wären wir das Problem ganz schnell los«, murmelte Christoph Schober, während sein Kinn allmählich auf die Brust herunter sank. Es tat schon weh, den einst so kräftigen und robusten Mann derart elend erleben zu müssen. »Wenn du nur endlich sagen würdest, wer es ist ...«

Margret zog es vor, darauf nicht mehr zu antworten. Vorsichtig tastete sie nach der Hand ihrer dreijährigen Tochter, die den Wortwechsel aus großen Augen verfolgt hatte. Hoffentlich hatte das Kind nicht allzu viel verstanden. Das wäre nicht gut. »Komm Christina«, flüsterte sie. »Wir gehen jetzt. Dein Großvater braucht seine Ruhe.«

»Wieso nennst du ihn Großvater, Tante?« runzelte Christina verständnislos die Stirn. »Das ist mein Vater – und ich bleibe bei ihm und passe auf ihn auf. Ich gehe nicht mit dir mit!«

Es versetzte Margret einen kleinen, schmerzhaften Stich mitten ins Herz, als sie das Mädchen so reden hörte. Schon setzte sie zu einer Erwiderung an, da besann sie sich zum guten Glück eines Besseren. Ihre Tochter hatte ja recht! Margret war für sie nicht die Mutter, sondern nur die Tante aus Rappenau, die nun schon seit längerer Zeit hier zu Besuch war. Aufgewachsen war Christina aber in Treschklingen im Haushalt der Schoberfamilie. Und ihr vermeintlicher Großvater ... das war doch ihr Vater. Aus irgendwelchen Gründen hatte die Tante das gerade durcheinander gebracht. Wahrscheinlich wegen dem komischen Wortwechsel, den sie mit dem Vater ausgefochten hatte. Margret seufzte leise. Sie nickte

Christina zu, hob den Zeigefinger an den Mund und nahm den Suppentopf. Dann öffnete sie vorsichtig die Küchentür.

Sie war als Erste vor der »Sonne« eingetroffen. Während aus der halb geöffneten Küchentür schon die Stimmen von zahlreichen Helferinnen nach draußen drangen, war es auf der Straße ganz ruhig. Ob sie vielleicht einmal kurz in die Küche hinein schauen und die Frauen da drin begrüßen sollte? Warum eigentlich nicht? Sie würden sich sicherlich freuen, dass Margret nach der Erkältung wieder einigermaßen fest auf den Beinen stand. Mitten in diesen Gedanken nahm sie ganz hinten auf der Hauptstrasse eine Bewegung wahr. Da kam jemand die Straße herunter. Und offensichtlich hatte er das Rathaus oder die »Sonne« als Ziel, denn der Mann kam geradewegs auf sie zu. Wenig später erkannte sie ihn. Es handelte sich um Martin Knörzer einen jungen Buschen, der einige Jahre jünger war als Margret. Soweit sie wusste, gehörte er aber nicht zur Familie des Bürgermeisters, sondern war ein entfernter Verwandter von diesem.
»Ja Martin. Das ist aber eine Überraschung. Wo kommst du denn um diese frühe Stunde schon her?«
»Aus Mannheim«, antwortete der. »Und du … du bist doch die Schober Margret, nicht wahr? Ich habe dich schon lange nicht mehr gesehen, weil ich schon seit einigen Jahren in Mannheim arbeite.«
»Was schaffst du denn?«
»Ich bin Schmiedegeselle. Hab ich in Mannheim gelernt.«
»Und jetzt bist du den ganzen Weg von Mannheim hierher gelaufen?«
»Ja was denn sonst« musterte Knörzer sie mit einem erstaunten Blick. »Glaubst du vielleicht, dass ich mir mit dem bisschen Geld, das ich bisher verdient habe, eine Fahrt mit der Kutsche leisten kann oder gar mit der Eisenbahn?«

»Nein. Natürlich nicht. So habe ich's auch gar nicht gemeint«, gab Margret kopfschüttelnd zurück. »Ich wollte eigentlich nur wissen, wo du übernachtet hast und wie lange du von Mannheim bis hierher gebraucht hast. Ich möchte nämlich im Sommer auch einmal dort hin gehen. Ich war da noch nie und die Leute sagen, dass man das schon einmal gesehen haben muss, wie dort gerade diese riesigen Fabriken gebaut werden!«

»Ach so«, nickte der junge Mann. »Das ist wirklich zum Staunen. Jeden Tag, so scheint es fast, kommt grade eine neue Fabrik dazu. Und erst der Betrieb im Hafen und diese Massen von Arbeitern, die hierher strömen! Das sollte man schon einmal mit seinen eigenen Augen gesehen haben.«

»Und wie lange hast du jetzt gebraucht zu Fuß bis hierher.«

»Na ja,« wiegte Knörzer abschätzend den Kopf. »Das waren ziemlich genau drei Tage. Ich hätte es gestern Abend vielleicht sogar noch schaffen können, aber der Boden ist durch den ständigen Regen grade derart aufgeweicht und meine Füße waren ganz nass und kalt, dass ich kurz hinter Steinsfurt beschlossen habe, in einer Scheune zu übernachten. Da gab es zum guten Glück noch genügend Stroh, mit dem ich mich habe zudecken können. Obwohl mir etwas anderes natürlich schon lieber gewesen wäre«, zwinkerte er Margret anzüglich ins Gesicht.

»Blöder Kerl! Ich könnte beinahe deine Mutter sein«, gab sie schnippisch zurück.

»Jetzt halt aber mal die Luft an! Wie alt bist du denn? Noch keine dreißig schätze ich …«

»Dreißig! Du frecher Kerl du. Ich bin vierundzwanzig, dass du es nur weißt.«

»Na siehst du«, grinste er fröhlich zurück. »Und ich bin siebzehn. Das passt doch beinahe …«

»Und was willst du jetzt in Treschklingen, außer den Leuten hier auf die Nerven zu gehen?«, gab Margret der

Unterhaltung jetzt aus guten Gründen rasch eine andere Wendung. Inzwischen hatten sich nun auch andere Frauen mit ihren Henkeltöpfen vor der »Sonne« eingefunden und neugierig der Unterhaltung zwischen den beiden gelauscht. Nicht, dass da womöglich noch irgendwelche dummen Gerüchte entstünden, die dann in einem Dorf wie Treschklingen in Windeseile ihre Runde machten. Das war einer der großen Nachteile des Dorflebens – dass jeder jeden kannte und wer erst einmal unten durch war im Dorf, der würde es auch nicht mehr schaffen, seinen Ruf zum Positiven hin zu verändern. Der Vorteil dagegen war, dass die Dorfgemeinschaft zusammen hielt, wenn die Situation es verlangte. So wie jetzt, bei der Suppenküche.
Sofort wurde die Miene des jungen Burschen wieder ernst. »Ich brauche vom Ratsschreiber einen Heimatschein und ein Arbeitsbuch als Schmiedegeselle. Deswegen bin ich hergekommen.«
»Und wozu brauchst du das, wenn ich fragen darf?«
»Weil ich nur dann auch ein Wanderbuch bekomme, wenn ich diese Dokumente vorlege. Ich will nämlich auf Reisen gehen. Wenn ich so einen Heimatschein habe, dann kann ich das tun – auch über Baden hinaus.«
»Und was bezweckt ein solcher Heimatschein?«
»Das ist so eine Art Versicherung für die Behörden in den anderen Städten. Denn wenn ich irgendwo einmal in Not geraten sollte, dann garantiert ihnen dieser Heimatschein, dass Treschklingen für mich aufkommen wird. Ich habe hier ja noch meine Familie. Die Frage ist nur, ob mir der Ratsschreiber das Dokument auch ausstellt, oder ob er vorher ein Theater darum macht …«
»Der Friedrich Bengel ist da nicht so kompliziert. So, wie ich den kenne, macht der das schon – ohne einen großen Zinnober deswegen zu veranstalten. Aber wenn du sagst, du brauchst das für ein Wanderbuch. Wo willst du denn hin?«
»Ich will nach Amerika.«

»Nach Amerika ...« Nicht nur Margret machte nun ein erstauntes Gesicht, sondern auch all die anderen Frauen, die sich um sie herum gruppierten. »Amerika ...« hallte es durch die Straße. »Der junge Knörzer will nach Amerika.«
»Ja, ich will nach Amerika!« bekräftigte Martin mit einem entschiedenen Kopfnicken. »Hierzulande ist es doch nicht auszuhalten. Da bekommst du doch keine gescheite Arbeit. Erst recht nicht in Treschklingen.«
»Das stimmt nicht. Jetzt, wo der Gutshof abgebrannt ist, da kannst du doch beim Wiederaufbau mit helfen. Da bekommst du sicher eine Arbeit.«
»Ja, selbst wenn das so wäre. Was ist dann, wenn der Gutshof fertig ist? Dann stehe ich wieder da ...«
»Und wieso gehst du dann nicht wieder nach Mannheim? Du sagst doch selber, dass es dort Arbeit mehr als genug gibt. Mannheim wäre doch allemal besser, als so weit weg zu gehen, nach Amerika!«
Der junge Knörzer zog die Mundwinkel nach unten. »Ja, Arbeit gibt es dort schon. Das stimmt. Aber weil da anscheinend gerade jeder hinrennt, in der Hoffnung, eine Arbeit zu finden, zahlen sie einem dort nur Hungerlöhne – erst recht im Vergleich zu Amerika. In Mannheim drücken sie die Löhne nach unten, weil sie genau wissen, dass die Leute froh sind, wenn sie überhaupt etwas bekommen. Aber von dem, was du dann ausbezahlt bekommst, davon kannst du kaum leben. Erst recht nicht in einer Stadt, wo sowieso alles teurer ist.«
»Du meinst also, hier in Baden gibt es für jemanden wie dich keine Zukunft?«
»Zukunft vielleicht schon. Fragt sich nur, was für eine. Auf einen grünen Zweig werde ich hier niemals kommen, Da braucht sich unsereins gar nichts vorzumachen. Und deshalb will ich weg von hier und in Amerika mein Glück machen.«
»Wie die Johanna, meine ältere Schwester. Die ist vor ein paar Jahren auch nach Amerika gegangen. Aber ich habe

leider nie mehr etwas von ihr gehört. Wie es ihr wohl gehen wird?«, sinnierte Margret nachdenklich. Dann hob sie den Kopf und blickte Martin forschend in die Augen. »Und du meinst, mit siebzehn Jahren bist du alt genug?« Der hielt dem Blick mühelos stand. »Ja! Alt genug, um mein Schicksal selbst in die Hand zu nehmen. Denn jetzt habe ich noch die Möglichkeit dazu, später wahrscheinlich nicht mehr …« bekräftigte er voller Zuversicht.
»Da hast du wahrscheinlich gar nicht so unrecht«, nickte Margret. Unwillkürlich musste sie dabei an ihren älteren Bruder denken, der ja ebenfalls Martin hieß, wie der junge Knörzer. Von Martin Schober waren vor einigen Wochen schlechte Nachrichten eingetroffen. Vermutlich wäre es besser gewesen, wenn der damals auch fortgegangen wäre. Richtig fortgegangen, nach Amerika oder so und nicht nur nach Sinsheim, wo er vor einigen Jahren gegen den Willen seines Vaters eine Stelle als Kellner angenommen hatte. »Ein Schober als Kellner! Also, wenn ich mir etwas nicht vorstellen kann, dann das! Bleib gefälligst hier und mach deine Arbeit im Gutshof!«
Doch Martin hatte gar nicht daran gedacht, der Bitte seines Vaters Folge zu leisten. Die Arbeit im Gutshof hatte ihm noch nie gefallen und die spärliche Entlohung gleich zweimal nicht. »Ich bin jetzt volljährig und kann selbst entscheiden, was gut ist für mich und was nicht«, hatte er seinem Vater entgegen gehalten und Treschklingen genauso den Rücken gekehrt, wie der ganzen Familie.
Aber offenkundig hatten sich die Dinge nicht in seinem Sinn entwickelt, denn plötzlich war da vom Rathaus die Mitteilung ergangen, dass der Jude Julius Stein, ein Geldverleiher aus Obergimpern, Pfandrechte am Hausteil der Schobers übernehmen werde. Christoph Schober war buchstäblich aus allen Wolken gefallen, als ihm der Ratsschreiber diese Information überbracht hatte. »Aber das kann doch gar nicht sein. Was hat denn der Stein mit unserem Haus zu schaffen?!«
»Das ist leider ganz einfach zu erklären, Schober«, setzte

ihm Friedrich Bengel mit klaren Worten auseinander. »Dein Sohn Martin hat sich in den vergangenen Jahren offenbar mehrfach Geld vom Stein geliehen – und ihm im Gegenzug als Sicherheit dafür seinen Erbschaftsanteil an eurem Haus überschrieben.«

»Aber davon habe ich nichts gewusst – und er kann doch nicht mein Wohnhaus beleihen, solange ich noch am Leben bin!«

»Denk an deine verstorbene Frau, Christoph, an seine Mutter. Von ihr hat er natürlich – wie deine anderen Kinder aus dieser Ehe auch – nach ihrem Tod zwangsläufig einen Erbschaftsanteil an seinem Elternhaus bekommen. Und diesen Anteil hat er als Pfand an den Stein übertragen. Weil ihm dein Martin aber das Geld zur festgesetzten Frist nicht zurück bezahlt hat, meldet der Geldverleiher jetzt sein Pfandrecht an.«

»Aber ... aber das ist ja ungeheuerlich!« Christoph Schober war ausser sich. »Wie kann der denn so etwas machen – und: was heißt das jetzt für uns? Will er uns das Haus etwa wegnehmen, dieser Stein?«, stieß er schwer atmend hervor.

»Das wird ihm wohl kaum gelingen. Ich weiß auch gar nicht, ob er das bezweckt. Ich glaube, eher nicht. Aber er hat nun eben bei euch den Fuß in der Tür, wie man das halt so sagt. Das ist sicher keine so besonders gute Situation, aber es ist halt so.« In einer hilflosen Geste breitete Bengel die Arme aus. »Und ich muss das zur Beurkundung geben, ob mir das jetzt gefällt oder nicht.«

Es dauerte geraume Zeit, bis Margrets Vater sich wieder so weit gefasst hatte, dass er weiter sprechen konnte. »Und um welche Summe geht es dabei? Was hat er vom Stein bekommen?«

»Die genaue Summe weiß ich nicht. Ich weiß nur, dass es sich um 100 Gulden handelt, die jetzt als Pfandrecht auf den Stein eingetragen sind. Dein Martin wird natürlich keine 100 Gulden bekommen haben, da dürften eine Menge Schuldzinsen mit enthalten sein ...«

»Dieser dumme Kerl! Der soll mir bloß nie mehr unter die Augen kommen! 100 Gulden! Wie um alles in der Welt soll ich denn 100 Gulden aufbringen, um unser Haus in der Familie zu behalten?! Ich habe doch selber noch Schulden drauf, von denen ich sowieso nicht weiß, wie ich die jemals abbezahlen soll!«
Der Ratsschreiber nickte und deutete auf den entsprechenden Eintrag im Grundbuch. »Du meinst die 170 Gulden, die du an die Mutter vom Hermann Reichardt zu zahlen hast.« Ratlos wiegte er seinen Kopf. »Ja, da weiß ich leider auch nicht weiter. Am besten, ihr besprecht das einmal in der Familie – mit allen Kindern am Tisch.«
»Bis auf den Martin!« schnaubte Christoph Schober. »Der kommt mir nicht mehr ins Haus!«

Im Grunde genommen waren natürlich auch die Schobers eindeutig Kandidaten für eine Auswanderung nach Amerika, das musste sich Margret eingestehen, auch wenn sie allein beim Gedanken daran zusammen zuckte, für immer die Heimat zu verlassen, alle Brücken hinter sich abzubrechen und sich einem fremden Land auf einem fernen Kontinent anzuvertrauen, dessen Sprache man nicht sprach, dessen Menschen man nicht kannte und dessen Sitten und Gebräuche einem völlig fremd waren. Nein! Das war nichts für Margret Schober. Andererseits ... Wie es ihrer Johanna dort wohl erging? Es wäre ja schon wunderbar, ihre Schwester wieder in die Arme schließen zu dürfen. Aber auswandern? Niemals! Es waren freilich Gedanken, die sinnlos waren und zu keinem Ziel führten, denn das Geld für die Schiffspassage würden sie ohnehin niemals zusammen bekommen. Selbst dann nicht, wenn sie den Schoberschen Anteil am Haus verkauften. Der war inzwischen gering genug – auch wegen der dummen Sache mit ihrem Bruder und dem Geldverleiher aus Obergimpern. Und wegen der Schulden, die ihr Vater aufgenommen hatte und von denen bislang auch niemand in der Familie etwas geahnt hatte. Das war schon ein weiterer, gewaltiger Brocken. Wenn sie nicht gut aufpassten, würde eines Tages der Gerichtsvollzieher erscheinen. Dann hätten sie gar keine Behausung mehr, und das wäre noch schlimmer als der jetzige Zustand, so armselig dieser auch sein mochte.

Als die vom Ratsschreiber empfohlene Besprechung der Schoberschen Familienmitglieder wenig später erfolgt war, hatten die fünf Geschwister beschlossen, das spärliche Erbteil, das sie von ihrem Vater einmal zu erwarten hatten, noch einmal aufzuteilen, »um wenigstens den Rest, den wir dann noch besitzen, schuldenfrei zu haben.«
»Das geht aber nur, wenn wir die Hälfte von unserem halben Hausteil verkaufen. Dann haben wir zwar nur noch ein Viertel von dem ganzen Haus, aber immerhin sind wir dann frei von allen Schulden. Wir müssen dann halt noch enger zusammen rücken, aber das wird schon gehen, zumal die Kinder ja auch größer werden und mit der Zeit die Wohnung nach und nach verlassen werden. Und wenn dann eines von uns einmal in Treschklingen bleiben sollte, dann bekommt der oder diejenige die Wohnstatt von uns zu Bedingungen übertragen, die es ihm möglich machen, schuldenfrei darin wohnen zu bleiben.« So wurde es unter den Schoberkindern vereinbart – ihr ältester Bruder wurde dabei natürlich nicht mehr berücksichtigt. Sein Anteil war ja längst in den Besitz von Julius Stein übergegangen …
Überhaupt Martin. Keines der Geschwister bekam den Unglücksraben jemals wieder zu Gesicht. Einmal hieß es noch, er würde sich in Heidelberg aufhalten, danach war von einer Arbeit auf einem Rheinschiff die Rede, dann aber war er endgültig verschwunden. »Und ich weine ihm auch keine Träne nach«, äußerte der Vater voller Bitterkeit. »Das war die letzte große Enttäu-

schung in meinem Leben – aber bald wird es ja ohnehin vorbei sein …«

Während die anderen betroffen die Köpfe gesenkt hatten, denn keinem von ihnen war entgangen, wie ihr Vater seit den schlechten Nachrichten um Martins Geldgeschäfte noch kränklicher wirkte als bisher, versuchte Margret geistesgegenwärtig, die Aufmerksamkeit auf ein anderes Thema zu lenken. »Übrigens … kürzlich hat der Christian Bengel mir ausrichten lassen, er brauche mich wieder als Aushilfe in der »Krone«. Und zwar hätte er mich gerne immer gleich für ein paar Wochen bei sich. Ab und zu könnte ich dann auch wieder ein bisschen Geld nach Hause bringen, was meint ihr, geht das?«

»Das ist schon in Ordnung so«, nickte Rosina Schober. »Die Kinder sind inzwischen groß genug, um auf sich selber aufzupassen – geh du also nur. Wenn wir dich dann doch einmal brauchen sollten, dann ist Rappenau ja nicht gerade aus der Welt – jedenfalls ist es näher, als dieses Mannheim, das dir manchmal ja auch im Kopf herum spukt.«

Margret hob überrascht den Kopf. Als wenn es Rosina geahnt hätte, dass sie durchaus mit dem Gedanken spielte, sich eventuell in Mannheim nach einer Arbeit umzuschauen – bis dann Christian Bengel mit seinem Angebot dazwischen gekommen war.

»Also«, zwinkerte Rosina ihr aufmunternd zu. »Geh nach Rappenau. Das ist allemal besser, als in Treschklingen nach Suppe von der Armenfürsorge anstehen zu müssen. Meinen Segen hast du!«

29

»Nieder mit den Franzosen!«
Am letzten Tag des Monats Juli im Jahr 1870, gut anderthalb Wochen nach der Kriegserklärung des französischen Kaisers Napoleon III. an Preußen, näherte sich die Stimmung in der Rappenauer »Krone« bereits am frühen Nachmittag ihrem Höhepunkt. Es herrschte eine drangvolle Enge im vollbesetzten Saal, wo Bürger, Bauern und Salinenarbeiter in ungewohnter Gemeinsamkeit nebeneinander an den Tischen saßen und ihre vom reichlich genossenen Alkohol dunkelroten Köpfe stolz in die rauchgeschwängerte, vom Bierdunst durchsetzte Gasthausluft streckten.
»Ein Hoch auf den Grafen Zeppelin!« schnellte Christian Bengel in die Höhe. Gerade noch rechtzeitig umklammerte der schwankende und sichtlich angetrunkene Gastwirt seine Stuhllehne. »Freibier für alle!« setzte er unter dem begeisterten Jubel der Anwesenden noch hinzu.
»Wer ist das denn?« wandte sich sein Bruder Friedrich, der in diesem Jahr zum Bürgermeister von Treschklingen gewählt worden war, verwundert an den Tischnachbarn zur Linken.
»Keine Ahnung«, strahlte dieser achselzuckend und jubelte fröhlich weiter. »Aber Hauptsache, es gibt Freibier!«
»Aber nur ein Krug pro Mann, dass das klar ist!« rief der Kronenwirt vorsichtshalber noch in die Menge. Dann sank er stöhnend wieder auf seinen Stuhl zurück und wischte sich mit einem großen karierten Taschentuch die schweißbedeckte Stirn. »Was für ein Tag!«
»Du solltest mit dem Bier ein bisschen vorsichtiger sein, sonst liegst du bald unter dem Tisch«, raunte ihm Friedrich zu, um mit lauterer Stimme seine Frage zu

wiederholen. »Jetzt sag schon: Wer ist denn dieser Graf Zeppelin?«

»Das weißt du nicht?!« Sein Bruder musterte ihn aus glasigen Augen. »Das ist doch unser Kriegsheld! Die Zeitungen sind voll mit seiner Ruhmestat.«

»Ich habe heute noch keine Zeitung gelesen. Wieso Held? Ich weiß jetzt noch immer nicht, was er gemacht hat.»

»Er hat eine Patrouille tief ins Feindesland geführt und die Strategie der Franzosen ausgespäht. Als ihn dann schließlich bei einem Gehöft namens Schirlenhof eine gewaltige französische Übermacht umzingelt hat, ist er wie der Teufel davon galoppiert und ihnen entkommen. Er hat den Franzmännern eine ganz schön lange Nase gezeigt und ihnen klar gemacht, wo der Barthel den Most holt! Und genau so wird es auch weiter gehen! Wir werden sie besiegt haben, bevor sie richtig wissen, was mit ihnen geschieht.« Wieder sprang er auf und brüllte ein lautstarkes »Nieder mit dem Kaiser Napoleon!« in die johlende Menge.

»Jetzt beruhige dich endlich«, zog Friedrich seinen jüngeren Bruder an dessen Rocksaum auf den Stuhl zurück. »Wenn du so weiter machst, dann nimmt es heute wirklich kein gutes Ende mit dir.« Ratlos blickte er sich um, dann fiel sein Blick auf Margret, die sich gerade mit einem halben Dutzend gut gefüllter Bierkrüge durch die vordere Tischreihe kämpfte. Ein erleichtertes Lächeln zuckte um seine Mundwinkel, dann streckte er seinen rechten Arm in die Höhe und winkte Margret eilig herbei. Ein kurzes Kopfnicken in Richtung seines vom reichlich genossenen Alkohol schon deutlich gezeichneten Bruders genügte: Margret hatte verstanden und nickte knapp zurück, während Friedrich seine vorherige Frage wiederholte. »So – und jetzt sag schon: wer ist denn dieser Zeppelin?«

»Das ist ein württembergischer Kavallerieoffizier.«

»Oh je. Ein Württemberger!«

»Aber er steht unter Durlacher Kommando.«

»Na ja … Württemberger bleibt trotzdem Württemberger«, kräuselte Friedrich Bengel die Nase.

»Es gibt jetzt keine Württemberger, Badener oder Preußen mehr: jetzt gibt es nur noch Deutsche!« schwadronierte der angetrunkene Gastwirt weiter. »Der Sieg ist unser!«

»Gemach, gemach«, unternahm der Ältere einen neuerlichen Beschwichtigungsversuch. »Die Franzosen wissen auch, wie man Schlachten gewinnt. Denk nur an den ersten Napoleon, wie der mit seinen Truppen damals unser Land überrannt hat.«

»Und wie ist es ausgegangen?« Christian reckte bedeutungsvoll sein Kinn in die Höhe. »Geschlagen haben wir ihn, den großen Korsen. Vernichtend geschlagen sogar und dann haben wir ihn in die Verbannung geschickt, wo er dann irgendwo auf einer einsamen Insel gestorben ist. Ein Schicksal, das sein glorioser Nachfolger bald mit ihm teilen wird, wenn wir seine Grande Armée in Grund und Boden gestampft haben!«

»Schlachten! Immer geht es nur um Schlachten!« Verständnislos stemmte Margret, die ihre Bierkrüge inzwischen an den Mann gebracht hatte, die Hände in die Hüften.

»So ist es halt im Krieg«, lallte der Kronenwirt. »Da geht es immer nur um Sieg oder Niederlage und das wird nun mal in den großen Schlachten auf den Feldern der Ehre entschieden!«

»Felder der Ehre! Schlachten!« Kopfschüttelnd betrachtete sie die Szenerie im Gasthaussaal. »So viele junge Burschen sitzen hier und jubeln alle mit …«

»… was sollen sie deiner Meinung nach denn sonst tun? Demnächst geht es für sie in den Krieg, und dann können sie den Franzmännern zeigen, was es heißt, eine deutsche Armee herauszufordern!«

»Ich verstehe das trotzdem nicht«, gab Margret ungerührt zurück. »Denn selbst wenn wir gegen die Franzo-

sen die Oberhand behalten sollten, ist doch klar, dass so ein Krieg viele Opfer kosten wird. Ohne Tote und Verwundete geht das doch nie. Und gerade diese jungen Männer sind es doch, die dann sterben werden.«
»Dann sind sie Helden!«
»Was haben sie von ihrem Heldentum, wenn sie tot sind?«
»Ach Margret. Das verstehst du nicht. Das ist wieder mal das typische Frauengeschwätz.«
»Selbst wenn ... denkt eigentlich so ein großer Feldherr jemals an die unzähligen Mütter, die um ihre Söhne weinen? Um die Kinder, die keine Väter mehr haben ...«
»Es ist genug jetzt, Margret!« Missmutig knallte Christian Bengel seinen Bierkrug auf den Tisch. »Bring mir lieber noch was zu trinken, als solche dummen Reden zu halten. Heute ist kein Platz für Zweifler. Heute lassen wir das Vaterland hochleben!«
Sein Bruder sandte Margret einen hilflosen Augenaufschlag, dann beugte er sich vor und flüsterte ihr ins Ohr: »Es bringt nichts. Du kannst gehen. Ich versuche, selber auf ihn aufzupassen, dass er in seinem vorweg genommenen Siegestaumel nicht noch irgendetwas Dummes anstellt ...«
»Was habt ihr da so heimlich zu flüstern?«
»Nichts. Gar nichts«, beschwichtigte Friedrich ihn, während Margret sich wortlos umwandte. Dermaßen unkontrolliert und pöbelhaft hatte sie den Kronenwirt ja noch nie erlebt! Es schien ihr gerade so, als würden sich die ganze Trauer, die Niedergeschagenheit und die Hoffnungslosigkeit, die sein Familienleben in den vergangenen Jahren so oft und schwer heimgesucht hatten, in einem einzigen, weit übersteigerten Schlachtenpathos Bahn brechen.
Unwillkürlich fasste sie sich an den Unterleib, wo sie ein leichtes Ziehen verspürte. Und augenblicklich schoss ihr glühendheiß wieder dieser Gedanke durch den Kopf, der sie schon den Großteil der gestrigen Nacht um den

Schlaf gebracht hatte. Denn schon zweimal hintereinander war ihre Regel ausgeblieben. Wenn das nur nichts zu bedeuten hatte …
Bitte nicht!

30

Am 15. Januar 1871 um 4 Uhr morgens brachte Margret in Treschklingen ihre zweite Tochter zur Welt. Eine Auseinandersetzung mit ihrem Vater war ihr während dieser Schwangerschaft erspart geblieben, wenn auch aus einem bitteren Grund, denn Christoph Schober war ohne Hilfe nicht mehr in der Lage, sich von seiner Bettstatt aufzurichten, so elend hatte ihm seine zunehmende körperliche Schwäche mittlerweile zugesetzt. Schlimmer noch: man konnte ihn auch nicht mehr direkt ansprechen! Am ganzen Leib zitternd lag der einst so zähe Mann, der jedem noch so heftigen Sturm widerstanden hatte, auf dem groben Leintuch und stierte stundenlang an die Decke. Selbst Rosina schien er nicht mehr als seine Ehefrau wahrzunehmen, sondern brabbelte höchstens die undeutliche Frage, was denn die fremde Frau bei ihm in der Schlafstube zu suchen habe!
Wahrscheinlich hatte er die deutliche Wölbung am Unterleib seiner Tochter noch nicht einmal bemerkt, ebenso wenig wie die Geburt seines Enkelkindes im Zimmer nebenan! Es war ein Elend! »Doch was will man machen?« senkte Rosina schicksalsergeben ihren Kopf. »So ist das Leben halt – und ich werde ihn versorgen, so gut ich das eben kann. Deshalb hat er mich ja auch geheiratet«, fügte sie mit einem bitteren Lächeln noch hinzu. »Ja, doch, Margret, da brauchen wir gar nicht herum zu reden. So ist es – und es war mir bei der Hochzeit auch deutlich bewusst. Dein Vater hat wieder eine Frau im Haus gebraucht für seine Kinder, als eure Mutter gestorben war und natürlich hat er keine gleich alte Frau geheiratet, sondern ganz bewusst eine wie mich, die 15 Jahre jünger ist, damit ich ihn im Fall des Falles pflegen kann. Und genau so ist es ja gekommen, da ist nichts Schlimmes dran, denn immerhin hat er uns

alle bislang auch versorgen können und ich werde in diesem Haus hier leben können, bis ich sterbe. Das ist für unsereins ja auch nicht immer selbstverständlich. Gott sei Dank haben wir es geschafft, die Schulden los zu bekommen, so dass ich mir in dieser Hinsicht keine Sorgen machen muss. Wie viele haben im Alter keine Bleibe. Da müssen wir schon zufrieden sein, mit dem, was wir haben.«

»Es ist schlimm genug, so wie es ist«, bittere Tränen funkelten in Margrets Augen, während sie ihr neugeborenes Mädchen traurig betrachtete. »Was soll so ein Kind für eine Zukunft haben … und dann auch noch als Mädchen! Wo es für die Buben aus so einer Familie wie der unseren ja schon hart genug ist. Aber wir Frauen … wir sind anscheinend nur dazu da, Kinder in die Welt zu setzen, die dann wieder Kinder bekommen und noch tiefer ins Elend hinunter sinken. Ach … es ist alles so ausweglos! Ich weiß beim besten Willen nicht, wie ich das schaffen soll mit dem Kind. Ich hatte so gehofft, dass ich es schaffe, diese Schwangerschaft abzubrechen, aber nichts hat geholfen, was ich auch probiert habe …«

Erschrocken schlug Rosina die Hände vor den Mund. »Margret! Hast du das wirklich versucht?! So etwas darfst du nicht machen! Weißt du denn nicht, wie viele Frauen schon elendig verblutet sind, als sie versucht haben, sich das Kind wegzumachen?«

»Natürlich weiß ich das … aber jetzt versetze dich doch einmal in meine Lage! Schon wieder ein lediges Kind, das ohne Vater auf die Welt kommt, dann die schlimme Situation hier im Hause. In Treschklingen gibt es keine Arbeit für mich, da habe ich schon überall nachgefragt. Selbst in der »Sonne« haben sie ein paar Jüngere eingestellt, und auch die Aushilfen sind vor mir an der Reihe, nachdem ich so lange weg war. Das ist ja klar, aber das bedeutet eben auch, dass ich nicht weiß, wie und was ich für unseren Unterhalt beisteuern kann. Das bisschen Ersparnis, das ich habe, ist in ein paar Wochen aufgezehrt. Und dann? Was ist dann? Gut, ich kann weiter weg gehen, in der ungewissen Hoffnung, irgendwo in Mannheim oder in Frankfurt eine Arbeit zu finden. Aber ob ich die dort finden werde? Und überhaupt: Ich kann dir doch nicht noch ein zweites Kind ans Bein binden, wo du doch mit der Pflege von unserem Vater schon mehr als genug zu schaffen hast. So gesehen wäre es mir eigentlich egal gewesen …«

»Margret!« Rosinas Stimme wechselte von einem besorgten Tonfall in ein einziges Ausrufezeichen. »Sag so etwas bitte nie mehr wieder! Das ist eine Sünde, einen solchen Gedanken auch nur zu denken!«

»Aber wahr ist es trotzdem!« konterte Margret unbeeindruckt. »Was ist das denn überhaupt für ein Leben?! Jetzt schau dich doch nur mal um, wie viele Frauen allein in unserem Dorf in den letzten Jahren bei der Geburt eines Kindes gestorben sind. Ob sie während der Geburt elendiglich umgekommen sind, weil das Kind nicht hat heraus kommen können oder ein paar Tage später dann im Kindbett. Wo ist da der Unterschied? Wir sind anscheinend nur dazu da, um zu gebären und um zu sterben. So sieht es aus, das Frauenleben hierzulande!«

»Das darf man nicht sagen«, murmelte Rosina betroffen und ließ sich langsam auf den Küchenschemel sinken.

»Es ist aber so! Und es ist auch so, dass ich jetzt, obwohl ich ja erstaunlicherweise auch diese Geburt überlebt habe, nicht weiß, wie es weiter gehen soll mit mir, mit uns und mit dem Kind!«

Irgend etwas im Tonfall ihrer Stieftochter musste es gewesen sein, was die nachfolgende Reaktion auslöste. Ganz plötzlich straffte Rosina ihren Rücken und fixierte Margret mit einem eisenharten Blick. »Dann sag uns halt, wer der Vater ist! Dann geht es nämlich schon weiter!«

Wie Donnergrollen hingen die Worte über den beiden Frauen. Minutenlang herrschte Totenstille – nur das schwere Atmen von Christoph Schober drang unheilvoll aus der Schlafstube. Schließlich machte Margret einen langen Atemzug, der wie ein tiefes Seufzen klang, während die rußige Küchenluft in ihre Lungen strömte und einen unangenehmen Hustenreiz in ihrer Kehle auslöste. »Niemals!« stieß sie heiser hervor. Auf dem Absatz wirbelte sie herum und zog energisch die Tür hinter sich zu.

Drei Tage nach der Geburt von Margrets Tochter, am 18. Januar 1871, wurde in Schloss Versailles der preußische König Wilhelm zum Deutschen Kaiser proklamiert. Die Schobers ließ der nationale Taumel völlig kalt, in dem sich die überwiegende Mehrzahl der Dorfbewohner befand. Und dies trotz der zahlreichen Todesopfer, die es auch unter den Soldaten aus dem Treschklinger Kontingent gegeben hatte. Die Schobers plagten weiß Gott andere Sorgen! Landauf – landab freilich, überall im neu entstandenen Kaiserreich, sollte dieser Tag ein Festtag werden. Natürlich auch in Treschklingen, wo der neue Bürgermeister Friedrich Bengel am Nachmittag eine bedeutungsvolle Rede über die Zukunft des Reiches und seiner stolzen Bürger halten würde. Und am Ende seiner Rede würde er selbstverständlich vorschlagen, den für Volk, Reich und Vaterland auf dem Feld der Ehre gefallenen Helden aus Treschklingen ein kunstvolles Ehrenmal errichten zu lassen. Es war die erste große Rede des neuen Dorfoberhauptes. Der Grund, weshalb zur Feier des Tages sein Bruder Christian trotz der schwierigen winterlichen Verhältnisse auf den Landstrassen sogar extra mit der Kutsche aus Rappenau angefahren kam, um dem Festakt beizuwohnen.
»... und wenn ich schon da bin, dann kann ich gleich einmal nach der Margret schauen, wie es ihr geht. Ein bisschen Zeit hat es ja noch, bis zu deiner großen Festrede«, hatte er nach seiner Ankunft gemeint und war anschließend, nachdem er sich am heißen Ofen in der Gaststube wieder aufgewärmt hatte, zum Haus der Schobers hinüber gegangen.

»Was ist denn bei euch für eine trübe Stimmung«, schüttelte er verwundert den Kopf. Es war gleich beim Hereinkommen schon unübersehbar, dass bei den Schobers alles andere als eitel Sonnenschein zu herrschen schien. »Wollt ihr denn nicht rüber kommen zum Rathaus. Da wird gleich der Festakt beginnen. Immerhin haben wir ja endlich wieder einen Deutschen Kaiser! Das muss gebührend gefeiert werden!«
Margret winkte müde ab. »Für uns kleinen Leute ist so ein Tag wie jeder andere. Was haben wir denn schon vom Kaiser? Wieso sollten wir uns freuen, wenn ausgerechnet der Preußenkönig, der ehemalige Kartätschenprinz, der 1848 auf unsere badischen Landsleute hat schießen lassen, jetzt Kaiser wird? Dieses Kaiserreich ist mir ganz egal. Sollen sie machen, was sie wollen, für uns ändert sich nichts dadurch!«
»Was sind denn das für umstürzlerische Reden?!« warf sich Christian Bengel mit sichtlicher Empörung in die Brust. »Das grenzt ja an … an …«
Noch während er nach den richtigen Begriffen für diese Ungeheuerlichkeiten suchte, fiel ihm Margret kühl ins Wort. »Es ist so, wie es ist. Und du bist hier in unserem Haus. Da musst du das schon ertragen, was bei uns gesprochen wird. Wenn du das nicht tun willst, bitte – du weißt ja, wo die Tür ist. Du bist ja gerade eben erst herein gekommen.«
Der Kronenwirt schnappte nach Luft. Eine solche Widerborstigkeit hatte er von seiner langjährigen Dienstmagd ja noch nie gehört. Schon lag ihm eine scharfe Erwiderung auf der Zunge, da besann er sich eines Besseren und schluckte die Entgegnung herunter. Schließlich gab es ja einen guten Grund für seinen Besuch. Und Margrets hoffentlich zustimmende Antwort war ihm wichtiger, als irgendwelche sinnlosen Diskussionen mit ohnehin ahnungslosen Dienstboten. Die waren ja auch zum Arbeiten da und nicht zum Politisieren!
Er setzte also eine versöhnliche Miene auf und schaute

Margret lächelnd ins Gesicht. »Ist schon gut. Lassen wir die Politik lieber sein. Ich bin ja auch nicht deswegen zu dir gekommen, sondern um mich danach zu erkundigen, wie es dir geht und wann du wohl wieder arbeiten kannst?«

»Wann ich wieder arbeiten kann ...« wiederholte Margret und musterte ihr Gegenüber mit sichtlicher Überraschung.

»Ja! Ich frage dich, wann du meinst, dass du wieder zu uns kommen kannst. Ich brauche dich nämlich dringend bei uns – und zwar für ständig. Meinst du, das wäre möglich? Ich zahle dir auch freiwillig einen viel besseren Lohn, als ich müsste. Du bekommst von mir so viel, dass dir auf jeden Fall noch etwas vom dem Geld übrig bleibt, das kannst du dann hierher schicken. Denn deine Kinder müsstest du natürlich hier lassen. Aber deine Stiefmutter hätte dann Geld genug, um sich und die Familie gut zu versorgen. Wäre das ein Angebot? Komm, schlag ein!« Schon streckte Christian Bengel die Hand aus.

Margret vermeinte, sich verhört zu haben. Verwundert starrte sie auf die ausgestreckte Hand des Gastwirts, der sie mit erwartungsfroher Miene anstrahlte. Konnte das denn wirklich sein? Erst wenige Stunden waren seit dem harschen, hoffnungslosen Wortwechsel mit ihrer Stiefmutter vergangen – und jetzt dieses erstaunliche Angebot! Meinte er es ernst oder trieb er irgendein Spiel mit ihr, das sie noch nicht zu durchschauen vermochte? Sie beäugte die nach wie vor dargebotene Hand misstrauisch.

»Aber wieso denn grade ich? Es gibt in Rappenau doch auch noch andere Dienstmägde?«

Der Kronenwirt setzte ein schiefes Grinsen auf: »Ja schon – aber du weißt doch: ich will halt immer nur dich ...«

Ganz kurz schoss eine heiße Stichflamme durch ihr Gemüt: »Spare dir deine Zweideutigkeiten!« Zum guten Glück schaffte sie es, dass es mit diesem Satz sein Bewenden hatte.

Auch Bengel tat so, als sei da nichts gewesen. »Ich habe es nicht so gemeint«, zuckte er leicht mit den Schultern. »Und jetzt: schlag ein! Komm schon!«
Zögernd hob Margret ihre Rechte.
»Jetzt komm halt! Da ist meine Hand!« Er machte einen Schritt auf sie zu. »Also …«
»… also gut«, gab Margret sich einen Ruck. »Einverstanden. Ich komme, sobald ich es hier verantworten kann.«
Ein kurzer, kräftiger Händedruck und der Handel war besiegelt. Ein leichter Schwindel erfasste sie. Auch Bengel hatte dieses unsichere Schwanken bemerkt, packte sie geistesgegenwärtig an den Oberarmen und drückte sie auf den Stuhl. »Ist dir nicht gut, Margret?«
»Nein, nein, es geht schon wieder.« Sie konnte es noch immer kaum glauben, wie rasch sich die Dinge zum Besseren gewandelt hatten! Es gab also doch wieder eine Zukunft: für sie, für ihre Familie – und für das neugeborene Kind. Genau! Das Kind!«
»Willst du das Kind vielleicht einmal sehen?«
»Na ja …« Mit sichtlicher Verlegenheit verknotete der Gastwirt die Hände ineinander.
»Was jetzt?« ließ sie, mit einem Mal von neuer Kraft durchströmt, nicht locker.
»Hmm …«
»Und wie es heißt, das willst du wohl auch nicht wissen? Noch nicht einmal, ob es ein Bub oder ein Mädchen ist?«
»Na ja …«
Wieder dieses blöde Getue! Das war ja nicht zum Aushalten! »Was jetzt? Willst du oder willst du nicht?«
»Natürlich will ich. Also, was ist es?« heuchelte er notgedrungen ein nicht vorhandenes Interesse. Obwohl … andererseits interessierte es ihn natürlich schon …
»Es ist ein Mädchen.«
»Aha, ein Mädchen …«
»Ja, eine Tochter. Und sie heißt …« Ganz offenkundig war es eine absichtliche Pause, die Margret an dieser

Stelle einlegte, während sie ihn von ihrem Stuhl aus forschend musterte. Was sollte das? Was bezweckte sie damit? Über Christian Bengels Miene huschte ein ärgerlicher Schatten.
»Sie heißt, vielmehr, sie wird Philippina heißen, wenn sie getauft ist.«
Sofort verflüchtigte sich der Schatten wieder, als die Namensnennung erfolgt war. »Philippina. Wie schön. Ich … ich hatte schon …«
»Was?«
»Ach nichts.« Er machte eine wegwerfende Handbewegung. »Philippina ist ein schöner Name. Eine kleine Biene!«
»Ja genau. So wird sie dann wohl von allen gerufen«, lächelte Margret. »Übrigens: die Patin wird wieder meine Schwester Elisabeth sein, wie schon bei meinem ersten Mädchen. Allerdings brauche ich jetzt noch einen zweiten Paten …«
»Soso, noch einen zweiten Paten …« echote Bengel genauso ahnungsvoll, wie bewusst teilnahmslos. »Eine Frau und ein Mann. So, wie das ja eigentlich der Brauch ist.«
»Der zweite Pate, der kannst gerne du sein. Ich wollte ja wieder, dass meine andere Schwester, die Christina, auch wieder die zweite Patin wird. Aber das geht dieses Mal nicht.«
Zunächst tat der Kronenwirt so, als habe er das Angebot gar nicht wahrgenommen und erkundigte sich scheinbar interessiert: »Warum geht das nicht?«
»Weil sich der Pfarrer weigert, wieder zwei Frauen als Paten einzutragen, wie bei meinem ersten Kind. So ein Kind bräuchte auch einen männlichen Paten, erst recht, wenn es keinen Vater habe, sagt der Pfarrer.«
»Wenn es keinen Vater hat! Was bildet sich der heilige Mann da eigentlich ein?! Spielt wieder einmal den Moralapostel«, echauffierte sich Bengel.
»Es ist halt so. Er lässt es nicht zu. Und deshalb frage ich

dich jetzt noch einmal, Christian: willst du der Pate von meiner Philippina sein?«
»Pate? Ich?«
»Ja, du! Jetzt tu bloß nicht so furchtbar überrascht!«
Bengels Miene verdüsterte sich schlagartig: »Du weißt ganz genau, weshalb das nicht geht. Da entstehen dann sofort die übelsten Gerüchte.«
»Seit wann scherst du dich denn um Gerüchte?«
»Es kommt nicht in Frage! Ende der Diskussion!«
»Schade …« Margret senkte enttäuscht den Blick und atmete tief durch. Es war eine seltsame Stille, die zwischen den beiden herrschte. Unangenehm berührt, und unsicher, wie er sich verhalten sollte, stand der Gastwirt da und nestelte nervös an dem dunkelblauen Tuch, das er um seinen Hemdkragen geschlungen hatte. Plötzlich hob Margret ruckartig ihren Kopf und starrte ihn nachdenklich an.
»Weshalb willst du übrigens, dass ich jetzt wieder ständig bei euch in Rappenau bin? Und dass es unbedingt ich sein muss? Das habe ich völlig vergessen, danach zu fragen.«
»Nun ja«, druckst er sichtlich verlegen herum. »Wegen … weil … weil meine Frau ist wieder schwanger geworden. Es ist eine Überraschung für uns alle.«
»Schwanger geworden! Deine Frau!« entfuhr es der überraschten Margret. »Das hätte ich als letztes vermutet. Und du bist wirklich ganz sicher, dass sie schwanger ist?«
»Der Doktor wird ja wohl schon wissen, was er sagt. Es ist tatsächlich so. Im Leben hätte ich nicht mehr daran geglaubt, dass wir vielleicht doch noch ein Kind bekommen könnten. Womöglich sogar einen gesunden Sohn.« Voller Entschlossenheit ballte Bengel die Faust. »Aber jetzt ist es wider alles Erwarten eben so gekommen und ich darf noch einmal auf ein gesundes Kind hoffen. Und genau deswegen möchte ich – soweit das in meiner Macht steht – alles dafür tun, dass die Karoline alle Fürsorge bekommt, die man ihr nur geben kann, damit

diese Schwangerschaft und die Geburt hoffentlich ganz normal verlaufen.« Er beugte sich nieder und nahm Margret nun direkt in sein Visier. »Und deswegen brauche ich dich. Ich kann mir keine Bessere als dich für diese Aufgabe denken.«

»Also das ist es … du bist gar nicht gekommen, weil du dachtest, dass wir vielleicht Hilfe nötig hätten. Und auch nicht wegen mir oder gar wegen dem Kind. Ach so!«

Wieder blieb es eine ganze Weile lang ruhig. Schließlich räusperte sich Christian Bengel vorsichtig. »Also … die Feierstunde wird demnächst beginnen. Deshalb frage ich dich jetzt, wo du es weißt, lieber nochmal: kommst du dann spätestens im nächsten Monat wieder zu uns in die Krone? Nicht als normale Dienstmagd, sondern als so eine Art Betreuerin für meine Frau und hauptsächlich für das Kind?«

Margret kämpfte die scharfe Erwiderung nieder, die ihr schon auf der Zunge gelegen hatte. Aber solche gallenbitteren Worte änderten ja auch nichts an den Tatsachen – außerdem konnte die Familie das Geld, das sie ihnen aus Rappenau schickte, wirklich gut gebrauchen. Im Gegenzug würde Rosina dafür ja auch gut für das Neugeborene sorgen. Da konnte sie ganz sicher sein. Was gab es also noch zu zögern? Sicherheitshalber wollte sie es ganz genau wissen.

»Als Betreuerin für das Kind?«

»Ja, als eine Art Kinderfrau, um ganz genau zu sein. Ich traue das der Karoline nämlich schlichtweg nicht zu, dass sie es schafft, das Kind gut aufzuziehen. Bei ihrer ewigen Kränklichkeit. Und wenigstens eines von meinen Kindern soll das Kindesalter überstehen und hauptsächlich soll es normal sein!« stieß er voll Bitterkeit hervor.

»Du hast doch schon den Friedrich, der dieses Jahr immerhin sechs Jahre alt wird, was redest du da von normal sein?«

»Du weißt genau, was ich damit sagen will, Margret. Mit

meinem Sohn stimmt etwas nicht. Ich war mit ihm schon bei weiß Gott wie vielen Ärzten, aber jeder von denen hat nur ratlos den Kopf geschüttelt und ein stolzes Honorar für seine Untätigkeit eingestrichen. Ich habe da keine große Hoffnung mehr, dass sich das noch zum Besseren wendet. Das wird nichts mehr, mit dem Friedrich. Es tut mir leid, so etwas als Vater sagen zu müssen. Aber ich kann nicht so tun, als sei das alles nicht so, wie es ist. Und nun ist die Karoline wider alles Erwarten tatsächlich nochmal schwanger geworden. Da darf dieses Mal bitte nichts schief gehen. Nach all dem Leid und Elend, das ich mit meinen Kindern schon habe erleben müssen. Also: wenigstens dieses eine Kind, wenn es denn gesund zur Welt kommt!« Erwartungsvoll musterte der Kronenwirt die junge Frau. »Verstehst du mich jetzt, Margret? Ich brauche dich dringend: in vielerlei Hinsicht! Als Helferin während der Schwangerschaft und als Erzieherin für mein Kind. Nur dir traue ich das zu. Zu keiner Anderen habe ich ein solches Zutrauen, wie zu dir. Bitte gib mir eine Antwort. Hältst du den Handschlag aufrecht, obwohl dir vorhin noch nicht klar gewesen ist, weshalb ich dich wieder bei mir haben will? Kommst du also?« Es war ein geradezu flehentlicher Blick, den er zu ihr hinüber schickte. Ein Blick, wie sie ihn noch nie bei ihm gesehen hatte.

»Ja, gut: ich komme«, nickte sie. »Dir ist aber schon klar, dass mich deine Frau nicht besonders gut leiden kann?« Der erleichterte Bengel wischte den Einwand rasch beiseite. »Ach, was. Papperlapapp! Diese Flausen werde ich ihr schon noch austreiben. Also, wann genau kann ich mit dir rechnen?«

Margret wiegte abschätzend den Kopf. »In drei Wochen müsste es gehen. Spätestens in vier. Bis dahin habe ich das Kind abgestillt. Du kannst also Mitte Februar mit mir rechnen.«

»Gut«, nickte er zufrieden und war schon im Begriff, sich zu verabschieden.

»Halt, da ist noch etwas«, hielt ihn Margret zurück. »Eine Kleinigkeit nur, aber eben dennoch …«
»Und die wäre?«
»Es wäre, schön, wenn du mir eine Kutsche schicken würdest, damit ich nicht durch den nassen Schnee nach Rappenau stapfen muss.«
»Eine Kutsche! Für eine Dienstmagd!«
»… die vor kurzem ein Kind zur Welt gebracht hat. Da wird es doch wohl kein Hexenwerk sein, mir eine von deinen Kutschen zu schicken. Außerdem fühle ich mich noch ziemlich schwach nach der Geburt.«
»Das wird sich bis in drei, vier Wochen ja wohl gelegt haben.«
»Trotzdem. Diesen einen Gefallen wirst du mir jetzt einmal tun können. Ich sorge schon dafür, dass deine Frau nichts davon erfährt …«
»Das hat mit der Karoline gar nichts zu tun«, wehrte Bengel entschieden ab, während die verlegene Röte, die ihm plötzlich ins Gesicht schoß, seine Worte Lügen strafte. »Also: meinetwegen. Und jetzt adieu Margret. Bis hoffentlich bald!« Er griff sich seinen auf den Tisch liegenden Hut und verliess mit raschen Schritten das Haus der Schobers.

31

Am 7. Juni 1871 kam in der Rappenauer »Krone« ein gesundes Kind zur Welt. Ein Mädchen. Kaum war die Geburt vorüber und das Kind von der Hebamme untersucht und versorgt, öffnete Margret die Kammertür, um sich im Weißzeugschrank der Stube frische Bettbezüge zu besorgen. Beinahe wäre sie dabei über Christian Bengel gestolpert, der direkt vor der Tür im Halbschlaf auf dem Boden hockte.
»Christian! Hast du mich vielleicht erschreckt! Was machst du denn da?«
Augenblicklich war der Mann hellwach und erhob sich ächzend, während er seinen bangen Blick direkt auf Margret richtete. »Wie ist es ausgegangen?«
»Alles in Ordnung. Du hast ein Mädchen bekommen. Ich gratuliere dir. Und deine Frau hat es dieses Mal auch erstaunlich gut überstanden.«
»Ein Mädchen«, wiederholte Bengel mit vor Aufregung vibrierender Simme. »Wird es am Leben bleiben?«
»Ich bin nicht der liebe Gott, Christian, aber es sieht alles gut aus. Wie gesagt, die Geburt ist ja einigermaßen reibungslos verlaufen. Das Kind wirkt auf mich gesund und munter und die Hebamme hat vorhin genau dasselbe gesagt. Da sind also alle Voraussetzungen gegeben, dass deine kleine Tochter zu einer hübschen Frau heran wachsen wird. Hast du dir eigentlich schon einen Namen für sie überlegt? Wie soll sie denn heißen?«
»Einen Namen …« Von seinen Gefühlen nahezu überwältigt, schluckte Bengel den trockenen Kloß, der ihm in seiner Kehle steckte, mühsam hinunter. »Ja, einen Namen. Ich möchte, dass sie Luise heißt. Jawohl, Luise, genau so wie unsere verehrte Großherzogin«
Margret kratzte sich nachdenklich am Hinterkopf. Soweit sie das mitbekommen hatte, favorisierte Karoline

Bengel nämlich einen ganz anderen Vornamen. Dementsprechend vorsichtig kleidete sie ihre Vermutung in eine harmlose Frage. »Weiß deine Frau von dem Namen? Luise … Ich habe nie gehört, dass sie diesen Namen in Erwägung gezogen hätte.«
»Und ich habe dir gesagt, sie wird Luise heißen. Luise Bengel. Dabei bleibt es und damit basta! So werde ich das Kind auf dem Rathaus eintragen lassen und so wird es auch getauft. Luise. Ach – und noch etwas, Margret. Nur, damit das noch einmal in aller Deutlichkeit gesagt ist: ausschließlich du wirst dich um meine kleine Luise kümmern – und nicht meine Frau. Und pass auf, dass der Friedrich dem Kind nicht zu nahe kommt …«
»Dein eigener Sohn!«
»Ob eigener Sohn oder nicht: Sei bitte auf der Hut, wenn er in der Nähe ist! Ich traue ihm einfach nicht – und dem Carl gleich zweimal nicht!«
»In diesem Fall kann ich es gut verstehen«, verzog Margret das Gesicht.
»Siehst du. Allein muss man schon vorsichtig sein mit ihnen, aber wenn diese beiden Deppen zusammen sind, dann weiß man nie, was dabei heraus kommt …«
»Deppen! Christian! Wie redest du über deinen Sohn?!«
»Es ist nun mal so!« gab er zurück. »Leider!«
»Na ja …«
»Doch: es ist so. Deshalb möchte ich das schon noch einmal extra betonen: du sollst weder den Carl, noch den Friedrich jemals unbeaufsichtigt zu der Luise lassen.«
»Und wie ist das mit deiner Frau? Hast du ihr dasselbe gesagt?«
»Ach, die Karoline! Die hat mit dem Kind sowieso nicht viel im Sinn. Die soll lieber nach sich selber schauen und denjenigen das Kind überlassen, die eine Ahnung von so etwas haben. Eine Ahnung – und eine Liebe …« Verstohlen wischte er sich mit dem Zeigefinger eine Träne aus dem Augenwinkel. Dann erhellte urplötzlich ein strahlendes Lächeln seine Miene. »Luise Bengel! Wie

schön! Ich muss gleich eine Nachricht zum Friedrich nach Treschklingen schicken, dass ich eine Luise bekommen habe. Das wird ihn sicherlich freuen.« Damit eilte er davon.

Margret sah ihm nachdenklich hinterher. »Was ist das doch für eine seltsame Welt. Da stehe ich jetzt hier in Rappenau und soll ein kleines Mädchen großziehen, als wäre ich seine leibliche Mutter, während gleichzeitig meine eigene Tochter, die ja bloß ein gutes halbes Jahr älter ist als die Luise, in Treschklingen bleiben muss, wo sich meine Stiefmutter um sie kümmern soll. Wie schön wäre es doch, wenn die beiden zusammen aufwachsen könnten. Wie Zwillinge …«

Tagträume.

Leider.

Noch nie hatte Margret ihre Familie so sehr vermisst, wenn sie eine Anstellung in der »Krone« angenommen hatte, wie dieses Mal. Was auch immer der Grund dafür sein mochte. Vielleicht diese ganz andere Art der Arbeit, die sie viel weniger mit den anderen Dienstboten zusammen kommen ließ, wie das bei ihrer früheren Tätigkeit hier der Fall gewesen war? Gut möglich. Und dann war in der Zwischenzeit leider noch die alte Marie gestorben, mit der sie eine so enge und vertrauensvolle Freundschaft verbunden hatte. Diese Lücke konnte niemand schließen, erst recht nicht die junge Magd, die jetzt Maries Arbeit übernommen hatte. Es war die menschliche Wärme, das mitfühlende Verstehen, bei dem es keiner Worte bedurfte, die plötzlich einfach nicht mehr da waren. Die Atmosphäre in der »Krone« hatte sich verändert. Zumindest für Margret. Sicherlich trugen die Sorge und das Mitleid um ihren in Treschklingen hoffnungslos dahin siechenden Vater ebenfalls ihren Teil zu diesem neu empfundenen Heimweh bei. Dazu die wachsende Entfremdung von ihren geliebten Schwestern Elisabeth, Christina und Wilhelmina, die sie ja kaum noch zu

Gesicht bekam. Und natürlich war es auch die Trennung von ihren beiden Töchtern, die nun einmal ihre leiblichen Kinder waren, selbst wenn sie die Mädchen von Anfang an wirklich nur äußerst selten zu sehen bekommen hatte. Und dann war da noch diese unfreundliche Distanz, mit der die Kronenwirtin ihr grundsätzlich zu begegnen pflegte.
Zum guten Glück gab es jedoch nur wenige Berührungspunkte mit Karoline Bengel, die sich nach der Geburt wieder, so wie man das von ihr gewohnt war, mit irgendeiner angeblichen (wöchentlich wechselnden) Krankheit in ihr abgedunkeltes Zimmer zurück zog und die Erziehung der kleinen Luise tatsächlich allein in Margrets Hände legte. Dazu hätte es noch nicht einmal der Anweisung von Christian Bengel bedurft: seine Ehefrau zeigte ohnehin kein nennenswertes Interesse an ihrer Tochter. »Das Kind ist doch noch viel zu klein, als dass ich etwas mit ihr anzufangen wüsste«, hatte sie einmal zur Verblüffung aller geäußert und sich dann sofort wieder »mit schlimmen Kopfschmerzen« ins Bett begeben.

Es war ohnehin das Beste, wenn sie der Kronenwirtin so weit wie irgend möglich aus dem Weg ging. Denn es war schon bei ihrer ersten Begegnung vor einigen Jahren klar gewesen: Die beiden Frauen würden niemals zu einem freundschaftlichen Verhältnis finden. So pflegte sie ihre »Putzmagd«, als die sie Margret ganz absichtlich bezeichnete, oftmals schlichtweg zu übersehen oder sie höchstens ganz kurz mit einem herablassenden Blick zu streifen.
In Karoline Bengels Augen war das nur folgerichtig, denn schließlich war sie ja die Frau des gut situierten Rappenauer Kronenwirts, während es sich bei Margret nur um irgend eine Dienstmagd handelte. Die zu allem Übel auch noch mit einem ledigen Kind behaftet war – mittlerweile skandalöserweise sogar mit zweien! Und »so Eine« beherbergte man in einem anständigen Haus, wie

dem ihren! Nicht, dass da womöglich ein Schatten auf die »Krone« selbst und deren sittsame Inhaber fiel! Andererseits: um Karoline Bengel das Kind mit seinem ständigen, nervtötenden Gezeter vom Leib zu halten, dafür war diese Margret immerhin noch zu gebrauchen. Zu mehr aber auch nicht!

Dieses Verhältnis besserte sich auch mit den Jahren nicht, obwohl ihr Margret doch in so vielen schweren Stunden beigestanden hatte. Kein Wort des Dankes war jemals über Karolines Lippen gekommen. Ganz im Gegenteil! Auch am heutigen Tag hatte sie ihr überdeutlich die kalte Schulter gezeigt – und dieses Mal mit einer Geste, die an eine Unverschämtheit grenzte.

Margret hatte ihr einen Kaffee servieren müssen. Aber schon nach dem vorsichtigen Klopfen an der Zimmertür hatte die Kronenwirtin sie absichtlich lange warten lassen, bis endlich von drinnen ein barsches »Herein« ertönte.

»Ich bringe Ihnen den Kaffee. Der Christian hat mir gesagt, sie möchten ihn hier in ihrem Zimmer serviert haben.«

Karoline Bengel musterte sie indigniert. »Wie sich mein Ehemann mit einer Putzmagd auf eine Stufe stellen kann und sich von der mit Du anreden lässt, das wird mir ein ewiges Geheimnis bleiben!«

Unübersehbar hatte sie schon ihre Nase gerümpft, als Margret in ihr Zimmer getreten war. Und jetzt fasste sie sich auch noch mit Daumen und Zeigefinger ihrer rechten Hand an die Nase. »Was ist denn das für ein unangenehmer, ländlicher Geruch, der plötzlich die Luft verpestet?«

Margret schnupperte verwirrt. »Ich rieche nichts.«

»Aber ich schon! Woher kommt das denn?«

»Da ist nichts«, entgegnete Margret. »Ich rieche wirklich nichts.« Seltsam ... In genau diesem Moment begriff sie, worauf die Kronenwirtin hinaus wollte – allein der Blick, mit dem sie das Kindermädchen betrachtete, sprach

Bände. Kalte Wut kochte in Margret hoch. Nur mühsam schaffte sie es, sich zu beherrschen und der unverschämten Vornehmtuerin als Antwort den Kaffee nicht einfach ins Gesicht zu schütten. Wortlos knallte Margret das Tablett auf den Tisch, dann wirbelte sie herum und stapfte mit zornigen Schritten aus der Stube.
Ja. Da drinnen herrschte in der Tat eine stickige Luft. Aber das lag schlichtweg in der Tatsache begründet, dass die gnädige Frau niemals die Fenster öffnete, um das Zimmer durchzulüften, sondern stattdessen lieber im Halbdunkel auf ihrer Chaiselongue hockte und dumpf vor sich hin stierte. So gesehen war es sogar ein Glück zu nennen, dass sie erklärt hatte, aufgrund ihres schlechten Gesundheitszustandes sehe sie sich außerstande, sich intensiver um ihre kleine Tochter zu kümmern. Und auch die Kontakte mit »der Putzmagd« könnten bitteschön auf ein minimales Maß begrenzt bleiben.
Dagegen hatte auch Margret nichts einzuwenden!
Aber das Heimweh nach Treschklingen und nach ihrer Familie blieb bestehen. Wenn da nicht die gute Entlohnung wäre, die Christian Bengel ihr Woche für Woche in die Hand drückte und auf die sie in Treschklingen so dringend angewiesen waren … hätte sie ihre Anstellung gekündigt. Und das, obwohl ihr die kleine Luise Woche für Woche mehr ans Herz wuchs. Beinahe wie ein leibliches Kind. Im Grunde genommen war das schon ein merkwürdiges Gefühl: dass sie das eigentlich fremde Kind viel besser kannte, als ihre beiden leiblichen Töchter. Und umgekehrt war es ja genau so. Schon vor zwei Jahren hatte ihre Tochter Christina sie ja Tante genannt. Tante. Nicht Mutter.
Manchmal … manchmal konnte einem ein solcher Gedanke schier das Herz zerreißen!
»Dummes Zeug!« blies sie sich ärgerlich eine Haarsträhne aus dem Gesicht. »Was sind das nur für blödsinnige Gefühlsduseleien! Es ist so, wie es ist, und daran ändert auch das Trübsalblasen überhaupt nichts. Du bist

eine dumme Kuh, Margret! Arbeite lieber was Gscheites, anstatt dich selber zu bemitleiden!« schalt sie sich kopfschüttelnd. Dann nahm sie die leinene Zudecke aus der Wiege und betrachtete sie prüfend. »Es könnte auch nicht schaden, wenn ich die Decke wieder mal waschen würde.« Ja, genau! Das Trübsalblasen sollte sie lieber der Kronenwirtin überlassen. Die konnte das ohnehin besser.

Der 21. September 1871 markierte einen kleinen Lichtblick in Margrets Arbeitsalltag. Nicht nur, dass ihre Halbschwester Wilhelmina an diesem Tag heiratete, worüber sich Margret aufrichtig freute. Denn Leonhard Schober, der Nachbarssohn von nebenan, war ein guter, zuverlässiger Mann, der als Straßenwart und Gemeindediener auch ein einigermaßen ordentliches Auskommen hatte.
»Und weißt du, was ich besonders toll dabei finde?« Erwartungsvoll blinzelte ihr Wilhelmina ins Gesicht.
Margret überlegte kurz, kam aber auf keine Lösung. »Nein, was? Dass du einen guten Mann gefunden hast? Das ist ja ohnehin klar.«
»Nein«, Wilhelmina lächelte schelmisch. »Dass ich jetzt endlich auch Schober heißen kann, so wie ihr alle!«
Verblüfft tippte sich Margret an die Stirn. Richtig! Wilhelmina war ja die Tochter ihrer Halbschwester Johanna, die ihre Mutter damals schon mit in die Ehe gebracht hatte. Und deshalb hieß Wilhelmina mit Nachnamen auch Friedrich und nicht Schober. »Darauf bin ich ja gar nicht gekommen! Klar, du hast bisher Friedrich geheißen, zumindest auf dem Papier. Aber jeder im Dorf hat dich doch trotzdem die Schobers Wilhelmina genannt.«
»Schon, aber jetzt ist es halt auch amtlich – und das ist schön so. Jetzt bin ich wirklich eine von euch Schobers.«
»Bis dann auch eine von uns heiratet, und dann heißen wir wieder alle anders.«

»Aber bis da hin sind wir alle nur noch die Schoberfrauen. Und das finde ich wunderbar so!«
Ihre Schwester strahlte glückselig. Dass sie dieser andere Nachname, der im Alltagsleben im Dorf doch nie eine Rolle gespielt hatte, anscheinend auf das Gemüt drückte, das hätte Margret niemals für möglich gehalten. Nun gut. Auch das war jetzt Vergangenheit. Ihre Wilhelmina freute sich – und das freute sie folglich ganz genauso: von ganzem Herzen.
Die besonders gute Nachricht für Margret aber war, dass ihr die freudestrahlende Wilhelmina unmittelbar nach der Trauung eine weitere gute Mitteilung machen konnte: sie würde mit ihrem Ehemann in absehbarer Zeit nämlich nach Rappenau ziehen, denn der Leonhard habe dort in der Saline eine Arbeit in Aussicht gestellt bekommen.
»Das ist schön«, klatschte Margret begeistert in die Hände, »dann können wir uns endlich wieder öfter sehen und ich muss mich nicht mehr so allein fühlen. Ich kann es kaum noch erwarten, bis ihr hier wohnt.«
Freilich sollten bis dahin noch einige Monate ins Land gehen, denn eine Arbeit in der Saline zu bekommen war das eine. Die größere Schwierigkeit aber bestand darin, eine vernünftige und vor allem bezahlbare Unterkunft in Rappenau zu finden. Denn seitdem die Salzgewinnung und mittlerweile auch der Kurbetrieb so gut florierten, seitdem waren auch die Preise für eine Schlafkammer in dem stetig wachsenden Dorf deutlich in die Höhe geschnellt.

Freudestrahlend kam Margret an einem nasskalten Novembervormittag 1871 zum ersten Mal seit Wilhelminas Heirat wieder nach Treschklingen – und obwohl es die ganze Zeit über geregnet hatte und sie trotz der Wolldecke, die sie bei der Fahrt in Christian Bengels undichter Kutsche schützend über den Kopf gebreitet hatte, ziemlich nass geworden war, überwog die Freude in ihr, ihre Schwestern und ihre beiden Töchter endlich einmal wieder zu sehen. Der äußere Anlass für ihren Besuch war eine große Feier in der »Sonne«. Die steile Karriere von Friedrich Bengel hatte ihre beeindruckende Fortsetzung gefunden, denn der Bürgermeister von Treschklingen war für den Wahlkreis Sinsheim als Nationalliberaler Abgeordneter in den Badischen Landtag gewählt worden. Sein ohnehin schon großes Ansehen, das er im ganzen Umland genoss, war in den vergangenen Jahren weiter gewachsen. Vor allem deshalb, weil er sich nach wie vor besonders engagiert um Fortschritte in der Landwirtschaft gekümmert hatte, vor allem um neue Formen der Düngung und besseres Saatgut. »So wie der Bengel legt sich kein Zweiter für uns ins Zeug«, das war die übereinstimmende Meinung der Bauern in den Dörfern im nördlichen Kraichgau. »Da könnte sich mancher Baron eine Scheibe von ihm abschneiden. Der Bengel ist ein wirkliches Vorbild, so uneigennützig und konsequent, wie er sich für uns einsetzt!«

Ganz und gar uneigennützig war dieses Engagement natürlich nicht gewesen, denn Bengels Ziel war ja das Landtagsmandat gewesen – aber das stand ja auch im Interesse der Bauern, einen starken Fürsprecher für ihre Anliegen im Landtag zu wissen und so dankten sie es ihm mit einem überwältigenden Abstimmungsergebnis.

Zur Feier seines triumphalen Wahlerfolgs hatte Bengel das ganze Dorf eingeladen. Und, so wie man in Treschklingen die Großzügigkeit des Sonnenwirts kannte, würde es eine große und lange dauernde Feier werden, bei der am Ende keiner durstig nach Hause gehen müsste.

Aus diesem Grund hatte Friedrich Bengel bei seinem Bruder in der Rappenauer »Krone« um die Hilfe von Margret und weiteren Dienstboten angefragt. Ehrensache, dass Christian dieser Bitte sofort Folge leistete. »Das geht in Ordnung! Wir werden die »Krone« zwei Tage lang zu machen und alle nach Treschklingen kommen. Schließlich will ich ja auch mitfeiern, wenn mein Bruder eine solche Karriere macht!«

»Und was ist mit dem Carl?« deutete Margret mit einer kurzen Kopfbewegung auf den an der Schuppenwand lehnenden Sohn des Landtagsabgeordneten, der mit einer scheinbar gelangweilten Miene die Aufbruchsvorbereitungen beobachtete.

»Der ...« Christian Bengel zuckte mit den Schultern. »Den lassen wir natürlich da. Ich kann mir nicht vorstellen, dass sich sein Vater die schöne Feier durch ihn verderben lassen will.« Er machte einen Schritt auf seinen Neffen zu und nahm ihn streng in sein Visier. »Du bleibst hier und passt auf das Haus auf. Aber wehe, du machst einen Blödsinn! Es wird nichts Dummes angestellt, verstanden?!«

Carl verzog keine Miene, sondern lehnte weiter regungslos an der Wand. Es schien beinahe, als seien die Worte seines Onkels gar nicht zu ihm durchgedrungen. Schließlich wandte er sich um und trottete mit gesenktem Kopf davon.

»Der arme Kerl. Irgendwie tut er mir schon leid«, murmelte Margret.

»Das sagst ausgerechnet du!« wunderte sich Bengel. »Hat er dich denn nicht schon oft genug bedrängt?«

»Doch, schon. Aber leid tut er mir halt dennoch. Immerhin ist er so alt wie ich, und hat immer noch keine Familie ...«

»Im Gegensatz zu dir ...« höhnte der Gastwirt, um gleich darauf beschwichtigend die Hände zu heben. »Entschuldigung, Margret. So war das nicht gemeint, wie mir das grade rausgerutscht ist.«

»Jaja. Typisch die Männer wieder! Aber im Grunde genommen hast du ja Recht.« Es machte jedoch gar keinen Sinn, das Thema weiter zu vertiefen. Das würde nur Streit geben. Und darauf hatte sie wirklich keinerlei Lust. Mit einer ungeduldigen Geste versuchte sie, die

Situation zu entkrampfen. »Was ist jetzt? Sind endlich alle bereit zur Abfahrt?«
Bengel nickte knapp, hielt seine Hände an den Mund und formte sie zu einem Trichter: »Also Leute. Es geht los! Wer jetzt nicht da ist, der muss zu Fuß laufen. Wir brechen auf!« Lächelnd beobachtete er, wie seine Knechte und Mägde mit erwartungsfrohen Mienen zu den beiden Kutschen eilten, eifrig darauf bedacht, innen auf den gepolsterten Bänken sitzen zu können und nicht auf dem harten Kutschbock hocken zu müssen. »Das gibt einen herrlichen Tag. Mit welcher Kutsche fährst du eigentlich?«
»Mit der vorderen«, erwiderte Margret. »Die Bärbel hat mir versprochen, dass sie einen Platz neben sich frei hält.«
»Dann beeil dich mal. Ich glaube nämlich nicht, dass sie den Platz lange verteidigen kann«, grinste der Kronenwirt und versetzte ihr mit der rechten Hand einen sachten Stups an die Schulter. »Auf geht's!«
Unnötig zu erwähnen, dass es Karoline Bengel als Einzige vorgezogen hatte, zu Hause zu bleiben. Leider war es ihr nicht gelungen, ihren Ehemann dazu zu bewegen, auch Margret »wegen der Luise« in Rappenau zu belassen. So unangenehm diese Putzmagd ja auch sein mochte, so nützlich waren deren Dienste im Hinblick auf das Kind. Doch nur eine blutjunge, unerfahrene Küchenmagd hatte ihr Ehemann Karoline als Hilfe für Luise zur Seite gestellt. »Aber die Margret kommt schließlich aus Treschklingen und ist die Arbeit in der »Sonne« ja auch gewöhnt, da kann ich sie beim besten Willen nicht bei dir zurück lassen. Außerdem ist das heute ein Festtag für jeden dort!«
So war Margret nun in der ersten Kutsche voller Helferinnen und Helfer aus Rappenau aufgebrochen und dabei in den Regenguss geraten. »Der sollte mal mit dieser Kutsche fahren, unser lieber Herr Kronenwirt, dann wären die Löcher ganz schnell repariert«, knurrte einer der Knechte und musterte das undichte Kutschendach

mit einem verdrießlichen Blick. »Die feinen Herrschaften fahren immer mit den guten Kutschen und unsereins kann dann sehen, wo er bleibt. Na ja, so ist es halt … und ich kann mir ehrlich gesagt auch nicht vorstellen, dass sein Bruder, der Herr Abgeordnete, daran viel ändern wird. Der gehört ja selber zu den besseren Herrschaften.«

»Ach Gottlieb«, lachte Margret. »Jetzt freu dich lieber auf den Tag heute. Das wird eine schöne Feier geben, das kann ich dir versprechen. So gut kenne ich unseren Bürgermeister schließlich.«

»Für uns ist die eine Arbeit doch wie die andere. Ob wie sonst in der »Krone« oder heute in der »Sonne«. Arbeit ist Arbeit und Feier ist Feier. Für uns ist es Arbeit«, ließ sich der Knecht nicht von seiner schlechten Laune abbringen.

Margret zog es vor, den knorrigen Gottlieb besser zu ignorieren. Sie freute sich auf ihre Heimkehr – und sei es auch nur für anderthalb Tage. Endlich würde sie ihre Lieben wiedersehen.

Kaum waren sie mit der Kutsche angekommen, da winkte sie die Küchenmagd der »Sonne« auch schon hektisch herein. Es gab in der Tat alle Hände voll zu tun. Keine Zeit zum Ausruhen: »So werden wir beim Schaffen wenigstens von ganz allein trocken«, kommentierte Bärbel, die zweite Magd, die Tatsache, dass sich niemand darum kümmern mochte, ob sie vielleicht zunächst einmal trockene Kleider brauchten. Kopfschüttelnd legte sie große Holzscheite in den Herd. »Dann mache ich es uns jetzt erst einmal so richtig schön warm, wenn die nicht wissen, was sich gehört. Es ist ja nicht unser Holz – geschieht ihnen grade recht!«

»Ein Hoch auf Friedrich Bengel unseren Landtagsabgeordneten – und auf eine gute Zukunft für Treschklingen«, dröhnte es da durch die Gaststube, die bereits jetzt am frühen Morgen mit einer stattlichen Anzahl erwartungsfroher Bauern aus dem Dorf gut gefüllt war.

»… und dass für uns jetzt alles besser werde!« rief ein weiterer Wirtshausgast euphorisch in die Runde.
»Auf dass von nun an alles besser werde,« gab Bengel das Lächeln strahlend zurück und prostete mit wissender Miene allen zu. »Eine Runde Bier für uns alle!«
Sofort brandete Jubel auf. Wie einfach es doch war, die Leute zu begeistern. Man brauchte ihnen nur in Aussicht stellen, dass sich alles zum Besseren wenden würde, dazu eine Runde Freibier und schon war die Welt wieder in Ordnung.
Bis zum nächsten Morgen.
Dann allerdings wachten sie mit ihrem Brummschädel wieder auf und merkten, dass entgegen allen Erwartungen doch alles beim Alten geblieben war. Und neuerlich musste man als Mandatsträger darauf achten, die Leute irgendwie bei Laune zu halten.

32

Am 12. März 1875, eine Woche vor seinem 68. Geburtstag, war nach einer langen Leidenszeit Christoph Schober gestorben. »Wenn ich daran denke, wie elend euer Vater in den letzten Monaten da gelegen hat, ist es ohnehin ein Wunder, dass er so lange am Leben geblieben ist. Wir sollten also nicht traurig sein, dass er nicht mehr unter uns ist, sondern froh sein, dass er von seinem Leiden erlöst ist«, murmelte Rosina, während die Familie zusammen mit dem Pfarrer im Halbkreis um den in der Stube aufgebahrten Toten stand.
»Es ist ein gutes Leben gewesen«, startete der Geistliche einen ersten Versuch, den trauernden Hinterbliebenen den üblichen Trost zu spenden.
»Was heißt hier Leben?«, fauchte Margret bitter. »Es ist eine einzige Mühsal gewesen: von der Wiege bis zur Bahre!«
»Nun ja, wir dürfen immerhin dem Herrgott Lob und Dank sagen dafür, dass er dem lieben Verstorbenen die Gnade eines beinahe 68 Jahre währenden Lebens hat angedeihen lassen. Nicht viele Menschen bei uns dürfen ein solches gesegnetes Alter erleben. Das ist schon eine göttliche Gnade«, beharrte Johann Adolph Hafenreffer auf seiner Aussage. Mit der nun folgenden Reaktion hatte er freilich nicht gerechnet:
»Das war alles andere als eine Gnade!« brauste die sonst so stille, unauffällige Rosina auf. »Wie ihnen meine Stieftochter schon versucht hat zu sagen, war es eine 68 Jahre währende Qual und Mühsal, die mein Mann hat durchleben und am Ende dann auch noch durchleiden müssen. Ein gesegnetes Alter! Dass ich nicht lache! Da war kein Segen drauf, an diesen letzten Jahren und Monaten, das war ein einziges Elend! Da hätten sie ruhig einmal vorbei kommen und sich diese göttliche Gnade,

die auf meinem armen Mann gelastet hat, anschauen können, Herr Pfarrer!« Zornig ballte sie die Fäuste und sprühte aus ihren Augen wütende Blitze auf den vor Schreck erstarrten Hafenreffer. »Und selbst wenn er seinen 68. Geburtstag noch erlebt hätte, was ihm zum Glück erspart geblieben ist, dann hätte er das gar nicht mehr mitbekommen, so verwirrt war sein Geist. Die Schmerzen freilich … die Schmerzen sind ihm bis zum Schluss geblieben. Die hat ihm niemand abgenommen. Das wäre eine Gnade gewesen, wie ich sie mir gewünscht hätte, Herr Pfarrer!«

Es dauerte geraume Zeit, bis es dem Pfarrer gelang, sich aus seiner Schockstarre zu lösen. Zum guten Glück war er zu dem Entschluss gekommen, auf diese Ungeheuerlichkeiten besser nicht einzugehen, sondern so zu tun, als wären diese gotteslästerlichen Worte aus dem fast zahnlosen Mund der unverschämten Tagelöhnersfrau gar nicht gefallen. Später dann, nach dem Begräbnis, würde er mit dem Bürgermeister darüber zu reden haben. Aber jetzt war erst einmal Ruhe gefragt. Erst recht im Angesicht eines Verstorbenen. Vorsichtig zog er den Kopf zwischen die Schultern und hob die gefalteten Hände vor sich in die Höhe. »Lasset uns beten!« stieß er rau zwischen seinen kaum geöffneten Lippen hervor. »Der Herr ist mein Hirte, mir wird nichts mangeln. Er weidet mich auf grüner Aue …«

Margret hob den Kopf. Konnte es tatsächlich wahr sein, dass der Pfarrer sich traute, ausgerechnet jetzt genau diese Verse zu deklamieren? Sie musterte Rosina aufmerksam und nahm zu ihrem Erstaunen wahr, wie auch ihre Stiefmutter die Lippen zu bewegen begann. Die Macht dieser tausendmal gehörten Worte erwies sich stärker als die Erregung, die ganz sicher noch in Rosinas Seele brodelte. »… und führet mich zum frischen Wasser.« Es schien gerade so, als fände sie plötzlich Trost in diesem Gebet. »Er erquicket meine Seele …«

Schlagartig schnürte sich Margrets Kehle zusammen. Sie

bekam keine Luft mehr. Es war ihr, als müsse sie gleich ohnmächtig werden. Nein, sie hielt es nicht mehr aus hier drinnen! Ruckartig wirbelte sie herum und stürmte aus der stickigen Stube.

Draussen vor dem Haus holte sie keuchend Atem. Es tat gut, den Sauerstoff dieses herrlich sonnigen Frühlingstages in die Lungen strömen zu lassen. Nicht mehr in der Stube vor dem Leichnam ihres aufgebahrten Vaters stehen zu müssen. Mochte der Pfarrer über ihr Verhalten doch denken, was er wollte. Sie hatte es einfach nicht mehr ertragen können. Gedämpft drang das Gebet aus der Stube nach draussen. »… und ob ich schon wanderte im finsteren Tal, fürchte ich kein Unglück.«

Fürchte ich kein Unglück! Was für eine Aussage! Margret lachte bitter auf.

»… denn du bist bei mir!« Es dröhnte in ihren Ohren. Es war nicht zum Aushalten. Nur weg von hier, schnell weg. Sie hatte einfach nicht die Kraft dafür und nicht die Nerven, sich das Gebet weiter anzuhören. Nicht am heutigen Tag. Dem Tag des Begräbnisses. Wie immer sie zu ihrem Vater auch gestanden haben mochte und er zu ihr – letztlich war er immer da gewesen. Jetzt war er fort, für immer.

Aber was für ein Leben hatte er leben müssen! Von dieser Warte aus betrachtet war es ja kein Wunder, dass er immer jähzorniger und verbitterter geworden war.

Nein! Ihre Stiefmutter hatte schon recht gehabt: wo war denn da die göttliche Gnade gewesen über dem Leben von Johann Christoph Schober, dem Tagelöhner und herrschaftlichen Boten aus Treschklingen?

»Wann musst du wieder nach Rappenau?«

«Gleich nachher. Ich sollte heute Abend wieder da sein. Mehr hat mir die Kronenwirtin nicht zugestanden. Aber das ist vielleicht auch besser so. Ich glaube, ich würde es heute Nacht zuhause gar nicht aushalten.«

Elisabeth nickte. Am Nachmittag, kurz nach dem

bescheidenen Begräbnis, waren die beiden Schwestern noch einmal auf den Friedhof zum frischen Grab ihres Vaters gegangen, um sich in aller Stille von ihm zu verabschieden. »Ich verstehe dich. Mir geht es ganz genau so. Ich werde auch gleich nach Kirchardt aufbrechen, wenn wir zurück sind.«

Vor zwei Jahren hatte Elisabeth geheiratet. Ihr Ehemann, der Straßenwart Jakob Schley aus dem rund sechs Kilometer entfernten Kirchardt war ein wirklich guter, liebevoller Mann, den auch Margret rasch ins Herz geschlossen hatte. Trotz aller Wehmut, dass sich dadurch nun auch die Distanz zu ihrer Lieblingsschwester weiter vergrößerte und sie sich infolgedessen noch weniger zu Gesicht bekamen, als dies ohnehin schon der Fall war.

Elisabeths Ehe sollte kinderlos bleiben, aber das konnte zu diesem Zeitpunkt natürlich noch niemand wissen. Ebenso wenig wie die Tatsache, dass die »Schley Elisabeth«, wie man sie in Kirchardt nannte, später noch eine entscheidende Rolle im Leben einer der Töchter von Margret übernehmen würde.

»Ach Elisabeth! Wenn du wüsstest, wie ich dich manchmal vermisse. Jetzt bist du noch weiter weg von mir …«, seufzte Margret.

»Glaubst du, mir geht es anders?«, gab Elisabeth traurig zurück. »Ich hoffe nur, dass es uns gelingt, das Haus, oder vielmehr, das, was wir noch von dem Haus besitzen, zu halten.«

»Das hoffe ich auch. Ich gebe der Rosina ja schon den Großteil von meinem Lohn, aber den anderen Teil brauche ich, um die Schulden abzubezahlen, was ohnehin kaum möglich ist, weil da ständig neue Zinsen drauf kommen. Und wenn jetzt noch eine größere Reparatur kommen würde …«

»Ich habe jetzt eine Arbeit in einer Zigarrenfabrik in Kirchardt bekommen. Die zahlen zwar nicht gut, aber ein bisschen was könnte ich dann für den Notfall schon

auch abzweigen. Ich will halt unbedingt, dass du das Haus für unsere Familie behalten kannst.«
»Hoffentlich ist die Erbschaftssteuer nicht so hoch. Denn selbst dieses kleine Begräbnis heute wird uns auch noch eine ordentliche Summe kosten. Da wird ein Betrag zusammen kommen, den unsereins sowieso kaum bewältigen kann. Wenn sie dann noch bei der Erbschaftssteuer richtig zulangen …«
»… aber was denn für ein Erbe?!« fiel ihr Elisabeth aufgeregt ins Wort. »Unser Vater hat doch nichts gehabt, außer die Kleider am Leib.«
»Denk an die Wiese und an den Acker …«
»Das bisschen Erde! Ich bitte dich!«
»Es ist aber so«, zuckte Margret mit den Achseln. »Zum guten Glück hat er uns rechtzeitig die Anteile am Haus überschrieben. Auch wenn das im Grunde genommen ja nur Schulden waren.«
»Es ist gut, dass du das Haus übernommen hast …«
»… und gut, dass ihr anderen das möglich gemacht habt. Hoffen wir also, dass ich es weiter finanzieren kann. Und hoffen wir, dass sie mit der Steuer einigermaßen großzügig sind. Vielleicht sollte man da einmal mit dem Bürgermeister reden …«
»Au ja. Das ist eine gute Idee! Der Bengel lässt sicher mit sich reden – ich komme am besten mit dir mit.«
»Schön«, nickte Margret. »Wichtig wäre, dass er persönlich zu uns kommt und nicht der Ratsschreiber. Der Bürgermeister ist da großzügiger und als ehemaliger Ratsschreiber weiß er ja auch, was er machen muss. Vielleicht kriegen wir ihn zu zweit dann so weit, dass er bei der Auflistung des Inventars ein bisschen etwas übersieht. Das würde uns schon weiter helfen.«
»Nicht auszudenken, wenn von dieser Seite auch noch etwas käme. Ich fürchte, das würde die Rosina nicht mehr verkraften, wenn sie aus dem Haus gehen müsste. Nach all den Jahren, wo sie unseren Vater so gut gepflegt hat. Sie selbst ist in dieser Zeit auch nicht gerade gesün-

der geworden und mit ihrer Hüfte ist es auch schlimmer geworden.«

»Das stimmt. Ich bin richtig erschrocken, als ich sie gesehen habe. Wie sie humpelt! Und dann diese eingefallenen Wangen durch die vielen Zähne, die sie verloren hat.«

»Nun ja, vergiss nicht, sie ist jetzt auch schon 53 Jahre alt. Da hat man nicht mehr so vele Zähne im Mund. Mir selber fehlen auch schon vier Backenzähne und der fünfte wackelt grade ziemlich stark«, tastete Margret mit ihrer Zunge vorsichtig an die entsprechende Stelle in ihrem Kiefer. »Wenn aber die Vorderzähne draussen sind, fällt das natürlich besonders auf. Da sehen die Leute schlagartig uralt aus.«

»Es sind nicht nur die Zähne. Schau mal ihre Haut an. Die ist ja beinahe durchsichtig. Also, das ist keine sonderlich gesunde Farbe.«

»Ich hoffe wirklich, dass die Rosina in kein Loch fällt, jetzt, wo sie sich nimmer um den Vater kümmern kann. So sehr das eine Last war, sie hatte dadurch immerhin eine Aufgabe – und das jahrelang. Das fehlt jetzt – von einem Tag auf den anderen.«

»Zum guten Glück hat sie deine Mädchen bei sich. Das ist gut so. Denn auf die Philippina mit ihren vier Jahren, da muss sie schon noch aufpassen und hinterher sein. Das wird sie ablenken.«

»Und der Christina kann sie dafür schon ein bisschen Kochen und Stricken beibringen. Mit acht Jahren kann man das lernen. Und die Christina macht das auch gerne. Gestern hat sie mir ganz stolz den Anfang von einem Socken gezeigt, den sie stricken will.«

Elisabeth streifte ihre Schwester mit einem warmen Blick. »Ach, solche lieben Mädchen hätte ich eines Tages auch gerne.«

»Dein erstes Kind wird ja wohl nicht mehr lange auf sich warten lassen …«

»Ich weiß nicht …, bisher jedenfalls hat es nicht ge-

klappt mit dem Kinderkriegen. Weißt du, Margret: Manchmal …«, nachdenklich senkte sie den Kopf. »Manchmal frage ich mich schon, ob ich überhaupt ein Kind bekommen kann …«
»Ja aber wieso denn nicht?!«
»Weil ich jetzt eben auch schon zwei Jahre verheiratet bin, sich aber noch nie irgendein Anzeichen von Schwangerschaft bei mir eingestellt hat.«
»Das wird schon noch.«
»Hoffentlich.«
Für einen kurzen Moment schwiegen die beiden Schwestern und hingen ihren eigenen Gedanken nach. Es war Margret, die den Gesprächsfaden vorsichtig wieder aufnahm: »Schon seltsam, wie das Leben manchmal so spielt. Die einen wollen unbedingt schwanger werden, für die anderen ist es ein Unheil. Du bist verheiratet, willst eine richtige Familie gründen und wirst aber nicht schwanger, während ich als nicht verheiratete Frau schon zwei Kinder bekommen habe …« Als könne sie es selbst nicht glauben, was sie da gerade gesagt hatte, schüttelte sie kurz ihren Kopf, dann nahm sie Elisabeth nachdenklich ins Visier. »Du kannst mir glauben, dass ich diese beiden Schwangerschaften gerne an dich abgegeben hätte.«
Elisabeth lachte laut auf, dann hielt sie sich peinlich berührt die Hand vor den Mund. »Entschuldigung Margret. Aber das hat gerade so seltsam komisch geklungen. Wenn das nur ginge, so eine Schwangerschaft einfach übernehmen zu können. Dabei kannst du ja wirklich stolz auf deine beiden Mädchen sein. Und ich habe die Christina und die Philippina so lieb, als wären es meine eigenen Kinder. Es tut auch mir weh, sie jetzt wieder verlassen zu müssen, wenn ich nach Kirchardt zurück gehe. Ich kann mir gut vorstellen, was da immer in dir vorgeht«, streifte sie ihre Schwester mit einem mitfühlenden Blick. »Jedenfalls bin ich stolz und glücklich, die Patin von deinen Kindern zu sein. Und du, Margret, du

musst mir jetzt versprechen, dass du dann auch bei meinem Kind die Patin sein wirst. Wenn ich hoffentlich einmal eines bekomme.«

»Natürlich verspreche ich dir das. Das ist doch klar. Und ich drücke dir auch ganz fest die Daumen, dass es bald klappt mit dem Kind«, lächelte Margret. Schlagartig verfinsterte sich dann ihre Miene. »Mir selber allerdings wünsche ich, dass es nicht mehr klappt mit dem Kinderkriegen …«

»Aber Margret! Was redest du da? Keine Kinder mehr bekommen wollen! Und was ist, wenn du auch einmal heiratest und dann keine Kinder mehr bekommen kannst?!«

»Ach was«, wischte Margret den Einwand rasch beiseite. »Mich will doch sowieso keiner mehr!«

»Aber wieso denn? Du bist doch eine hübsche, saubere Person!«

»Aber mit zwei ledigen Kindern am Bein und mit einer Mitgift, die ein baufälliges Viertelteil von einem Haus umfasst, auf dem dann auch noch Schulden drauf sind. Ich bitte dich, Elisabeth, welcher Mann wird denn so blöd sein und mich heiraten wollen? Nein, nein, sag jetzt nichts«, hob Margret die Hand, als sie bemerkte, wie ihre Schwester im Begriff stand, ihr zu widersprechen, »es ist eben, wie es ist und man tut gut daran, wenn man den Tatsachen ins Auge sieht. Ich werde einmal als alte Jungfer enden. Punktum.«

»Aber eine alte Jungfer mit immerhin zwei Kindern … das muss dir erst mal eine nachmachen«, versuchte Elisabeth, die Situation mit einer locker eingestreuten Bemerkung zu entkrampfen.

»Das klingt wirklich komisch!« Die beiden jungen Frauen kicherten verstohlen. »Und das auf dem Friedhof!«

»Unser Vater wird es uns verzeihen. Der möchte sicher nicht, dass wir nur da stehen und Trübsal blasen.«

»Stimmt auch wieder. Du, sag einmal, was mir grade

einfällt: wo war eigentlich der Christoph Schleyer heute morgen? Ich habe ihn gar nicht unter den Trauergästen gesehen. Dabei hätte ich ihn gerne mal wieder getroffen, ich habe den Christoph nämlich immer ganz gerne gemocht. Er ist ein Jahr jünger als ich und wir waren in der gleichen Klasse. Was ist mit ihm? Weißt du wieso er nicht bei der Beerdigung war?«

»Ja, der Schleyer Christoph«, antwortete Elisabeth gedehnt, »der ist schon seit längerer Zeit nicht mehr da.«

»Wie … nicht mehr da?«

»Er ist vor drei Jahren ausgewandert – nach Amerika. Und seinen Bruder hat er gleich mitgenommen.«

»Nach Amerika ausgewandert! Schon wieder einer!« Margret stutzte. »Aber wenn du sagst, er hat seinen Bruder mitgenommen … soweit ich mich erinnere, war der Bruder, Philipp heißt er, genau … der Philipp war doch viel jünger als er.«

»Das stimmt. 16 Jahre jünger, um genau zu sein. Und er hat den Phillip tatsächlich mitgenommen.«

»Aber du sagst, er sei schon vor drei Jahren gegangen …«

»Ja.«

»Wenn ich richtig rechne, war der Philipp zu dieser Zeit aber erst zwölf Jahre alt.«

»Auch das stimmt. Aber der Christoph war ja schon 28. Er hat gesagt, er werde ihn mitnehmen, denn er sei alt genug, um auf ihn aufzupassen.«

»Ein Bub mit zwölf Jahren!«

»Was hätte er sonst tun sollen? Ihre Mutter ist in dem Jahr gestorben und der Vater war nicht in der Lage, den Philipp zu versorgen. Deshalb hat der Christoph, so hat er es mir kurz vor seinem Weggang erklärt, lieber sein Schicksal selbst in die Hand genommen und das von seinem kleinen Bruder gleich mit. Er sehe hierzulande keine Zukunft mehr für sich, aber dort drüben in Chicago schon.«

»Er ist nach Chicago gegangen?«

»Ja, zumindest hat er das vorgehabt. Denn in Chicago, hat er irgendwo gelesen, da haben sie tüchtige Bäcker gesucht und Bäcker hat er ja schließlich gelernt. Von da her hat er gemeint, er könne dort eine gute Anstellung finden und für sich und seinen Bruder sorgen.«

»Das ist gut möglich«, nickte Margret. »Aber es ist allmählich schon bedrückend: überall hörst du Amerika … immer nur Amerika. Wann endlich wird es für Unsereins eine gute Zukunft geben, die hier liegt und nicht immer nur in diesem Amerika …«

»Aha, die Schwestern Schober«, drang da von weitem eine männliche Stimme an ihre Ohren. Es war der Pfarrer, der sich ihnen mit ernsten, gemessenen Schritten näherte.

»Das ist schön, dass ihr euch noch einmal von eurem Vater verabschieden wolltet.«

»Ja, und zwar in aller Stille«, konnte sich Elisabeth die zweideutige Bemerkung nicht verkneifen. Sie mochte den Mann einfach nicht – und nach dem bedrückenden Wortwechsel heute in aller Frühe am Totenbett ihres Vaters war ihre Abneigung noch wesentlich stärker geworden. Sollte er doch von ihr denken, was er wollte. Sie würde nachher nach Kirchardt zurück gehen und das alles hinter sich lassen.

Johann Adolph Hafenreffer tat so, als habe er den Doppelsinn des Satzes gar nicht wahrgenommen und wandte sich mit gespieltem Interesse direkt an Margret. »Und wie wird es nun mit deiner Stiefmutter und deinen beiden Kindern weitergehen – jetzt wo euer Vater nicht mehr unter uns ist?«

»Das ist das kleinste Problem, Herr Pfarrer«, antwortete Margret, die sich ebenfalls gewünscht hätte, der Pfarrer wäre einfach still an ihnen vorbei gegangen. Diese intensiven Momente, in denen sich die beiden Schwestern vertrauensvoll austauschen konnten, waren so selten geworden. Und ausgerechnet jetzt kam ihnen der Hafenreffer dazwischen. Nun gut. Es half alles nichts. Die Höf-

lichkeit sollte nicht darunter leiden. Auf eine anständige Frage gehörte sich eine anständige Antwort. So war sie erzogen worden. »Das Haus, oder vielmehr den Viertelsanteil am Haus, haben mir meine Geschwister zum Glück bereits rechtzeitig überschrieben, das gehört also mir. Wenn man bei dieser Hütte überhaupt von einem Haus reden mag … und wenn man die Schulden außer Acht läßt, die darauf eingetragen sind«, setzte sie leise noch hinzu.
»Eine Dienstmagd, der ein Haus gehört«, wandte der Pfarrer mit skeptisch gerunzelter Stirn ein. »Wie willst du denn den Unterhalt und die Steuern bezahlen?«
»Das schafft sie schon«, gab Elisabeth mit einer nun nicht mehr zu überhörenden Schärfe in der Stimme zurück.
»Und wie, wenn ich das fragen darf?«
»Das dürfen sie nicht, Herr Pfarrer«, schnappte Elisabeth. »Nur so viel sei gesagt: sie schafft das schon! Und nun«, energisch nickte sie mit ihrem Kinn in Richtung Friedhofsmauer. »Nun entschuldigen sie uns bitte, Herr Pfarrer. Wir müssen nämlich aufbrechen, sonst ist es dunkel, bis die Margret in Rappenau ist und ich in Kirchardt. Auf Wiedersehen!«
»Auf Wiedersehen«, stammelte der verblüffte Hafenreffer und sah den beiden Hand in Hand davon eilenden Schwestern lange hinterher. »Die haben mich einfach stehen lassen. Einfach so. Den Pfarrer! In was für einer krisenhaften Zeit leben wir nur?!«
Im nächsten Konfirmantenunterricht würde er umso sorgsamer darauf achten müssen, dass ihm die Bauernkinder mit der gebührenden Ehrerbietung begegneten. Und falls nicht, dann würde er ihnen Anstand und Moral schon beibringen. Notfalls eben mit der Haselrute. Ein gewisses Geschick im Umgang mit derselben konnte man ihm kaum absprechen. Und nachdem es schließlich dem Lobe Gottes diente, durfte man ruhig auch eifrig davon Gebrauch machen. Gerade eben hatte

er ja wieder einmal erfahren können, welche Auswirkungen es nach sich zog, wenn man die Kinder nicht so früh wie möglich – und manchmal eben auch mit der nötigen Portion Strenge – auf den Pfad der Tugend führte. Sein seliger Vorgänger schien diesbezüglich nicht sonderlich erfolgreich gewesen zu sein. Zumindest nicht bei den Schoberschwestern. Aber einem Johann Adolph Hafenreffer sollte ein solches Versäumnis später einmal nicht angelastet werden können.

»Das hast du gut gemacht«, gluckste Margret fröhlich. »Was der für ein Gesicht gemacht hat! Das ist – im wahrsten Sinn des Wortes – göttlich gewesen! Aber du, sag mal«, fuhr sie nach einer kleinen Pause in nachdenklicherem Ton fort. »Du hast doch auch den Mann gesehen, der da kurz hinter der Friedhofsmauer gestanden hat, aber dann gleich weg gegangen ist, als er uns gesehen hat. Grade so, als sei es ihm peinlich … Diese Elendsgestalt. Irgendwie ist er mir bekannt vorgekommen. Aber ich komme nicht auf den Namen.«
»Der?« Elisabeth nickte traurig. »Das war doch der Hermann.«
»Welcher Hermann denn?«
»Ha, der Maiers Hermann. Natürlich kennst du den.«
»Das soll der Maiers Hermann gewesen sein?! Du meine Güte! Wie der sich verändert hat! Das war doch immer ein stattlicher Bursche und nicht so ein zusammen geschrumpeltes Fragezeichen. Was ist denn mit dem?«
»Er hat vor drei Jahren Kinderlähmung bekommen – es ist lange nicht klar gewesen, ob er überhaupt am Leben bleiben wird. Seitdem kann er kaum noch laufen und humpelt qualvoll am Dorfrand umher – das Schnaufen fällt ihm auch schwer. Alle paar Meter muss er sich irgendwo anlehnen und ausruhen. Und zu allem Übel schämt er sich so für sein Aussehen, dass er sich vor den Leuten versteckt, obwohl er wirklich nichts dafür kann.«
»Der arme Kerl! Was für ein Leben! Und wer versorgt ihn?«

»Na ja … der Bürgermeister schaut schon, dass er etwas zu essen bekommt, aber sonst … du kannst es dir ja denken!«

»Und immer trifft es diejenigen, die sowieso nichts haben!«

»Da hast du allerdings unrecht: so eine Krankheit kann wirklich jeden treffen – sogar die adligen Herrschaften. Aber dafür können die sich hinterher ein standesgemäßes Grabmal leisten.«

Die beiden Schwestern verharrten kurz vor der Gruftkapelle der Freiherren von Gemmingen. »Das nützt ihnen dann auch nichts mehr. Also darum beneide ich den Baron nun wirklich nicht. Ob ich unter einer steinernen Grabplatte liege, oder nicht, ist dann auch egal. Tot ist tot – ob evangelisch oder katholisch. Solange wir leben sollte es uns gut gehen. Hinterher ist es mir egal.«

»Lass das bloß nicht den Pfarrer hören, denn der würde jetzt wieder sagen: Selig sind die Mühseligen und Beladenen.«

»Jaja, die wunderschöne Hoffnung auf das Jenseits, wo dann alles besser für uns sein soll. Wo die Reichen arm und die Armen reich sind. Ich hätte es halt schon lieber hier, in dieser Welt.«

Der Kontrast zum Begräbnis ihres Vaters mit jenem Ereignis, das gut drei Jahre später hier auf dem Kirchhof stattfand, konnte kaum größer sein: Am Donnerstag, dem 11. Juli des Jahres 1878 platzte der Friedhof nämlich aus allen Nähten. Das Dorf erlebte den größten Menschenauflauf seiner Geschichte. Von überall her waren die Leute gekommen, um am Begräbnis des Bürgermeisters und Landtagsabgeordneten Friedrich Bengel teilzunehmen, der im Alter von 60 Jahren einem Herzschlag erlegen war. Es war für lange Zeit das letzte Mal, dass Margret die Gelegenheit zu einem Besuch in Treschklingen bekam.

Umso freudiger hatte sie deshalb schon seit vielen Tagen dem 14. März 1880 entgegen gefiebert. Denn heute, am Sonntag Judica, würde in Treschklingen die Konfirmation ihrer Tochter Christina erfolgen. Zur Feier des Tages hatte ihr Christian Bengel sogar wieder eine Kutsche zur Verfügung gestellt und auch seiner Tochter Luise erlaubt, Margret zu begleiten. Überhaupt Luise! Sie war Bengels ganzes Glück: sein neun Jahre altes gesundes Mädchen, das diese wunderbare Fröhlichkeit in sich trug. Wenn er sie nur von weitem sah, dann lachte bereits das Herz des Kronenwirts. »Ich weiss wohl, wem ich es zu verdanken habe, dass dieses Kind so gut geraten ist, Margret«, wurde er nicht müde, dies immer wieder Luises Kinderfrau anerkennend zu gestehen. »Meine Frau hätte, fürchte ich, einen ganz anderen Menschen aus dem Kind gemacht. Gut, dass du bei uns bist.«

Auch Luise freute sich herzlich auf den Besuch in Treschklingen, denn sie kannte Margrets Töchter ja, seitdem sie auf der Welt war. Die beiden Mädchen waren sogar richtige Freundinnen für sie geworden, hauptsächlich die gleichaltrige Philippina. Es war also ein richtig schönes Erlebnis, die beiden wieder treffen zu können, viel schöner jedenfalls, als die eintönige sonntägliche Langeweile in ihrem Elternhaus, wo sie leider keine Spielkameradin hatte – nur ihren seltsamen Bruder Friedrich, auf dessen Anwesenheit sie freilich gerne verzichten konnte. Ja, doch: Christina und Philippina waren ihr wirklich gute Freundinnen, auch wenn ihre Mutter Karoline das gar nicht gerne sah.

Zur Feier des Tages hatte Luise sogar einige Karamellbonbons in ein kleines Geschenkkörbchen gepackt, was eine kurze, aber heftige Auseinandersetzung mit ihrer Mutter nach sich zog. »Das sind nur Kinder von Dienstboten, was willst du denn da? Und denen dann auch noch Geschenke mitbringen! Also wirklich, Luise! Schließlich bist du eine Tochter aus besserem Hause. Das ist keinesfalls der richtige Umgang für dich.«

»Ach Mutter, die Biene und ich sind doch beinahe wie Geschwister …«

»Geschwister!« Schlagartig war alle Farbe aus dem ohnehin blässlichen Gesicht von Karoline Bengel gewichen. »Geschwister! Sag das nie wieder! Verstehst du mich? Niemals wieder!«

Der unerklärlich heftige Zornesausbruch ließ Luise erschrocken zusammenzucken. Noch während der Fahrt in der Kutsche konnte sie sich beim besten Willen keinen Reim darauf machen, was an ihrer Aussage so schlimm gewesen war, dass sich die Mutter derart echauffieren musste. »Lasst mich doch alle in Ruhe!« hatte sie ihrer entgeisterten Tochter noch ins Gesicht geschleudert und dann mit einem lauten Knall die Tür hinter sich zugeschlagen. Es war für Luise ein schwer zu beschreibendes Gefühl, das sie an diesem Morgen plötzlich verspürt hatte. Ein verstörendes Gefühl. Gerade so, als habe ihre Mutter damit ein unsichtbares Band durchtrennt, das ohnehin nur ganz schwach geknüpft war. Im krassen Gegensatz zu der selbstverständlichen, vertrauensvollen Zuneigung, die sie schon immer mit Margret und deren Töchtern verband.

Es war noch nicht einmal acht Uhr an diesem Sonntagmorgen, als die beiden Besucherinnen die kleine Stube in der Schoberschen Wohnung betraten, wo Christina und Philippina am Tisch saßen und mit versteinerten Mienen aneinander vorbei starrten. Gleich beim Hereinkommen war zu spüren, dass irgend etwas nicht so war, wie es eigentlich sein sollte. Zumal an einem solchen Freudentag! Dicke Luft? Wahrscheinlich. Aber warum eigentlich?

Margret beschloss, den Stier am besten gleich bei den Hörnern zu packen. »Was ist denn das für ein trübseliger Empfang? Freut ihr euch denn gar nicht, dass wir da sind? Und dass heute deine Konfirmation ist, Christina?«

Doch Christina starrte mit finsterer Miene einfach weiter ins Leere, ohne ihrer Mutter eine Antwort zu geben. Die

Auseinandersetzung musste also wohl erst ganz kurz vor ihrem Eintreten stattgefunden haben, so erklärte sich für Margret das seltsame Verhalten ihrer Töchter. »Aha. Das ist ja eine wunderbare Gesprächigkeit heute Morgen. Dann sag du es mir halt«, wandte sie sich nun an die Jüngere: »Was ist eigentlich los, Biene?«

»Frag doch lieber die dumme Kuh da«, stieß Philippina trotzig hervor. »Und – und sag bitte nie wieder Biene zu mir! Ich heiße Philippina!«

Margret blies unwirsch Luft durch die Nase. »Was soll denn das jetzt bedeuten? Ich bin ziemlich früh aufgestanden, und noch ein bisschen müde. Da habe ich wirklich keine Lust, irgendwelche Rätsel lösen zu müssen. Also Christina, deinetwegen sind wir gekommen und deshalb sagst du uns jetzt bitte auch, was los ist!«

Die Konfirmandin nickte trotzig zu ihrer Schwester hinüber. »Die Kleine da … die ist heute wieder mal ganz besonders empfindlich …«

»Was genau los ist, will ich wissen!«

»Die da!« brach es endlich aus Philippina heraus. »Die da hat Wefzge zu mir gesagt.«

»Wefzge?«

»Ja, Wefzge! Bloß, weil mich alle anderen Biene nennen, sagt die jetzt Wefzge zu mir. Die will mich absichtlich ärgern, die dumme Kuh da!«

»Philippina! Bitte! Nimm nicht solche Worte in den Mund!« Margret bedachte das zornige Mädchen mit einem strafenden Blick. »So redet man nicht über seine Schwester. Und was ich sowieso nicht verstehe: warum regst du dich so darüber auf? Sie hat es doch sicher nicht so gemeint.«

»Hat sie doch!«

»Ach was. Das war doch sicher nicht so gemeint.«

»Genau! Ich hab doch nur einen Spaß machen wollen«, mischte sich jetzt auch Christina ein. »Und dann beschimpft die mich plötzlich als dumme Kuh!« Wütend ballte sie ihre Fäuste.

»Jetzt macht mal beide langsam«, beschwichtigte Margret ihre Töchter kopfschüttelnd. »Das ist wirklich eine ganz blöde Streiterei, und dann auch noch am Konfirmationstag! Das muss doch nicht sein!«
»Ich heiße aber nicht Wefzge«, brummte Philippina, die das Kinn tief auf die Brust gesenkt hielt, »und Biene heiße ich auch nicht, dass das klar ist. Ich heiße Philippina, nicht anders. Habt ihr das endlich kapiert?«
Margret seufzte und wechselte dabei einen vielsagenden Blick mit Luise, die während der ganzen Auseinandersetzung verwundert in der Tür stehen geblieben war. »Ja. Wir haben es kapiert. Und jetzt Schluss damit. Christina, du kommst mit mir in die Küche, damit wir deine Haare richten können und danach kommt deine Schwester an die Reihe, denn mit so einer verstrubbelten Frisur kommt ihr mir heute nicht in die Kirche.«
Damit war die Diskussion beendet.
Trotz ihrer kategorischen Bitte im Hinblick auf eine künftig korrekte Anrede sollte der Beiname Wefzge (hochdeutsch Wespe) seitdem wie eine Klette an Philippina haften bleiben – genauso wie später noch an weiteren Mitgliedern der »Wefzgenfamilie«.
»Na und? Es gibt weiß Gott schlimmere Sachen im Leben«, pflegte ihre Mutter grundsätzlich zu antworten, wenn sich die Tochter wieder einmal bitter über ihren Spottnamen beklagte.

Einige Stunden später war die Konfirmationsfeier in der bis auf den letzten Platz besetzten Kirche mit dem Amen des Pfarrers zu Ende gegangen. Mit stolzen Mienen und noch ein bisschen blass von der Aufregung, sich zum ersten Mal in ihrem Leben vor einer so großen Menschenmenge präsentieren zu müssen, verließen die Konfirmandinnen und Konfirmanden das Gotteshaus.
»Wie schön du ausgesehen hast«, nickte Margret ihrer Tochter freudestrahlend zu und umarmte sie innig. »Und wie gut dir das Konfirmationskleid steht!«

»Das hast schon du angehabt, nicht wahr?«
»Nicht nur ich, sondern nach mir auch noch deine Patentante Elisabeth. Das hat mir die Rosina damals gemacht. Sie hat extra für mich ihr Hochzeitskleid umgenäht, denn sonst hätte ich in den Alltagskleidern zur Konfirmation gehen müssen. Wir hatten kein Geld für ein extra Konfirmationskleid. Und jetzt ist es für mich umso schöner zu sehen, dass dir mein Kleid so gut passt.«
»So ist es mir auch gegangen, als ich unsere Christina in diesem Kleid am Altar habe stehen sehen. Ich hätte vor Rührung am liebsten geweint«, gesellte sich nun auch Elisabeth hinzu, die mit ihrem Ehemann Jakob Schley gerade noch rechtzeitig vor dem Beginn des Gottesdienstes aus Kirchardt angekommen war. Voller Rührung wischte sie sich mit dem Handrücken über die Augen.
»Es ist ein wahrer Festtag heute – für uns alle!«
»So ein schönes Kleid möchte ich auch einmal haben«, meldete sich nun Luise zu Wort, die Hand in Hand mit Philippina die Reihe der Konfirmandinnen aufmerksam betrachtete.
»Das dürfte in deinem Fall kein allzu großes Problem sein«, lächelte Margret. »Dein Vater wird dir sicher das schönste Kleid kaufen, das es in ganz Rappenau gibt.«
»So und jetzt gehen wir aber nach Hause, anstatt hier vor der Kirche Wurzeln zu schlagen. Ich habe einen Riesenhunger! Zur Feier des Tages habe ich uns ganz frisch gebackenes Brot mitgebracht«, klatschte Elisabeth energisch in die Hände.
»… und ich einen Schweinebraten«, ergänzte Margret fröhlich.
»Einen Schweinebraten? Wo hast du denn den her?« staunte ihre Schwester.
»Aus der »Krone« natürlich. Der Christian Bengel hat ihn mir extra gestern zubereiten lassen – als Konfirmationsgeschenk für die Christina. Wir müssen ihn halt noch kurz aufwärmen. Ganz frisch wäre er natürlich

noch besser, aber es ist auch so noch ein richtiges Festessen.«

»Au ja! Schweinebraten!« jubilierte Philippina. »Das habe ich schon so lange nicht mehr gegessen.«

Ein Festessen. In der Tat. Denn wann gab es sonst jemals Schweinebraten bei den Schobers?

Bald war eine fröhliche Runde um den Küchentisch versammelt und widmete sich mit großer Begeisterung dem aufgewärmten Schweinebraten.

»Das schmeckt genauso gut, als wenn der Braten frisch zubereitet worden wäre«, mampfte die Konfirmandin vergnügt.

»Christina! Nicht mit vollem Mund sprechen. Das habe ich dir doch schon hundert Mal gesagt, dass man das nicht tut!«, tadelte Rosina sie sanft.

»Aber gut ist er wirklich, das musst du zugeben.«

»Natürlich. Und wie!«

»Und der Christian hat ihn wirklich extra für uns zubereiten lassen?«

»Ja, das hat er«, bestätigte Margret. Dann hielt sie vorsichtig die Hand vor den Mund und beugte sich näher an Elisabeth heran. Mit leiser Stimme fuhr sie fort. »Der Christian hat sich überhaupt in letzter Zeit ein bisschen verändert. Er ist ruhiger geworden – und zufriedener. Auch deshalb, weil seine Luise sein ganzes Glück darstellt. Das sagt er mir immer wieder. Dank der Luise kann er sein ganzes Elend vergessen, mit seiner ewig kranken Frau, mit dem zurückgebliebenen Friedrich und mit den ganzen Kindern, die ihm in den zwei Ehen schon gestorben sind.« Ein warmes Lächeln spielte um Margrets Mundwinkel. »Die Luise ist ja auch ein richtiger Sonnenschein.«

»Und wie gut sie sich verstehen, die beiden!« nickte Elisabeth strahlend zu den beiden Mädchen hinüber, die sich ein ums andere Mal voller Freude über ihr Wiedersehen kurz an den Händen fassten. »Wie zwei Schwestern sehen sie aus. Wenn man es nicht besser wüsste, dann könnte man es fast glauben …« Dabei musterte sie ihre Schwester mit einem langen, durchdringenden Blick.

Augenblicklich überzog sich Margrets Gesicht mit einem tiefen Rot. »Was du wieder redest«, murmelte sie verlegen, um nun abrupt das Thema zu wechseln. »Hast du übrigens gehört, dass der Christian in den Gemeinderat gewählt worden ist?«

Elisabeth machte eine wegwerfende Geste. »Das interessiert mich nicht so sehr. Er ist halt der gleiche Politisierer wie sein Bruder einer war. Aber was ist jetzt: ich denke, ihr habt alle Hunger. Wer will noch einen Nachschlag?«

Sofort schossen die Hände in die Höhe. »Ich.«

»Ich auch!«

»Gib mir auch noch etwas!«

»Biene!« tönte es plötzlich laut und streng aus Rosinas Mund. Gerade eben hatte sie bemerkt, wie Philippina fröhlich auf einer Brotkante herum kaute und geichzeitig ein zweites Stück zu Luise hinüber schob. Unbemerkt von den anderen hatte sie es ganz heimlich geschafft, sich eines der frisch gebackenen Brote der Tante Elisabeth aus Kirchardt zu greifen und sich unter dem Tisch zwei Kanten davon abzubrechen.

Schuldbewusst senkte das Mädchen den Kopf.

»Biene! Erst wird bei uns das alte Brot gegessen, nicht das Frische!«

»Das andere schmeckt aber viel besser und die Tante Elisabeth hat es doch extra für uns gebacken!«

»Das stimmt zwar schon, aber trotzdem wird erst das alte Brot aufgegessen!«

»… und bis das dann gegessen ist, bis dahin ist das frische Brot dann auch wieder alt«, maulte Philippina.

»Jetzt lass sie doch. Ausnahmsweise«, ergriff die Bäckerin Partei für ihr Patenkind. »Ich habe es doch extra für heute gebacken.«

»Na gut – ausnahmsweise«, zuckte Rosina mit den

Schultern. »Aber glaub bloß nicht, dass diese Mode auf Dauer Bestand hat.«
»Natürlich nicht«, grinste Philippina und tunkte den Brotkanten freudestrahlend in ihren Teller mit der Soße. »Aber so schmeckt es halt einfach am allerbesten. Frisches Brot und Schweinebraten. Das ist himmlisch! Ein besseres Essen gibt es nicht!«
»Was ist denn daran falsch gewesen, was die Biene gemacht hat?«, erkundigte sich Luise neugierig.
»Ach Luise. Wie soll ich dir das erklären«, lächelte Rosina verlegen. Natürlich herrschten in Luises Elternhaus in Rappenau andere Gepflogenheiten. Erst recht natürlich in einer so gutgehenden Gastwirtschaft, wie der »Krone« dort. »Weißt du, es ist so: wir sind ziemlich arme Leute und deswegen müssen wir unser Essen immer gut einteilen.«
»Das verstehe ich schon. Aber warum soll sie kein frisches Brot essen dürfen. Das schmeckt doch viel besser, als ein altes.«
»Genau das ist es ja. Weil das frische Brot besser schmeckt, isst man auch mehr davon. Und wenn man mehr isst, dann hat man hinterher nur noch wenig übrig.«
»Das alte Brot dagegen, das nicht mehr ganz so knusprig ist, das macht weniger Appetit und deshalb hält es auch länger. Verstehst du?« klinkte sich Margret in das Gespräch ein.
»Ja, schon …« antwortete Luise gedehnt und vermittelte dabei den offensichtlichen Eindruck, dass das genaue Gegenteil der Fall war.
»Es ist halt so, dass wir hier in Treschklingen ein bisschen mehr darauf achten müssen, was wir essen und wie viel. Das ist anders, als bei dir zuhause und deshalb auch nicht ganz einfach zu verstehen.«
»Einmal nur reich sein und essen können, was ich will! Und so viel, wie ich will. So wie heute!« verdrehte Philippina genießerisch die Augen und tunkte wieder

herzhaft ein. »Jetzt guck mich nicht so merkwürdig an, Luise, sondern iss lieber dein Brot auf. Sonst bekommst du kein weiteres Stück mehr. Heute ist nämlich ein Festtag, da werde ich mir von der Tante Elisabeth gleich noch eine Scheibe herunter schneiden lassen«, zwinkerte sie ihrer Freundin mit verschwörerischer Miene zu.
Ein fröhliches Lachen, in das alle einstimmten, beendete die Diskussion um die Vorzüge von altem Brot.
Auch der Rest des Tages hätte harmonisch verlaufen können, wenn da nicht Rosina diese eine Frage gestellt hätte. Eigentlich handelte es sich ja um gar keine Frage, sondern eher um eine nüchtern in den Raum geworfene Feststellung. Aber das Resultat war dasselbe. Kaum waren sie mit dem Essen fertig geworden und der Abwasch erledigt, da konnte Rosina einfach nicht mehr länger an sich halten: »Also ... der Vater von unserer Konfirmandin«, begann sie bewusst vorsichtig und mit bemüht unbeteiligter Miene, »... also der ... der hätte sich ja ruhig auch einmal erkenntlich zeigen können. Wenigstens ein kleines Geschenk hätte er ja mitgeben können.«
Erschrocken sah Elisabeth auf und bemerkte, wie sich die Gesichtszüge ihrer Schwester schlagartig verhärteten. Eine angespannte Stille erfüllte den Raum.
»Was soll das jetzt heißen?«, presste Margret schließlich rau hervor
»Das war wirklich unnötig, Rosina«, warf Elisabeth ihrer Stiefmutter einen verständnislosen Blick hinüber.
»Nein, das ist es nicht. Es wäre schon eine gute Geste gewesen«, verteidigte sich die Getadelte trotzig. »Oder was glaubst du: weshalb hat der Pfarrer für unsere Christina ausgerechnet diesen Psalm 17,5 und 6 als Konfirmationsspruch ausgesucht. Komm Christina, sag ihn noch einmal auf.«
Verwundert blickte das Mädchen in die Runde. Sie konnte sich den schlagartigen Stimmungswandel am Tisch überhaupt nicht erklären.

»Jetzt komm schon – oder hast du den Spruch schon wieder vergessen?«
»Nein, natürlich nicht.« Zögernd begann die Konfirmandin den Psalm zu rezitieren. »Erhalte meinen Gang auf deinen Wegen, dass meine Tritte nicht gleiten. Ich rufe zu dir, denn du, Gott, wirst mich erhören; neige deine Ohren zu mir, höre meine Rede!«
»Das verstehe ich nicht, was du damit andeuten willst«, schüttelte Elisabeth verständnislos ihren Kopf. »Das ist doch ein ganz normaler Vers. Da steckt doch keine verborgene Botschaft dahinter!«
Rosina schürzte skeptisch die Lippen. »Wenn du meinst …«
Fragend schaute Christina zu ihrer Mutter hinüber, die den Blick starr geradeaus gerichtet hielt. »Was soll das alles? Worum geht es denn eigentlich und warum macht ihr alle plötzlich so ein komisches Gesicht? Ich verstehe überhaupt nichts mehr.«
Es war nur die Andeutung eines Kopfschüttelns, mit der Margret ihnen bedeutete, dass es von ihr keine Antwort geben würde. Christina schnaubte unwirsch. »Komm, Rosina, dann sag du es mir halt: Was hast du vorhin gemeint!«
»Dass dir dein Vater halt auch ein Geschenk zur Konfirmation hätte schicken können …« murmelte sie leise.
Christina zuckte hilflos mit den Schultern. »Aber – ich weiß ja noch nicht einmal, wer mein Vater ist. Wie soll er mir da etwas schicken?«
Rosinas Stimme senkte sich zu einem heiseren Flüstern. »Aber vielleicht weiß ja er, dass du seine Tocher bist …«
»Weißt du es denn auch?«
Doch Rosina blieb stumm.
»Mutter! Jetzt sag es mir: Wer ist mein Vater?«
Margret wandte den Kopf zur Seite, doch Christina ließ nicht locker. »Mutter! Sag es mir endlich. Ich will jetzt sofort wissen, wer mein Vater ist!« Ungeduldig stampfte sie mit dem Fuß auf dem Boden auf und übersah dabei

den blitzschnellen Blickwechsel der beiden Schwestern. Ein vieldeutiger Wimpernschlag Margrets in Richtung der mit vor Staunen offenem Mund am Tisch sitzenden Luise, hatte Elisabeth genügt, um rasch die Initiative zu ergreifen: »Es ist genug jetzt!«
Zornig fuhr Christina herum. »Was ist genug?!«
»Die ganze Fragerei. Das ergibt doch keinen Sinn! Es reicht jetzt.«
»Ich habe damit nicht angefangen. Und außerdem ergibt es freilich einen Sinn, wenn ich wissen will, wer mein Vater ist!«
»Still jetzt!« So unvermittelt und heftig donnerte Elisabeths Faust auf die Tischplatte, dass alle unwillkürlich erschrocken zusammen zuckten. »Ich habe gesagt, es reicht!« und mit deutlich gesenkter Stimme fuhr sie fort: »Es gibt Fragen, die nie zu etwas Gutem führen. Ich weiß jedenfalls nicht, wer dein Vater ist. Der Pfarrer weiß es gleich zweimal nicht. Und deine Mutter will es uns nicht sagen – wofür sie sicherlich ihre guten Gründe hat …«
»Aber …«
»Ruhe habe ich gesagt! Es ist genug jetzt.«

Es dauerte einige Zeit, bis die unangenehme Situation einigermaßen überwunden war. Zum Glück schien am heutigen Tag die Sonne und es war für die Jahreszeit ungewöhnlich warm, so dass die Mädchen beschlossen, draussen im Freien zu spielen, wo sie auf weitere Spielkameradinnen trafen, die ihre Gedanken in andere Richtungen lenkten.
»Wie sieht es eigentlich bei dir aus Elisabeth«, erkundigte sich Rosina, die mit Jakob Schley und Margret in der Stube zurück geblieben war, fürsorglich bei ihrer Stieftochter. »Ich denke, so ganz allmählich wäre es an der Zeit, dass du ein Kind bekommen solltest, meinst du nicht auch? Ihr seid ja immerhin schon fünf Jahre verheiratet, der Jakob und du.««
Elisabeth hob in einer hilflosen Geste die Hände, wäh-

rend ihr Ehemann die Lippen fest aufeinander presste. »Wir würden gerne ein Kind bekommen, das kannst du mir glauben. Aber es hat bisher einfach nicht geklappt mit einer Schwangerschaft. So ganz allmählich glaube ich nicht mehr daran.«

»So schnell solltest du die Hoffnung nicht fahren lassen. Das wird schon noch etwas werden.«

»Hoffentlich. Weißt du, manchmal habe ich schon ein bisschen Angst davor, dass wir im Alter einsam sein werden.« Rosina nickte mitfühlend. »Das kann ich verstehen, was dich bewegt – obwohl ich es früher immer genau anders herum gesehen habe: da hätte ich mir manchmal gewünscht, nicht ständig so viele Kinder um mich herum zu haben. Es hat bei uns ja niemals Ruhe gegeben. Erst ihr, dann meine eigenen Kinder, dann noch Margrets Mädchen. Das war ja immer wie im Taubenschlag hier. Aber jetzt … jetzt ist ein Kind nach dem anderen aus dem Haus gegangen. Es wird allmählich stiller im Haus. Die Christina wird demnächst zum Arbeiten nach Mannheim gehen und auch die Biene ist jetzt schon ein richtig großes Mädchen und ziemlich selbstständig bei allem, was sie tut. Und nachdem auch noch euer Vater gestorben ist, da herrscht manchmal in der Stube hier eine Stille, die ich gar nicht gewöhnt bin. Ein seltsames Gefühl ist das. Es ist nicht schön, wenn man im Alter allein ist.«

»Aber die Elisabeth und der Jakob haben schon noch ein paar Jahre Zeit«, mischte sich Margret in das Gespräch. »Ich denke auch, dass da schon noch ein Kind kommen wird. Und du, Rosina, du hast es dir doch wahrlich verdient, dass es jetzt ein bisschen ruhiger bei dir zugeht. Und wenn es dir zu ruhig ist, dann hast du doch die ganzen Nachbarn hier im Haus.«

»Ja schon«, nickte Rosina. »Aber Nachbarn, selbst wenn sie so gute Freunde sind, wie die beiden Stunz, das ist halt doch nicht dasselbe wie eine eigene Familie. Außerdem sind die Barbara und der Georg inzwischen ziemlich gebrechlich geworden. Aber was rede ich da? Ich bin ja selber kaum noch zu etwas zu gebrauchen, in meinem Alter«, seufzte Rosina wehmütig. »Und wenn jetzt bald die Stube ganz leer ist ...«

»Ach Mutter! Du wirst nie allein sein! Das lassen wir nicht zu! Du hast doch uns. Wir beide, die Elisabeth und ich, wir sind froh und dankbar für das, was du für uns getan hast. Schau nur einmal mich an«, klopfte sich Margret mit dem Zeigefinger ihrer rechten Hand gegen die Brust. »Wenn du nicht gewesen wärst, Rosina, wenn du mir nicht die Mädchen großgezogen hättest, dann hätte ich meine Anstellung niemals behalten können: dann hätte ich mit der Christina und der Biene von Almosen leben müssen. Das werde ich dir nie vergessen!«

»Das kannst du dir wirklich merken, Rosina«, pflichtete Elisabeth ihrer Schwester bei. »Wir werden immer für dich sorgen, das hast du dir redlich verdient.«

Es glitzerte wässrig in Rosinas Augen, als sie aufblickte. »Das ist schön, dass ihr das gesagt habt. Und das Allerschönste war für mich zu hören, dass du mich Mutter genannt hast, Margret ...«

»Das bist du ja auch für mich. So selbstverständlich, wie du die Lücke ausgefüllt hast, die nach dem Tod unserer Mutter entstanden ist. Für mich und hauptsächlich für meine Töchter. Da bist du einfach die Mutter.«

»Das finde ich auch«, nickte Elisabeth. »Und das Wichtigste ist uns jetzt, dass du gesund bleibst und nun endlich ein paar Jahre ohne Hektik und Sorgen genießen kannst.«

»Und du schaust jetzt erst einmal zu, dass du endlich ein Kind bekommst«, überspielte Rosina ihre Rührung mit einer forschen Bemerkung. »Wenn das nämlich so ist, wie du sagst, dann hätte ich jetzt schon gerne auch ein liebes Enkelkind in Kirchardt.«

Sechs Jahre später kam es dann tatsächlich noch zu einer Geburt im Haus von Jakob und Elisabeth Schley am Kirchardter Schmalzbuckel. Aber es war alles ganz anders, als gedacht.

33

Wer in der großen Schoberfamilie hätte jemals für möglich gehalten, was sich im Januar 1886 ereignete?
In der letzten Januarwoche war ganz plötzlich und unvermutet Margret in Kirchardt erschienen. Kurz und heftig hatte sie an die Haustür ihrer Schwester geklopft, dann die Tür weit aufgerissen und war unter den entsetzten Blicken von Elisabeth und Jakob in die Stube gewankt, wo sie stöhnend auf die Chaiselongue sank. »Du meine Güte!«
Dass sich Margret in einem elenden Zustand befand, das konnte man auf den ersten Blick erkennen. Aber wie konnte sie bei diesem Wetter überhaupt unterwegs sein? Es war bitterkalt, der Schnee lag mehr als zwanzig Zentimeter hoch. Da blieb jeder, der nicht unbedingt vor die Tür musste, am warmen Ofen.
»Margret! Sag bloß, du bist den ganzen Weg von Rappenau bis hier her gelaufen! Und dann bei dieser Kälte! Was ist denn nur mit dir?«
Dann sah sie es! Erschrocken schlug Elisabeth die Hände vor den Mund. »Oh Gott! Margret! Das kann doch wohl nicht wahr sein!«
»Was ist denn? Was hat sie?!« Auch Jakob Schley war aufgesprungen und musterte seine Schwägerin sorgenvoll.
»Sie ... sie ist wieder schwanger!« stammelte Elisabeth, während sie sich über ihre Schwester beugte und ihr fürsorglich über das eiskalte Haar strich.
»Was erzählst du denn da? Das kann doch gar nicht sein«, schüttelte Jakob entschieden den Kopf. »Die Margret ist schon 41 Jahre alt, da bekommt man doch keine Kinder mehr!« Ein vielsagender Blick seiner Frau auf Margrets Unterleib ließ ihn jäh verstummen. Trotz des dicken Mantels war die Wölbung deutlich zu erkennen. »Das ... das ist ja ...«

»Es ist aber so! Jetzt hör bloß auf, hier unnütz herum zu stehen und sie anzustarren!«, herrschte Elisabeth, die sich vom ersten Schock erholt hatte, ihren Mann an. »Hol du lieber ein paar Holzscheite für den Ofen. Die Margret braucht es jetzt warm, so durchgefroren wie sie ist. Erst recht in ihrem Zustand! Jetzt geh schon, Jakob«, gab sie ihm einen entschiedenen Schubs. Während Jacob sich mürrisch nach draußen aufmachte, wandte Elisabeth sich wieder ihrer Schwester zu.
»Margret, Margret: was machst du nur für Sachen?! Jetzt bist du tatsächlich wieder schwanger! Wie ist denn das nur möglich?«
Anstelle einer Antwort drang nur ein schwaches Stöhnen aus dem Mund der zu Tode erschöpften Frau in der Ecke des abgewetzten Sofas.
»Ich fürchte, es ist wieder ein uneheliches Kind. Das ist ja dann schon das dritte, du liebe Güte! Das ist ja wie bei unserer Schwester Johanna.«
»Halbschwester ...« stöhnte die Hochschwangere, während sie sich unter Schmerzen krümmte.
»Schwester, Halbschwester! Als ob das jetzt eine Rolle spielte!« schüttelte Elisabeth ihren Kopf und bettete Margret vorsichtig auf das Sofa. »Aber immerhin scheint dein Widerspruchsgeist ja noch zu funktionieren. Jetzt setze ich erst einmal ein heißes Wasser auf, damit du etwas Warmes zum trinken bekommst und nachher, wenn der Jakob den Ofen so richtig zum Glühen gebracht hat, dann reden wir weiter. Du bleibst jetzt schön hier liegen und rührst dich nicht von der Stelle! Den Mantel lässt du am besten an und ich bringe dir auch noch eine Decke. Du musst unbedingt wieder warm werden! Das darf ja alles nicht wahr sein!«

Eine knappe Stunde später war Margret wieder so weit zu Kräften gekommen, dass Elisabeth vorsichtig die Unterhaltung begann.
»Es geht ja manchmal schon seltsam zu auf dieser Welt.

Jetzt bekommst du also tatsächlich noch ein Kind – und ich habe dafür gar keines.«
»So etwas nennt man wohl eine ausgleichende Ungerechtigkeit«, lächelte Margret schwach. »Im Durchschnitt passt es dann ja einigermaßen.«
»Wenigstens deinen Humor hast du noch nicht verloren. Gut. Aber sag mal: wieso hast du mir denn nicht schon früher etwas gesagt. Ich war ja bis grade eben völlig ahnungslos. Du hättest mir doch zumindest einen kurzen Brief schreiben können!«
»Ich habe halt lange die Hoffnung gehabt, dass das mit der Schwangerschaft noch vorzeitig endet. In meinem Alter bekommen ja nicht mehr viele Frauen Kinder. Und so habe ich gehofft, dass das Kind abgeht. Aber das war nicht so.«
»Trotzdem hättest du mir vorher eine Nachricht schicken können! Es ist dir ja sicher nicht gut gegangen. Ich wäre gerne gekommen und hätte dir ein bisschen beigestanden in deinem Kummer.«
»Dafür hast du jetzt Zeit genug«, grinste die Schwangere unsicher, um gleich darauf ganz ernst zu werden. »Elisabeth«, flüsterte sie mit belegter Stimme. »Kann ich das Kind hier auf die Welt bringen? Ich kann das der Rosina in Treschklingen nicht mehr zumuten. Du weißt ja: sie ist nicht mehr so gut beieinander. Und in meiner Not bin ich halt auf keine andere Zuflucht gekommen, als hier bei Euch. Meinst du, das geht?«
»Aber wieso soll das denn nicht gehen?!« empörte sich Elisabeth. »Ich bin schließlich deine Schwester – und du bist meine Lieblingsschwester, vergiss das nicht!«
»Ja, schon … Aber was wird der Jakob dazu sagen?«
»Da brauchst du gar nicht so heimlich zu tun, das kann der Jakob schon mithören«, entgegnete sie. »Der Jakob hat überhaupt nichts dagegen einzuwenden – da brauche ich ihn nicht einmal zu fragen. Also: Natürlich bleibst du hier und bringst dein Kind hier bei uns auf die Welt. Wo denn sonst?!«

»Dann ist es ja gut«, ließ Margret ihren Kopf erleichtert in das Kissen zurück sinken. »Ich hatte nämlich eine solche Angst, dass …«
»Papperlapapp! Ich möchte nichts mehr davon hören! Sag mir lieber, wann du glaubst, dass es so weit sein wird.«
»Das wird nicht mehr lange dauern. Ein, zwei Tage höchstens. Vorhin, kurz vor Kirchardt, habe ich sogar gedacht, ich müsse das Kind mitten auf dem Weg bekommen, so eine furchtbare Wehe ist mir plötzlich durch den Leib geschossen.«
»Ich könnte dich ohrfeigen!«, schnaubte ihre Schwester. »Wie kann man sich nur in eine solche Gefahr begeben?! Womöglich wärst du dort gestorben, ohne dass dir jemand hätte Hilfe leisten können!«
»Dann wärs auch recht gewesen. Dann hätte ich meine Ruhe gehabt …«
Empört stemmte Elisabeth die Hände in die Hüften. »Wenn du das noch einmal sagst, dann bekommst du es mit mir zu tun. So ein dummes Zeug aber auch! Und dass du es gleich weißt: jetzt, nachdem der erste Schreck vorüber ist, jetzt freue ich mich sogar auf dieses Kind – ob du es glaubst oder nicht! Ich werde nachher gleich zur Moserin gehen und ihr sagen, dass sie sich bereit halten soll.«
»Die Moserin? Wer ist das denn?«
»Das ist die Hebamme. Die Katharina Moser. Die wird vielleicht Augen machen, wenn ich ihr sage, dass sie zu einer Geburt auf den Schmalzbuckel kommen soll! Damit hätte die genauso wenig gerechnet, wie ich, dass hier im Haus doch noch ein Kind auf die Welt kommt!«
»Aber wieso eine Hebamme? Ich brauche doch keine Hebamme. Bisher ist es auch immer ohne so eine gegangen. Das ist ja auch viel zu teuer.«
»Mach dir darüber mal keine Gedanken. Die Hebamme werden wir bezahlen. Ich möchte schon, dass sie dabei ist, falls es irgendwelche Probleme bei der Geburt gibt. Bei dir oder bei dem Kind.«

»Die hat es bisher noch nie gegeben ...«
»Aber damals warst du wesentlich jünger als jetzt. Mit 41 Jahren bekommt man ein Kind nicht mehr so leicht. Und ich möchte nicht, dass da etwas passiert. Das würde ich mir ewig vorwerfen. Deshalb ist es besser, man hat eine Hebamme dabei, die mehr von diesen Dingen versteht, als unsereins.«
»Das ist lieb von dir, Elisabeth. Ein Sorge weniger also.«
»Und welche Sorge plagt dich jetzt noch?«
»Das ist die Frage, wer das Kind aufziehen soll. Jetzt, wo die Rosina immer schwächer wird, kann ich ihr nicht zumuten, dass ich nochmal mit einem Kind daher komme und von ihr verlange, dass sie es für mich großzieht. Nachdem die Christina ja ihre Arbeit in Mannheim hat und die Biene inzwischen eine in Rappenau, wäre sie ganz allein mit dem Kind. So gut es ist, dass die beiden für sich selber sorgen können, so groß ist die Lücke, die dadurch in Treschklingen entstanden ist. Wir müssen ja froh sein, dass die Rosina überhaupt noch einigermaßen ihren Haushalt schafft, und auch das geht nur, weil die Biene ab und zu kommt und ihr dabei hilft. So ist die Situation. Ich kann ihr das Kind also nicht überlassen. Wenn ich aber mit dem Kind in die Krone komme, dann kann ich dort gleich meine Sachen packen und wieder gehen. Das erlaubt mir die Kronenwirtin niemals. Also, was soll ich jetzt mit dem neuen Kind machen?«
»Das Kind bleibt bei uns!«
»Wie? Bei euch?« Verwundert starrte Margret in die entschlossene Miene ihrer Schwester. »Du weißt ja noch nicht einmal, ob es ein Bub oder ein Mädchen wird.«
»Als ob das irgendeine Rolle spielt! Das Kind bleibt bei uns!« deklamierte Elisabeth kategorisch.
»Und damit ist der Jakob auch einverstanden?«
»Damit auch. Ja, das Kind wird hier bleiben – und du brauchst uns gegenüber jetzt erst gar nicht in Dankbarkeit zu zerfließen«, wischte Elisabeth die aufkommenden

Tränen der Rührung in den Augen ihrer Schwester geistergegenwärtig beiseite. »Das alles ist gar nicht so uneigennützig, wie es zunächst vielleicht klingt. Denn dieses Kind, egal ob Mädchen oder Junge, das kann uns dann einmal versorgen, wenn der Jakob und ich alt sind. Nachdem wir wohl mit ziemlicher Sicherheit keine eigenen Kinder bekommen können, werden wir es aufziehen, als sei es unser eigenes Fleisch und Blut – was es beinahe ja auch ist, denn schließlich ist es ja das Kind meiner Lieblingsschwester. Wäre das auch in deinem Sinn? Wenn ja, dann schlag ein!«
Sie bot Margret die ausgestreckte Rechte dar, die diese dankbar ergriff. »Und ob das in meinem Sinn ist. Ich bin natürlich einverstanden!«
»Dann ist zumindest das geregelt – und der Jakob und ich bekommen also doch noch unser Kind. So ...« Elisabeth ließ einen prüfenden Blick über die Schwangere gleiten und holte tief Atem, bevor sie leise weiter sprach. »Und jetzt könntest du mir getrost sagen, wer der Vater von dem Kind ist. Nachdem ich ja sozusagen die Mutterrolle übernehmen werde. Da wäre es schon gut, ich wüsste darüber Bescheid ... nein, du brauchst dich jetzt gar nicht gleich wieder wegzudrehen: sag es mir einfach. Ich werde es niemandem weitersagen. Noch nicht einmal dem Jakob, wenn du das nicht willst. Das garantiere ich dir: bei allem, was mir heilig ist.«
Doch trotz dieses feierlichen Versprechens kam von Margret keine Antwort.
»Dann probieren wir es einmal anders herum. Ich frage dich einfach, ob es etwa derselbe Mann ist, wie bei den beiden anderen. Das kann ja eigentlich kaum sein, wo doch jetzt die Biene auch schon 15 Jahre alt ist, oder?«
Stille.
»Es war doch ein anderer, oder?«
»Jetzt sag es mir halt schon: ich verrate es wirklich nicht!«
Kein Ton drang aus Margrets Mund.

»Margret! Bitte!«
»Was denn?«
»Sag mir, wer der Vater ist. Ist es vielleicht doch wieder derselbe?«
Die Schwangere presste ihre Lippen fest aufeinander, während Tränen in ihren Augen funkelten.
»Ist es also doch derselbe? Und womöglich derjenige, den ich schon immer im Verdacht gehabt habe?«
Schluchzend wandte Margret ihren Kopf zur Seite.
Auch über Elisabeth Wangen kullerten nun die ersten Tränen. »Ach Margret, meine liebe Margret, wann wirst du nur endlich zur Vernunft kommen?!«
»Wenn das immer so einfach wäre, wie du das sagst, Elisabeth. Bitte lass mich jetzt in Ruhe …« Weiter kam sie nicht. Ihr Körper krampfte sich plötzlich zusammen. Ein qualvolles Stöhnen drang aus ihrem Mund: »Oh Gott! Ich … ich glaube, jetzt ist es so weit!«
Knapp zwei Tage später, am 31. Januar 1886, wurde in einem Haus am Kirchardter Schmalzbuckel Marie Schober geboren.

Am 2. Februar 1886 erfolgte auf dem Kirchardter Rathaus die Geburtsanzeige des Kindes Marie Schober durch die Hebamme Katharina Moser. Als Mutter trug der Ratsschreiber den Namen Margaretha Schober aus Treschklingen ins Register ein.
»Und wie heißt der Vater?«
Die Hebamme zuckte hilflos mit den Achseln. »Den Namen des Vaters wird sie nicht preisgeben. Das hat sie bereits während der Geburt mehrfach gesagt. Ich habe sie auch vorhin noch einmal danach gefragt: aber sie bleibt dabei: den Vater wird sie niemals nennen.«
»Taglöhnergesindel!« schnaufte der Schreiber unwirsch und machte in der Spalte für den Namen des Vaters einen energischen Strich mit seinem Federkiel.
Anderthalb Wochen später, am 10. Februar 1886 fand in der Kirchardter Kirche die Taufe der neuen Erden-

bürgerin statt. Als Paten amtierten die Eheleute Elisabeth und Jakob Schley. Elisabeth war nun also die Patin aller drei Töchter ihrer Schwester. »Das gibt es auch nicht alle Tage«, erklärte die freudestrahlende Frau dem verwundert dreinblickenden Pfarrer. Der hatte sein Befremden über die seltsamen Familienverhältnisse schon vor einigen Tagen deutlich geäußert, bis ihm die Eheleute Schley beim Taufgespräch erklärt hatten, sie würden nicht nur als Paten zur Verfügung stehen, sondern das Mädchen sozusagen an Kindes Statt sogar noch bei sich im Haus aufnehmen. »Das ist aber auch der einzige Grund, den ich mir vorstellen kann, weshalb ich dieses Kind überhaupt taufen soll und nicht mein Amtsbruder in Treschklingen – wenn doch die Mutter aus Treschklingen stammt.« Auch der Pfarrer hatte sich nicht sonderlich begeistert über die Tatsache gezeigt, dass da schon wieder ein Kind zur Welt gekommen war, dessen Eltern nicht in christlicher Ehegemeinschaft verbunden waren. Ja, sogar noch schlimmer: über dessen Vater keine Angaben gemacht worden waren. »Was sind das nur für gottlose Zeiten, in denen wir leben!« Dann hatte er zähneknirschend angekündigt, dass er das Kind ausnahmsweise doch in Kirchardt taufen werde.

Kurz vor ihrer Abreise aus Kirchardt hatte Margret am 4. März zu allem Überfluss noch persönlich auf dem Rathaus zu erscheinen, um, wie der Ratsschreiber barsch deklamierte, ihre Mutterschaft zweifelsfrei zu bestätigen.
»Und der Vater? Wie heißt der, und wo ist der wohnhaft?«
Doch selbst auf mehrmaliges, strenges Nachfragen des Beamten war Margret stumm geblieben und schließlich von dem Mann mit allen Anzeichen der Missbilligung verabschiedet worden.
»Ach ja, bevor ich es über dem ganzen Abschiedstrubel noch vergesse ...« Elisabeth, die Margret auf das Rathaus begleitet hatte, verharrte kurz vor dem Haus am

Schmalzbuckel und musterte ihre Schwester neugierig. »Das wollte ich dich schon immer fragen: weshalb hast du eigentlich unbedingt gewollt, dass das Kind den Namen Marie bekommt?«
Margret blickte überrascht auf und für einen Augenblick legte sich ein warmes Lächeln über ihre in den letzten Wochen deutlich verhärmten Züge. »Wegen meiner alten Marie.«
»Wegen wem?«
»Wegen der alten Marie. Ich hatte es ihr fest versprochen.«
»Und wer ist die alte Marie?«
»Die alte Marie ist leider schon vor vielen Jahren gestorben. Sie war die Magd, die immer so viel Verständnis für mich aufgebracht hat, als ich ganz frisch in der »Krone« mit der Arbeit angefangen habe. Sie war es, die es mir ermöglicht hat, euch wenigstens ab und zu in Treschklingen besuchen zu können, solange ihr noch wach in den Betten lagt. Und auch sonst habe ich ihr viel zu vedanken. Sie hat es im Leben nie leicht gehabt, die Arme!«
»… das sagst ausgerechnet du!«
Doch Margret ließ sich durch den bitteren Einwand ihrer Schwester nicht beirren. »Jedenfalls sollte dieses Kind ihr zu Ehren Marie heißen – das hatte ich eigentlich schon bei den beiden anderen vorgehabt, aber bei Christinas Geburt, da ist mir so viel im Kopf herum gegangen. Das war ein solches Durcheinander … Ich habe damals nicht mehr ein noch aus gewusst – und ich glaube, es war Rosina, die auf dem Rathaus den Kindsnamen dann plötzlich mit Christina angegeben hat. Und später bei Philippina, da hatte ich dann überlegt, dass es der Marie, die damals ja noch gelebt hat, vielleicht gar nicht recht wäre, wenn ich ein uneheliches Kind nach ihr taufen lasse …«
»So, wie du sie mir jetzt grade beschrieben hast, hätte sie das sicher nicht gestört – eher im Gegenteil.«

»Wahrscheinlich liegst du damit richtig, aber ich habe mich zu der Zeit halt einfach nicht getraut.«

»Und ist sie schon lange tot?«

»Ja, schon über zehn Jahre – und deshalb ist es jetzt wirklich sinnvoll, mein Versprechen endlich einzulösen. So bleibt wenigstens etwas von ihr, und wenn es nur ihr Name ist.«

»Da kannst du ja beinahe von Glück sagen, dass du noch ein Kind bekommen hast«, kommentierte Elisabeth trocken und handelte sich damit einen dementsprechenden Blick ihrer älteren Schwester ein. »Und von hier aus wäre es jetzt nur noch ein winziger Schritt, und wir wüssten nicht nur, warum dein Kind so heißt, sondern auch, wer sein Vater ist.«

Augenblicklich verhärteten sich Margrets Gesichtszüge. »Auf gar keinen Fall!«

»Du meine Güte – jetzt gib dir halt einen Ruck!« Auch Elisabeth konnte hartnäckig sein. »Margret. Bitte. Jetzt sag es! Nur mir!«

»Nein!« Margret schüttelte heftig ihren Kopf. »Das wird nie jemand erfahren. Und es ist besser so. Für uns alle. Glaube mir!«

Am selben Mittag übergab Margret die kleine Marie endgültig in die Obhut ihrer Schwester, dann begab sie sich auf den langen Rückweg nach Rappenau. Nur ganz kurz machte sie dabei in Treschklingen Station, um im Haushalt ihrer Stiefmutter nach dem Rechten zu schauen. »Bleib doch zumindest diese eine Nacht über hier bei mir«, hatte Rosina ihr angeboten. »Du hast dich noch immer nicht richtig von der Geburt erholt, das sehe ich dir schon von weitem an. Es ist noch über eine Stunde zu laufen, denn der Weg ist nass und aufgeweicht vom geschmolzenen Schnee. Da kommst du nicht so gut voran, wie sonst.«

»Das habe ich schon von Kirchardt bis hierher bemerkt«, nickte Margret erschöpft. »Aber es geht gleich wieder.

Ich ruhe mich nur ein bisschen bei dir aus, denn ich möchte schon noch vor Einbruch der Dämmerung in Rappenau sein.«

»Aber der Bengel kann heute doch noch gut auf dich verzichten. Sei doch ein bisschen vernünftig, Margret!«

Zu Rosinas Kummer prallten ihre Argumente jedoch wirkungslos an Margret ab. Nach einer knappen halben Stunde erhob sie sich stöhnend. »Schau mich nicht so sorgenvoll an. Ich habe nur ein bisschen Rückenschmerzen. Ich bin das Laufen nicht mehr so gewöhnt, und die Allerjüngste bin ich halt auch nimmer. Aber das wird schon wieder. Und weißt du: lieber bringe ich den Weg heute hinter mich als morgen. Heute ist es immerhin trocken. Es scheint mir aber so, als wenn sich das Wetter ändern würde. Und bevor ich morgen patschnass werde, schaue ich lieber zu, dass ich in einer guten Stunde endlich wieder in der »Krone« bin. Adieu Rosina – und bleib bitte gesund.«

Noch lange, nachdem ihre Stieftochter mit unübersehbar müden Schritten hinter der Straßenbiegung verschwunden war, stand Rosina an der Treppe und starrte besorgt in Richtung Osten. Nach Rappenau. Dorthin, wo Margret ihre nächsten Jahre verbringen würde. »Hoffentlich kommt sie jetzt endlich zur Ruhe und ihr Leben nimmt einen leichteren Gang. Zum guten Glück weiß sie immerhin, dass ihr Kind gut versorgt ist.«

34

Das Jahr 1888 sollte als das sogenannte Dreikaiserjahr in die Deutsche Geschichte eingehen:
Am 9. März war der greise Kaiser Wilhelm I. gestorben, dem sein bereits schwer an Kehlkopfkrebs erkrankter Sohn als Kaiser Friedrich III. auf den Thron folgte. Dessen kurze Regierungszeit währte gerade einmal 99 Tage – im Grunde genommen konnte man es kaum als eine Regentschaft bezeichnen, da dem bedauernswerten Mann wegen seiner Krankheit noch nicht einmal das Sprechen möglich gewesen war. Am 15. Juni 1888 ging sein Leben zu Ende. Nur wenige Stunden nach dem Tod seines Vaters wurde dann Wilhelm II. zum Kaiser des Deutschen Reiches proklamiert.
Am Spätnachmittag dieses Tages war Christian Bengel vom Rathaus in die Gaststube der »Krone« zurück gekommen und hatte seinen gespannt lauschenden Gästen die neuesten Entwicklungen verkündet.
»Sie haben Staatstrauer angeordnet, auch vor der »Krone«. Sollen wir die Flaggen auf Halbmast hissen?«
»Was heißt hier die Flaggen? Also auch die Badische?«
»Ja, natürlich, denn die Großherzogin Luise ist ja die Schwester unseres verstorbenen Kaisers. So gesehen herrscht also nicht nur im Deutschen Reich, sondern auch in Baden Staatstrauer. Sozusagen eine doppelte Staatstrauer.«
»Das ist schon schlimm mit dem Kaiser Friedrich. Die arme Familie.«
»Ja ja, die arme Familie«, brummte Christian Bengel. »Aber wieso soll es den adeligen Herrschaften anders ergehen, als unsereinem?!«
Die Zecher am Stamtisch nickten stumm. Allen war klar, worauf der Kronenwirt mit seiner Andeutung hinaus wollte: Vor zwei Jahren, genau am 6. Mai 1886, war in

der »Krone« ein schlimmer Unfall passiert. Damals war Friedrich Bengel jun. im Stallgebäude bei einem seltsamen Sturz von der Leiter tödlich verunglückt. Beim Aufprall auf dem Boden hatte er sich das Genick gebrochen. Tagelang war in Rappenau über den eigenartigen Unfall getuschelt und gemunkelt worden, selbst die Polizei hatte wesentlich länger versucht, die genauen Todesumstände zu ermitteln, als dies bei einem Unglücksfall normalerweise üblich war. Von einem lautstarken Streit zwischen dem Vater und seinem ungeliebten Sohn, der sich unmittelbar vor dem Sturz von der Leiter zugetragen hatte, war die Rede gewesen. Dazu gesellte sich die Beobachtung, dass der mittlerweile 42 Jahre alte Carl Bengel, der Neffe des Kronenwirts, leichenblass und mit stierem Blick aus dem Schuppen gerannt war. Irgend etwas, das mit dem Unfall zu tun hatte, schien er gesehen zu haben – eventuell war er sogar direkt an der Leiter gestanden. Doch selbst auf noch so bohrende Fragen des polizeilichen Ermittlers hatte er nur stumm den Kopf geschüttelt. Auch dass die 15-jährige Schwester des Unfallopfers tagelang einen völlig verstörten Eindruck machte, das konnte man nicht verstehen, denn zwischen Luise und ihrem Bruder hatte bekanntlich nie eine besondere Zuneigung bestanden – eher das Gegenteil war der Fall gewesen. »Der Friedrich war ja auch ein überaus seltsamer Kerl«, flüsterte man in Rappenau hinter vorgehaltener Hand. »Vielleicht ist dem Kronenwirt durch den Unfall sogar manches erspart worden, was ihn sonst noch den Verstand gekostet hätte.« Das übliche Geschwätz der Leute, das jedoch nach wenigen Tagen mit dem Fazit verebbte: »Man soll die Toten ruhen lassen.«
Freilich war mit Friedrich nun auch Christian Bengels letzter Sohn gestorben. »In der »Krone« gibt es keinen männlichen Nachfahren mehr. Es ist das Ende der Familie Bengel in Rappenau«.
»Aber da ist doch noch der Neffe, dieser Carl.«

Allein der vielsagende Blick, den diese Bemerkung nach sich zog, war eine klare Aussage: »Nie und nimmer wird der Christian seinen Neffen als Erben einsetzen. Der ist ja fast noch seltsamer, als der verunglückte Friedrich. Hast du ihn schon mal beobachtet, wenn er bei seinen Pferden ist? Der Kerl ist nicht ganz richtig im Kopf. Deshalb hat ihn sein Vater damals ja auch in Rappenau zurück gelassen. Und besser geworden ist es mit ihm seitdem weiß Gott nicht!«
»Das stimmt. Da muss ich dir Recht geben«, pflichtete der Tischnachbar dem anderen bei. »Dann hat er jetzt also nur noch seine Luise. Was für eine Tragödie.«
»Einerseits ja – andererseits war und ist die Luise schon immer der Augenstern von ihrem Vater gewesen.«

»Wo waren wir stehen geblieben?« durchbrach der Kronenwirt zögernd die kurzzeitige Stille am Stammtisch. »Ach ja, natürlich, bei unserem verstorbenen Kaiser.«
»Also, ich bin ja der Meinung, dass dieser Friedrich gar nicht erst den Thron hätte besteigen sollen, so krank und elend, wie der war«, meldete sich einer der Zecher mit wichtiger Miene zu Wort, »und überhaupt: was heißt hier »die arme Familie«? Diese Herrschaften werden doch schon bei ihrer Geburt in Watte gepackt, reisen dann auf unsere Kosten in der ganzen Weltgeschichte herum zu ihren Monarchenkollegen, mit denen sie ja auch alle verwandt sind, was sie aber nicht daran hindert, immer wieder gegeneinander Kriege zu führen. Und wer hat das dann auszubaden? Natürlich wieder wir, der sogenannte kleine Mann.«
»Jetzt rege dich bloß nicht so auf. Damit änderst du auch nichts an den Tatsachen.«
»Aber sagen wird man es ja wohl noch dürfen«, maulte der Gescholtene trotzig.
»Solange niemand im Raum ist, der sich das alles merkt und dich dann bei der Polizei meldet.«
Wie auf ein Stichwort ließen die Teilnehmer an der

Stammtischrunde ihre Blicke vorsichtig durch den Raum schweifen.

»Da ist doch niemand, der so etwas tun würde. Die kenne ich alle, die hier sitzen.«

»Trau, schau wem«, gab der andere zu bedenken. »Aber jetzt nochmal zurück zu dem Nachfolger: Wie heißt jetzt unser neuer Kaiser? Ich habs vorhin nicht richtig verstanden. Es ist doch der Friedrich Wilhelm, oder?«

»Ja, sicher«, nickte der Gastwirt. »Der ist es. Der Sohn von unserem verstorbenen Kaiser Friedrich. Aber er lässt sich jetzt Wilhelm nennen, Kaiser Wilhelm II.«

»Um Himmels Willen! Von dem ist nichts Gutes zu erwarten …«

»… genau. Das ist doch der mit der verkrüppelten linken Hand?«

»Psst – nicht so laut! Was du jetzt sagst, das ist schon Majestätsbeleidigung.«

»Er ist und bleibt ein schlimmer Kerl!«

»Wenn er erst mal auf dem Thron sitzt, wird er schon ein bisschen vorsichtiger werden. Glaube mir: der ist auch nicht schlimmer als die anderen.«

»Hoffen wir, dass du recht behälst.«

»So Leute. Genug geschwätzt jetzt«, erhob sich Christian Bengel vom Tisch. »Ich muss jetzt endlich meine Fahnen aufziehen.«

»Vergiss nicht: beide auf Halbmast – trotz des neuen Kaisers.«

35

Zwei Monate nach der Thronbesteigung von Kaiser Wilhelm II., Mitte August 1888, stürmte schon am zeitigen Vormittag Friedrich Dörr, ein älterer Bauer, der gleich neben der Krone wohnte, in die Gaststube, wo Margret gerade auf dem Boden kniete und mit Scheuersand die Holzdielen schrubbte. Aufgeregt wedelte er mit der Zeitung in seiner Hand. »Habt ihr das schon gelesen?! Das ist eine Sensation!«
»Bleib bloß stehen wo du bist, Dörr, sonst bekommst du Ärger mit mir«, keuchte die schweißüberströmte Margret. »Ich scheuere mir hier die Seele aus dem Leib, um den Boden wieder sauber zu bekommen, und du stolperst mit deinen dreckigen Stiefeln einfach drüber hinweg!«
»Schon gut, schon gut«, beschwichtigte Dörr die aufgebrachte Magd und machte zwei vorsichtige Schritte zurück zur Türschwelle. »Das war doch keine Absicht.«
»Schon besser so«, knurrt Margret und erhob sich ächzend. »Also Friedrich: was ist denn so wichtig, dass du meinst, du müsstest die ganze Welt zusammen schreien? Haben wir schon wieder einen neuen Kaiser?«
»Altes Schandmaul«, bedachte Dörr sie mit einem tadelnden Blick. »Nein, guck mal, was hier steht.«
»Und was ist das? Jetzt lies halt schon vor«, wischte sich Margret mit dem Handrücken die Schweißperlen von der Stirn und fixierte ihn voller Ungeduld. »Ich hab schließlich nicht ewig Zeit, sondern muss mit der Schrubberei fertig sein, bevor die ersten Gäste kommen.«
»Ha, da! Die Bertha Benz, unglaublich!« deutete der alte Bauer auf den größten Artikel der Zeitungsseite.
»Was ist unglaublich? Und wer ist das überhaupt?«
»Die Bertha Benz, das ist die Frau vom Erfinder Carl Benz. Das ist der mit den Motorkutschen. Und die Frau

Benz ist neulich mit so einer Kutsche sage und schreibe 100 Kilometer weit gefahren!«

»Na und?« zuckte Margret verständnislos die Achseln.

»Na und, na und! Mensch Margret! Begreifst du denn nicht? Das war keine normale Kutsche, sondern so ein Motorwagen!«

»Das hast du schon einmal gesagt. Was ist daran so besonders?«

»Weil es eine pferdelose Kutsche ist!«

»Und wie soll die gefahren sein – ohne Pferde?«

»Ha, eben mit dem Motor, den ihr Mann konstruiert hat. Da steht es schwarz auf weiß. Eine Motorkutsche ohne Pferde. 100 Kilometer weit! Und ihre Söhne haben sie anscheinend dabei begleitet. Von Mannheim bis nach Pforzheim sind sie gekommen.«

»Und dafür sollen sie keine Pferde gebraucht haben?«

»Ja, sondern nur so einen explosiven Stoff, den sie in Wiesloch aus der Apotheke in einen Behälter geschüttet haben.«

»Das glaube ich nicht.«

»Aber, so steht es doch hier in der Zeitung!«

»Was die Zeitungsleute so alles schreiben«, wischte Margret mit einer flüchtigen Handbewegung das Argument beiseite.

»Es ist aber wahr und damit ist klar: Der 5. August 1888 wird in die Geschichte eingehen. Da, schau: sie haben sogar ein Foto von der Motorkutsche abgebildet.«

»Dass ich nicht lache«, schnaubte die Magd verächtlich. »Guck dir das Foto doch bloß mal genau an: so ein klappriges Ding da, wie sollte das denn ohne Pferde so weit kommen?«

»Es ist aber so gewesen«, beharrte Dörr auf seinem Zeitungswissen.

»Na gut, selbst wenn es so gewesen wäre: es ist mir einerlei. So ein komisches Ding, das ist doch ohnehin nur etwas für reiche Leute, die nicht wissen wohin mit ihrem Geld. Meine Mädchen haben noch nicht einmal das

Geld für Schuhe gehabt und du bejubelst ein paar reiche Tagdiebe, die nichts Besseres wissen, als vor lauter Langeweile mit einer sündhaft teuren Höllenmaschine durch das Land zu rasen! Würden sie ein paar armen Kindern lieber Schuhe spendieren, anstatt mit diesen Dingern da die Luft zu verpesten! Nein Friedrich«, schüttelte Margret entschlossen den Kopf. »Das ist nichts für unsereins. Und jetzt halte mich bitte nicht länger vom Schaffen ab – ich muss weiter arbeiten, denn ich kann mir solche Flausen nicht leisten.«

Brummend trat Friedrich Dörr den Rückzug an: »Was für Banausen! Das Jahr 1888 wird in die Geschichte eingehen – und die hat nichts anderes zu tun, als mich aus der Stube zu jagen. Ich sage es ja: Landvolk bleibt Landvolk!

36

Am 24. November 1889 war in Treschklingen Rosina Schober gestorben – im Alter von 67 Jahren. Margret und ihre inzwischen 18 Jahre alte Tochter Philippina hatten es auf dem Rathaus gemeldet und sich dabei vom Ratsschreiber die zynische Bemerkung anhören müssen, dass Rosina »für eine Hungerleiderin doch ordentlich alt geworden« sei.
Innerlich zähneknirschend hatten es die beiden Frauen geschafft, eine scharfe Erwiderung herunter zu schlucken und den Satz unkommentiert zu lassen. Was hätte es auch genützt? Zumal sich Margret in ihrer ehrlichen Trauer über den Verlust ihrer Stiefmutter ohnehin nicht imstande fühlte, einen harschen Wortwechsel mit dem Beamten auszufechten.
Nachdem die Formalitäten im Rathaus erledigt waren, ging es nun weiter zum Pfarrhaus, um mit dem Pfarrer den Ablauf der Beerdigung zu besprechen.
»Ich habe jetzt übrigens eine wirklich gute Anstellung in Rappenau gefunden«, erklärte Philippina ihrer Mutter. »Demnächst kann ich dort anfangen.«
»Aha!« Überrascht verlangsamte Margret ihre Schritte. »Und wo da?«
»In einer Kurklinik.«
»Donnerwetter. Das ist natürlich nicht schlecht! Wie hast du denn das geschafft?«
»Da war die Luise dran beteiligt, die hat mir nämlich schon vor ein paar Monaten versprochen, dass sie mit ihren Beziehungen in Rappenau etwas Gutes für mich finden wird.«
»Die Luise, soso. Das hat sie mir ja gar nicht gesagt. Aber klar: Ich sehe sie halt auch nicht mehr so oft, seit sie ein stattliches Fräulein ist und ich wieder meine Arbeit in der Küche mache«, seufzte Margret, um dann mit einem

schelmischen Grinsen fortzufahren. »Haben die beiden jungen Damen also Geheimnisse vor mir armer, alter Frau …«

»Ach Mutter …«

»Das war doch nur ein Scherz, Biene. Ich freue mich ja, dass ihr nach wie vor den Kontakt miteinander haltet und euch so gut versteht. Die Luise hat dir also diese Arbeit besorgt …«

»Ja. Und zwar, sagt sie, weil sie Angst hat, dass ich sonst ganz weit von hier weg gehe.
Das will sie nicht.«

»Das kann ich verstehen.«

»Ja schon. Aber ich habe ihr erklärt, dass ich nur bleiben kann, wenn ich eine gescheite Arbeit bekomme. Sonst wäre ich, wie die Christina, auch nach Mannheim gegangen. Die Christina hätte mir bei der Arbeitssuche gerne geholfen. Aber jetzt hat es die Luise geschafft, dass ich in Rappenau bleiben kann. Das geht halt nur über Beziehungen. Die hat ihr Vater ja. Und in Rappenau bleiben zu können, ist mir natürlich lieber.«

»Mir auch. Sonst wäre ich ja inzwischen ganz allein.«

»Wie allein? Das bist du doch schon immer gewesen. Entschuldigung, aber du weißt, wie ich das meine.«

»Ja, klar. Aber ich möchte irgendwann wieder hierher nach Treschklingen ziehen und ich möchte auch nicht, dass das Haus leer steht nach Rosinas Tod. Es wäre schön, wenn du hier wohnen bleiben würdest. Das ist dir mit der Arbeit in Rappenau ja möglich.«

»Na ja, Mutter …« Philippina wiegte skeptisch ihren Kopf. »Also ich würde schon lieber in Rappenau eine Kammer nehmen.«

»Aber wenn du am Sonntag frei hast – und ich auch …«

»Das ist in einer Kurklinik gar nicht immer möglich.«

»In einer Gastwirtschaft auch nicht – aber dafür findet sich dann ein anderer Tag, an dem wir gemeinsam hier sein könnten. So könnten wir auch zusammen den Acker umtreiben.«

»Ach Mutter, ehrlich gesagt weiß ich nicht so recht. Und das Haus – das ist doch eigentlich eine Bruchbude. Genau genommen ist es ohnehin ja nur ein Viertelteil von einem Haus – ausgerechnet derjenige, der am Schlimmsten ausschaut …«

»Aber wenn gar niemand mehr drin wohnt, dann geht es vollends kaputt.«

»Zuerst einmal müsste man das Dach reparieren. Das hält nämlich nimmer lang.«

»Und mit welchem Geld sollte ich das machen? Das kostet viel mehr, als ich habe.«

»Ich könnte die Luise fragen …«

»Auf gar keinen Fall!« Entschieden schüttelte Margret ihren Kopf. »Ich will keine Almosen!«

»Aber du willst, dass das Haus bewohnt bleibt!« erwiderte Philippina trocken. »Wie soll das zusammen gehen?«

»Es wird schon gehen. Das ist mein ganzer Lebenstraum: eines Tages, wenn ich alt bin, wieder hier zu wohnen. Immerhin habe ich nach wie vor das Bürgerrecht in Treschklingen.« »Und was nützt dir das? Bis du das Geld zur Dachreparatur zusammen hast … Bis dahin ist das Dach ganz kaputt.«

Eine Zeitlang herrschte eine nachdenkliche Stille zwischen den beiden. Dann plötzlich klatschte Margret entschlossen in die Hände: »Ja, genau! So mache ich es! Dann verkaufe ich halt einfach den Krautgarten im Steinbach. Es war sowieso ein elendes Jahr und der Garten hat ehrlich gesagt kaum was hergegeben, noch nicht einmal gescheite Kartoffeln. Was sagst du dazu?«

»Ach Mutter, die paar Mark, die du dafür bekommst – falls du überhaupt einen Käufer findest – die werden nicht weit reichen.«

»Ich werde schon den Richtigen finden, der mir einen guten Preis dafür bezahlt. Verlass dich drauf!«

Wenige Tage später stürmte Margret freudestrahlend in die Küche, wo Philippina gerade Kartoffeln schälte. »Ich

habe es geschafft, Biene! Der Jakob kauft mir den Krautgarten ab.«
»Der Jakob Schleyer?«
»Ja, klar! Welcher Jakob denn sonst?«
»Ich meine ja nur. So reich ist der Schleyer ja wohl nicht, dass man ihm einen Grundstückskauf zutraut. Erstaunlich. Und was bekommst du von ihm dafür?«
»50 Mark!«
Philippina schürzte die Lippen und nickte anerkennend.
»Nicht schlecht. Das ist mehr, als ich vermutet hätte.«
»Und es ist ziemlich genau die Summe, die ich brauche, um die Reparatur für das Dach zu bezahlen.«
»Ja, das stimmt. Deine Rechnung könnte ganz gut aufgehen. Und wann bekommst du das Geld von ihm?«
Margret senkte verlegen den Kopf. »Also, den Vertrag setzen wir dann Anfang März auf«, begann sie zögernd.
»Wann du das Geld bekommst, habe ich gefragt.«
»Die erste Rate gibt er mir am Michaelistag …«
»Am Michaelistag! Das ist der 29. September! Im nächsten Jahr! Und was heißt hier erste Rate?«
»Er wird es in drei Teilen bezahlen – halt immer am Michaelistag …«
»50 Mark, geteilt durch drei und dann noch das erste Geld im Spätsommer – also Mutter, wirklich! Wie stellst du dir das dann vor mit der Reparatur?«
»Na ja, für die Ziegel reicht das erste Geld dann schon – und wenn mir alle Nachbarn beim Flicken helfen, dann klappt das. Wie du ja selber gesagt hast, ist der Schleyer Jakob finanziell schließlich nicht grade auf Rosen gebettet, der muss auch schauen, wie er das Geld zusammen bekommt – aber helfen wird er mir dafür beim Dach, das hat er mir schon fest versprochen.«
»Das ist dann aber wirklich mehr ein Flicken, als ein Reparieren! Wohin man hier auch schaut: es ist alles immer nur Not und Elend, seit ich mich erinnern kann. Also nein, Mutter: Das hat doch keinen Wert mehr. So schwer mir das auch fällt: Ich muss einfach fort von hier.

Ich habe mir in den letzten Tagen immer wieder Gedanken gemacht und bin jetzt zu dem Schluß gekommen, dass ich wahrscheinlich auch in Rappenau nicht lange bleiben werde. Das ist einfach viel zu nahe und mich kennen dort viel zu viele Leute: das ist doch die Biene von der Schober Margret, heißt es immer gleich, wenn sie mich sehen. Nein: ich will endlich einmal wohin, wo ich ganz von vorne anfangen kann, ohne dass die Leute gleich wissen, aus welchem Haus ich komme und mich schon wegen meiner Herkunft von vorn herein immer nur für irgendwelche schlecht bezahlten Hilfsarbeiten einstellen. Ich halte das hier einfach nicht mehr aus: die Umstände, die Leute, die Gesichter, alles!«

Margret war es, als bräche eine Welt für sie zusammen. Was für eine Bitterkeit sich im Lauf der Zeit in ihrer Tochter angestaut hatte! Das hätte sie bei ihrer stets gut gelaunten Biene niemals für möglich gehalten! »Aber du sagst doch selbst, dass dir die Luise die Anstellung in der Kurklinik besorgt hat. Das ist doch gut!«

»Es ist zwar gut, dass ich dort arbeiten kann. Aber die Arbeit selbst ist natürlich wieder die Geringste von allen – das war ja schon von vornherein klar. Eine Schoberin kriegt da keine Anstellung als Obermagd oder wie das in den Kliniken heißt. Nein«, Philippina fixierte ihre Mutter mit einem langen, ernsten Blick. »Ich habe beschlossen, nur so lange in Rappenau zu bleiben, bis mir die Christina sagen kann, wo sie in Mannheim gerade tüchtige Arbeiterinnen suchen und dann werde ich dorthin gehen.«

»Und was ist mit der Luise? Jetzt hat sie dir so wunderbar geholfen, und dann willst du einfach fortgehen. Magst du sie denn auch nimmer? Kannst du den Anblick von der Luise denn auch nimmer ertragen?« versuchte Margret, einen letzten Trumpf auszuspielen, um ihrer Tochter die Augen zu öffnen.«

»Oft nicht einmal mehr die Luise!« gab Philippina nüchtern zurück.

»Ist das dein Ernst?!«

»Das ist mein voller Ernst, Mutter! Und bitte, versuche nicht, mich umzustimmen. Du kannst mir glauben: Ich habe mich in den letzten Tagen wirklich gequält und lange überlegt, bevor mein Entschluss gefallen ist. Aber jetzt habe ich mich entschieden und ich werde es deshalb auch genau so machen. Vielleicht ist es falsch, vielleicht nicht. Aber wenn ich es gar nicht erst versuche, dann habe ich schon von vornherein verloren.« Damit war die Diskussion beendet. Philippina legte die Kartoffeln zurück auf den Spülstein und lief rasch aus der Küche, um vor ihrer Mutter die Tränen zu verbergen, die plötzlich über ihre Wangen rannen.

Traurig starrte Margret der jungen Frau hinterher, wie sie mit festen Schritten durch die Hauptstraße stapfte. »Sie hat ja recht«, murmelte sie mit belegter Stimme. »Das hätte ich damals auch tun sollen. Einfach alle Brücken hinter mir lassen und weg gehen. Jetzt … jetzt ist es zu spät – jetzt werde ich also ganz allein zurück bleiben.« Sie seufzte schwer. »Umso besser, dass meine Mädchen anscheinend diesen festen Willen mitbekommen haben, ihr Schicksal selbst in die Hand zu nehmen. Wenigstens das ist mir geglückt.«

37

Auch die nächste große Weichenstellung in Margret Schobers Leben sollte wieder durch Entscheidungen zustande kommen, die andere Leute für ihre eigene Lebensplanung getroffen hatten. Am 5. April 1894 heiratete Luise Bengel im weit entfernten Kork den 28 Jahre alten Apotheker Hermann Zopff, der dort seit einem Jahr die »Hanauerland Apotheke« führte.
Eine Woche vor der Hochzeit hatten sich Margret und Luise voneinander verabschieden müssen. Luise war an diesem Nachmittag zu Margret in die Küche der »Krone« gekommen und hatte sie gebeten, ihre Arbeit liegen zu lassen und sich mit ihr einfach einmal kurz an einen der Tische der um diese Stunde noch leeren Gaststube zu setzen. »Aber was wird dein Vater sagen, wenn er mich einfach so da sitzen sieht, während die Arbeit auf mich wartet?«
»Der versteht das schon, und wenn er es wider Erwarten doch nicht tut, dann werde ich es ihm erklären«, antwortete Luise mit fester Stimme. »Mein Vater weiß schließlich auch, was du mir bedeutest und welchen gewaltigen Anteil du an meiner Erziehung hast. Da werde ich mich doch wenigstens in aller Ruhe und Dankbarkeit von dir verabschieden können.«
»Ach Luise, das ist wirklich lieb von dir. Aber wenn ich daran denke, dass du jetzt dann für immer weg gehst, noch dazu so weit weg: dann bricht mir fast das Herz. Kork! Ausgerechnet Kork. Das sind ja viel mehr als 100 Kilometer. Warum hat es ausgerechnet Kork sein müssen?«
»Nun ja,« um Luises Lippen spielte ein bittersüßes Lächeln. »Wie du weißt, bin ich mit meinen bald 23 Jahren ja auch kein heuriger Hase mehr, wie man so schön sagt. Und nachdem es mit keinem meiner Verehrer hier

in der Gegend geklappt hat … woran auch immer das gelegen haben mag …«

»… das ist doch ganz klar«, unterbrach Margret sie impulsiv. »Deinem Vater war doch nie einer passend genug für seine Tochter. Und dabei waren ja wirklich gute junge Männer dabei.«

»Sei es, wie es wolle«, lächelte Luise achselzuckend. »Auf jeden Fall war plötzlich keiner mehr da – zumindest keiner, der es nicht nur auf meine Mitgift abgesehen hätte. Alle meine Schulfreundinnen sind inzwischen verheiratet, nur ich noch nicht. Hast du mir nicht immer mal wieder den schönen Spruch zugeworfen, wenn ich einen meiner Verehrer habe abblitzen lassen …«

»Welchen Spruch?«

»Na den: auf jeden Topf gehört ein Deckel.«

»Ach den«, konnte jetzt auch Margret trotz ihres Kummers ein Lächeln nicht unterdrücken. »So war das doch nicht gemeint. Ich wollte doch keine Torschlusspanik in dir auslösen.«

»Das glaube ich dir ja auch. Aber wie gesagt, als mir dann bei der letzten Hochzeit meiner Schulkameradinnen plötzlich aufgefallen ist, dass ich die einzige bin, die noch keinen Mann hat, da ist mir klar geworden, dass es allmählich höchste Zeit ist, etwas zu unternehmen, um nicht als alte Jungfer enden zu müssen.«

»Als alte Jungfer! Also wirklich, Luise! Du bist doch keine alte Jungfer. Und du hättest doch sicher auch noch in Sinsheim oder meinetwegen in Mosbach einen guten Mann gefunden. Aber doch nicht so weit weg! In Kork! Das ist ja fast schon im Elsaß! Wahrscheinlich werde ich dich gar nie mehr wiedersehen.« Traurig tupfte sie sich mit einem Zipfel der Küchenschürze über die tränenfeuchten Augen.

»Ach was redest du denn da! Du kommst halt einfach einmal mit der Eisenbahn zu mir, um mich zu besuchen. So lange dauert diese Fahrt nämlich gar nicht. In einem halben Tag kann man das schaffen.«

»Mit der Eisenbahn! Das ist ja noch teurer, als mit der Kutsche. Und schon die kann ich mir nicht leisten.«
»Die Fahrkarte bezahle ich dir doch! Und glaub mir: auch ich vermisse dich schon jetzt – ich will unbedingt, dass du bald zu Besuch kommst, wenn ich mich dort unten erst einmal eingerichtet habe. Und übrigens«, Luise machte eine kurze Pause und schluckte trocken, »auch die Biene vermisse ich sehr. Ich verstehe auch immer noch nicht, weshalb sie so Hals über Kopf nach Mannheim gegangen ist.«
»Es war das Beste für sie, glaube mir.«
»Das mag ja schon sein und ich gönne es ihr auch, dass sie dort offenbar eine wirklich gute Arbeit gefunden hat. Aber trotzdem: erst diese Trennung und jetzt auch noch der Abschied von dir, das fällt mir wirklich schwer – fast noch schwerer, als der Abschied von meinen Eltern …«
Voller Rührung bemerkte Margret, dass jetzt auch in Luises Augen die ersten Tränen glitzerten.
»Ach, meine liebe Luise. Du bist halt schon auch ein bisschen mein Kind … das heißt, eigentlich bist du ja in den letzten Jahren beinahe eine Freundin für mich geworden und eben nicht nur das Kind, das ich mit großgezogen habe.«
»Mit großgezogen! Jetzt sei mal nicht bescheidener, als du sein musst. Du bist es, die mich ausschließlich großgezogen hat – und genau deswegen sage ich dir, dass ich an dir viel mehr hänge, als an meiner Mutter – bei meinem Vater ist es ein bisschen anders, aber wenn ich mich zwischen dir und meiner leiblichen Mutter entscheiden müsste, dann ist das Ergebnis eindeutig.«
Margret rollte in gespielter Entrüstung mit den Augen. »Jetzt machst du es mir noch schwerer mit dem Abschied, wenn du solche Dinge sagst!«
»Es ist halt so«, beharrte Luise auf ihrer Aussage. »Am allerliebsten würde ich dich ja nach Kork mitnehmen, aber das wäre ein merkwürdiges Durcheinander dann. Denn als Dienstmagd möchte ich dich keinesfalls

beschäftigen und … nun ja, wie soll ich es ausdrücken? Meine leibliche Mutter bist du halt nun mal nicht. Leider nicht«, setzte sie bedauernd noch hinzu.

»Dann müsstest du mich sozusagen zu deiner Gouvernante machen. Das gäbe in Kork gleich zu Beginn ein wunderschönes Thema für den Dorftratsch«, lachte Margret, froh, mit dieser Bemerkung die gedrückte Stimmung zwischen ihnen ein wenig auflockern zu können.

»Da würde mein Mann aber große Augen machen«, stimmte Luise dankbar in das Lachen ein. »Und das als Apotheker! Trotzdem wäre es mir am liebsten …«

»Was nicht geht, das geht eben nicht«, breitete Margret die Hände aus.

»Übrigens Margret«, begann Luise nach einer kurzen Pause vorsichtig, »was ich dich schon immer einmal fragen wollte …«

»Ja? Was denn? Komm, sag schon. Lange hast du nicht mehr die Gelegenheit dazu.«

»Ja, also …« druckste Luise herum und schien nach den richtigen Worten zu suchen. Dann hob sie rasch den Kopf und blickte Margret direkt in die Augen. »Wieso hast du damals deine Mädchen zurück gelassen, vor allem die Biene, die doch noch so klein gewesen ist, als du mich in Rappenau groß gezogen hast?«

»Zurück gelassen!«, schnaubte Margret. »Was sollte ich denn machen – ich habe einfach das Geld gebraucht, das ich von deinem Vater für deine Erziehung bekommen habe – und die Biene habe ich nicht mitnehmen dürfen. Das hat deine Mutter nicht erlaubt.«

»Das stelle ich mir nicht einfach vor, diese Situation: Für dich nicht und erst recht für die Christina und für die Biene nicht. Wenn die als Kinder auf die Mutterliebe verzichten müssen.«

»Mutterliebe!« Die Unterhaltung hatte eine Wendung genommen, die Margret ganz und gar nicht gefiel. »Hast du diese Mutterliebe denn bekommen?«

»Ja!«, nickte Luise heftig. »Und zwar nicht durch meine Mutter, sondern durch dich, Margret. Das hätten deine Christina und die Philippina sicher auch gerne gehabt. Im Fall von der Marie ist es ja wohl etwas anders, denn die hat ja die Elisabeth sozusagen als Ersatzmutter bekommen … aber deine beiden älteren … vielleicht ist das ja der Grund, dass du so gut wie keinen Kontakt mehr zu der Christina hast?«

»Das könnte möglich sein«, flüsterte Margret mit belegter Stimme.

»Ja, eben. Jedes Kind braucht Zuwendung. Ich habe mir da schon öfter meine Gedanken gemacht – auch im Hinblick auf meine eigenen Kinder. Das ist mir ganz wichtig, dass sie diese Zuneigung dann auch spüren können. Das braucht halt so ein Kind.«

»So ein Kind, so ein Kind!« echote Margret unwirsch. »Es ist hier nicht um Zuwendung oder gar Liebe gegangen, sondern schlichtweg ums Überleben! Um das Geld, das meine Familie für ihre Existenz gebraucht hat. Mein Vater, meine Mutter, später meine Stiefmutter, die Geschwister, meine Mädchen: da bleibt für Liebe leider nicht mehr viel Platz. Solche Gefühle muss man zurückstellen können. Leider. Aber es ist so: Liebe und all diese romantischen Begriffe, das ist etwas für reiche Leute.«

Betroffen deutete Luise mit dem Zeigefinger auf ihre Brust. »Du meinst damit Leute wie mich?«

»Ja, genau. Leute wie dich!«

»Das habe ich die ganze Zeit, solange ich lebe, noch nie so überlegt, wie du mir das jetzt geschildert hast. Du warst halt immer für mich da. Das war einfach selbstverständlich. Aber dass hinter meiner immerzu fürsorglichen lieben Margret auch ein Mensch mit eigenen Bedürfnissen steckt, mit Sehnsüchten, mit Nöten, das war mir nie bewusst.«

»Weshalb auch? Meine Aufgabe war es, zu schauen, dass du gesund bleibst und dass ein guter Mensch aus dir wird. Um dich ist es dabei gegangen – nicht um mich.«

Luise atmete tief durch, bevor sie antwortete. »Das klingt ganz schön brutal, Margret. Und das muss es für dich ja auch gewesen sein.« Langsam schüttelte sie den Kopf, noch immer erstaunt von dem, was sie da gerade hatte hören müssen. »Ich war schlichtweg wie vernagelt. Ich habe immerzu nur an mich gedacht. Das macht mich fassungslos. Und dabei bist du für mich doch einer der wichtigsten Menschen auf der Welt.«

»Dienstboten sind Dienstboten und Herrschaften sind Herrschaften. So ist das eben.«

Eine Zeitlang herrschte nachdenkliche Stille zwischen den beiden Frauen, dann endlich tastete Luise vorsichtig nach Margrets rechter Hand und drückte sie lange und fest. »Ich werde dich niemals vergessen, liebe Margret. Ich bin dir so dankbar für alles, was du für mich getan hast. Lebe wohl!« Die junge Frau erhob sich ruckartig und stürmte aus der Gaststube.

Es war eines ihrer letzten Gespräche überhaupt gewesen. Aber das konnten sie zu diesem Zeitpunkt natürlich nicht ahnen. Auch nicht, dass Luise ihre gute Freundin Philippina, mit der sie noch lange Jahre in einem lockeren Briefkontakt stand, nur noch einmal im Leben wiedersehen sollte. Und das ausgerechnet bei einem Anlass, der nicht unbedingt dazu geeignet war, die Wiedersehensfreude überschäumen zu lassen.

Noch tagelang fühlte sich Margret, als stecke sie mitten in einem langen, dunklen Tunnel fest, so sehr drückte der Abschied von »ihrer« Luise auf das Gemüt der traurigen Dienstmagd in der »Krone«. Denn es dürfte wohl ein Abschied für immer gewesen sein, in dieser Einschätzung war sie sich beinahe sicher. Was für ein Verlust! Die junge Frau stand ihr näher, als die eigenen Kinder. Da hatte die Luise schon richtig gelegen mit ihrer Einschätzung. Aber wie hätte es auch anders sein sollen. Andererseits durfte sie sich mit der Gewissheit trösten, dass es auch zwischen ihren Mädchen und Luise gewisse ver-

traute Bande gab. Und das war schön. Noch schöner wäre es freilich, wenn die Luise mehr wissen dürfte …
Hoffentlich war der Apotheker aus Kork auch wirklich der liebevolle Ehemann für Luise, den sich Christian Bengel für seine Tochter erwartete. Hoffentlich hatte es Hermann Zopff nicht doch nur auf die Mitgift seiner Verlobten abgesehen. Ein Gedanke, der Margret immer wieder durch den Kopf ging. Denn Zopff hatte es mit dieser Eheschließung wirklich gut erwischt: Luise Bengel war das, was man gemeinhin eine »gute Partie« nannte. Als einziges Kind der Familie Bengel bekam sie natürlich eine stattliche Mitgift in die Ehe, ausserdem winkte ihr eines Tages ein stattliches Erbe. Und diese Mitgift dürfte für den Bräutigam eine hochwillkommene Gelegenheit zur Finanzierung der Apotheke sein, die er ja erst ein Jahr zuvor gekauft hatte und auf der deshalb noch einige große Hypotheken lasteten. Dass sich auch der Kronenwirt mit solchen düsteren Gedanken plagte, hatte Margret durch die eine oder andere Bemerkung, die er kurz vor Luises Abreise fallen ließ, mitbekommen.
Doch irgendwann war die Entscheidung für Hermann Zopff gefallen und Luise war nach Kork aufgebrochen, um dort mit dem Apotheker den Bund der Ehe einzugehen. Die Fakten waren geschaffen und Luise plötzlich sozusagen »aus der Welt«. So weit weg. In Kork. Nicht nur Margret, auch Christian Bengel machte Luises Abschied schwer zu schaffen. Wieder und wieder konnte man vom Kronenwirt mitten in einem ganz anderen Gespräch wie aus heiterem Himmel plötzlich die bittere Bemerkung vernehmen: »Jetzt hat mich auch noch mein einziges überlebendes Kind verlassen!« Mehr und mehr zog Bengel sich in diesen Tagen von den anderen zurück und hockte depressiv in einer Ecke der Gaststube, wo er dumpf vor sich auf den Boden starrte. Es war eine düstere Stimmung, die in der »Krone« Einzug gehalten hatte und deshalb genoss Margret die wenigen freien Tage sehr, an denen sie sich nach Treschklingen aufmachen

konnte, um in ihrem Elternhaus auf andere Gedanken zu kommen und endlich wieder einmal anderen Leuten zu begegnen. Bald würde sie wieder ganz nach Treschklingen zurück ziehen und lieber den täglichen Fußmarsch nach Rappenau auf sich nehmen, als tagein – tagaus in der »Krone« bleiben zu müssen. So armselig und herunter gekommen, wie die Wohnung inzwischen auch aussehen mochte. Das konnte man mit ein bisschen Mühe schon wieder herrichten. Und ausserdem: in großem Glanz und Luxus hatten die Schobers ja ohnehin noch nie gelebt.

Gut anderthalb Jahre nach Luises Auszug aus Rappenau konnte kurz vor Weihnachten 1895 im Apothekerhaushalt in Kork ein freudiges Ereignis gefeiert werden: Luise hatte am 21. Dezember einem gesunden Mädchen das Leben geschenkt. Auf den Namen Gertrud Luise Zopff wurde das Kind getauft und als stolzer Pate fungierte in der Person von Christian Bengel erstaunlicherweise der eigene Großvater.
Vollkommen verwandelt war er am Tag nach der Taufe freudestrahlend wieder nach Rappenau heimgekehrt. Es schien gerade so, als habe es die tiefe Depression gar nie gegeben, so heiter und unbeschwert zeigte sich Christian Bengel jetzt wieder in der Gaststube und am Stammtisch, wo er sogar für jeden Zecher einen fröhlichen Spruch parat hatte.
Der Grund dafür blieb nicht lange verborgen: schon bei seiner Rückfahrt mit der Eisenbahn habe er den Entschluss gefasst, seinen Besitz in Rappenau zu verkaufen, um mit seiner Ehefrau so bald wie möglich zu seiner Tochter und dem lieben Enkelkind nach Kork zu ziehen, verkündete er am übernächsten Tag seinen staunenden Gästen und den Dienstboten. »Ich werde gleich morgen mit dem Hermann Reichardt verhandeln, denn der und seine Sophie, die haben sowieso schon einmal ihr Interesse an einer Übernahme der »Krone« angedeutet. Und

nachdem die Sophie ja auch noch meine Nichte ist, denke ich, können wir ganz offen über die Modalitäten reden, ohne dass dabei gleich Dinge nach draussen dringen, die für anderer Leute Ohren nicht bestimmt sind.«
Seine Ehefrau war aus allen Wolken gefallen, als Bengel der völlig ahnungslosen Karoline seinen Entschluss verkündete, und sie hatte auch ihren allerheftigsten Protest eingelegt, der gleichwohl wirkungslos an ihrem Mann abprallte: »Du liebe Güte, Christian! Du bist jetzt 70 Jahre alt und ich auch schon 62 Jahre – ich bitte dich … so einen alten Baum verpflanzt man doch nicht mehr!«
»Mich schon!« konterte Bengel hart. »Jetzt, wo auch die Luise fort ist … Mich hält hier nichts mehr!«
Karoline begriff sofort, was die Stunde geschlagen hatte und griff ganz tief in ihren Köcher, um den letzten Trumpf auszuspielen, den sie schon seit vielen Jahren »für den Fall des Falles« parat hatte. Das entscheidende Argument, das ihn in die Knie zwingen würde. Oder, noch besser, auf die Knie. So zumindest hatte sich Karoline das wieder und wieder ausgemalt. Und jetzt … war der geeignete Zeitpunkt endlich gekommen. »Und was ist mit deiner Geliebten – oder vielmehr: mit deinen ganzen Geliebten, denn man muss es ja wohl eher in der Mehrzahl sagen!« stieß sie hart hervor. »Sollen die auch nach Kork mitkommen? Der ganze Harem?«
Die erhoffte erschrockene Reaktion ihres Mannes blieb freilich aus. Vielmehr färbte sich das Gesicht von Christian Bengel nicht scham- sondern zornesrot, als er ihr seine knappe Antwort in die entgeisterte Miene schleuderte. »Ach Karoline – halte doch einfach den Mund!«
Trotzdem blieb für Karoline Bengel zunächst noch die Hoffnung, dass er seinen Plan schon noch fallen lassen würde, wenn der Trennungsschmerz verklungen wäre und erst recht, wenn Hermann Reichardt ihm nicht jenen Kaufpreis bezahlen wollte, den Christian von ihm forderte. Doch auch dieses Mal hatte sie die Rechnung im wahrsten Sinn des Wortes ohne den Wirt gemacht,

denn der Kronenwirt stand felsenfest zu seinem Entschluss und war trotz aller vorgebrachten Bedenken seiner vertrauten Ratskollegen nach wie vor ernsthaft entschlossen, die »Krone« samt allem Zubehör an Hermann und Sophie Reichardt zu veräußern. Auch Reichardt war es ernst mit seiner Kaufabsicht – was allerdings nach Meinung aller, die Christian Bengel besser kannten, noch lange nichts heißen musste. Denn Bengel hatte sich im Lauf vieler Jahre den Ruf eines gewieften Geschäftsmannes erworben, der grundsätzlich keine Zugeständnisse machte, wenn er von dem festgesetzten Preis erst einmal überzeugt war. Und der Gemeinderatskollege, Gastwirt und Bierbrauer Hermann Reichardt war keiner, der einen überhöhten Kaufpreis zahlen würde. Kaum möglich, dass sie sich irgendwo in der Mitte treffen würden. »Ihr werdet schon sehen: Der bleibt hier, darauf würde ich mein Haus verwetten!« Zum Glück für den leichtsinnigen Glücksspieler hatte sich keiner bereit erklärt, die Wette einzugehen. Denn alle hatten seine Ansicht geteilt. Und dann war es doch ganz anders gekommen: innerhalb kürzester Zeit waren sich Bengel und Reichardt handelseinig geworden. Der Käufer, darauf hatte der alte Kronenwirt allerdings bestanden, musste sich jedoch verpflichten, Christian Bengel und dessen Ehefrau notfalls zu versorgen, falls eine schwierige Lage entstehen sollte. Eine Bedingung, die Reichardt ohne Umschweife sofort akzeptierte. »Das ist ja mehr als unwahrscheinlich, dass es so weit kommt. Schließlich hast du dort ja deine Tochter, die Apothekersfrau ist. Da wird es wohl kaum knapp werden mit dem Geld – bei einem Apotheker! Und du selbst wirst immerhin auch ein ordentliches Sümmchen von mir bekommen.«
»Trau, schau, wem«, hatte Bengel lächelnd erwidert. »Vergiss nicht, dass ich einen großen Teil des Geldes zum Abbezahlen der Hypothek auf die Apotheke verwende und dann muss ich auch noch die Wohnung für uns dort ausbauen lassen. Und wer weiß, wie lange ich mich

mit dem Schwiegersohn tatsächlich gut verstehe. So, wie ich es manchmal zwischen den Zeilen von Luise heraus lese, ist der nämlich schon ein ganz eigener Charakter. Deshalb ist es mir ja auch so wichtig, möglichst nahe bei meiner Luise zu sein.« Damit war auch dieser Punkt zur beidseitigen Zufriedenheit besprochen. Die einzige Klippe, die sich während der Verkaufsverhandlungen kurzzeitig dann doch noch aufgetan hatte, war eine weitere Verpflichtung für den neuen Käufer. Dabei ging es darum, Carl, den Neffen von Christian Bengel, in seinem Zimmer in der »Krone« zu belassen und sich ferner um den merkwürdigen Einzelgänger zumindest so zu kümmern, dass dieser nicht völlig verwahrloste. Nach kurzer, heftiger Gegenrede hatte sich Reichardt bereit erklärt, diese Verpflichtung – wenn auch zähneknirschend – einhalten zu wollen.

So kam es also, dass Christian Bengel im April des Jahres 1896 nach 19 Jahren aus dem Gemeinderat von Rappenau verabschiedet wurde.
Wenige Tage später zog er mit seiner Ehefrau Karoline, die sich voller Bitterkeit in ihr Schicksal fügte, in das stattliche Gebäude der »Hanauerland Apotheke« seines Schwiegersohnes Hermann Zopff in Kork.
Tatsächlich hielt sich die Freude des Apothekers in engen Grenzen, als ihn Luise über die Umzugspläne ihres Vaters in Kenntnis setzte. Dass ausgerechnet die Eltern seiner Frau nun bei ihm wohnten, nachdem seine Beziehung zu Luise in der Tat nicht als die Allerbeste bezeichnet werden konnte. Andererseits war ihm das zusätzliche Geld hochwillkommen, das Bengel in das Gebäude zu investieren gedachte. Und nicht nur in das Gebäude, denn da gab es tatsächlich auch noch die eine oder andere Verbindlichkeit des Apothekers... und so machte der eben gute Miene zum gar nicht so willkommenen personellen Zuwachs in seinem Haus, getreu dem gelehrten lateinischen Motto »pecunia no olet«, was man im Alltag auch

mit dem schnöden deutschen Ausdruck »Geld stinkt nicht« übersetzen konnte.

Wie zutreffend Christian Bengels düstere Vorahnung hinsichtlich der Eheverhältnisse seiner Tochter tatsächlich war, sollte sich viele Jahre später in der Tatsache niederschlagen, dass Hermann Zopff auf dem Rathaus von Kork ein Familiengrab für drei Personen erwarb und dabei ganz konkret eintragen ließ, wen der Totengräber dereinst an welcher Stelle des Familiengrabes Zopff zur letzten Ruhe zu betten hatte. Links die Schwiegermutter, rechts der Schwiegervater, in der Mitte Luise Zopff, geborene Bengel. Der Name Hermann Zopff dagegen fehlte in der Eintragung. So tief war inzwischen der Riss, der sich durch die Apothekersfamilie zog. Aber dass es einmal sogar so weit kommen würde, das konnte der Kronenwirt zur Zeit seines Umzugs nach Kork trotz der leichten Bedenken, die er im Hinblick auf die Zuneigung des Apothekers zu seiner Tochter hegte, natürlich nicht voraussehen. Und gerade wegen dieser gewissen Unsicherheit war es ja umso besser, dass seine Luise ihren Vater immer in ihrer unmittelbaren Nähe wusste. Sollte er sich jedoch irren, war es ihm natürlich ohnehin recht.

So hatte Christian Bengel in diesem Jahr also tatsächlich seinen Geburtsort Rappenau für immer hinter sich gelassen – samt Haus und Hof. Und nicht nur die Gebäude waren dabei zurück geblieben …

Auch Margret! »Du gehst einfach fort, Christian! Aber was ist mit mir? Ich … ich fühle mich, als wenn ich auf ein Abstellgleis geschoben worden wäre. Einfach so. Unnützes Beiwerk, zu nichts mehr zu gebrauchen. Doch, doch. Da brauchst du jetzt gar nicht zu protestieren. Es ist doch so: du hast mich einfach beiseite gestellt, nicht anders, wie ein altes Möbelstück, das du auch nicht nach Kork mitnehmen willst! Christian! Bin ich dir denn ganz egal?! Nach all den Jahren?!«

In offensichtlicher Verlegenheit hatte der ehemalige Kronenwirt die Hände gerungen – im Nachhinein betrachtet war das wohl der einzige Zeitpunkt gewesen, an dem Bengel mit seinem Entschluss zum Wegziehen aus Rappenau tatsächlich kurzzeitig ins Straucheln geraten war. »Aber versteh mich doch, Margret«, presste er zwischen den Zähnen hervor. »Du kannst nicht mit mir mit – und der Reichardt Hermann kann dich auch nicht brauchen. Der bringt selber sein Gesinde mit. Wäre es denn für dich nicht sowieso das Beste, du würdest dich nach Treschklingen aufs Altenteil zurück ziehen?«

»Aufs Altenteil zurück ziehen? Mit 52 Jahren? Wie stellst du dir das denn vor?!«

»Nun ja«, wie schaffte er es bloß, sich rasch aus dieser unangenehmen Situation heraus zu manövrieren, »In der »Sonne« werden sie dich sicher wieder gut brauchen können. Ich kann ja auch meinem Neffen dort schreiben und ein gutes Wort für dich einlegen.«

»Die werden sich freuen …« kommentierte Margret zynisch. Doch das bemerkte Bengel in all der Peinlichkeit gar nicht.

»Ja, ganz sicher werden sie das«, nickte er eifrig. »Eine fleißige Person, wie du es bist, die bekommt doch immer eine Arbeit …«

»Wenn du das so sagst …«, kommentierte Margret bitter. »Und was ist mit dem Carl? Den lässt du tatsächlich auch zurück?«

»Ja, der bleibt da. Den kann ich meinem Schwiegersohn gleich zweimal nicht aufbürden. Alt genug ist der Kerl doch allmählich mit seinen 52 Jahren, um endlich ein bisschen auf sich selber aufzupassen.«

»Und wenn nicht?«

»Dann muss der Reichardt auf ihn ein Auge haben, das hat er mir schriftlich zusagen müssen.«

»Also stimmt es doch, was immer getuschelt worden ist. Du lässt alle einfach zurück. Mich genauso wie den Carl. Du weißt ja: ich kann ihn weiß Gott nicht leiden, aber trotzdem kann ich mir vorstellen, was das für ihn bedeutet. Erst hat ihn sein Vater nicht nach Treschklingen mitgenommen, jetzt lässt ihn sein Onkel mutterseelenallein in Rappenau zurück. Das ist schon heftig, findest du nicht auch. Tut er dir denn gar nicht leid? Immerhin ist er doch der Sohn deines Bruders?«

»Wenn du so ein Mitleid mit dem Deppen hast, dann kümmere du dich halt um ihn!« Zornig wirbelte Christian Bengel auf dem Absatz um und ließ Margret grußlos stehen.

Es waren bleierne Jahre, nachdem Margret der »Krone« in Rappenau den Rücken hatte kehren müssen, in der sie doch einen Großteil ihres Lebens verbracht hatte. Mit harter Arbeit verbracht hatte. Und nun hatte man sie einfach beiseite geschoben. Als wäre sie zu nichts mehr zu gebrauchen. Wie einen unnütz gewordenen Gegenstand.

Unter primitivsten Bedingungen bewirtschaftete sie den ihr verbliebenen winzigen Anteil am letzten Acker ihres Vaters – ab und zu winkte dann noch ein kleiner Nebenverdienst beim Zuckerrübenhacken auf Feldern des Gutshofs. Doch ausgerechnet im ersten Jahr ihrer Rückkehr fiel die Zuckerrübenernte katastrophal aus: schlimme Regenfälle hatten die Rüben im Frühherbst zu großen Teilen einfach von den Feldern geschwemmt, so dass sie auf einen Ernteeinsatz im Spätjahr erst gar nicht zu hoffen brauchte. Und damit fiel auch dieser Lohn buchstäblich ins Wasser. Geld, mit dem sie bereits fest gerechnet hatte.

Und jetzt auch noch diese Steuer, die noch zu zahlen war!

Gerade eben war sie im Schuppen gewesen, um ihre Hacke zu holen, da war wie aus heiterem Himmel der Gemeindediener erschienen und hatte ihr die eindringliche Warnung vom Rathaus verkündet, dass sie ihre drei Mark an Grundsteuer noch immer nicht gezahlt habe und hiermit streng ermahnt werde, dieses sofort nachzuholen. »Und wenn ich sage sofort, dann meinen die auch sofort: sonst musst du nämlich auch noch Strafzinsen zahlen, und die haben es in sich!«

»Ja aber …« hilflos rang Margret mit den Händen. »Wie denn, wovon soll ich das denn zahlen? Ich habe doch nichts! Und das Zuckerrübengeld gibt es ja dieses Jahr auch nicht.«

»Dafür kann ich auch nichts. So ist es nun einmal. Den anderen geht es schließlich genau so. Aber egal«, der Bote kräuselte unwirsch seine Nase. »Ich kann es dir nur noch einmal nachdrücklich ans Herz legen: zahle lieber jetzt gleich, denn mit Zinsen ist es noch teurer.«

»Steuern! Zinsen! Das kannst du gerne noch hundertmal wiederholen. Aber ich habe doch nichts mehr – außer dem kleinen Acker draussen.«

»Und dem Haus!«

»Das Haus! Mein ganzes Geld habe ich zum Flicken des Lochs im Dach gebraucht. Den ganzen Erlös, den mir der Stunz abbezahlt hat, habe ich da hinein stecken müssen. Nichts ist mehr übrig geblieben – und in diesem Jahr hat man ja, wie du ganz genau weißt, auch kaum etwas dazu verdienen können im Gutshof. Ich habe inzwischen noch nicht einmal mehr den kleinsten Spargroschen. Und jetzt kommst auch noch du daher und willst noch mehr. Ich habe nichts, das kannst du dem Bürgermeister genau so ausrichten!«

»Dann weißt du aber, was danach kommen wird«, entgegnete der Amtsbote ungerührt.

»Dann kommt es halt, wie es offenbar kommen muss. Was soll ich denn sonst machen?«

»Beispielsweise deinem Bengel schreiben, dass er dir helfen soll.«

Schlagartig blitzte es in Margrets Augen auf: »Deinem Bengel!« wiederholte sie verblüfft und ärgerlich. »Was erlaubst du dir?! Und überhaupt: Was geht dich denn der Christian Bengel an?«

»Gar nichts«, erwiderte der Mann und stellte dabei ein

unverschämtes Grinsen zur Schau. »Aber der könnte dir ruhig helfen. Das wäre doch nur gerecht …«
»Was redest du denn da?!«
»Du weißt ganz genau, worauf ich hinaus will. Aber gut, es ist allein deine Entscheidung. Mach, was du willst. Auf Wiedersehen.« Damit setzte er die Mütze auf den Kopf und trottete gemächlich zum Rathaus zurück, während Margret regungslos am Stiel der Feldhacke lehnte und ihren Blick starr auf den Boden gerichtet hielt. So bemerkte sie erst gar nicht, dass ihre Nachbarin herbei gekommen war und sie sorgenvoll betrachtete. Dementsprechend erschrocken zuckte Margret zusammen, als plötzlich die Stimme der Frau an ihr Ohr drang. »Was hat denn der Ausscheller von dir gewollt, Margret?«
Zitternd fuhr sich Margret mit ihrer freien linken Hand über das Gesicht, dann atmete sie tief durch, bevor sie bewusst gleichgültig mit den Schultern zuckte. »Ach, nichts …«
»Hat er Geld einfordern wollen?«
»Ich habe gesagt, es war nichts«, wiederholte Margret mit einem scharfen Unterton in der Stimme. »Kümmere dich gefälligst um deine eigenen Sachen!« Damit nahm sie den Stiel der Hacke energisch in beide Hände und stapfte mit zornigen Schritten davon.

38

Im März 1900 fand in Kirchardt die Konfirmation von Marie Schober statt, der Schley Marie, wie sie im Dorf aus guten Gründen freilich längst genannt wurde. Denn schließlich wohnte sie ja schon seit ihrer Geburt im Haus ihrer Paten Elisabeth und Jakob Schley am Schmalzbuckel. Zur Feier des Tages waren sogar ihre Schwestern Christina und Philippina aus Mannheim zum Gottesdienst gekommen. »Was glaubst du, wie früh wir haben aufstehen müssen, um das zu schaffen. Wir haben den ersten Zug nach Heidelberg genommen, dort sind wir umgestiegen in den Zug nach Sinsheim und bis wir dann endlich in Grombach am Bahnhof haben aussteigen können, haben wir schon befürchtet, dass wir zu spät dran sind. Denn das ist ja auch nochmal eine gute halbe Stunde zu laufen, vom Bahnhof in Grombach bis nach Kirchardt. Aber jetzt sind wir ja da – und zum guten Glück sogar noch rechtzeitig«, erklärten die beiden ihrer staunenden Schwester.
»Ihr seid tatsächlich mit der Eisenbahn gefahren? Das würde ich auch so gerne einmal tun. Wie ist das denn?« erkundigte sie sich neugierig.
»Hauptsächlich ist es teuer«, lachte Christina. »Selbst die dritte Klasse kostet noch eine ganz ordentliche Stange Geld. Zumindest für unsereins ist das schon ein stattlicher Betrag.«
»Für die Rückreise werden wir uns etwas anderes überlegen müssen«, pflichtete Philippina ihr bei. »Vielleicht finden wir ja einen Bauern, der heute Nachmittag eine Fuhre nach Sinsheim hat. Obwohl ja eigentlich Sonntag ist. Na ja, jetzt freuen wir uns erst einmal, dich zu sehen. Das ist ja selten genug. Da schau, ich glaube, es ist so weit. Der Pfarrer winkt euch zu sich.«
Nach dem Gottesdienst versammelte sich die Familie in

dem kleinen Haus am Schmalzbuckel. »Die Margret, die Christina, die Biene, Marie, dazu noch wir beide: Jakob, heute sind wir ja fast schon eine Großfamilie!« strahlte Elisabeth Schley mit der Märzsonne um die Wette. »Was für ein wunderschöner Tag! Lasst ihn uns und unser seltenes Zusammensein aus vollem Herzen genießen. Was hast du denn da eigentlich mitgebracht, Margret?« wandte sie sich ihrer Schwester zu, die gerade ein mit braunem Packpapier sorgfältig umwickeltes Päckchen auf den Tisch der Wohnstube legte.

»Das ist vorgestern von der Luise bei mir angekommen … ihr wisst schon, von welcher Luise: von der Luise Zopff, geborene Bengel.«

»Von der Luise, die nach Kork geheiratet hat?« erkundigte sich Christina. »Wieso schickt die dir ein Päckchen?«

»Das ist gar nicht für mich bestimmt, das meiste darin zumindest nicht«, lächelte Margret, in deren Gesichtszügen die letzten Jahre tiefe Furchen gegraben hatten. »Das ist in erster Linie für die Marie, weil sie doch heute konfirmiert worden ist.«

»Woher weiß die denn das, dass heute die Konfirmation von unserer Marie ist, wenn sie doch so weit weg in Kork wohnt?«

»Wir schreiben uns ab und zu«, erwiderte Margret. »Na ja: schreiben … Damit ist es nicht so weit her bei mir. Aber die Luise schreibt mir immer recht ausführliche Briefe und legt sie in ein Päckchen, in dem dann manchmal ein Hustensaft oder etwas ähnlich Nützliches für mich drin ist. Ihr Mann ist ja schließlich Apotheker. Sie legt mir auch immer das Porto dazu, damit ich zurück schreiben kann, denn ich glaube, sie ist dort ein bisschen einsam. Mit ihrem Mann scheint sie sich nicht sonderlich gut zu verstehen.«

»Aber ihre Eltern sind zu ihr nach Kork gezogen. Da kann sie doch nicht einsam sein«, wandte Elisabeth ein.

»Ich will jetzt wissen, was in dem Päckchen drin ist«,

meldete sich die Konfirmandin ungeduldig zu Wort. »Da ist doch was für mich dabei, hast du mir vorhin angedeutet … Mutter«, setzte sie stockend noch hinzu.
Die Art und Weise, wie sie das Wort »Mutter« heraus gepresst hatte, versetzte sowohl Margret als auch Elisabeth einen Stich in die Magengrube.
»Wahrscheinlich ein Hustensaft«, grinste Philippina und sorgte damit für eine willkommene Ablenkung. Sie amüsierte sich königlich über die Grimasse, die ihre kleine Schwester bei dieser Bemerkung schnitt.
»Hustensaft! Wer kommt denn auf so eine Idee, einem an der Konfirmation Hustensaft zu schenken!« verzog Marie ihr Gesicht.
»Na ja, das ist doch immerhin praktisch gedacht«, zündelte Philippina noch ein bisschen weiter. »Wenn du einmal Husten hast …«
»Jetzt führe die arme Marie doch nicht derart auf den Holzweg«, mischte sich ihre Mutter ein und bedachte die Biene mit einem vorwurfsvollen Blick. »Was wird da Hustensaft drin sein?! Der ist immer für mich, aber für dich hat sich die Luise sicherlich etwas viel Besseres ausgedacht. Willst du das Päckchen nicht endlich aufmachen?«
Und ob die Marie das wollte!
Aufgeregt zog sie an der zweifach verknoteten Schlaufe der Paketschnur. »Das geht nicht auf, das blöde Ding!« Schon stand sie im Begriff, eine Schere aus der Tischschublade zu ziehen und die Schnur einfach durchzuschneiden, als Elisabeth ihrem Patenkind Einhalt gebot.
»Halt! So macht man das nicht. Die Schnur wäre dann ja kaputt. Und das Packpapier wird bitteschön auch ganz sorgfältig behandelt. Nicht, dass es zerreißt. Das kann man nämlich wunderbar noch einmal verwenden!«
Voller Ungeduld verfolgte Marie die ihrer Meinung nach genauso unnötige, wie elend lange dauernde Auswickelprozedur. Endlich – nach einer halben Ewigkeit – war es geschafft! »Da schau. Alles sauber ausgepackt. Jetzt

kannst du die Schachtel aufmachen«, streckte Elisabeth ihr eine kleine, graue Pappschachtel entgegen.

Wenig später ertönte ein Jubelschrei aus dem Mund der Konfirmandin. »Herrlich! Das sind ja lauter Süßigkeiten!«

Luise hatte Maries Geschmack bestens getroffen.

»Süßigkeiten«, staunten ihre Schwestern nicht schlecht. »Das hätten wir auch gerne zur Konfirmation bekommen!«

»Da war halt die Luise noch nicht mit einem Apotheker verheiratet«, lächelte Margret in einem Anflug von Wehmut. Dann jedoch straffte sie den Rücken und setzte sich kerzengerade auf. Gerade so, als wolle sie damit ihre trüben Gedanken an die schmerzlich vermisste Luise verscheuchen. »Dieses komische süße Zeug zum Kauen stellt ihr Mann anscheinend selber her, hat sie mir geschrieben. Der darf aber nicht wisssen, dass sie mir das geschickt hat. Ich soll es auch ja nicht in meinen Antwortbriefen erwähnen.«

»Aber warum denn nicht?«

»Der ist doch sicher reich genug, um ein bisschen was abgeben zu können.«

»Es ist halt so …«

»… also mir ist das egal. Mir schmeckt es jedenfalls«, kaute Marie, die sich längst einen Teil der süßen Köstlichkeit in den Mund gesteckt hatte.

»Arme reiche Leute sind das«, merkte Jakob Schley achselzuckend an.

»Zumindest haben sie keine Geldsorgen«, konterte Christina.

»Dafür scheinen sie ja umso mehr Probleme in ihrer Ehe zu haben. Das stelle ich mir auch nicht gerrade schön vor.«

»Das sind reine Luxusprobleme. So etwas kann sich unsereins gar nicht leisten.«

»Da, schau doch nur unsere Mutter an«, nickte Biene zu Margret hinüber. »Seit der Bengel weg ist, kommt sie doch kaum noch über die Runden. In ihrem Alter sich noch als Gelegenheitsmagd bei den Bauern verdingen zu müssen, das ist auch nicht das Gelbe vom Ei. Übrigens, Mutter«, wandte sie sich nun direkt an die müde auf dem Sofa sitzende Frau mit den längst schlohweiß gewordenen Haaren. »In diesem Jahr wirst du 56. Du bist also auch nicht mehr gerade die Allerjüngste. Wäre es denn nicht besser, du würdest nach Kirchardt ziehen?« Sie wechselte einen raschen Blick mit Elisabeth Schley. Diese nickte kurz zurück. »Also, ich habe das nämlich schon vor einiger Zeit einmal mit der Tante Elisabeth und mit dem Jakob besprochen. Die finden das auch gut. Sie würden dafür sorgen, dass du hier ganz in der Nähe wohnen kannst. Dann könntet ihr euch manche Arbeit mit dem Haushalt teilen – und du wärst näher bei der Marie. Was hältst du davon?« Gespannt warteten sie auf eine Antwort.

»Ach Biene«, winkte Margret ab. »Was soll ich denn in Kirchardt? Erstens kenne ich da doch niemand …«

»… bis auf uns drei!« protestierte Elisabeth.

»Ja, gut. Aber das ist dann auch schon alles. Außerdem heißt es doch immer: einen alten Baum verpflanzt man nicht!«

»Das hast du ja beim Kronenwirt gesehen, wie gut das geht.«

»Das ist doch etwas ganz anderes. Du kannst den Christian doch nicht mit mir vergleichen. Und dann gibt es noch einen zweiten Grund, weshalb das nicht geht: ich bekomme hier doch keine Anstellung. Da bin ich dann noch viel schlechter dran, als in Treschklingen, wo mich die Leute kennen und für mich schon deshalb ab und zu eine Arbeit haben, die sie sonst einer Jüngeren gegeben hätten.«

»Aber in den Zigarrenfabriken hier gibt es viel Arbeit …«

»… aber du bist es doch gewesen, Elisabeth, die mir einmal erzählt hat, wie schwierig es für dich war, dort eine

Anstellung zu finden. Da sind alle Plätze besetzt und wenn einer frei wird, dann nehmen die erst einmal die Einheimischen, die sie besser kennen. Das ist nicht anders, als bei den Bauern in Treschklingen.«

»Da hat sie leider recht«, nickte Jakob Schley.

»Aber wir könnten es ja wenigstens einmal versuchen.«

»Dann versuche du ruhig, mir eine Arbeit zu finden, Elisabeth. Aber so lange das nicht so ist, so lange werde ich auf alle Fälle in Treschklingen bleiben. Immerhin ist es ja auch unser Elternhaus, und wenn ich von dort wegziehe, dann werden andere Leute darin wohnen. Das ist eine Vorstellung, die mir eigentlich gar nicht gefällt.«

»Ach was: diese Bruchbude dort, das ist doch kein Haus, da braucht man doch gar nicht erst wehmütig zu werden«, empörte sich Philippina. »Ich für meinen Teil bin jedenfalls gottfroh, dass ich davon weg bin!«

»Bruchbude! Wie redest du denn nur über das Haus, in dem du groß geworden bist?!«

»Ich sage nur, was wahr ist«, dachte die Biene jedoch gar nicht daran, klein beizugeben.

»Und wenn du nicht nach Kirchardt willst, dann kommst du halt zu mir oder zu der Biene nach Mannheim«, sprang nun Christina in die Bresche. »Da findet sich immer eine Arbeit.«

»Mannheim! Was habe ich denn in so einer großen Stadt zu suchen!« Energisch schüttelte Margret ihren Kopf. »Ich bin auf dem Land groß geworden und bin noch nie in einer Stadt gewesen, was soll ich denn da in meinem Alter noch nach Mannheim umziehen. In so eine riesige Stadt! Also wirklich, Christina!«

Noch immer gaben sich die beiden nicht geschlagen. »Die Marie will ja auch bald kommen und hier Köchin lernen – das wäre dann doch schön, wir alle zusammen«. Margret musterte ihre jüngste Tochter verwundert: »Du willst also einmal Köchin werden, Marie – in Mannheim! Soso. Davon habe ich ja gar nichts gewusst.«

Marie errötete. »Ja – das würde ich schon gerne lernen

und die Christina und die Biene haben gesagt, sie könnten mir bei der Stellensuche behilflich sein.«

Elisabeth Schley zog missbilligend die Mundwinkel herunter. »Ja, das ist gerade das Neueste. Irgendwann ist es ihr plötzlich in den Sinn gekommen, ich weiß auch nicht, wieso. Aber diese Flausen im Kopf, die werden hoffentlich bald wieder verschwinden. Und überhaupt«, nahm sie nun ihre Nichte Christina ernst in ihr Visier, »du solltest nicht noch Wasser auf diese Mühlen schütten. Du weißt doch ganz genau, dass wir die Marie lieber bei uns in Kirchardt behalten wollen.«

»Jeder Mensch hat das Recht auf ein eigenes Leben«, entgegnete Christina viel schroffer, als sie das eigentlich beabsichtigte.

»Das mag ja sein. Aber man hat schon auch darauf zu achten, dass die anderen dabei nicht darunter leiden müssen.«

Christina stellte eine ungläubige Miene zur Schau. »Jetzt sag bloß, dass ihr beide, der Jakob und du, darunter zu leiden hätten, wenn die Marie nach Mannheim geht!«

»Genau so ist es: wir hätten darunter zu leiden. Das alles war nämlich mit deiner Mutter ganz anders besprochen!«

Damit war alles gesagt. Und so nahm das Leben auch in den nächsten Jahren für alle seinen gewohnten Gang.

39

Ausgerechnet am 27. Januar 1903, an »Kaisers Geburtstag«, war in Rappenau Carl Bengel im Alter von 58 Jahren gestorben.
»Ohne Beruf, lediger Rosshalter«, so lautete sein Sterbeeintrag im Kirchenregister.
Zu seiner Beerdigung war sogar Luise gekommen, während ihre Eltern es vorgezogen hatten, in Kork zu bleiben, um dort während Luises Abwesenheit auf die siebenjährige Gertrud und ihren noch nicht ganz zwei Jahre alten Bruder Friedrich aufzupassen. Drei Stunden vor dem Begräbnis war Luise mit einer Kutsche in Treschklingen vorgefahren, die ihr Hermann Reichardt zur Verfügung gestellt hatte. Die nichtsahnende Margret vermeinte, ihren Augen nicht trauen zu können, als urplötzlich Luise vor ihr in der Tür des Hauses stand. Luise, die sie doch so viele Jahre nicht gesehen hatte.
»Luise!«
»Margret!«
Überwältigt von der Wiedersehensfreude lagen sich die beiden Frauen schluchzend in den Armen.
Es dauerte geraume Zeit, bis Luise auf den Grund ihres Hierseins zu sprechen kam. »Du hast den Carl nie gemocht – und ich auch nicht. Trotzdem denke ich, gehört es sich, dass man ihm wenigstens das letzte Geleit gibt. Er hat ja sonst niemanden, höchstens noch den Reichardts Hermann und die Sophie. Aber wir haben ihn halt doch am längsten von allen gekannt. Und nachdem meine Eltern sich kategorisch geweigert haben, wegen der Beerdigung nach Rappenau zu fahren, habe ich das eben auf mich genommen, dass überhaupt jemand da ist«, seufzte Luise, um gleich darauf mit einem seligen Lächeln fortzufahren. »Immerhin ist es mir dadurch möglich, dich zu treffen – und das wiegt

alle Strapazen der Reise wieder auf, genauso wie den traurigen Anlass, wegen dem ich gekommen bin. Es ist so schön, dich wiederzusehen. Schade nur, das ich deine Marie nicht treffen kann. Ich wäre wirklich gespannt gewesen, wie die sich entwickelt hat.«

»Wenn du wiederkommst – hoffentlich dann nicht zu einer Berdigung und auch nicht erst wieder nach fast zehn Jahren«, nickte Margret, während sie sich das schwarze Halstuch umwarf. »Also, Luise. Lass uns fahren. Nicht, dass wir noch zu spät kommen. Ich glaube nämlich nicht, dass der Pfarrer auf uns warten wird.«

Luise sollte Recht behalten mit ihrer Vermutung: nur eine winzig kleine Trauergemeinde hatte sich am Grab von Carl Friedrich Bengel versammelt, um ihm die letzte Ehre zu erweisen. Und dennoch war es eine bewegende Zeremonie, die einen tiefen Eindruck bei Margret und Luise hinterließ – so wenig sie den merkwürdigen Carl auch Zeit seines Lebens gemocht hatten.

Auf den ausdrücklichen Wunsch des Verstorbenen stand die Trauerrede des Pfarres nämlich unter dem Motto von Psalm 27,10, das da lautet: »Denn mein Vater und meine Mutter verlassen mich, aber der Herr nimmt mich auf.«

»Das ist erstaunlich, dass der Carl ausgerechnet diese Verse selbst ausgesucht hat. Offenbar hatte er also doch mehr Empfindungen und einen sensibleren Geist, als wir das diesem immer so grobschlächtig auftretenden Kerl zugetraut haben«, murmelte Margret auf dem Rückweg vom Friedhof nachdenklich.

»Ja. Wenn man bedenkt, dass seine Mutter gestorben ist, als er acht Jahre alt war – und dann nimmt ihn sein Vater nicht zu der neuen Ehefrau mit nach Treschklingen. Er lässt ihn einfach beim Bruder in Rappenau zurück. Und viele Jahre später wiederholt sich dasselbe noch einmal: auch mein Vater, sein Onkel, der ihn doch in seine Obhut genommen hat, lässt ihn zurück. Wie gesagt: Wir haben ihn ja alle nicht sonderlich gut leiden können wegen seiner seltsamen Art, aber dennoch …«

Tief in ernste Gedanken versunken gingen sie eine Zeitlang stumm nebeneinander her, bis sich Margret vorsichtig räusperte und zögernd deklamierte: »Herr weise mir deinen Weg und leite mich auf ebener Bahn um meiner Feinde willen …«
Abrupt blieb Luise stehen und musterte ihre Begleiterin verwundert: »Was ist denn das für ein Zitat?«
»Das ist die Fortsetzung des Psalms, den Carl für seine Beerdigung ausgesucht hat. Es ist mir wieder eingefallen, wie es da noch weiter geht: Gib mich nicht preis dem Willen meiner Feinde! Denn es stehen falsche Zeugen wider mich auf und tun mir Unrecht ohne Scheu. Ich glaube aber doch, dass ich sehen werde die Güte des Herrn im Lande der Lebendigen. Harre des Herrn! Sei getrost und unverzagt und harre des Herrn!«
»Was für ein Zitat!«

Betroffen wandten sich die beiden um und richteten ihre Blicke zurück auf den Friedhof, wo der Totengräber gerade die ersten Schippen mit Erde in das Grab von Carl Bengel schaufelte.
»Denn mein Vater und meine Mutter verlassen mich …«
»Der Herrgott sei seiner armen Seele gnädig. Amen!«
»Amen!«

40

Im Jahr 1905 ging es einfach nicht mehr anders. Trotz ihres beharrlichen Sträubens hatte sich Margret schließlich eingestehen müssen, dass es sein musste: ihr Umzug nach Kirchardt konnte nicht länger hinaus geschoben werden. Besonders zu schaffen machte ihr dabei jedoch die Tatsache, dass sie mit dem Wegzug aus Treschklingen damit auch ihr Bürgerrecht in ihrem Geburtsort für immer aufgeben musste. Eines der wenigen Privilegien, das sie über all die Jahre besessen hatte und auf das sie so stolz gewesen war – auch wenn es ihr im Grunde genommen keinerlei nennenswerten Vorteil verschafft hatte. Bis auf das kleine Los Brennholz, das sie alljährlich dafür zugeteilt bekam.
Aber auch Margret war im Laufe der vergangenen Monate endgültig klar geworden, dass sie nicht mehr länger mutterseelenallein in dem baufälligen Hausviertel wohnen bleiben konnte: Mit ihren inzwischen 61 Lebensjahren galt sie, wie die Leute halt so sagten, als »ganz und gar abgeschaffte, alte Frau«. Und nachdem jetzt auch noch die Geiß gestorben war ... Eine neue Ziege konnte sie sich nicht leisten. »Also, dann wirst du halt auf deine alten Tage doch noch umziehen müssen«, hatte ihre Schwester Elisabeth resolut entschieden, als sie davon hörte. »Du kommst jetzt zu uns nach Kirchardt und ich werde dafür sorgen, dass auch die Marie aus Heidelberg zurück kommt.« Gegen den erklärten Willen der Schleys war Marie kurz nach ihrer Konfirmation nun zwar nicht, wie das von ihren Schwestern zunächst geplant gewesen war, nach Mannheim, sondern nach Heidelberg gegangen, wo sie eine gute Anstellung als Haushaltshilfe gefunden hatte. »Die Herrschaften dort mögen die Marie sehr, weil sie halt so eine gute Köchin ist«, erklärte Elisabeth. »Kein Wunder, die Grundlagen

dafür hat sie ja bei mir lernen können und neue Rezepte schreibt sie immer ganz penibel in ihr Buch hinein. Nun ja, jetzt kann sie also demnächst uns mit ihren Kochkünsten verwöhnen. Vor allem dich – und du hast es ja wirklich nötig, so klapperdürr, wie du mittlerweile daher kommst«, fuhr sie fort und streifte ihre ältere Schwester dabei mit einem sorgenvollen Blick. »Du musst dringend wieder zu Kräften kommen – und dafür ist die Marie gerade die Richtige. Und später kann sie dann ja auch noch den Jakob und mich versorgen, so wie das ja schon immer geplant war.«

»Und wo willst du mich unterbringen, Elisabeth?« versuchte Margret ein letztes, schwaches Gegenargument ins Feld zu führen. »Ihr habt doch selbst kaum Platz bei euch, wenn die Marie zurückkommt?«

Doch Elisabeth winkte lächelnd ab. »Auch darüber brauchst du dir nicht mehr den Kopf zerbrechen. Wir haben tatsächlich schon eine Bleibe für dich finden können. Du kannst direkt bei uns in der Nachbarschaft in ein kleines Häuschen am Schmalzbuckel ziehen, das hat mir die Anna Hockenberger, die mir auch eine gute Freundin ist, bereits fest versprochen.«

»Ein kleines Häuschen! Elisabeth! Das ist doch viel zu groß und zu teuer für mich! Wovon soll ich denn die Miete zahlen? Wenn ich meinen Hausanteil in Treschklingen verkauft habe, wird nichts mehr übrig sein. Das ganze Geld werde ich zum Tilgen der Schulden brauchen – und das bisschen Erlös für den Acker habe ich längst in die Reparaturen stecken müssen. Eine Altersrente bekomme ich auch keine, woher soll ich also das Geld nehmen und die Miete zahlen? Nun ja, ein bisschen bin ich vielleicht schon noch zu etwas zu gebrauchen, ein paar kleinere Arbeiten werde ich übernehmen können, aber das reicht doch höchstens für eine kleine Wohnung und niemals für ein Haus, egal, wie klein das auch immer ist. Was hast du dir denn nur dabei gedacht, Elisabeth?«

Ihre Schwester ließ sich von dem vorwurfsvollen Ton die Laune jedoch nicht verderben. »Die Hockenbergers wissen das, und sie haben Verständnis für deine Lage. Die nehmen dich trotzdem gerne auf. Die Anna hat mir das ausdrücklich gesagt, das kannst du mir also getrost glauben.«

»Aber das kann ich doch nicht annehmen«, zögerte Margret. »Ich kann den Leuten doch nicht so zur Last fallen.«

»Doch, das kannst du!« blieb Elisabeth standhaft. »Die Hockenbergers sind reiche Bauern, die können sich das leisten. Und bevor du dir da große Vorstellungen machst, was das heißt, wenn ich sage, du kannst in ein Häuschen ziehen: Das hört sich viel üppiger an, als es in Wirklichkeit ist. Du wirst es ja selber sehen: in Wahrheit ist das »Haus« noch kleiner, als dein Viertelhausteil in Treschklingen. Es ist mehr wie ein Zimmer und nicht das, was man sich normalerweise unter einem Haus vorstellt.«

In der Tat handelte es sich bei dem Hockenbergerschen Häuschen am Kirchardter Schmalzbuckel lediglich um ein winziges Zimmer, eigentlich sogar nur um einen abgeteilten Holzverschlag. Und den Abort hinten im Hof musste sich Margret mit drei anderen Familien teilen. Aber das alles war für sie ja nichts Neues: das war sie aus Treschklingen Zeit ihres Lebens so gewöhnt.

»Es ist zwar noch ein bisschen kleiner, als zuhause, aber für eine alleinstehende Person reicht das völlig aus – und immerhin wohnst du damit jetzt in der Nähe von uns, da können wir uns dann gegenseitig helfen, wenn etwas sein sollte«, klatschte Elisabeth freudig in die Hände. »Ich finde das wunderbar, dass meine liebste Schwester von allen jetzt wieder in meiner direkten Nähe ist. Und für dich ist es auch besser, als wenn du ganz allein und ohne Verwandtschaft in Treschklingen hockst. Und der Jakob freut sich übrigens auch. Ehrlich!« Elisabeth unterbrach sich kurz und schüttelte langsam den Kopf.

»Das muss man sich einmal vorstellen: Vor dreißig, vierzig Jahren noch hat es in Treschklingen sozusagen an jeder Straßenecke Verwandte von uns gegeben – mittlerweile aber wohnt keine einzige Familie Schober mehr dort. Die Schobers sind in alle Himmelsrichtungen zerstreut. Wer hätte sich das jemals vorstellen können, als wir noch Kinder waren?«
»Da hast du recht. Das ist schon unglaublich!«
»Umso schöner, dass wir nun in Kirchardt wieder vereint sind – jedenfalls ein guter Teil von uns. Und wenn demnächst unsere Marie zurück kommt, dann wird es noch besser.«
»Die Marie freut sich wirklich auf ihre neue Familie, hat sie mir erst kürzlich gesagt«, ergänzte Jakob freudestrahlend. »Und darauf, dass sie jetzt gleich zwei Mütter bei sich hat. Welche Tochter kann so etwas schon von sich behaupten?«
»Trotzdem, dass das von Anfang an klar ist«, ließ sich Margret von der allgemeinen Freude noch nicht so richtig anstecken. Zu schwer lastete noch der Kummer über den Wegzug aus ihrem Geburtsort auf ihrem Gemüt. »Ich werde schon auch schauen, dass ich den Bauern auf den Feldern helfen und ein bisschen Geld dazu verdienen kann?«
»Ach Margret! Jetzt komm doch erst mal zu Kräften! Was willst du denn machen?«
»Ha, das, was ich mein ganzes Leben lang gemacht habe: Zuckerrüben hacken oder Zichorie ernten.«
»Das ist eine viel zu schwere Arbeit für dich in deinem Alter – und hauptsächlich: In deinem Zustand!«
»Wie gesagt: das habe ich mein Lebtag lang gemacht. Wieso soll das jetzt plötzlich zu schwer für mich sein?!«
»Margret! Du bist jetzt 61 Jahre alt! Das schaffst du nimmer!«
»Ich will aber nicht bloß unnütz herum sitzen. Das kann ich nicht. Das habe ich noch nie getan. Ich möchte niemandem zur Last fallen – auch meiner eigenen Familie

nicht!« Margret spürte ihr Herz vor lauter Aufregung heftig pochen. »Jakob, wenn ihr also meint, dass es zu viel für mich ist … gibt es denn mittlerweile eine Möglichkeit, in so einer Tabakfabrik zu arbeiten. Das sind ja ganz schön viele geworden hier in Kirchardt. Also fürs Tabakblätter einfädeln und aufhängen würden meine Kräfte ja wohl noch ausreichen.«

Jakob schüttelte den Kopf. »Da hat sich nichts geändert seit unserem letzten Gespräch. Leider. Dafür nehmen sie immer noch hauptsächlich die jungen Frauen aus dem Dorf. Und viele von denen stehen noch auf der Warteliste. Das wird nichts werden mit einer Arbeit dort.«

»Aber … ich kann doch nicht nur rumsitzen und nichts tun!« murmelte die enttäuschte Margret. »Das geht doch nicht. Das halte ich nicht aus. Ich muss doch noch zu irgend etwas zu gebrauchen sein!«

»Margret! Wie wäre es, wenn du bei den Hockenbergers ein bisschen im Haus mithilfst«, kam Elisabeth schließlich die rettende Idee. »Da kannst du dir die Zeit einteilen wie du willst und kannst arbeiten, so viel du es eben noch schaffst. Wäre das gut so?«

»Na ja«, zog Margret wenig begeistert die Mundwinkel nach unten. »Besser als nichts ist das schon. Aber wie sich das anhört: so viel du halt noch kannst … Als wäre ich eine alte Frau!«

»Das bist du ja auch«, konterte ihre Schwester. »Wir werden halt alle nicht jünger. Und jetzt wäre es einfach nur schön, wenn du noch ein paar unbeschwerte, sorgenlose Jahre vor dir hättest.«

Fünf Jahre später, im Frühjahr 1910 war Margret zu der größten Reise aufgebrochen, die sie jemals im Leben unternommen hatte: sie machte einen Besuch bei der Familie Zopff in Kork – in erster Linie natürlich bei Luise.
Wider Erwarten war Margret innerhalb kürzester Zeit nach ihrem Wegzug aus Treschklingen wieder zu Kräften gekommen und auch wenn das Heimweh an manchen Tagen noch stark auf ihr Gemüt drückte, fühlte sie sich bald schon in der Lage, tatsächlich bei den Bauern sogar die anstrengenderen Feldarbeiten zu übernehmen, wie Zuckerrüben hacken, Zichorien ernten – all das, was sie damals angekündigt hatte, tun zu wollen, was aber allen Familienmitgliedern als unmöglich erschienen war. Die Nähe zu ihrer Schwester und deren Mann tat ihr sichtlich gut – viel besser, als die Einsamkeit in ihrem Elternhaus, wo die zahlreichen Erinnerungen an frühere, scheinbar bessere Zeiten, sie bitter umfangen hatten. Margret war sichtlich aufgeblüht – zum Erstaunen aller. So gut ging es ihr nach wenigen Monaten, dass sie ihrer Tochter von sich aus den Vorschlag machte, doch wieder als Köchin nach Heidelberg zu gehen. Freudestrahlend hatte Marie den Vorschlag aufgegriffen und sofort in die Tat umgesetzt. Nach kurzer Suche hatte sie in der altehrwürdigen Universitätsstadt tatsächlich wieder eine gute Stelle bekommen können, jetzt sogar als Köchin in einer großen, angesehenen Familie. Ihrer Tante Elisabeth war das zunächst nicht sonderlich willkommen gewesen, sie hätte die Marie lieber weiterhin direkt bei sich und Jakob gehabt, aber nachdem das Leben am Schmalzbuckel einen so erstaunlich guten Verlauf genommen hatte und ihr Margret auch dahin gehend ins Gewissen geredet hatte, dass man die jungen Leute halt ihre eigenen Erfah-

rungen machen lassen müsse, hatte auch sie sich am Ende geschlagen gegeben. »Aber wenn wir dich eines Tages brauchen sollten, dann kommst du doch wieder zurück aus Heidelberg?« hatte sie Marie noch mit auf den Weg gegeben. »Oder?«
»Natürlich komme ich dann zurück, das ist doch klar, Tante Elisabeth«, hatte Marie eifrig genickt – ohne zu ahnen, welchen gewaltigen Kummer ihr dieses neuerliche Versprechen eines Tages noch bereiten würde …
Heute also war Margret mit vor Aufregung heftig klopfendem Herzen tatsächlich in Kork angekommen und unternahm nun mit Luise einen großen Spaziergang durch den hübschen Ort in der Nähe von Straßburg.
»Aber was werden eigentlich die Leute sagen, wenn wir am helllichten Nachmittag einfach so herumlaufen?« äußerte Margret und legte ihre Stirn in Falten. »Das wäre in Kirchardt oder in Treschklingen völlig undenkbar. Da würde ich mich vor lauter Scham gar nicht auf die Straße trauen. Und hier ist es ja sicher auch nicht viel anders: die Leute werden denken, ob die Alte und die junge Apothekerin denn nichts Besseres zu schaffen haben, als nutzlos durch die Straße zu bummeln.«
»Ach Margret, was du dir nur wieder für Gedanken machst!« lachte Luise kopfschüttelnd. »Jetzt mach dir doch deswegen keinen Kopf – und überhaupt: die sollen doch grade denken, was sie wollen, die Leute.«
»Das stimmt allerdings auch wieder. Und mich kennt hier ja schließlich niemand«, lächelte Margret fröhlich zurück und zwinkerte Luise dabei verschwörerisch ins Gesicht. »Die Leute wissen nur, wer du bist, also bist dann höchstens du die Blamierte und nicht ich.«
»Das halte ich gerne aus. Was die Leute so sagen, das hat mich ehrlich gesagt nämlich noch nie interessiert.«
»Das glaube ich dir sofort. Du hast ja zum Glück schon immer ein gesundes Selbstbewusstsein gehabt! Ach Luise!«, seufzte Margret und schenkte ihrer Begleiterin ein dankbares Lächeln. »Es ist so schön, endlich einmal

wieder mit dir zusammen zu sein! Einfach so mit dir reden dürfen und sich darüber freuen zu können, was du doch für liebe Kinder hast. Danke, dass du mich überredest hat, dich zu besuchen – und danke auch dafür, dass du mir die Fahrt mit der Eisenbahn bezahlt hast!«

»Aber das ist doch nicht der Rede wert«, winkte Luise ab.
»Doch, freilich. Für mich ist das ein Vermögen, was diese Fahrkarte gekostet hat. Dazu sogar noch erste Klasse! Ich sage, dir: die Leute haben vielleicht Augen gemacht, als ich dort vorne eingestiegen bin, wo die gepolsterten Sitzbänke sind. Der Schaffner hat mich auch gleich nach hinten in die dritte Klasse schicken wollen. Der hat dann nicht schlecht gestaunt, als ich ihm das Billett 1. Klasse gezeigt habe«, schmunzelte Margret.
»Es ist schon erstaunlich, mit was für einem Dünkel manche Leute durch die Weltgeschichte laufen. Nur weil sie das Privileg haben, in eine reiche Familie hineingeboren worden zu sein, meinen sie, sie seien deswegen auch gleich die besseren und wertvolleren Menschen und dürften auf die anderen herab schauen. Nur weil sie mehr Geld haben, als Leute wie du, die ihr Lebtag lang hart arbeiten müssen«, schnaubte Luise. »Es täte denen manchmal ganz gut, wenn sie selber mit anpacken müssten, anstatt immerzu nur das Näschen arrogant in die Höhe zu strecken. Ich kann es mir lebhaft vorstellen, wie indigniert sie dich angeguckt haben. Und als wie furchtbar sie es empfunden haben, mit »so einer Person« im selben Abteil sitzen zu müssen. Geschieht denen grade recht, wenn sie sich unwohl gefühlt haben. Ich hoffe nur, dass du die Zugfahrt umso mehr hast genießen können.«
»Na ja«, lachte Margret verlegen. »Am Anfang wäre ich ehrlich gesagt fast gestorben vor Angst und vor Aufregung, als die Lokomotve in Grombach in den Bahnhof eingefahren ist. Dieses Zischen und Funkensprühen, dieses leichte Beben auf dem Bahnsteig, wenn so ein riesiges schwarzes Ungetüm daher faucht. Also ganz ehrlich: ich

war drauf und dran, umzukehren und nicht in den Waggon zu steigen!«

»Das wäre ja noch schöner gewesen! Und ich hätte mir in Kehl auf dem Bahnhof dann die Füße in den Bauch gestanden, nur weil du einfach umgekehrt wärst. Was glaubst du, was ich mir für Sorgen gemacht hätte!«

»Wie du siehst, bin ich ja trotz meiner Bedenken gekommen! Wie ich so auf dem Bahnsteig gestanden bin und die Leute gesehen habe, wie sie ein- und ausgestiegen sind, da habe ich mir nämlich gedacht: wenn das die Luise schon ein paarmal überlebt hat, dann werde ich das ja wohl auch schaffen. Und so habe ich tatsächlich die erste Eisenbahnfahrt in meinem Leben hinter mich gebracht!«

»Und heil angekommen bist du auch!«

»Ja. Ich hätte nie geglaubt, dass ich so etwas jemals machen würde. Noch dazu in meinem Alter! Als die Aufregung sich dann gelegt hat, da habe ich diese Fahrt sogar richtig genießen können. Sinsheim, Heidelberg, Karlsruhe. Unglaublich, was man da alles sehen kann!«

»Das freut micht riesig, dass du das sagst.«

»Es kommt noch besser: ich freue ich mich jetzt sogar schon auf die Rückfahrt morgen!«

»Dass du mich morgen schon wieder verlässt, das freut dich also?«, stellte Luise in gespielter Empörung eine bittersüße Miene zur Schau.

»Nein, das natürlich nicht. Ich meine doch nur die Zugfahrt. Ich glaube nämlich fast, dass ich mich daran gewöhnen könnte, alle paar Wochen ein bisschen mit der Eisenbahn durch das Land zu schaukeln.«

Die beiden Frauen schauten sich in die Augen und brachen in ein fröhliches Gelächter aus.

»Ach! Das ist aber ein schönes Haus!« deutete Margret nun mit dem ausgestreckten Arm auf ein großes, stattliches Gebäude. »Ist das eine Kurklinik oder ein Sanatorium, so wie in Rappenau?«

»Nicht ganz«, wiegte Luise den Kopf. »Wie soll ich dir

das am besten erklären? Es ist eine Art Krankenhaus für arme Menschen, denen kaum ein Arzt helfen kann. Sie bekommen plötzlich Anfälle, Krämpfe, unter denen sie sich auf dem Boden krümmen. Epilepsie heißt diese Krankheit. Auch viele Kinder sind davon betroffen. Und hier versucht man nun, diesen Menschen zu helfen. Es ist eine Stiftung der Kirche. Ich weiß darüber ganz gut Bescheid, weil mein Mann Mitglied im Aufsichtsgremium dieser Anstalt ist.«

»Ich habe noch nie von dieser Krankheit gehört. Wie heißt das?«

»Epilepsie. Sie ist einerseits zwar durchaus selten, andererseits sind aber alle Gebäude hier voll belegt. Das sind einige Dutzend Patienten – und leider sind die Heilungsmöglichkeiten nicht sehr groß, das heißt, die Leute müssen über Jahre hinweg hier bleiben. Aber hier sind sie wenigstens gut aufgehoben, denn man weiß, wie man sich um sie kümmern muss.«

»Die armen Menschen! Also so gesehen darf unsereins ja wirklich nicht klagen. Dass man gesund ist, das ist doch das Wichtigste im Leben.«

»Das stimmt«, pflichtete ihr Luise bei. »Bei allem, was einen manchmal bedrückt. Übrigens, Margret, wenn wir schon bei diesem Thema sind …«, ließ sie das Ende ihres Satzes offen.

Margret runzelte neugierig die Stirn. »Was willst du mir sagen? Komm Luise: heraus damit.«

Noch einmal holte Luise tief Luft, dann sah sie ihrer Besucherin ernst ins Gesicht. »Es ist nur so … du hast dich sicherlich auch darauf gefreut, meinen Vater wiederzusehen.«

»Ja, natürlich. Den Christian. Nach so einer langen Zeit.«

»Das wird allerdings nicht so ein Wiedersehen werden, wie du dir das vielleicht vorgestellt hast. Mein Vater ist … wie soll ich es ausdrücken? Er ist zwar körperlich noch ganz gut beieinander, aber geistig hat er gewaltig abgebaut. Der Doktor sagt, er sei zunehmend altersverwirrt. Und es wird jeden Tag schlimmer. Er braucht mittlerweile beinahe ständig eine Aufsicht um sich herum. Meine Mutter ist mir dabei, wie du dir denken kannst, keine große Hilfe. Die pflegt wie eh und je ihre Krankheiten. Was ich damit sagen will: mein Vater wird dich höchstwahrscheinlich gar nicht mehr erkennen, Margret. Sei also nicht allzu enttäuscht, wenn du ihn nachher siehst.«

»Der Christian! Ein alter, verwirrter Greis! Das kann doch nicht wahr sein. So ein Bild von einem Mann, wie es dein Vater immer gewesen ist!«

»Das war einmal, Margret. Wie gesagt, er wird nicht einmal mehr deinen Namen kennen. Es ist ein Elend mit ihm.«

Eine Zeitlang verharrten die beiden Frauen schweigend nebeneinander.

»Dieser Spruch da am Giebel. Kannst du lesen, was da steht?« nahm Margret schließlich den Gesprächsfaden wieder auf. »Ich sehe leider nicht mehr so gut.« Angestrengt kniff sie ihre Augen zusammen.

»Das weiß ich auch so. Das ist der 84. Psalm«, erläuterte ihre Begleiterin. »Da steht: »Gott der Herr ist Sonne und Schild«. Ein schöner Spruch, nicht wahr?«

»Das ist es, ja.«

»Ach, schau mal«, nickte Luise mit dem Kinn zum Eingang des Gebäudes hinüber. »Siehst du die beiden Männer, die grade aus der Tür kommen? Den älteren Herrn mit dem Kneifer und dem Spitzbart und den jungen Mann neben ihm.«

»Ja, so gut sind meine Augen dann doch noch. Was ist mit den beiden?«

»Das ist der Leiter der Anstalt, der Pfarrer Heinrich Wiederkehr mit seinem ältesten Sohn Christian. Ein wirklich bemerkenswerter Mann ist das, der auch schon manches hat durchmachen müssen. Bei der Geburt ihres vierten Kindes ist ihm seine Frau gestorben und er hat sogar versucht, die Kinder allein großzuziehen.

Anderthalb Jahre später dann hat er die Klara Fingado geheiratet, eine grundgütige Frau, die als Hausmutter in der Anstalt fungiert. Aber den Christian, den kenne ich auch deshalb ganz gut, weil er nach dem Tod seiner Mutter oft bei uns war. Er ist ja erst vier Jahre alt gewesen damals und ich habe ihn sozusagen ein bisschen mit großgezogen. Meine Gertrud und der Christian haben als Kinder viel miteinander gespielt. Die Gertrud ist nur drei Jahre jünger als der Christian. Er ist für mich beinahe so etwas, wie mein drittes Kind. Und er ist natürlich ein richtiger Prachtskerl«, lächelte Luise.
»Das heißt, dann ist er jetzt 18 Jahre alt, wenn er drei Jahre älter ist als die Gertrud?«
»Richtig. Er will demnächst ein Medizinstudium beginnen, denn er will Arzt werden. Und sobald er damit fertig ist, will er die Gertrud heiraten. Das sagt er immer wieder«, schmunzelte Luise Zopff belustigt.
»Nun ja, warum nicht? Die Gertrud als Tochter des Apothekers ist ja schließlich eine gute Partie, und wenn der junge Wiederkehr Arzt wird, dann ist das ja keine schlechte Verbindung.«
»Natürlich nicht. Ich hätte auch ganz und gar nichts dagegen einzuwenden. Aber mein Mann, der sieht das nicht so gern. Der hätte lieber, dass sie einmal einen Apotheker heiratet.«
»Wieso denn, ihr habt doch noch den Friedrich?«
Luises Miene verfinsterte sich plötzlich. »Ich glaube nicht, dass der Friedrich jemals die Apotheke übernehmen wird.«
»Wieso denn nicht?«, wunderte sich Margret. »Das liegt doch auf der Hand.«
»Das wird nicht gehen«, blieb Luise bei ihrer knappen Antwort und Margret, die längst spürte, dass sie da auf einen wunden Punkt gestoßen war, vermied es, weiter nachzuhaken. »Nun ja, das alles ist ja auch noch Zukunftsmusik. Deine Gertrud ist erst 15 Jahre alt, da hat es mit

dem Heiraten schon noch etwas Zeit. Wer weiß, was noch alles kommen wird?«

Dass ausgerechnet der Name Wiederkehr in Verbindung mit Gertrud, geborene Zopff, die später tatsächlich den Sohn des Anstaltsleiters, den Arzt Dr. Christian Wiederkehr, heiratete, noch Jahrzehnte später eine dauerhaft – legendäre Rolle in ihrer eigenen Familie spielen würde, das konnte Margret natürlich nicht ahnen. Genauso wenig, wie Luise Zopff, geborene Bengel.

»Du hast ja recht, Margret. Weshalb sich schon heute den Kopf über etwas zerbrechen, das morgen vielleicht gar nicht kommen wird!«

»Und ausserdem: wer sagt dir denn, dass es die Welt morgen überhaupt noch geben wird. Denk doch nur einmal an den Weltuntergang, der uns ja angeblich unmittelbar bevor steht«, spielte Margret auf ein Naturphänomen an, das die Menschen in der Tat nicht nur in Kork, sondern in ganz Europa in diesem Frühjahr in tiefe Sorge versetzte. Von Tag zu Tag wurden die Leute unruhiger und ängstlicher, seitdem am 20. April 1910 der sogenante Halleysche Komet am Himmel aufgetaucht war – den man mit bloßem Auge verfolgen konnte.

Die Nervosität begann sich allmählich zur Hysterie auszuweiten. Das konnte man allerorten spüren und erleben – auch in Kirchardt. Gleich nach Margrets Rückkehr aus Kork war einer der Knechte vom benachbarten Bauernhof aufgeregt zum Schmalzbuckel hinüber gehumpelt, wo Margret im Hof gerade dabei war, auf einem Holzklotz Brennholz in kleine Scheite zu hacken. Vor knapp zwei Monaten hatte sich der Emil das Schienbein gebrochen und aus diesem Grund mehr Zeit gehabt, als ihm lieb gewesen war. Auf seinem Krankenlager zur Untätigkeit verdammt, entwickelte er die düstersten Szenarien im Hinblick auf den Kometen. »Die Holzhackerei kannst du dir sparen, Margret. Das Holz wirst du nicht mehr brauchen, denn jetzt kommt es über uns«, stieß er mit unüberhörbarer Panik in der Stimme rau hervor. »Das Ende der Welt ist nahe! Alle Leute im Dorf haben mit der Arbeit aufgehört. Die meisten sind in der Kirche und beten! Nur du stehst noch hier und hackst dein Holz. Bete lieber auch und bereue alle deine Sünden, denn bald schon wird es über uns kommen! Und dann ist es zu spät!«

»Was für ein dummes Geschwätz!« konterte Margret ungerührt und warf dem schweißüberströmten Panikmacher einen tadelnden Blick entgegen. »Sag mir lieber, was mit deinem Bein ist. Das sieht ja gar nicht gut aus.«

»Das Bein! Das Bein! Es ist halt nicht richtig zusammengewachsen. Der Doktor hat gemeint, ich müsse nun eben so damit leben und hoffen, dass der Bauer mich nicht fortschicken wird. Aber das spielt doch jetzt alles sowieso keine Rolle mehr. Denn jetzt, wo tatsächlich bewiesen ist, dass die Welt untergeht und wir alle sterben müssen...«

»Emil! Was redest du denn da für einen Unfug?!«

»Es ist kein Unfug. Es ist eine Tatsache! Der Komet kommt uns tagtäglich näher – und bald kommt er uns so nahe, haben die Forscher herausgefunden, dass die Erde vom Schweif des Kometen getroffen wird. Und in diesem Schweif ist giftiges Gas enthalten, das auf uns herunter regnen und uns alle umbringen wird!«

»Was soll denn das für ein giftiges Gas sein und woher wollen die denn das wissen?!«

»Das sind Wissenschaftler, die werden wohl wissen, wovon sie reden! Und es ist Blausäure. Blausäure wird es auf uns regnen und wir werden qualvoll ersticken!«

»Blausäure. Aus einem Kometen. Soso...«

»Ja! Und es gibt keine Möglichkeit, dieser Katastrophe zu entkommen! Das Jüngste Gericht ist nahe! Wir werden alle sterben! Alle!« Hektisch humpelte der Mann weiter, um auch noch den letzten ahnungslosen Dorfbewohner in Angst und Schrecken zu versetzen.

In der Tat war die Sorge wegen des Kometen nicht nur in

Kirchardt inzwischen in helle Panik umgeschlagen. Die Seiten der Zeitungen waren ausgefüllt mit Untergangsszenarien und Bildern des Halleyschen Kometen, mit seinem riesigen furchterregenden Schweif, den er hinter sich her zog. Ein Schweif aus Blausäure! Schon machten erste Meldungen von Selbstmorden im ganzen Land die Runde.

Und jetzt hatte sich anscheinend auch Luise von der Panikstimmung anstecken lassen. Denn Luise hatte um die Monatsmitte einen Brief nach Kirchardt geschrieben. Beziehungsweise waren es eigentlich drei Briefe, die in einem großen Umschlag steckten: der erste Brief enthielt lediglich ein Blatt mit dem Hinweis, auch der zweite Brief sei für Margret bestimmt, den dritten hingegen möge sie bitte weiterleiten an Marie nach Mannheim. Denn auch in Kork seien die Gottesdienste übervoll, und es gebe kaum noch jemand, der ernsthafte Zweifel hege, dass der Komet tatsächlich Leid und Elend über die Menschheit bringen werde. So wolle sie ihnen, als den neben Philippina und ihrer Tochter Gertrud liebsten Menschen auf der ganzen Welt einen letzten Gruß zukommen lassen.

Die zwei beigelegten, separaten Briefe enthielten eine ganz persönliche Ansprache an Margret und Marie – einen weiteren Brief habe sie an Philippina abgeschickt. All diese Schreiben seien von ihr verfasst worden im Angesicht des drohenden Endes der Welt. Einzig aus diesem Grund habe sie für sich beschlossen, ihre ganz persönliche Erkenntnis zu offenbaren. Freilich, ob sie diese vertraulichen Briefe öffnen wollten oder nicht, liege allein in Philippinas, Margrets und Maries Entscheidung. Jedoch gebe sie zu bedenken, dass es am 19., spätestens aber am 20. Mai, dafür wohl zu spät sein könnte …

Am 21. Mai 1910 freilich war Margret noch immer am Leben. Wie alle anderen auch. Und die Briefe waren ungelesen geblieben. Denn gleich nach deren Erhalt hatte Margret sie, einem plötzlichen Implus folgend, einfach in den Küchenherd gesteckt und verbrannt. Im Nachhinein betrachtet hatte sie wohl richtig gehandelt. Denn die Welt war ja doch nicht untergegangen. Und das Leben ging weiter seinen ganz alltäglichen Gang.

42

Kurz nach den aufgeregten Tagen um den bevorstehenden Weltuntergang war Margret Anfang Juni schwer erkrankt. Eine anfängliche Bronchitis, die sie schon seit dem Winter mit sich herum schleppte, hatte sich zu einer üblen Lungenentzündung ausgeweitet, die tage- und nächtelang Anlass zu größter Sorge um ihr Überleben gegeben hatte. Und selbst als endlich feststand, dass Margret am Leben bleiben würde, war ihr ohnehin nicht sonderlich stabiler Gesundheitszustand so labil geworden, dass allen bewusst war, Margret würde nicht länger für sich sorgen können. »Und ich kann dich leider auch nicht so pflegen und betreuen, wie ich das gerne tun würde, denn erstens bin ich ja selber mit meinen 61 Jahren nicht mehr die Gesündeste und zweitens beansprucht mich der Jakob durch seine Altersschwäche schon mehr, als es meine Kräfte eigentlich hergeben«, besprach Elisabeth eines Abends mit ihr die Situation am Küchentisch des kleinen Hauses am Schmalzbuckel. »Ich schaffe es kaum noch mit dem Haushalt, und der Jakob wird jeden Tag schwächer. Wir brauchen dringend Hilfe, Margret.«
»Ach Elisabeth, jetzt waren es ein paar so schöne Jahre für mich hier bei dir in Kirchardt«, seufzte Margret. »Dafür muss ich dem Herrgott froh und dankbar sein. Aber jetzt … jetzt wäre es deshalb auch nicht weiter schlimm, wenn er mich bald zu sich holen würde.«
»Aber Margret!« schnellte Elisabeth erschrocken in die Höhe. »So etwas darfst du nicht sagen.«
»Warum denn nicht?! Immerhin bin ich jetzt bald 66 Jahre alt – weißt du noch, wie die Tante Barbara früher immer gesagt hat, wenn sie Geburtstag gehabt hat: »So alt wird keine Sau!« das hat sie jedes Mal wieder erklärt«, versuchte Margret zwischen einem Husten-

anfall, der ihren ausgemergelten Oberkörper heftig schüttelte, die Situation mit ihrer scherzhaften Bemerkung erfolglos zu entkrampfen.
»Margret! So was sagt man doch nicht.«
»Ich finde da nichts Verwerfliches daran …«
»Ich aber schon!« entgegnete Elisabeth harsch. »Es gibt nur eine Möglichkeit: die Marie muss zurückkommen! So, wie sie es uns damals fest versprochen hat, dass sie das tun wird, wenn wir sie brauchen. Und das ist jetzt der Fall!«
Schweren Herzens kündigte Marie darauf ihre Anstellung als Köchin in Heidelberg und ging zurück nach Kirchardt. In der Tat galt es jetzt, wie ihre Tante ganz richtig betont hatte, die eigenen Befindlichkeiten hinten anzustellen und dem Ruf der Familie zu folgen, um ihre Pflicht zu tun. Im konkreten Fall sogar die doppelten Pflichten einer Tochter.
»Du wirkst so traurig«, musterte Margret die junge Frau zwei Tage nach deren Rückkehr aus Heidelberg mit einem langen, nachdenklichen Blick. Zusammen mit Elisabeth waren sie beim Mittagessen in der Wohnstube der Schleys versammelt. »Jetzt erzähle es uns halt: Was ist mit dir, Marie? Dass du nicht gern deine gute Anstellung aufgegeben hast, das ist mir schon klar. Aber da ist noch etwas anderes. Ich spüre das genau. Was ist es? Komm, sag es schon!«
Marie senkte kurz den Kopf, dann nickte sie langsam. »Ich habe dort in Heidelberg einen so lieben Mann kennen gelernt«, flüsterte sie. »Den vermisse ich hier in Kirchardt halt schon ein bisschen. Er ist so weit weg.«
Margret atmete tief durch. So etwas hatte sie sich schon gedacht. »Und wie heißt er denn, der liebe Mann?«, hakte sie vorsichtig nach.
»Er heißt John.«
»John? Das ist aber kein deutscher Name, oder?«
»Nein, du hast Recht: Der John ist Amerikaner.«

»Ein Amerikaner?!« Mit sichtlichem Befremden runzelte Elisabeth ihre Stirn und handelte sich damit einen tadelnden Blick ihrer Schwester ein.

Zum Glück hatte Marie den scharfen Tonfall in der Stimme ihrer Tante nicht bemerkt. »Ja, der John hat in Heidelberg studiert und arbeitet nun als Assistenzarzt dort am Krankenhaus der Universität. Dort habe ich ihn auch kennen gelernt, denn ich hatte mich einmal in die Hand geschnitten und die Wunde musste genäht werden. In der Amublanz hat er an diesem Tag Dienst gehabt und meine Wunde versorgt. Ja – und so haben wir uns dann kennen gelernt.«

»Ein Arzt …« Margret schürzte anerkennend die Lippen. »Das ist natürlich schon eine gute Partie. Und es ist eine ernste Sache zwischen euch beiden?«

»Ja, das ist es eigentlich schon.«

»Eigentlich schon … Aha. Das heißt … ihr wollt dann irgendwann auch heiraten?«

»Ja … im Grund genommen schon … das wäre schön …«, fuhr Marie stockend fort. »Aber es ist halt so, dass der John wieder zurück will … nach Amerika.«

Augenblicklich schoss Elisabeths Kopf in die Höhe. »Amerika?! Das tust du uns aber nicht an! Du wirst ihm doch hoffentlich gesagt haben, dass du nicht nach Amerika gehst? Wir haben dich schließlich nicht großgezogen, damit wir im Alter allein sind!« Sie nahm ihre Nichte scharf ins Visier. »Marie? Du wirst nicht gehen, nicht wahr?««

»Nein …« kam es zögerlich zurück. »Ich werde da bleiben – so wie ich es euch versprochen habe.«

»Na also.« Elisabeth lehnte sich erleichtert zurück.

»Vielleicht ändert er seine Meinung ja eines Tages und bleibt dann doch lieber hier in Deutschland«, versuchte Margret, ihrer traurig vor sich hin starrenden Tochter ein bisschen Mut zu machen. »Wenn er dich wirklich gern hat, wird er das sicher tun …«

»… mit genau derselben Begründung könnte er das aber

anders herum auch von mir verlangen«, entgegnete Marie mit tonloser Stimme.
»Kommt Zeit, kommt Rat. Jetzt warte halt erst einmal ab. Und vielleicht ist es ja ganz gut, wenn du deinen John nicht tagtäglich zu Gesicht bekommst. Da könnt ihr euch nämlich in aller Ruhe überlegen, wie ernst die Sache wirklich ist.«
»Aber am Sonntag, da müsst ihr dann schauen, dass ihr allein zurecht kommt. Da will ich mit dem Zug nach Heidelberg fahren. Ich bereite auch immer das Essen vor, damit ihr es nur noch auf den Herd zu stellen braucht.«
»Das ist in Ordnung. Das werden wir alte Schabracken wohl grade noch schaffen«, lächelte Margret. »Oder etwa nicht, Elisabeth?«
»Sicher werden wir das können. Geh du an den Sonntagen nur immer zu deinem John nach Heidelberg. Hauptsache, du gehst nicht nach Amerika.«
Und so verliess die Marie an den folgenden Sonntagen, an denen ihr Freund keinen Wochenenddienst im Krankenhaus versehen musste, schon am frühen Morgen das Haus, um die wenigen Kilometer nach Grombach zum Bahnhof zu laufen. Von dort aus ging es mit dem Zug weiter nach Heidelberg. Alles hatte sich also zunächst gut gefügt. Später würde man weiter sehen.
Einigermaßen befremdlich erschien Margret im Lauf der folgenden Wochen nur die Tatsache, dass ihre Tochter den Arzt niemals hierher nach Kirchardt eingeladen hatte. »Du kannst ihn uns ruhig einmal vorstellen, Marie? Oder schämst du dich vielleicht für uns?«
Augenblicklich überzog sich Maries Gesicht mit einem tiefen Rot. »Ach Mutter, nein. Natürlich nicht. Ihr werdet ihn schon noch kennenlernen …«

43

Am späten Abend des 16. November 1911 klopfte es hart an die Tür von Margrets Kammer. Dann stürmte auch schon Marie herein und rüttelte sie grob an der Schulter. »Mutter, merkst du es nicht? Die Welt geht unter!« rief sie. »Komm sofort aus dem Haus!«
Kurz vor halb elf Uhr in der Nacht war Marie durch ein starkes Schütteln am Bett geweckt worden – sogar der Fußboden wackelte: ein Erdbeben! Voller Panik rannten die Menschen aus ihren Häusern in die stockdunkle, kalte Finsternis. Es war ein unheimliches Gefühl – dieses beständige Knirschen und Ächzen der Häuser, das sich mit dem angstvollen Blöken des Viehs in den Ställen zu einer gespenstischen Geräuschkulisse vermischte. Ab und zu war ein kurzer, trockener Aufprall zu hören: »Wahrscheinlich sind es ein paar lockere Dachziegel.« Zu erkennen war freilich nichts. Jetzt kamen einige Männer mit Windlichtern zum Schmalzbuckel hoch gerannt. »Ist bei euch alles in Ordnung? Keine Verletzten?« Mit dem trüben Licht der Laternen leuchteten sie die Winkel der Hofstelle ab, während das Ächzen und die Erschütterungen schwächer zu werden begannen. Aufatmend registrierte Margret, dass nichts Schlimmeres passiert war: bis auf einige wenige zerbrochene Dachziegel waren keine Schäden an den Häusern festzustellen. Nicht alle hatten so viel Glück gehabt: so hörte man am übernächsten Tag, dass in Konstanz die Spitze vom Münsterturm gefallen sei. »Da haben wir trotz allem Schrecken wirklich nochmal Glück gehabt. Denn wenn es bei uns auch so stark gebebt hätte, wie offenbar dort unten am Bodensee, dann möchte ich nicht wissen, was mit dem Haus passiert wäre. Dem Herrgott sei Dank, dass wir so gut davon gekommen sind!« sandte Margret ein kurzes Stoßgebet zum Himmel.

»Aber Marie? Marie! Was ist denn mit dir?« Erschrocken starrte sie auf den zusammengekrümmten Oberkörper ihrer Tochter, die allem Anschein nach von einer starken Übelkeit überfallen worden war. Waren es die Nachwirkungen der schlaflos verbrachten letzten Nacht, in der sie sich vor lauter Furcht vor neuen Erdstößen nicht ins Bett getraut hatten?
»Es ist vorbei. Ich glaube nicht, dass da noch etwas nachkommen wird. Du brauchst keine Angst mehr zu haben.« Beruhigend streichelte sie über Maries Hinterkopf, die sich noch immer zusammengekrümmt mit beiden Händen den schmerzenden Bauch hielt.
»Mir ist so furchtbar elend, Mutter!«, keuchte Marie und musste sich ein weiteres Mal übergeben.
»Hast du vielleicht etwas Falsches gegessen?«
Kopfschütteln.
»Seltsam …«
»Mutter …« richtete sich Marie ganz langsam wieder auf. Der verzweifelte Blick aus ihren rotgeränderten Augen, das schweissnasse Gesicht und die fahle Hautfarbe ließen Margret nichts Gutes ahnen. Doch bevor sich der undenkbare Gedanke, der plötzlich in ihr aufstieg, seine Bahn gebrochen hatte, da war es auch schon heraus.
»Mutter … ich … ich glaube, ich bin schwanger!«
Schon wieder! Schwanger und unverheiratet!
»Oh mein Gott!«
Margret vermeinte, der Boden unter ihren Füßen würde sich bewegen. Wie kürzlich beim Erdbeben. In der Tat handelte sich ja auch um ein Beben, das sie mit voller Wucht getroffen hatte. Und was für eines!
»Hört dieses Elend niemals auf? Marie! Wie konnte das denn nur passieren?!«

44

Am 6. Juni 1912 brachte Marie Schober in Kirchardt in der Hauptstrasse 18 ein Mädchen zur Welt, das dreieinhalb Wochen später auf den Namen Anna Herta Schober getauft wurde.
Zur Taufe war auch der Kindsvater erschienen, obwohl Marie ihn zuvor weder auf dem Standesamt noch im Taufregister als Vater hatte eintragen lassen. Es handelte sich tatsählich um John, den amerikanischen Assistenzarzt aus Heidelberg. Dennoch blieb der Name des Vaters in beiden Verzeichnissen ausgespart – die kleine Anna hatte folglich als unehelich zu gelten. »Du weißt aber schon, was es bedeutet, in einem Dorf wie dem unseren als ledige Mutter aufzutreten«, nahm der Bürgermeister Marie ein letztes Mal streng ins Gebet. »Dass so etwas als große Schande angesehen wird – und zwar nicht nur für dich, sondern auch für deine ganze Familie.«
»Das weiß ich freilich«, gab die aschfahle Marie knapp zurück. »Das weiß wohl niemand besser als ich, wo ich doch selbst ein uneheliches Kind bin.«
»Also … dann sagst du mir jetzt den Namen noch?«
Doch Marie schüttelte nur stumm den Kopf und verließ den Raum mit schweren Schritten. Seufzend legte der Bürgermeister den Federhalter zurück und schloss das Familienregister wieder. »Was für eine elende Sippschaft, diese Schobers! Ein uneheliches Kind nach dem anderen! Der Schley Jakob hätte wahrlich etwas Besseres verdient gehabt, als so ein sittenloses Ziehkind!«
Für die Taufe des kleinen Mädchens hatte sich Anna Haberkern, eine Freundin der Schleys, bereit erklärt, das Patenamt zu übernehmen. Voller Dankbarkeit hatte Marie ihrem Kind deshalb den Vornamen Anna gegeben. Als männlicher Pate fungierte Albert Schober, ein Neffe ihrer Mutter, der in Begleitung von Margrets Schwester

Christina auch aus Mannheim angereist war. »Das ist doch Ehrensache«, hatte ihr der stämmige 17 Jahre alte Bursche stolz zur Antwort gegeben, als sie ihn fragte, ob er eventuell die Patenschaft übernehmen wolle. »Wir Schobers müssen schließlich zusammenhalten«, fügte er grinsend noch hinzu und gab der traurig dreinschauenden Marie einen freundschaftlichen Klaps auf die Schulter.

»Und wie ist das denn jetzt eigentlich mit euch beiden, John?« wandte sich Albert mit seiner offenen Art direkt an den Kindsvater. »Gehst du jetzt nach Amerika und nimmst die Marie und das Kind mit?«

»Aber natürlich«, antwortete John mit fester Stimme. »Das habe ich heute bei der Taufe von der Anna felsenfest beschlossen: ich werde die Marie heiraten und dann kommen die zwei mit mir nach Amerika!«

»Was?!« Starr vor Erschrecken wirbelte Elisabeth herum und fixierte John mit fassungsloser Miene. »Du willst sie heiraten und dann nach Amerika mitnehmen?!«

»Ja, das will ich. Das ist meine feste Absicht«, bekräftigte der Arzt. »Wir werden in Mannheim heiraten und dann in die USA gehen! Da suchen viele Städte Mediziner, dort kann ich mich als Arzt selbständig machen und gutes Geld verdienen, mit dem ich die Familie problemlos ernähren kann.«

»Das erlaube ich auf gar keinen Fall!« zischte Elisabeth scharf. »Margret! Marie! Sagt ihr es ihm!«

»John ...« begann Marie stockend. »Du ... du weißt es doch ... Ich habe es dir doch schon mehrfach erklärt ... Es ... es geht nicht. So sehr ich es mir auch wünsche, ich kann nicht mit dir mitkommen nach Amerika.«

»Und was wird aus meinem kleinen Mädchen?« stieß John rau hervor. »Gibst du sie mir mit? Wenigstens das Kind?«

»Die Anna kannst du auch nicht mitnehmen«, schüttelte Marie traurig ihren Kopf. »Ein Kind gehört zu seiner Mutter ...«

»Aber weshalb geht es eigentlich nicht anders herum«, mischte sich Margret ein. »Wenn dir so viel an der Marie liegt und auch an dem Kind: dann bleibe du doch hier, John.«

»Das kann ich nicht. Denn auch ich habe Eltern, denen ich fest versprochen habe, dass sie mich wiedersehen werden.«

Mit einem Mal drückte Marie kerzengerade ihren Rücken durch. »Dann ... dann werden sich unsere Wege von nun an trennen, John!«. Sie wandte sich rasch ab, um vor den Anderen das wässrige Funkeln in ihren Augen zu verbergen, das im Gegensatz zu ihrem harschen Tonfall ganz andere Empfindungen widerspiegelte. Mit aschfahler Miene atmete der junge Mann tief durch. »Nun dann. Es ist alles gesagt, was zu sagen ist, so leid es mir tut. Adieu Marie. Ich wünsche dir und unserem Kind ein glückliches Leben!«

Es war das letzte Mal, dass sie die Stimme von Annas Vater hörten.

Was für ein Tag!

»Die Zeit wird auch diese Wunde heilen«, murmelte Margret tonlos, während sie sich mühsam erhob und mit hängendem Kopf grußlos die Stube verliess. Nachdem auch Christina und Albert beschlossen hatten, sich rasch zu verabschieden, blieb eine verzweifelt schluchzende Marie am Tisch zurück, während die beiden Schleys weiterhin wie versteinert in der Ecke hockten. Nur das leise Wimmern des Säuglings vermischte sich mit der Bitterkeit dieser Stunden.

Ein halbes Jahr später erreichte ein Brief aus Amerika das Haus am Kirchardter Schmalzbuckel. Schon von weitem hatte der Postbote ganz aufgeregt einen großen Umschlag geschwenkt. »Du hast Post bekommen Marie! Post von ganz weit her! Post aus Amerika!«

Sehr zum Missvergnügen des Mannes nahm Marie den Umschlag entgegen und machte keinerlei Anstalten, den

Brief in seinem Beisein zu öffnen, sondern ließ ihn einfach stehen und ging mit schweren Schritten ins Nachbarhaus zur Wohnung ihrer Mutter.

Dort öffnete sie das Kuvert, das neben einem eng beschriebenen Blatt Papier ein großes, amtlich wirkendes Formular enthielt.

»Was ist das? So etwas habe ich noch nie gesehen«, wunderte sich Margret und wechselte mit ihrer Tochter einen ratlosen Blick.

Marie hob in gespielter Gleichgültigkeit die Brauen. »Ich kann es mir schon denken, Mutter…« Wenig später hatte sie die Gewissheit und nickte bitter. »Das da«, deutete sie auf das Schriftstück, »das ist eine Schiffsfahrkarte Bremen – New York. Für zwei Personen. Und der Brief ist von John. Er unternimmt damit einen allerletzten Versuch, um mich umzustimmen. Er will, schreibt er, dass ich mit der Anna zu ihm komme. Er hat die Fahrkarte sogar schon bezahlt…«

Margret zuckte kurz zusammen. »Und du? Was willst du?« fragte sie mit klopfendem Herzen.

»Was ich will«, antwortete Marie gedehnt. »Was ich will, das spielt hier keine Rolle…«

»Sondern?«

»Sondern das, was ich tun werde,«

»Und was wirst du tun?«

»Ich werde hier bleiben.«

Es zerriss Margret beinahe das Herz, als sie in das Gesicht ihrer Tochter blickte.

45

Mitten im Ersten Weltkrieg, am 15. Oktober 1916, wurde auf dem Kirchardter Rathaus ein formeller Akt vollzogen, der aufs erste Hinsehen wenig mit einer Heiratszeremonie gemein hatte. Und dennoch handelte es sich um eine Eheschließung. Eine Hochzeit ohne Bräutigram.
»Du musst nur hier unterschreiben, dann ist es amtlich, dann bist du verheiratet, auch wenn dein Bräutigam nicht neben dir sitzt«, deutete der Bürgermeister auf die Urkunde auf seinem Schreibtisch. »Hier!«
Marie zögerte kurz und warf ihrer Mutter, die sie bei ihrem schweren Gang auf das Rathaus begleitet hatte, einen verzweifelten Blick zu, doch dann konnte sie nicht mehr an sich halten. Bittere Tränen schossen ihr aus den Augen und liefen in dicken Strömen über ihre Wangen. Es war nichts zu machen.
Der Bürgermeister runzelte unwirsch seine Stirn: »Tränen bei der Hochzeit! Was ist denn das für eine Eheschließung?« Er fixierte die traurige Braut mit einem langen, prüfenden Blick: »Das scheinen mir wahrlich keine Freudentränen zu sein! Also – soll der Hochzeitsakt nun überhaupt vollzogen werden, oder nicht?«
»Ja, das soll er«, antwortete Margret anstelle ihrer Tochter mit fester Stimme, womit sie sich sofort einen strengen Verweis des Beamten einhandelte.
»Das hast hier nicht du zu entscheiden, sondern deine Tochter! Also, was ist jetzt, Marie? Ja oder nein?«
Marie nickte angestrengt, während sie weiter mit den Tränen kämpfte. Margret krampfte es das Herz kummervoll zusammen, doch es blieb ihr keine andere Wahl, als gute Miene zum nicht so guten Spiel zu machen. »Sag es laut und deutlich«, flüsterte sie. »Und dann hast du es gleich hinter dir!«

»Ja! Wo … wo soll ich jetzt unterschreiben?«
»Hier!« deutete der Bürgermeister zum zweiten Mal auf die entsprechende Stelle. »Aber nur, wenn das auch wirklich aus freien Stücken geschieht!«
»Natürlich tut es das«, zischte Margret unbeeindruckt von dem neuerlichen Stirnrunzeln, das sie bei dem Mann auf der anderen Seite des Schreitischs damit auslöste.
Die unglückliche junge Frau nahm den Federhalter, den ihr der Bürgermeister entgegenstreckte und setzte mit zitternder Hand ihre Unterschrift unter das Formular.
Kaum hatte sie es vollbracht, da ergriff schon wieder Margret die Initiative. »Und wo muss ich als Trauzeugin unterschreiben?«
»Hier – gleich darunter«, knurrte der Bürgermeister, während er verfolgte, wie Margret mit ungeübten Bewegungen ihren Namen unter denjenigen ihrer Tochter setzte. »Ach Kind. Das wird schon noch werden. Glaube mir. Mit der Zeit wird sich alles fügen«, strich sie Marie sanft über den Handrücken.
Marie schluckte tapfer den würgenden Kloß in ihrer Kehle hinunter: »Und jetzt noch du Tante, Elisabeth.«
Als auch Elisabeth ihre Unterschrift geleistet hatte, erhob sich der Bürgermeister ächzend und deklamierte feierlich: »Damit erkläre ich Wilhelm Bucher und dich Marie Bucher, geborene Schober, hier in Kirchardt ja besser bekannt unter dem Namen Schley Marie, für Mann und Frau. Herzlichen Glückwunsch, Frau Bucher«, setzte er mit einem maliziösen Lächeln noch hinzu.
Die 30jährige Marie hatte damit den sechs Jahre jüngeren Zigarrenmacher Wilhelm Bucher geheiratet, der sich als Soldat an der Front befand und deshalb bei seiner Hochzeit noch nicht einmal persönlich anwesend sein konnte. So war es, wie zu dieser Zeit durchaus üblich, zu einer Kriegstrauung gekommen. Auch Bucher hatte bereits ein lediges Kind, ein Mädchen das jedoch weder die Mutter, noch deren Eltern hatten behalten wollen.

Man hatte die Berta schließlich weg gegeben, möglichst weit weg – zur entfernten Verwandtschaft nach Laudenbach an die Bergstraße.

Sowohl Marie Schober als auch Wilhelm Bucher, der Maries uneheliche Tochter Anna noch im Jahr seiner Heirat adoptierte, trugen beide bei ihrer Eheschließung im Dorf bereits das Kainsmal auf der Stirn, jeweils ein lediges Kind in die Welt gesetzt zu haben. Eine Schande war das damals. Erst recht für Buchers Eltern, die sich nicht damit abfinden mochten, dass ihr Sohn jetzt auch noch »so eine« geheiratet hatte. Aus diesem Grund waren sie heute noch nicht einmal zum offiziellen Termin auf dem Standesamt erschienen. Es handelte sich wahrlich nicht um eine Liebesheirat, aber die Marie war dadurch jetzt immerhin »versorgt«, wie man im Dorf halt so sagte. Und wer konnte schon ahnen, was in diesem Krieg noch alles passieren würde.

»Was für eine verrückte Welt«, murmelte Margret, als die traurige Hochzeitsgesellschaft wenig später das Rathaus von Kirchardt verließ. »Im Gegensatz zu mir bist du jetzt zwar verheiratet – aber genauso unglücklich, wie ich damals. Hoffen wir zuversichtlich, dass irgendwann auch für dich wieder bessere Zeiten kommen werden.«

»Ganz sicher nicht«, schüttelte Marie entschieden ihren Kopf, während schon wieder dicke Tränen über ihre Wangen rannen. »Ach, wäre ich damals doch nur mit dem John nach Amerika gegangen!«

Elisabeth Schley schnaufte laut auf. »Jetzt machst du mir auch noch ein schlechtes Gewissen! Wer weiß, wie es dir in Amerika ergangen wäre. So weit weg von deiner Familie. Hier hast du immerhin deine Angehörigen um dich und hierzulande steht man gegenseitig füreinander ein – so, wie du uns das versprochen hast und so, wie wir das früher für dich getan haben …«

»… jetzt lass sie doch in Ruhe, Elisabeth«, fiel Margret ihrer Schwester brüsk ins Wort. »Du siehst doch, dass es ihr nicht gut geht. Gib ihr einfach ein bisschen Zeit,

damit sie sich an die neue Situation gewöhnen kann. Später werden wir dann weiter sehen. Wer weiß, ob der Wilhelm überhaupt aus dem Krieg zurück kommt.«
Wilhelm Bucher überlebte seinen Fronteinsatz und kehrte nach Kirchardt zurück. Vier Kinder gingen im Lauf der Jahre aus dieser Verbindung hervor – und dennoch konnte nie von einer harmonischen Ehe die Rede sein. Kein Wunder, dass man sich im Dorf anfangs immer wieder die Frage stellte, wieso die beiden überhaupt geheiratet hatten. Es gab nur eine Antwort: es musste der Versorgungsaspekt sein, den Margret seinerzeit ins Spiel gebracht hatte. Ihrer Tochter sollte es nicht ebenso gehen, wie seinerzeit der Margret: nämlich dass sie mit einem »ledigen« Kind einfach dastand und sich mit Ach und Krach durch das Leben mühte. Dank dieser Heirat war sie jetzt »wenigstens versorgt«, egal, wie gut oder schlecht die Ehe auch sein mochte.

46

Aufgeregt stürmte Elisabeth Schley am 10. November 1918 den Schmalzbuckel hinauf: »Marie! Margret! Wo seid ihr?« Keuchend blieb sie stehen. »Es ist aus!«
Mit sorgenvoller Miene eilte Margret aus der Haustür. »Aus? Was ist aus?«
»Der Krieg ist aus!« rief Elisabeth und schnappte erschöpft nach Luft. »Prinz Max hat die Abdankung des Kaisers verkündet, der Kaiser selbst ist gestern nach Holland geflohen, morgen werden sie anscheinend den Waffenstillstand mit dem Feind unterschreiben.«
»Aber ein Waffenstillstand … das heißt doch noch nicht, dass der Krieg schon zu Ende ist.«
»Doch, doch, das klingt für die Generäle bloß besser. Glaube mir: der Krieg ist aus. Der Abgeordnete Erzberger ist schon unterwegs zur Unterschrift. Der Kaiser wird nach seiner feigen Flucht aus Berlin offiziell abdanken müssen! Und vom Schloß in Berlin weht die rote Fahne! Der Prinz Max hat die Reichsgeschäfte an Friedrich Ebert übergeben. Der Adel ist am Ende. Ebert ist jetzt Reichskanzler.«
»Der Ebert aus Heidelberg? Der Sozialist?!«
»Ja, der. Es ist kaum zu fassen. Die Zeiten von Kaisern und Königen sind vorbei. Ebert wird die Republik ausrufen. Eine neue Epoche bricht an und wir Margret, wir dürfen das noch erleben!
Bei Margret freilich riefen diese Neuigkeiten weitaus weniger Begeisterung hervor, als bei ihrer Schwester. »Ach Elisabeth … ich glaube nicht, dass sich für Leute wie uns viel ändern wird.«
»Was redest du denn da?« ließ sich Elisabeth in ihrer Euphorie nicht bremsen. »Wir brauchen keinen Adel mehr: jetzt gibt es nur noch die Herrschaft des Volkes! Von Leuten wie uns!«

»Von Leuten wie uns!« wiederholte Margret kopfschüttelnd und tippte sich mit dem Zeigefinger vielsagend gegen die Stirn. »Elisabeth! Komm wieder zu dir! Ich habe im meinem Leben schon zu viel erleben müssen, als dass ich daran glauben kann. Ob Großherzog, König, Kaiser oder Reichskanzler: Die mächtigen Herren mögen kommen und gehen, für uns bleibt es doch immer gleich …«

Und tatsächlich nahm das Leben auch nach der Abdankung des Kaisers seinen gewohnten Gang. Zumindest in Kirchardt. Und erst recht unter den Kleinbauern und Tagelöhnern.

47

Am 4. April 1920 war Christian Bengel im Alter von 94 Jahren im Haus seines Schwiegersohnes in Kork verstorben – drei Jahre nach dem Tod seiner Ehefrau Karoline.
Luise hatte Margret in einem langen Brief über diese traurige Tatsache in Kenntnis gesetzt.
Marie hatte ihrer Mutter den schwarz umrandeten Brief vorgelesen und war anschließend heftig erschrocken, als sie bemerkte, wie sehr Margret von dieser Nachricht getroffen worden war.
»Aber er war doch schon seit langer Zeit geistig ziemlich durcheinander, hast du mir gesagt, Mutter. Was bist du denn dann so traurig? Sei lieber froh, dass es der arme Mann nun hinter sich hat«, suchte sie nach tröstenden Worten. Vergeblich. Es schien Marie eine halbe Ewigkeit vergangen, als ihre Mutter ganz langsam den Kopf in ihre Richtung wandte.
»Ach Marie«, flüsterte Margret mit brüchiger Stimme. »Der Christian Bengel … er war ein Teil meines Lebens.«
Wieder herrschte Stille in der dämmrigen Stube, nur unterbrochen vom aufgeregten Gackern der Hühner draußen im Hühnergarten.
»Mutter, ich habe da eine ganz bestimmte Frage an dich«, begann Marie schließlich zögernd. »Stimmt es vielleicht also doch, was ich manchmal gerüchteweise höre, wozu aber du, die Christina und die Biene immer nur schweigen …« Ganz bewusst ließ sie das Ende des Satzes offen stehen.
Margret nickte ernst. Sie hatte sofort verstanden, worauf ihre Tochter anspielte. »Du meinst, du wolltest fragen, ob es stimmt, was du vermutest? Dass wir sozusagen mit der Luise Zopff, geborene Bengel verwandt sind?«
»Dass wir mit der Luise verwandt sind!« Marie war

schlagartig blass geworden. Wie in Trance fasste sie sich mit beiden Händen an den Kopf. Tausend Gedanken schienen durch ihr Bewusstsein zu rasen. Margret verharrte regungslos neben ihr, um ihrer Tochter die nötige Zeit zu geben.

Endlich kam wieder Bewegung in Marie. »Das ... das heißt ... wenn ich dich richtig verstanden habe«, begann sie stockend. »Dann ... dann willst du darauf hinaus, dass wir sogar enger verwandt sein könnten – die Luise und ich?«

»Dass ihr Halbschwestern seid.« Die Feststellung kam klar und deutlich aus Margrets Mund. Unmöglich, auch nur einen Buchstaben des Satzes falsch verstanden zu haben. Es war heraus!

»Dass wir Halbschwestern sind ...« wiederholte Marie mechanisch. »Aber ... das hieße ja ... das heißt ... dass wir ... dass Christina, die Biene, Luise und ich ... dass dieser Christian Bengel, der da in Kork beerdigt worden ist, also der Vater von uns allen ...«

Marie stockte der Atem. Sie konnte es nicht aussprechen. Es war unglaublich! Nach so vielen Jahren! Nach den unmöglichsten Mutmaßungen und Gerüchten! Und jetzt, wie aus heiterem Himmel, die plötzliche Gewissheit! Es war beinahe mehr, als sie ertragen konnte.

Langsam atmete sie durch. »Und die Luise? Die hat es also auch gewusst? Dann ... dann wäre ja die Tochter von der Luise, die Gertrud, praktisch meine Nichte ... War das der Inhalt von dem Brief, den du mir damals nicht geben wolltest?«

Wieder herrschte nach diesen Worten eine Zeitlang Stille zwischen den beiden Frauen.

»Eine Frage habe ich jetzt schon noch an dich, Mutter ...«

»Dann frag mich«, erwiderte Margret mit tonloser Stimme.

»Also, wenn das alles so gewesen ist: hat dir die Luise denn niemals Vorwürfe deswegen gemacht?«

Stumm schüttelte Margret ihren Kopf, während sie mit der rechten Hand ein zerknittertes Blatt Papier aus der Schürzentasche zog, das sie ihrer Tochter zitternd entgegenstreckte. »Da, lies selber.«
Es bedurfte nur eines kurzen Blicks, dann hatte Marie bereits erfasst, um welche Art von Schreiben es sich dabei handelte. »Der Brief! Mutter! Du hast ihn damals also doch nicht weggeworfen, wie du immer gesagt hast. Zumindest nicht beide Briefe.«
Hastig trat Marie ans Fenster, um Luises Brief vom Mai 1910 an ihre Mutter nun doch noch lesen zu können. Und das, was darin geschrieben stand, beantwortete all ihre Fragen.
»Also, wenn überhaupt, dann muss ich meinem Vater die ärgsten Vorwürfe machen«, war in Luises schöner, geschwungener Handschrift zu lesen. »Denn nach allem, was ich mir über die damalige Zeit in der »Krone« an Erkenntnissen habe besorgen können, zum Beispiel aus manchen nebulösen Andeutungen von dem armen Carl, da sind diese Dinge ja von deiner Seite aus, Margret, eher weniger freiwillig »passiert«, um es einmal ganz vorsichtig zu formulieren. Und ich weiß ja auch noch, wie die Dienstverhältnisse auf dem Land damals waren und teilweise leider heute noch sind: die reichen Herrschaften ganz oben und die kleinen Dienstboten, um die sich eh niemand geschert hat, ganz unten. Ich habe also nicht den geringsten Anlass, gegen dich deswegen eine Abneigung zu empfinden – ganz im Gegenteil sogar: du hast mir ja drei wunderbare Schwestern geschenkt!«
Marie ließ den Brief kurz sinken und betupfte sich mit dem Ärmel ihrer Bluse vorsichtig die Augen. Dann las sie Luises Schreiben weiter. »Weißt du, ich hatte ja im Grunde genommen nie eigene Geschwister, und meine Ehe, das muss ich leider so sagen, die ist auch nicht die allerbeste. Schon von daher würde ich mich freuen, wenn unsere Kinder jene Art von familiärem Zusammenhalt zustande bekämen, wie ich ihn immer vermisst

habe. Deswegen warst du mir schon immer so wichtig, ohne dass ich als Kind hätte ahnen können, dass es noch einen weiteren Grund dafür gibt! Und auch, wenn du wahrscheinlich nie mit deinen drei Mädchen über das alles sprechen wirst – ich werde dafür Sorge tragen, dass dieser Kontakt zwischen uns auch in der nächsten Generation erhalten bleibt – falls uns der Komet wider alles Erwarten doch noch verschonen sollte.«

Sorgfältig faltete Marie das Blatt wieder zusammen. »Ja, der Komet hat uns verschont – und ich … ich erfahre jetzt, dass so eine vornehme Dame wie die Luise meine Halbschwester sein soll. Ich kann es immer noch nicht richtig glauben: die Tochter einer Hungerleiderin und die Frau des Apothekers!«

Doch von Margret kam keine Antwort. Ihre Mutter war eingeschlafen, überwältigt von ihren Gefühlen. Erschöpft von den Anstrengungen eines langen, schweren Lebens.

48

Seit Herbst 1922 wurden nun mehrmals im Jahr, hauptsächlich an Weihnachten und kurz vor Ostern, Pakete aus Kork zu Margret nach Kirchardt geschickt. Als Absender war vermerkt: »Familie Wiederkehr, Kork«. Diese Angabe erklärte sich im Grunde genommen ganz einfach, denn in diesem Jahr hatten Luise Zopffs Tochter Gertrud und Christian Heinrich Wiederkehr, der 29 Jahre alte Landarzt und Sohn des Anstaltsgründers von Kork geheiratet. Da Luises Mann aber nichts von den Paketen und erst recht nicht von den darin enthaltenen Geschenken wissen sollte, machte Luise es ihrer Tochter zur Aufgabe, die Pakete mit ihrem neuen Familiennamen versehen zu verschicken. Und so wurde im Lauf der Monate und Jahre die Vermutung in der Familie zur scheinbaren Gewissheit, dass die Pakete vom Apotheker Wiederkehr aus Kork stammten, den es in Wirklichkeit ja niemals gegeben hat.
Aber wer wollte das damals schon so genau wissen. Hauptsache, die Pakete kamen unversehrt in Kirchardt an, wo sie grundsätzlich für ein freudiges Echo sorgten, denn neben schönen Schals und dicken Handschuhen enthielten sie auch Süßigkeiten. Vor allem diese herrliche Köstlichkeit in Form der braunen Kaumasse war es, um welche die Bucherskinder von Teilen der Dorfjugend gewaltig beneidet wurden. Jetzt hatten auch sie einmal etwas, was die anderen nicht hatten. Zumindest in Form der wunderbaren Kaumasse. Dank des Apothekers Wiederkehr in Kork.
Weshalb der Mann so großzügig handelte? Nun ja, musste wohl irgendwie mit der Großmutter Margret zusammen hängen. Doch die sprach ja nie darüber, sondern lächelte immer nur still in sich hinein, wenn man sie danach fragte, wie sich das denn genau erklären ließ.

Und so verfestigte sich in der Familie über Generationen hinweg allmählich die Überzeugung, dass die Margret jahrzehntelang beim Apotheker Wiederkehr in Kork in Stellung gewesen sei. Im Laufe der Jahre – erst lange nach Margrets Tod – gesellten sich weitere Geschichten dazu und so erwuchs die Gewissheit, dass es sich bei den drei unehelichen Kindern Christina, Philippina und Maria um die Töchter des Apothekers Wiederkehr aus Kork handeln müsse. Familienlegende.

Eine Legende, die sich schon mit einer einzigen Nachfrage in Kork in Luft aufgelöst hätte. Aber Legenden sind ja nicht dazu da, hinterfragt zu werden, sonst wären es keine Legenden. Diese Nachfrage sollte aber doch noch erfolgen – freilich erst einhundert Jahre später. Mitsamt dem Ergebnis, dass Legenden bekanntlich oft einen wahren Kern haben. Man muss ihn halt nur suchen wollen.

»Das Päckle aus Kork« – und seinen wahren Inhalt.

49

Am 8. Januar 1927, knapp dreieinhalb Jahre nach ihrer Schwester Elisabeth, starb Margaretha »Margret« Schober. Bis zuletzt hatte sie in Kirchardt in dem Häuschen auf dem Schmalzbuckel gelebt. Erstaunliche 82 Jahre war sie alt geworden. Zwei Tage später fand auf dem Kirchardter Friedhof ihr Begräbnis statt.
Im Nachhinein war es das letzte Mal, dass Margrets drei Töchter zusammenfinden konnten: Christina war mit ihrem Sohn aus Mannheim gekommen, Philippina sogar aus Marburg, wo sie ja inzwischen verheiratet war. Und so traurig der Anlass, so groß war dennoch die Wiedersehensfreude bei den Dreien.
»Ach, schaut einmal!« deutete Marie mit dem ausgestreckten Arm zum Friedhofseingang hinüber. »Da kommt noch eine, die zu uns gehört!«
»Wo denn?« Christina und Biene schauten sich suchend um.
Christina entdeckte die schwarzgekleidete Frau, die zwischen den Gräbern auf sie zukam, als Erste und stieß einen freudigen Überraschungslaut aus. »Ich sehe sie. Das ist ja eine tolle Überraschung, Da schau, Biene, da drüben ist sie!«
Philippina richtete ihren Blick in dieselbe Richtung wie ihre Schwester – und erstarrte Sekundenbruchteile später. »Das ... das ist ja die Luise ... Luise Bengel!«
Freudestrahlend stürmten sie aufeinander zu. Ein Wiedersehen: zum ersten Mal nach mehr als 30 Jahren.
»Biene!«
»Luise!«
»Ich habe dich sofort erkannt!«
»Ich dich auch!«
»Wie wundervoll das ist – obwohl der Anlass ja nicht so schön ist ...«

»Sie hat es jetzt besser, unsere liebe Margret. Am Ende ist es schon eine furchtbare Qual gewesen, bis der liebe Gott sie endlich zu sich genommen hat.«

Es war eine kleine Trauergemeinde, die sich am Grab versammelt hatte, um der kurzen Trauerrede des Pfarrers zu lauschen und sich von Margret für immer zu verabschieden. Margret selbst hatte sich in ihren letzten Lebenstagen diese Predigt noch gewünscht und den Pfarrer kurz vor ihrem Tod darum gebeten, den Schwerpunkt dabei auf jene Textstelle in Matthäus 25,29 zu legen, die da lautet: »Denn wer da hat, dem wird gegeben werden und er wird die Fülle haben; wer aber nicht hat, dem wird auch, was er hat, genommen werden.« Weshalb sie ausgerechnet diese Stelle ausgesucht hatte, das blieb dem Geistlichen freilich ein Rätsel. Aber wozu sich allzu große Gedanken machen beim Begräbnis einer armen, unbedeutenden Frau, die im Dorfleben nie eine Rolle gespielt hatte?

»Möge sie ruhen in Frieden. Amen!«

50

In Treschklingen fand die Nachricht von Margrets Ableben nur wenig Beachtung. Kein Wunder: es gab dort keine Schobers mehr. Bald war sie in ihrem Heimatdorf ganz vergessen.
Was aus Margrets drei Töchtern geworden ist, die ja nun doch nicht die »Töchter des Herrn Wiederkehr« gewesen sind?
Christina ist in Mannheim geblieben, Philippina in Marburg. Sie haben sich tatsächlich nie mehr wiedergesehen.
Und die Marie?
Marie Bucher, geborene Schober, von allen im Dorf die Schley Marie genannt, ist 100 Jahre alt geworden: sie war Karins Großmutter, von der zu Beginn dieses Buches die Rede war.
Fünf Kinder hat die Marie zur Welt gebracht, erst die unehelich geborene Anna, dann in kurzer Folge Frieda, Albert, Walter (der das Säuglingsalter nicht überstanden hat) und Otto, Karins Vater.
Am 2. März 1986 ist sie gestorben. Und hat das zweite Geheimnis ihres Lebens mit ins Grab genommen. Das Geheimnis, wer genau nun Annas Vater, dieser ganz und gar ungewisse »John«, wohl gewesen ist.

Also – folglich: *Karins neue Fragen*

Wer Großmutters Vater (also mein Urgroßvater) gewesen ist, scheint zwar mit ziemlich großer Wahrscheinlichkeit geklärt zu sein. Aber die nächste, nicht minder naheliegende Frage, die stellt sich für mich nun umso mehr: die nach »dem anderen Mann«, diesem rätselhaften John, dem Vater von Maries Tochter Anna, die dann ja immerhin meine (geliebte) Patentante geworden ist.

John, der nach Amerika gegangen ist, der Frau und Tochter ja so gerne mitgenommen hätte. Auch dieser Mann war zu Maries Lebzeiten nie ein Thema in der Familie. Der Großmutter war das ganz recht so. Von sich aus hat sie sowieso nicht darüber geredet. Und wir? Haben die Chance verpasst, es doch noch von ihr zu erfahren – hätten wir halt nur einmal nachgefragt. Aber das haben wir nicht getan.

Auch nicht bei Anna. Ob ihr Vater tatsächlich Arzt war – und warum der sich nie wieder bei seiner Tochter gemeldet hat? Und es interessiert mich schon auch der wahre Grund dafür, weshalb die Marie samt ihrer Tochter nicht doch mit ihm in die USA gegangen ist. Die Pflegeeltern in Kirchardt hin oder her. Denn das allein kann es eigentlich nicht gewesen sein. Wer also hat es letztendlich zu verantworten, dass auch die Anna als »lediges Kind« hat aufwachsen müssen. Diese gütige kleine Frau, die ich als so überaus warmherzig und immerzu lächelnd in Erinnerung behalten habe. Auch sie habe ich nicht gefragt. Vermutlich deshalb, weil ich ahnte, dass sie gehandelt hätte, wie ihre Mutter. Dass sie einfach nur still in sich hinein gelächelt hätte – in sich und ihr Geheimnis, das sie niemals preisgeben würde …

Gunters neueste Spurensuche

Nun gut, nachdem wir ja die Geschichte der Margret Schober und ihre wahren Lebensumstände haben nachzeichnen können, weshalb sollte uns das nicht ein weiteres Mal gelingen: mit der Lebensgeschichte von Marie, Margrets jüngster Tochter und ihrer Anna, der »Enkelin des Herrn Wiederkehr«? Es würde mich halt schon brennend interessieren, wie dieses Leben verlaufen ist und wie viele Spuren man davon wohl noch ans Licht der Gegenwart zurückholen kann. Immerhin gibt es da ja noch das Heidelberger Kochbuch der Marie als ersten Ansatzpunkt.

Es bleibt jedenfalls spannend, das kann ich bereits sagen. Denn unsere neue Suche hat natürlich schon längst begonnen und es gibt schon erste, höchst vielversprechende Fährten … Diese führen uns nach Nordamerika – und nicht minder elektrisierend auch wieder zurück nach Mittelbaden, nach Kork, wo es tatsächlich höchst faszinierend ist, der Frage nachzuspüren, was denn eigentlich im Lauf der Jahre aus der Luise Zopff, geborene Bengel aus Rappenau, und ihren Kindern geworden ist.

Die Witterung ist also längst aufgenommen. Die Rechercheanfragen gehen momentan in alle möglichen (und manchmal auch unmöglichen) Winkel und Archive der Welt. Was daraus entstehen wird? Tja … warten wir halt einfach mal ganz gelassen und nicht minder gespannt darauf, was daraus werden wird und was werden kann. Im nächsten Jahr wissen wir mehr – oder eben auch nicht …

Ein herzliches Dankeschön …

… an Margret und Helmut Niklaus in Treschklingen, die mich so großzügig mit zahlreichen Informationen aus der Historie ihres Dorfes versorgt haben,

Ernst Karch aus Kork für die vielen Stunden, die er meinen Recherchen immerzu freundlich und bereitwillig geopfert hat,

Annette Künster vom Stadtarchiv in Kehl,

sowie an Elisabeth Klubitschko vom Stadtarchiv Bad Rappenau, die aus vielen Regalmetern verblüffende Erkenntnisse aus uralten Ordnern hervor gezaubert hat.

Ein ganz spezieller Dank noch an Hofrat Johann Hagenhofer in Hochwolkersdorf, Niederösterreich, der seit vielen Jahren dafür Sorge trägt, dass die Geschichte der kleinen Leute in seiner Heimat nicht vergessen wird,

und an Wolfgang Schütz in Weil der Stadt, einen bewunderswert akribischen Geschichtsarbeiter.

Danke auch an Marion Holler und Gerhard Raff vom Landhege Verlag für das konstruktive Lektorat und an Maria Käß für ihre wie immer faszinierend sorgfältigen Hinweise und Schlusskorrekturen.